管理何为

一个『理想主义』践行者的人生告白

席酉民 著

北京大学出版社
PEKING UNIVERSITY PRESS

图书在版编目(CIP)数据

管理何为:一个"理想主义"践行者的人生告白/席酉民著.—北京:北京大学出版社,2022.7

ISBN 978-7-301-33127-9

Ⅰ.①管… Ⅱ.①席… Ⅲ.①席酉民—自传 Ⅳ.①K825.46

中国版本图书馆 CIP 数据核字(2022)第 104894 号

书　　　名	管理何为:一个"理想主义"践行者的人生告白 GUANLI HEWEI: YIGE "LIXING ZHUYI" JIANXINGZHE DE RENSHENG GAOBAI
著作责任者	席酉民　著
责 任 编 辑	赵学秀　徐　冰
标 准 书 号	ISBN 978-7-301-33127-9
出 版 发 行	北京大学出版社
地　　　址	北京市海淀区成府路 205 号　100871
网　　　址	http://www.pup.cn
微信公众号	北京大学经管书苑(pupembook)
电 子 信 箱	em@pup.cn
电　　　话	邮购部 010-62752015　发行部 010-62750672 编辑部 010-62752926
印 刷 者	北京九天鸿程印刷有限责任公司
经 销 者	新华书店
	720 毫米×1020 毫米　16 开本　23.5 印张　437 千字 2022 年 7 月第 1 版　2022 年 9 月第 2 次印刷
定　　　价	89.00 元

未经许可,不得以任何方式复制或抄袭本书之部分或全部内容。
版权所有,侵权必究
举报电话: 010-62752024　电子信箱: fd@pup.pku.edu.cn
图书如有印装质量问题,请与出版部联系,电话: 010-62756370

序一

我骄傲，他是那个在人间正道上不断创造可能性的人

韩 巍

追随席老师研究中国本土领导十余年，最大的收获是对管理研究哲学的"澄清"。本体论上，不要冀望任何关于领导的"抽象要素及其关联"拥有牢固的知识地位，在那里，**实践永远优先于并不可靠的语言**。即使尝试"结构化"，获得的也只能是情境化、暂时性、演变中的知识，虽可能具有认知、行动启发性，可一旦成为教条，误解、误用就在所难免。认识论上，意图讲好一个中国本土领导故事，应确立一种基于**"时代""社会化（重大事件）""情境""情节""自我与他者（贵人、敌人、上级、下属）"**，以及**"运气/机缘巧合"的系统框架**，才有可能深入理解、诠释"领导"这一复杂的组织、社会现象。照此，方法论上，只有尽可能地"去理论化"且更加诚恳地进行生活叙事才可当此任。可惜，这不是学界主流的选项。"人多势众"的实证主义范式研究者，无论是以特定理论视角剪裁现实的"假设—检验"研究，还是以实证（后实证）案例研究脱离情境的"因果机制"探索，在我看来都近乎是**以可疑的方式寻找一件本不存在的东西**。因此，我特别期待那种有时代痕迹的，由"知情人"通过事件、场景、情节、人物等用心呈现，从而更具质感的经验文本。

2021年6月，《管理何为：一个"理想主义"践行者的人生告白》一书完稿，让我得以"重新"审视这位自1994年起相知、相熟的"本土领导"。席老师跨度65载的生命历程，我只能极为有限地"见证"其中的28年。他是中国第一个管理工程博士、"东方之子"、知名管理学家、管理学院院长、学校校长，还有那些让人目不暇接的头衔、荣誉、业绩、报道……管理研究者向来"钟情"成功（的

组织/领导、企业/企业家），习惯"由果溯因"，也总能找到浓墨重彩的地方。然而，为成功（者）树碑立传并不是我的兴趣，若置身历史长河，想自圆其说何其艰难！况且每个人对成功的定义未必与"社会共识"完全一致。个人更关注的是：如何借由一幅比较完整的人生画卷，释疑内心长久以来的好奇——**席酉民究竟是谁？**

感谢席老师！他以并不擅长的表达方式告诉世人"他从哪儿来""身在何处"，又欲"走向何方"。本书内容的布局对读者非常友好，以 10 年为周期，以几组精练的标题为骨架，自然形成了阅读指南、"寻踪地图"。读者既可以依循席老师的成长经历按部就班地品味，也可以先领略他的"乘风破浪"，再体会他的"初出茅庐"。若以人们通常对自传文学的期待，本书中的文字或许还不够生动、深刻，但随处可见的真切、直率，却有如清风拂面，读来兴味盎然。作为预装理论的研究者，我无法胜任、也不必做那个锦上添花的向导。我潜心游走在这份特殊文本的字里行间，眼前不时涌现出这样、那样的画面——**他说了什么？做了什么？** 最重要的，**那意味着什么？** 逐渐地，经过话语（影像）、理论、思考的反复"纠缠"，回旋于我脑海的不再是从"乖巧聪慧""天真烂漫"到"开疆拓土""步步深入"的诸多细节，而是动荡岁月的生产队长，改革开放时期的院长、校长，人大代表、政协委员，一路"折腾"志在让"权力"发挥社会影响力的**组织、学术"权力拥有者"**席酉民究竟在追求什么。是的，就是那个在很多人心里早已空洞化，却在少数人心里依然实实在在的信念——**"生活的意义"**。

事实上，作为席老师非常信赖的弟子，我一直有些自不量力，甚或可以说十分苛刻地"冷眼旁观"着自己的导师——一位典型的"逆袭表率""时代骄子""魅力型领导"。比如，作为席老师当院长、副校长这一段历史的"见证者"，我从来不认为他在西安交通大学管理学院和中国管理学界的努力是令人鼓舞的，他原本可以做得更多、更好……而当年他那句"（大学副校长）作用空间很有限，干不了什么事"的调侃，就像一次"预告"（后来我才明白）。等他毅然走入更有话语权、更能体现领导力的"西浦"，那个青年时能扛起 200 斤左右麻袋的席酉民，那个中年时打破学院同事"饭碗"、推进学校后勤服务市场化、为校办产业排雷除险的席酉民，终于可以不必隐忍，用自己的远见、智慧、能力为中国高等教育描摹出一幅幅动人画面。画面中不是众声喧哗中"规模""排名""顶刊""奖项"等显性指标的"井喷"，而是**"重塑大学使命，培育以学生为中心的大学文化，理清大学与社会的关系，让大学发展融入国家、世界的进步"**新理念的树立及落地生根。作为一个身处中国大学 33 年，亲身经历其曲折变迁的管理研究者，我比任何时候都确信，中国的未来在高质量教育，这个时代最优秀的（不是用表格填出来的一流）大学，不是尽揽天下英才而育之的"坐享其成"，不是投入海量资源换取的指标刷新，而更应该像"西浦"那样，让一代代、一个个"普通"学生"涅槃重生"——**自我发现、努力成长、贡献社会、造福世界**。尽管前路漫漫，困难重重，挫折难免，但这才是人民对大学，乃至整个教育事业的美好向往！

我很庆幸，**导师席酉民是那个走在人间正道上的人！**

对于席老师走过的六十多年岁月，读者当然会有自己的解读。我主观、武断的诠释没有任何因果必然性的预设，只希望在"运气""时代""社会化（重大事件）""情境""情节""自我与他者"的思想脉络中寻找他身上可能存在的某种内在一致性（哲学上叫融贯性）。套用今天的流行说法，进一步的问题是：**席酉民究竟为什么行？**

席老师出生于 1957 年，常识里养育他的应是一碗碗稀粥，还好，他的故乡、当时的西安市长安县并非西海固那般贫瘠之地；童年里村头场院横飞的瓦片，还好，没有打中太阳穴，只留下眼角的伤疤……一个"放养"于乡野之间，既好学又调皮的男孩子，能好好长大成人，何尝不是一种幸运？能"躲过"塌方、车祸等各种灾难，有惊无险、安然无恙，又何尝不是一种幸运？喜欢词频分析的读者不妨数一数席老师在人生关键阶段（如考研、读博、参与重大项目、执掌西浦等）用过的诸如"碰巧""天助我也""幸运"之类意思相近的词汇有多少。生命就是无数节点、无数可能性串联起的轨迹。我不是宿命论者，但排斥人类社会各种版本的决定论，相信**"成功者"** 常常会受到命运格外的眷顾。

时代、情境与自我的相互"成就"

记得席老师发给我前三章内容时，特别提到一句："这是我所不了解的他。"言外之意，我终于有机会看到他人生的"全貌"。确实，相比较席院长、席校长，我更好奇席老师人生前二十年的生活动态，那里面蕴含了我很多"猜想"。我既想为他的异想天开、与众不同、特立独行找到更持久、更可靠的经验源头，又担心他在那个动荡的岁月里是否会出现思想、行为上的重大偏误。毕竟，我很在意"席酉民究竟是谁"。

一页页翻过，我的眼前浮现出一连串画面："穿着浑身破洞的棉袄""用草绳当腰带""我用破旧的自行车推着一个竹条箱子回到了家乡""虽然只有 18 岁左右，但不得不自己冲上前去，扛起 200 斤左右的麻袋""穿着一双麻鞋，一路鞋底已经磨去一半，裤腿也撕了一个大口子"……直到"高考那天早晨，我妈给我擀了一碗酸汤面，面上的葱花被热油一泼，激发的香味至今难忘。然后骑着我爸留在家里的旧自行车，赶往七八公里外的引镇中学"……除了1977年冬天的那场考试，当年的席酉民与路遥笔下的孙少平何其相似。

席老师的成长深深地嵌入当代中国一系列重大的社会、组织事件当中，读者不仅要关注席老师的个人生活，而且要参照2 100多万人①的群体走向。试想，遭遇了三年严重困难、"文化大革命"等一系列事件，一个陕西普通农民的出路何在？接着是粉碎"四人帮"、拨乱反正，一个77级大学生何以峰回路转？迎来改革开放后又有"出国热""下海潮"，一个80年代的硕士生、博士生面对多少诱惑？而面临人事与后勤改革、"校办企业潮""合并潮"等新问题，一个90年代知名大学的领导又面临怎样的挑战？大浪淘沙之后，席老师执意出走苏州，选择在知天命之年开启全新的"西浦"征程！

"在黑乎乎的冬天早晨，不像现在孩子都需要大人接送或陪护，五六岁的我一般都会主动爬起来，踩着厚厚的积雪，一个人从村西头走到村东头去上课。"这就是他的选择，没有理由，似乎也无须理由。一个懵懂男孩，在成人世界的纷乱动荡中，一直就是个好学生：初中就登台做过"小老师"，是50选4、进入高中的初中生之一；在300多名高中同学中，学习成绩始终稳居前三，还曾创造了6门功课598分的好成绩；直到1977年考入大学，成为570万考生中那幸运的27万分之一。他也足够与众不同：从"五七工厂"里编制罩滤的"行家里手"，到变成"回乡青年"后成为"育种""种棉花""开拖拉机"等的"把式"。不难想象，如果一个人在早期社会化过程中不是因为其出身、阶层、地位、权力、财富，而是靠能力、努力收获"全方位"的自我肯定，那么无论在哪个年代，都会显著增强其参与改造广阔世界的信心和勇气。那个拉着沉重的架子车、悄然穿过省城的陕西农村青年，那个外文书店里浑身泥土、脚踏一双破草鞋的"不速之客"，在某些城里人带着"敌意"的眼光中，自然会被激发出"奋起的雄心"。尽管走进了大学、读上了硕士研究生，这位"引镇学霸"遭受的打击还是接二连三，但依靠自身的能力和努力，他用行动反复验证了其生命中最重要的"命题"——我行！

无须讳言，席老师在20岁以前经历了多次政治运动。他曾因伯父、伯母的遭遇而"不解"和"困惑"。以他的少不更事，可能与"红卫兵""造反派"关系

---

① 1957年出生人口超过2 100万人。

不大，但以当年"德智体"全面发展的要求，他进入高中时的优异表现，似乎应该与"批林批孔积极分子""反击右倾翻案风积极分子"等"政治挂帅"的标准相连。我曾怀疑席老师刻意回避了一些他觉得略显尴尬（也可能无足轻重）的信息，但仔细揣摩那些文字，却让我产生了另一种猜想。我们从"宏大叙事"中看到的不过是十分粗糙的历史轮廓，而其他版本的"历史"则镌刻在具体情境、事件和当事人的记忆里。尽管少年时目睹的"武斗"场面令他惊愕不已，但因为正直、勤劳与诚实的父亲和伯父言传身教，席老师在充满各种政治运动的生存环境里依然会感受到正直、真诚、关心、爱护的温暖。即使稍长以后不得不频繁地卷入政治运动，依然可以"学习归学习、批判归批判，但内心里还是基于农村人朴素的认知该做什么做什么"。请注意这几行文字昭示的一种"可能性"：时代即便有再深的刻痕，特定情境中的人还是有自己的选择！人类生活从来都不是铁板一块。记得我从儿子口中听说过同学奶奶的一个"传奇故事"——她年轻时曾每天横渡深圳湾水域去香港帮人家种地。"资本主义尾巴"不过是空洞的概念，为了生存、生活，人间烟火可以五彩缤纷乃至千奇百怪。所以，我没有过分惊讶于席老师在高中阶段（1971—1974），不仅会自觉受教于语文老师李志虎的"积极面对人生，不断强大自我"这种比较个人主义的观点，还会和众多师友一道尊重、仰慕据说是"伪县长"家庭出身的才华横溢的王国俊老师，而且将其视为自己的人生榜样。

　　席老师说他在30岁之前树立了自己的人生格言——"真诚、自信、灵活"，后来又加上了"正直"。我并不想说席老师是他人生格言的践行者，不然哪有后来的"荒谬对荒谬"。我担心过席老师在"文化大革命"期间是否会犯下难以饶恕的"劣行"。好在"他们足够与众不同"。不是说浪子不能回头，我和席老师在《下属改变世界：领导—下属互动机制的本土建构》里谈及"自我意识"时曾引用理查德·桑内特（Richard Sennett）的论断，"要拯救品格，有一种策略就是采取某种'生涯（career）'叙事，在这个特别的社会世界里，创造出某种统合感、能动感、责任感"（伯基特，2012：225）。可惜，这是多少人以各种理由尤其是眼前利益，想方设法所规避的东西。人生短暂，世事无常，要做到问心无愧，绝非易事。毕竟，我很在意"席西民究竟是谁"。

　　人是社会的产物，具体的人是特定情境的产物，席西民之所以"与众不同"，是因为他的记忆里总有选择，总有可能性，或者说，这个曾经"自由"生长、见识浅的农村孩子，脑袋里却装得下海阔天空。"异想天开"只是别人的看法，他或许更习惯问"why not"。

贵人之"贵",在于重塑自我

席老师一路成长遇到过很多贵人,除了父亲与伯父(在做人、做事上"正直、诚实、勤劳"的启蒙),还有喜欢的老师(一种动力),高中语文老师李志虎、"明星"老师王国俊,乃至汪应洛老师、李怀祖老师、传凯总工程师、汪培庄老师、兰田方先生、成思危先生,等等。贵人是人"命运"的一部分,可能是平台、机遇,也可能是权力、财富,但更重要的是个人以谁为榜样,又如何从贵人那儿汲取营养、汲取何种营养,并将其内化为自己的信念、素养、心智和行动力。席老师立志"要做一个有品格、有能力、对社会有积极影响的人"。他需要的不是权力、地位和财富,而是才华、修养、见识、智慧、奉献、使命、奋斗、踏实等。我确信这才是他能够"与众不同"的最丰厚的"资本",是他"特立独行"之勇气、底气最重要的来源。从小父亲就叮嘱我"与人为善",又以两联诗教我应对生活的波澜起伏:"天生我材必有用,千金散尽还复来""安能摧眉折腰事权贵,使我不得开心颜"。席老师于我亦师亦友,学生心有戚戚焉。

"与众不同"是因为自我、理论、实践之"共在"

"在个人生活上,我一直坚守正直、真诚、自信、灵活的原则,我在大学毕业纪念册的留言'自己走路,走自己的路'……"其中,"自信""自己走路""走自己的路",反反复复强调的就是"自我意识"——我是席酉民!只有五个字,却凝结着一个独特生命的酸甜苦辣、喜怒哀乐,更蕴含着一种"与众不同"的信念、智慧、能力。只要他听得见这句话的召唤,作为一种姿态,"特立独行"于他其实已是必然的选择。

席老师爱用"逆俗"诠释自己的人生,还有一番并不严谨的解释。他的"假想敌"应该是部分的世俗之"俗"、庸俗之"俗",却未必一定要悖逆于习俗、风俗之"俗"。他可以很"灵活",但你不必指望他灵活到"卑躬屈膝"的地步。无论如何,自我意识让他确立了自我生存的意义(需发挥积极的社会影响力);自我意识让他怀疑世界的"给定性",一如北岛的"我不相信",认为世界需要改变、可以改变(需推进教育发展);自我意识让他在"掌握"话语权时,终于让改变发生(如"西浦"实践所展示的)。

以个人的理解,只要有人类生活,就有理论在场(韩巍,2018)。习俗、常识、"偏见"与学者摆弄的概念、命题、框架一样皆为"理论",且更频繁地在日常生活中发挥作用。如果说当年那个生产队长扛起麻袋身先士卒,是出于"集体利益/个人利益关系"的朴素意识（理论！），那么作为学生干部勇敢面对"食堂风波"中的群情激愤时，就更懂得在"斗争"中"与人打交道"的技巧（理论！）。越往后的岁月，那个从"内耗"入手试图贯通"古今""中外""文理"寻求解决之道（更是理论！），尽管暂时未果却始终勤奋探索的席酉民，经过一系列重大项目以及学院、学校等管理事务的锤炼（亲身实践）之后，"我是席酉民"发生了"质变"——强烈的自我意识（强调担当、"我行"）、日渐完备的理论思想（比如和谐管理理论、和谐心智）、强大的解决问题的能力。这让他在一系列"事件""折腾"中变得更加"与众不同"。

本书有几处类似"1、2、3……"这样罗列的"原则"，我希望读者慎重对待。席老师总结的那些"教条"，容易满足人们对"药方"式管理知识的渴求。但不要忽视了在其他情境和具体问题面前，未必有"我是席酉民"，未必有他的理论，更不用说如他一样解决问题的能力。因此，读一个名人的故事，不能只做旁观者，要多一些代入。不只关心他/她的人生经历，而应该穿越时光，令自己置身其中，悄悄问一句："换作我，会怎么做？"

因为与众不同，自然"校长还可以这样当"，而抓住主要矛盾（如绕开学校编办审批成立协调办公室并任命主任，将其解释为"一个工作班子""一种工作角色"）的制度安排，自然不是"抓阄"那么简单。因为与众不同，所以能够"抓大放小，以小察大""直面危机，智慧应对""果断决策，创建发展新平台""赴汤蹈火，排雷除险"，在身处危局之时依然"果敢""严谨""不怕事"。因为与众不同，所以敢于直言，做出了"退出院士角逐""回归初心、拒绝跟跑"的行动。因为与众不同，所以认为"独立思考、不唯上、不媚上，敢于坚守己见也很重要"，即使面对领导的质疑，也要说出自己对教育目标的看法。

我特别想提醒从事管理研究的同行关注席酉民"人生告白"的一个重要启示：如果缺乏自我意识，就不能在研究中找到自我信念、自我担当，让研究成果在某种程度上等同于"自我"；如果缺乏实践（或是缺乏对实践更切实的了解），哪怕只让"理论"应用于自己的生活、应用于自己所在的那个最小组织的生活，或者为了学生成长，为了"积极的社会影响力"发出一丝声响，那么我们所生产的管理知识无论以任何形态、在任何地方面世，可能都难免沦为"废话""垃圾"。管理学界不是一个足以展现个人、群体智力的场域，在这里，实践决定着管理思想的价值。

"折腾"就是创造可能性

因为"我是席酉民"，所以拒绝从众的明知故犯，拒绝从众的争相效仿，拒绝从众的推诿敷衍，拒绝从众的平庸无能。事实上，他只有两种选择——暂时隐忍（因为有太多的荒谬），但总会爆发（如果允许的话）。"最后，我实在忍不住了，举手示意我要说几句……"这就是他最真实的写照。所以，他总在"折腾"，总在创造可能性。

席老师的人生从"被折腾"开始，自己也在不断"折腾"。除了对学习的天然亲近，在"五七工厂"就是行家里手，回乡后又成为各项劳动的"把式"，拉得了架子车，冒险做过"贩牛郎"；读博期间，因为有太多的"天赐良机"，一次次走出陕西、走进北京，参与重大项目；办公司、"倒电脑"；直到"我做管理学院院长时主要是折腾（改革），年年折腾，在折腾中前进"。席老师忙碌于"创立""创办"，如西安交通大学城市学院、陕西工商管理硕士学院、西安交通大学航空航天学院、《管理学家》杂志、"管理学在中国"年会、中国管理现代化研究会，更不用说"西浦"的创办及其不断迭代……创造可能性或者等待创造可能性，就是席酉民经历中最重要的"故事线"（story line），情节是平淡抑或跌宕已不重要。最为幸运的，他走在一条人间正道上。

"异想天开""与众不同""特立独行"的评价出自朋友的善意，但我们都懂得，那也可以是一把锋利的剪刀，令原本生机勃勃的"我（们）"变得循规蹈矩、唯唯诺诺，甚至死气沉沉。感谢命运，感谢时代、社会、情境、贵人、事件等在与席老师的"互动"中建构出一个"与众不同"的个体，因为"我是席酉民"，他说过几句重要的话（比如和谐管理理论），做过几件非常重要的事（比如"西浦""西浦1.0""西浦2.0""西浦3.0"）。同门师弟张晓军和席老师原本计划出版一本学术著作，也是以席老师为蓝本，特邀我写了书评，但后来搁置了，书评也就石沉大海。不过当时的看法放在这里还算恰当。就整个社会范围而言，无论是组织部门选拔干部、企业选拔总经理，还是大学选拔校长等重要的人事任免，均应该特别关注领导干部在三个方面的潜质或表象，即是否有"底线意识"，是否有较强的"系统认知能力"，是否有较强的"解题能力"。更直白地说，今日中国，最需要有操守、有思想、有办法的领导者。只不过今天我可以更确切地说，走人间正道，让"自我意识""理论""实践"重塑我们的生活，上下一起努力，世界就会变得更好。

席老师回望自己半生，行文间对师母侯老师却显得有些吝啬笔墨。我已不记得哪年哪月初识侯老师，她不曾被热议，也称不上"风姿绰约"，个子不高、眉目清秀，料想在当年的长安引镇高中与席老师也有一段佳话。侯老师的职业生涯普普通通，没有席老师走出乡村后的眼界、格局，更没有学术探索、重大项目、领导工作方面的历练。即使偶尔与"席门弟子"相聚一堂，友善谦和的她从来都是那个安静不语、面带微笑的听众。脑海里至今难忘一个画面：席老师到苏州赴任，侯老师同往。苏州毕竟不是西安，侯老师身边少了三五好友，一段日子后终于结识了几个"乡党"，她做的面食颇受新朋友的追捧。于是，她从西安坐火车回苏州时悄悄带了50斤面粉，自己"扛"出车站，而那时她已经50多岁……观人不止观其宏图大略，更见于寻常琐事、点滴细节。在我看来，侯老师才是席老师最重要的"贵人"，在默默陪伴和悉心呵护中重塑了席老师。无论他是否心悦诚服，鉴于中国领导生态的复杂性，侯老师以她的善良、本分和质朴，让"长袖善舞""左右逢源"的席老师没有在几十年世俗生活中变得"荒腔走板"。人生短暂，世事无常，放眼望去，这谈何容易！

席老师的"人生告白"是开放的，是邀约的。我所看到的关键之处是"时代""社会化""情境""事件""角色"，是自我、理论、实践的"共在"。自以为本书可以诠释他的"与众不同"，也能启发每个生命更多的可能性。只要有自我意识的觉醒（我是谁！）、个人"理论思想（心智）"的完善，再加上身体力行的实践——这是我们每个人的处境，也是每个人可以选择的生活——席西民行，我们也行！席老师已经发出呼吁：人生不易，但值得努力！我深以为然。无他，为了此生，值得！

参考文献

伯基特. 2012. 社会性自我：自我与社会面面观［M］. 李康，译. 北京：北京大学出版社.

韩巍. 2018. 共在性的图像式理论：打开本土管理研究的一把钥匙［J］. 探索与争鸣，29（7）：103-109.

序二

这是一本写了将近 70 年的小书!

——席酉民

最有希望的成功者,并不是才干出众的人,而是那些最善于利用每一个时机去发掘开拓的人。

——苏格拉底

我常被认为是"理想主义者"。远在教授更受尊重的时代,一个人若常被调侃为"你真像个教授",言下之意就是不切实际、太过异想天开。学界朋友、天津大学张维教授曾笑谈,每次听西民的报告总觉得他在"月亮之上"。我无意追究"理想主义(者)"的哲学内涵,只想捕捉"理想主义(者)"的意味,它关乎我对待人接物、工作事业、生活意义、国家民族诸事的一系列看法、姿态与行为。理想很丰满,现实很骨感。简言之,我偏偏想让现实变得丰满。其实,我有时也会给别人留下不同的印象,比如我的学生汪莹在读我研究生时,恰好电视上有我接受采访的画面,她告诉母亲这就是她的导师。她母亲的评价是"不像个教授,有点像企业家"。2020 年年底,汪莹的公司在纽约证券交易所上市,我在祝贺及商议日后合作时提到这段往事,她笑曰"我妈不懂"。不少媒体人采访我时,也很疑惑:"你可以戴教授、校长、企业家、教育家好几顶帽子,你自己更喜欢哪一个?"当然,我心中自有定位,朋友们对我的描摹不一定准确。我有理想,但未必是"idealist";我想改变现实,但不是堂吉诃德;我常爱遐想、关心趋势,但更注意从具体事物入手。我的理想常常有点异想天开,但又带点草根味儿,换句话说,如果不坚守和突破,我的理想就是远离实际的;但如果愿意付诸努力,其实它也能很接地气。

"什么叫作理想?一个人'吹牛',一群人响应,一大群人相信,大家伙一起拱着头朝前冲,实现了的就是理想。"(田涛,2020)按照我的理解,理想与现实如影随形，它们相互参照、相互砥砺，也相互成就。最彻底的"现实主义者"也并非没有"理想"，过往的生活怎么可能被完美复制？所谓理想主义者就是多了一些对现实的质疑、挑战，甚至颠覆的意识，特别地，他们愿意冒一定风险，身体力行去让世界变得不同。

所以，我曾在微信签名里公开表白："浸淫在世俗里，活在理想中，行在从世俗到理想的路上。"我自定义为一个"理想主义践行者"，有理想，且在以与常人不同或不落世俗的方式孜孜追求，换句话说，我希望将人们常说的理想主义与现实主义相融合。我曾宣称："你可以影响我实现梦想的程度，也可能改变我追梦的路径，但你无法改变我的追求，除非你改变了我的想法！"有位与我一道共事二十余年的同事观察得比较准确："他不会硬碰，在其构想遇到不解或遭受挫折又或暂时难以说服别人的时候，他不是横冲直撞、不管不顾地前行，而似乎是停下来了或者在调整，但过一段时间后你会发现，其构想一直在推进中，只是换了一种形式。"

要改变且要变得更好，近乎是我与生俱来的一种"执念"。后来学了管理，"只有更好，没有最好"就成了我生活和工作的信条。但"好"是有方向的，否则就无法说好与坏。对我来讲，从和谐理论建立（1985 年）前的下意识，到后来的有意识，这个判定"好"的方向就是自己的人生定位，与个人拥有的价值观、世界观和伦理观密切相关。用管理学术语来讲就是"愿景"和"使命"，离愿景和使命越近就是越好。但怎么实现"更好"？愿景和使命赋予的方向感只提供了指南，我们还需要"地图"引导具体的实践。于是，我们研究总结出了"一个主题，两条基本途径"的追求"更好"的方法论。"一个主题"是指，如果清晰此阶段、此情此景下的工作重心或核心任务，我们就不会迷茫，就可能围绕这个重心使生活和工作好上加好。和谐管理理论中的"和谐主题"概念就是设法描述和发现这个重心，它使得我们在朝向愿景和使命的行进过程中始终清楚当下和下一步我们的脚应该踩在哪儿，我们的时间、资源、精力应该集中在哪儿。"两条基本途径"分别是：对于那些"目的—手段—结果"关系比较清晰的活动、事件，人类知识和经验的总结已经提供了很多走向"更好"的知识、技术和工具，应尽量压缩"人为干扰"的作用，也就是和谐管理理论中的"谐则"；但遗憾的是，我们面临的挑战中还有不少无法用这些知识、技术、工具妥善处理，必须以我们的能动性、聪明才智、创新精神加以应对的，更需要我们着力营造释放这种创造性及能动性的环境和体系，这就是和谐管理理论中"和则"的任务。于是，我们就拥有了实现"更好"的科学设计和优化的"谐则"，以及引致能动创新和相机行事的诱导演化的"和则"双机制（基本途径）。其实，我们自身和生存环境远比我们想象的要复杂，即使有了愿景和使命、有了清晰的和谐主题、有了"谐则"与"和则"双机制，我们常常还会遇到很多矛盾、困惑与窘境。也就是说，会因某种变化引发上述四个方面不到位、不匹配而失去协调和制衡的情况，此时必须有一种力量来帮我们协调以使之达到和谐，围绕和谐主题让双机制发挥作用的过程、状态，我们称之为"和谐耦合"。而在一直处于动态变化的当下，随时随地发挥协调作用的那种力量，难以复制、移植、借鉴，它就是眼下时髦的"领导力"的一部分。

由此，不难理解为什么不同人的人生、事业会各种各样，很大程度上是因各自的愿景和使命不同；为什么有的成功有的失败，因其把握主题的能力有差异；为什么有的成绩大、效率高，有的成绩小、效率低，因其双机制运用能力不同；为什么同样的事业有的人驾轻就熟，而有的人举步维艰，因其和谐耦合或领导力有差异。似乎一切皆管理，何为？上述和谐管理方法论、行为模式、领导模式，在特定的历史时段，可以帮助我们在追求"更好"的路上一路高歌，高效、轻松、快乐地行进。

回眸几十年的人生经历，庆幸的是我比较早地形成了上述驾驭（管理）人生的"利器"，并不断践行、完善、丰富和升级。还要庆幸自己具有特立独行的个性，虽不太喜欢给自己树立榜样，但坚信"三人行必有我师"，这样反倒可以随时随地找到镜子，更多元地对照、反思和学习。本书记载了我在各时期与非常多的师长和朋友互动的故事。行文至此，浮现于脑海里的画面有七：其一，导师汪应洛院士的大气、包容和李怀祖教授勤恳、带有灵气的示范，影响和塑造了我的领导行为。其二是著名管理学者亨利·明兹伯格教授。他习惯直面实践，敢于从独特角度颠覆主流管理理论，与他交流时其敏锐的思维、犀利的眼光令我印象深刻。他的管理活动学派以十大管理角色颠覆了传统的管理理论，在我心中埋下了敢于挑战权威、独辟蹊径地开展理论研究的种子。我还把他的管理三角形（科学、艺术、手艺）拓展为五星模型（哲学、科学、技术、艺术、经验）。其三是被誉为管理学界"大师中的大师"的詹姆斯·马奇。他反对学术探索的功利主义，将研究视作认识世界的旅行，在他开车载着我参加红酒会的路上，我深深意识到何谓"学问即人生"。其四是管理大师彼得·德鲁克。他敏于前瞻、善于洞察、精于总结、长于哲思、勤于著述的卓越造诣，鼓励着我戴着"管理的眼镜"去生活和工作，孜孜不倦、终生努力，学习管理、研究管理、实践管理、传播管理、享受管理。其五是管理实践家、海尔集团创始人张瑞敏先生。他那"把简单的事情长期地做好就不简单"的理念、网络时代试图引领未来管理的豪情（在研究中国本土领导时，我们与他深聊，他动情袒露自己的抱负）和长期坚持学习的习惯（每周读几本书），加深了我对"更好"的执着。其六是世界著名系统生物学家、牛津大学著名教授丹尼斯·诺布尔先生。他把大学问做得通俗化的主张（如其大作《生命的乐章：后基因组时代的生物学》），他不断挑战主流（如其近作《随生命旋律起舞：生物相对论》用生物相对论挑战基因中心论）的勇气，特别是他整合东西方哲学应对复杂生物演化的系统哲学与和谐管理理论相呼应，更坚定了我以和谐理论为方法论框架融合东西方智慧的信心。其七是我的朋友美国管理学会前会长、著名华裔管理学者陈明哲教授。他的"做人、做事、做学问"一体化的榜样行动，创立的动态竞争理论中的精一、文化双融理念中的执两用中，与我的人生追求和和谐管理理论一脉相承、彼此呼应。这些榜样的力量、思想的启迪、理论的背书不断强化了我的理论与实践自信，也让我在多方面的探索心得得以升华。

作为教育工作者及管理研究和实践者，我内心始终有一种无法放下的责任，就是通过研究和分享，设法使更多的人从我的经验、教训、研究和实践中受益，换句不自量力的格言就是：**做一个对社会有影响的人，拥有一个不断释放积极影响的人生**。这不，到了晚年，觉得自己人生体悟还有点给人分享的价值，就有了这本小书。

社会上有一种说法，"20岁时，我们顾虑别人对我们的想法；40岁时，我们不理会别人对我们的想法；60岁时，我们发现别人根本就没有想到我们"。生活似乎是一种徒劳的努力。想想大部分人的人生也是如此匆匆而过，可一路走来，无论是上苍的眷顾还是自我的修炼，借由戏剧、电影、小说我们体味过多少激情和感动？依靠著作、论文，我们又获得了多少智慧和领悟？正是各种"文本"和每个个体一道，成就了各自的视野、见识、格局和样貌。作为一个还算成功的过来人，有什么理由拒绝审视自己呢？拒绝或许能够惠及他人的"书写"呢。

古人说，三十而立，四十不惑，五十知天命，六十花甲，七十古来稀，八十、九十耄耋，一百岁期颐之年。其中包含了许多人生智慧，不过网上的段子也很有趣："0岁出场亮相，10岁天天向上，20岁远大理想，30岁发奋图强，40岁基本定向，50岁处处吃香，60岁告老还乡，70岁打打麻将，80岁晒晒太阳，90岁躺在床上，100岁挂在墙上。"趁还没有躺到床上，按十年一个阶段，反思、总结自己记忆中迟迟没有散去的故事，以期得到一丁点儿经验或启示，至少对自己而言，以几十年后的视角、回望和解读，还不觉得无聊，偶尔还有顿悟。

其实,就物理意义而言,人生就是在时空中不断填充一些经历。理想主义者总想让这种填充有意义和有价值。我所理解的"理想主义践行者"不仅在想,还在行,努力使这种意义和价值落地。人生谁能无梦想?但沦落为理想主义或空想主义是可悲的,如果自嘲后轻松地放下,也可安逸度日,否则就会在碌碌无为的自责中痛苦煎熬。既然如此,为什么不冲破障碍,积极行动,以智慧坚守自己的追求呢?虽然有时很艰难甚至无助,但至少当我们回眸时,会为自己轰轰烈烈地走了一遭而自豪。如果我们习得了和谐管理的方法论,就更拥有了追求和践行理想更好的利器,便更容易使理想成为现实,哪怕是"打了折扣"的现实!

本书以时间为轴描绘了还留在记忆中的一幅幅画面。马尔克斯说过:"生活不是我们活过的日子,而是我们记住的日子。"从学术意义来讲,这种自传体文本是通过真实的生活故事对自我的建构,以形成个体对自身完整、统一的认识,因此必然与自我、人格存在着天然的联系。这种关于人、环境、发展长时段演进的认知,无疑对自身、生活和事业的发展有反哺价值。为了不让记述单调或有失偏颇,我还选择了一些第三方或自己在某个时间段上已发表的文章作为附文,相互映照,以更加立体地展现那些历程。不论您在什么年纪翻看本书,都愿您不觉得浪费了时间,最好是能激起您突破世俗、奋斗一把的冲动!

在本书出版之际,一路走来,有太多的人需要真诚感谢,家人、同事、那些给予我人生启迪的贵人、朋友、学生、家长、合作伙伴、同路人、打过交道的政府官员,甚或那些给自己创造了历练机会的"挑战者",是他们帮我将人生变得更加丰富多彩!这里要特别感谢我的妻子侯宁霞老师,她始终是我人生的"镜子",帮我认清自己,促我冷静前行;要感谢我的学生和朋友韩巍教授,他仔细阅读和修订了文稿,并撰写了真挚的序言,既利于读者阅读,又为本书增彩;还要感谢北京大学出版社赵学秀编辑,她的积极行动成就了我和北京大学出版社的合作;特别要感谢徐冰编辑,虽然她接手晚,但拿到经她编辑过的稿件的瞬间,让我对编辑职业肃然起敬,她的工作使本书增色不少;最后更要感谢热心的读者,你们的耐心甚或建议和批评将成就本书更大的价值!各界朋友,请不吝赐教,如果乐意,我们也可以通过电子邮件(我的邮箱是 youmin.xi@xjtlu.edu.cn)深聊。

席酉民

2020 年 11 月 27 日草于苏州御湖熙岸居所

2021 年 7 月 23 日定稿于西交利物浦大学校园

参考文献

田涛. 2020. 理念·制度·人:华为组织与文化的底层逻辑 [M]. 北京:中信出版社.

目 录

第一章 "乖巧" 聪慧　天真烂漫（1957—1966）／ 001
　　一、生于动荡时节 ／ 003
　　二、放养助长独立和倔强 ／ 004
　　三、从众表象下的挑战欲 ／ 005
　　四、身心双重压力锻造坚韧性格 ／ 006
　　五、对生活和社会的困惑 ／ 007
　　六、家庭熏陶下的人生格言 ／ 008
　　七、家庭、家族、社会与成长 ／ 009

第二章 初出茅庐　纷纭杂沓（1967—1977）／ 011
　　一、初入社会 ／ 013
　　二、别样的初中 ／ 014
　　三、跌宕起伏的高中 ／ 015
　　四、回乡四年，战天斗地 ／ 017
　　五、拨乱反正，大学梦圆 ／ 028

第三章 观衅而动　钩深索隐（1978—1987）／ 031
　　一、苦行僧般的大学生活 ／ 033
　　二、研究生走向的艰难抉择 ／ 036
　　三、收获更高阶的自信 ／ 040
　　四、成家助推更高的立业期待 ／ 044
　　五、带着困惑登上更高平台 ／ 047
　　六、做"树篱笆桩子"的研究 ／ 050
　　七、和谐理论的孕育与诞生 ／ 053
　　八、做个有影响的人 ／ 056

管理何为：一个"理想主义"践行者的人生告白

附文 1　国家大型工程把关人——记西安交大青年博士生导师席酉民　/　060

附文 2　和谐管理　/　063

第四章　上下求索　养威蓄锐（1988—1997）　/　069
  一、走进商海，小试牛刀　/　071
  二、回归教育，崭露头角　/　074
  三、面对风波，清醒从容　/　077
  四、走出国门，感知和认识世界　/　079
  五、春华秋实，一系列意想不到的收获　/　082
  六、走马上任，大刀阔斧变革　/　083
  七、不断拓展空间，助人生愿景落地　/　086
  八、勇做中国管理学科发展的生力军　/　089
  九、大胆突破，创建陕西 MBA 学院　/　091
  十、进入人大、政协，促进社会进步和文明　/　092
  十一、失之东隅，收之桑榆，夯实发展基础　/　095

**附文 3　软科学领域的一头垦荒牛——记共产党员、博士研究生导师
   席酉民教授　/　098**

附文 4　生日自画像（四十而作）　/　104

第五章　锐意改革　"锋芒毕露"（1998—2007）　/　107
  一、校长还可以这样当　/　109
  二、和谐理论向和谐管理理论的延展　/　129
  三、西交利物浦大学的孕育和诞生　/　131
  四、怀揣梦想果断南下　/　134
  五、丰富多彩的社会活动　/　136
  六、全方位的成长与收获　/　147

附文 5　访美杂思（中美教师发展计划，2007 年 7 月 1—21 日）　/　159

附文 6　五十感怀（2007 年 8 月 9 日）　/　190

第六章　扬帆起航　乘风破浪（2008—2017）　/　193
　　一、头衔与数字背后的个人选择　/　195
　　二、掀起管理的深度反思　/　200
　　三、执掌西浦　/　201
　　四、世界舞台上的碰撞　/　228

附文 7　"点亮"未来教育的灯塔　/　238

附文 8　五星生活——六十遐想　/　245

第七章　开疆拓土　步步深入（2018—2028）　/　253
　　一、西浦 3.0 全面启动　/　255
　　二、面向未来的教育创新生态和生态管理理论　/　266
　　三、变危机为契机　/　277
　　四、学校治理和管理的再次升级　/　285
　　五、大学运营和管理中的再感悟　/　290
　　六、我对教育和社会管理的焦虑　/　301

附文 9　"我要建一所未来世界的国际化大学"——对话席酉民　/　305

附文 10　当代创业逻辑与实践——我的教育与管理实验　/　311

第八章　和谐心智　五星生活（近七十年的感悟）　/　323
　　一、人生幸福模型　/　326
　　二、事业成功模型　/　327
　　三、人类生存律模型　/　328
　　四、和谐管理理论模型　/　329
　　五、和谐管理支撑体系模型　/　330
　　六、基于和谐管理理论的管理知识模型　/　331
　　七、基于和谐管理的领导力模型　/　332

八、个人（领导）驾驭力模型 / 332

九、我的愿景和使命 / 334

十、50 岁时的和谐主题 / 335

十一、60 岁时的和谐主题 / 336

十二、我的和谐领导模型 / 337

十三、互联、数字、智能时代创业逻辑模型 / 338

十四、事业长期可持续发展的保障模型 / 339

十五、五星工作——以西浦为例 / 340

结　语　走进未来…… / 353

第一章

"乖巧" 聪慧　天真烂漫
(1957—1966)

播下一个行动，收获一种习惯；
播下一种习惯，收获一种性格；
播下一种性格，收获一种命运。

——〔美〕威廉·詹姆斯

2020年，朋友为我专门创作的终南山北麓油画，从村头南望的乡景

第一章 "乖巧" 聪慧 大真烂漫

一个小孩的诞生，一位老人的离去，如同四季轮回，昭示着近乎亘古不变的自然节律。在经济和社会不发达的年代，尤其是在农村，绝大多数人难以对生命的深层意义有太多期许，因为祖祖辈辈就是在一个简单、枯燥、贫困甚或动荡的环境中，日出而作、日落而息，直到生命的尽头。像所有的农村小孩一样，我能有什么不同？可以走多远？

一、生于动荡时节

1957年5月，我出生在陕西秦岭北麓一个小村子，当时是西安市长安县引镇人民公社甫江村大队第四生产小队。我们村有一百多户人家，五六百人，距秦岭大峪山口三四公里。

我出生时恰逢全面建设社会主义的起步期，或者说是社会主义全面建设的探索时期。

在这之前，也就是从中华人民共和国成立到1956年，我国迅速恢复了国民经济并开展了有计划的经济建设，基本上完成了对生产资料私有制的社会主义改造，基本上实现生产资料公有制和按劳分配，建立起社会主义经济制度，为我国一切进步和发展奠定了重要基础。

然而，一个全新的政治、经济、社会体系的建设和发展，必然会面临重重困难，免不了挫折和持续探索。在全面的大规模的社会主义建设如火如荼开展的同时，也发生了一系列曲折。比如，1957年，针对极少数向社会主义制度发动进攻的资产阶级右派分子的反右派斗争被严重地扩大化；1958年党的八大二次会议提出社会主义建设总路线后，"大跃进"运动和农村人民公社化运动接踵而至；1959年，党内又错误地开展了"反右倾"斗争；1960年，农村开展反贪污、反浪费、反官僚主义的"三反"运动，以及在当年年底召开的中央工作会议决定，1961年在农村进行整风整社，彻底检查和纠正"共产风"、浮夸风、瞎指挥风、干部特殊风、强迫命令风等"五风"。1963—1965年，部分农村和少数城市基层开展了社会主义教育运动，在农村的运动，以清理账目、清理仓库、清理财务、清理工分为主要内容，在城市的运动，以反对贪污盗窃、反对投机倒把、反对铺张浪费、反对分散主义、反对官僚主义为主要内容；1964年，农业学大寨运动开始；1966年，"文化大革命"拉开了帷幕。

二、放养助长独立和倔强

我当时年幼，对这些运动没有太多意识，但生活于其中也有些许直接的感受。

严格的户籍制度将人们区分为农村户口与城镇户口，这样可以把大量人口限制在农村，缓解城市的就业压力。严重的城乡"剪刀差"维持了城市的稳定，但在某种意义上牺牲了农民利益和农村发展。我的伯父就是响应国家号召从城里返乡的；我父亲依然留在西安市药材公司工作，领导公司的技改项目，如自动化的电子抓药机。因我伯父没有孩子，我们家没有像其他农村家庭那样兄弟们分家独立过，而是生活在一起，所以我们家当时的成员有我、我爸妈和我的伯父伯母。我妈曾是生产队妇女队长。

我自然无法知道幼年时的生活情况，稍有记忆后，印象中伯母曾告诉我，当时实行人民公社制度，村民吃的是集体食堂。每当吃饭钟声响起，我都会激动地哇哇大叫。每家都能从食堂盛回一盆稀饭或稀汤面，其实没有几粒米或几根面，主食以瓜菜为主，因此那个时代还有个"瓜菜代"的别名。当时又遇上"大跃进"，大人们忙得不可开交，天天捡废铜烂铁炼钢，革命和生产热火朝天，然而生活条件十分恶劣。我就是在这样的环境下长大的。

据大人讲，我从懂事起就很乖，一切自主，很少让家人操心。例如，当时村里有个幼儿寄托班，我很喜欢照顾我们的那位老师，总是积极被托管。到了小学时，我们村的小学建在村东头，我家住在村西头，相距一里多地。在黑乎乎的冬天早晨，不像现在孩子都需大人接送或陪护，五六岁的我一般都会主动爬起来，踩着厚厚的积雪，一个人从村西头走到村东头去上课，可以说这是我幼儿时最深刻的记忆。

个人成长不会有那么清晰、确定的因果链条，也许是缺乏管教和呵护，我从小就比较自主独立，似乎也很倔强。幼年时的另一件事直到今天还记忆犹新，就是父亲在城里给我买了个鸭舌帽，他可能觉得好看，认为我一定很喜欢，周末带回来给我我却无法接受，因为我觉得戴上这顶帽子会让我在农村显得很怪异。我坚决不要，于是与父亲发生了激烈的争执。最后，父亲非常气愤地将帽子撕坏，扔到了房顶上。尽管如此，我也没有妥协和退却。

三、从众表象下的挑战欲

人民公社的集体生活和紧张的政治氛围强化了人们的从众意识，即使偶有例外，最多也是内心"活动"，少有人能表露于日常的行为举止。例如我，尽管内心并不见得认同，但依然尽力保持当时农村人的生活习惯，穿着浑身破洞的棉袄，不扣扣子，把两边前襟一裹，用草绳当腰带勒住；鞋子不好好穿，而是拖拉着；蹲在墙角端着老碗吃饭；在村子里骑自行车（当时车子并不多）时，为了不张扬一定下车推着穿过街道；我爸周末回家，有时也会偷偷戴上他的手表，但会用袖口盖住；等等。然而，尽管表面上和大家没有什么不同，不会表现出独特或张扬之处，但我认定这些只是自己适应环境的"权宜之计"。我对自己内心认定的事，总会比较坚持，这种性格到现在都几乎没有太多的改变。

另外，不知什么原因，我总喜欢与大龄孩子为伴。当时的朋友，似乎多是大自己一轮的伙伴。因我个头小、不服输，在各种游戏中常有上乘表现，也没有受到过太多的冷遇或欺负，与大家相处得非常融洽。当时比较流行的游戏是玩"三角"（一种用香烟烟盒折叠的三角形玩具），一是比谁积累的品种和数量多，二是看谁在手背上翻转和抛接的能力强。当然，还玩"面包"（城里人叫"包子"，一种用纸折叠成的方形玩具），一方用面包拍击放在地上的对方面包，若能使其反转则可将其作为战利品收入囊中。还有打"嘎"（一种用一截直径两三厘米、两寸左右长的木棒削尖两头做成的玩具），将嘎放在地上，然后用一根一尺多长的棍子，敲击一头，使其跃起，然后用棍子猛击，谁的嘎飞得远，谁就取胜。还有一种陕西农村称为"对击"（或叫"斗鸡"）的游戏，可以展示自己的力量和威猛，小男孩特别喜欢玩，即用双手或单手抱住一只脚，单腿独立，相互用悬空的膝盖攻击对方，倒地或手脚脱开者为输，既可以两两对决也可以混战。对男孩来说，斗蛐蛐也比较有意思，每到秋季，进猪圈、钻树林、刨土坑、挖水渠、跑坟地（有"坟地蛐蛐"更厉害的说法），设法寻找个头大和翅膀发亮的蛐蛐，找比较厉害的辣椒饲养，以增加其能力和激发其斗志。看到别人的蛐蛐被咬下大腿甚或被咬死就开心不已，似乎在以蛐蛐的战斗力展现其主人的能力。我们还经常去河边或邻村的稻田捉螃蟹。当然，儿时游戏还有很多，如滚铁环、爬树等，都很土，因陋就简，再加上吃不饱、穿不暖，但其实我们的童年过得反而很快乐，与现在的孩子完全不同，确实没有什么关于学习的印象留在脑子里。

回味这些儿时游戏是件很开心的事儿，因为这就是自己的童年生活。当时我虽然个头比较小，也常与比自己大的孩子玩，但却充满了好胜和挑战精神，没有多少挫败感。

四、身心双重压力锻造坚韧性格

常言道，穷人的孩子早当家。在我很小的时候，就帮家里干一些力所能及的农活，如挖猪草、在自留地（人民公社几乎所有土地都是集体耕种，但也有一定灵活性，会给每家分配几分土地，称作自留地，各户可以根据喜好自由耕种）里除草等。

让我从小深受磨炼的事情就是一种非常单调的劳动。

一般说来，生产队饲养着马、骡子、驴和牛等大牲口，用于犁地、碾场等农活。牲口圈里每天需要用新的干土覆盖牲口的大小便，给它们提供干燥舒适的生活环境。所以，牲口圈旁就有两间大草棚，堆放干土。除了其他农活，我伯父返乡后还"承包"了给牲口圈供给干土的活计。据我后来了解，这也是人民公社习惯的集体活动中少有的个人承包形式。

距牲口圈 100 米开外，有一个挖土的场地。我伯父，有时候我母亲也参与，每天在工余休息时间，要挖土、打碎、晾晒、翻土（把表层已经晒干的土翻个个儿，继续晾晒下面的湿土），土晒干后再拉回放干土的草棚。本来公社的劳动就安排得比较满，早早起来出工，干两三个小时活儿后回家简单吃个早饭，然后再出工，有时候中间休息一会儿，中午饭后稍加休息再出工……一年 365 天，除了大雨大雪无法劳动，几乎天天如此。而我们家还要在这样繁忙的日程里抽出空当完成"晒干土"的承包任务，有时别人休息了，家里大人还需要赶快跑到土场翻土。我们生活的紧张程度可想而知，大人们常常废寝忘食，而且这样单调的活儿一干就是很多年。

我虽然还小，也经常要到土场帮忙。特别是每逢阴天下雨，更是着急，要抢在下雨前把土拉回草棚，帮着装车和在后边推架子车。因为年幼，看着一大片土场，在劳动中我始终被一种永无尽头的巨大压力包裹着。尽管我伯父很爱我，但他不善表达，偶尔还会面露厉色，让我在幼小身体接受劳动挑战的同时，精神上也感到压抑，恨不得什么事情突然爆发，可以彻底告别这种晒土的活计。

在身体和精神的双重压力下，有时我也会遇到一点儿惊喜。民间有"南方才子北方将，陕西黄土埋皇上"的说法，在我们那里的地下，挖土过程中不时会遇到铜币、瓦当和一些陶铜器皿等，偶有这些突然发现时，就会欣喜万分。

"痛并快乐着"的繁重劳动一直从我的幼年、小学延续到高中，现在回想起来，这种艰苦条件下的劳动体验也磨炼了我的耐力和韧性。

五、对生活和社会的困惑

对于这样一种生活，我虽然年纪不大，却也产生了一些不解。比如，辛苦劳作一年，可到来年春季，我们家里还是总要设法向亲戚朋友借粮，以度过"春荒"，甚是无奈。还有社会生活，也给予我心灵巨大的震撼。

20世纪60年代初，我伯父听从政府号召，从城市返回农村。他在农村也算是个文化人，担任了生产大队的会计。在"四清"运动中，不知何故，说他有问题要清查。

当时，我们家有一个封闭的小院，两侧分别是三间鞍房（房顶两面坡型）和三间厦房（房顶单面坡型），外带一个街门、走廊直到庭院。我伯父是一个很爱干净、不爱讲话，但很有情调的人。他在院门外栽种了两颗大槐树，并令其缠绕成拱形门洞，上面还有葡萄架形成的凉棚，进门的照壁和庭院花园后的墙壁上有冬青藤盘绕出造型，还用在河道里捡回来的造型奇特的石头和花卉装点，院内花园有两颗大的棕榈树以及各种时令花卉。我伯父伯母居住的厦房前，还有两架齐房檐高的玫瑰、带花格的厅门等。总之，在农村，我们的庭院不算大，但这样的布局和格调很是特别，周围村落知道的人时不时会来探访，路过的人也大都会驻足观望。

然而，"四清"运动开始不久，在问题未查清之前，工作组首先封了我家的两间厦房，即中间的门庭和右侧房间，里面堆放着生产队牲口吃的麦草，只给我伯父伯母留下卧室，于是他们只能在窗户外放上板凳，每天从窗户爬进爬出。这对我伯父那种自尊心强的人无异于奇耻大辱。有一天，他突然不见踪影，大家四处寻找，生怕他想不开，寻了短见。好在过了一两天，他也许是冷静了下来，自己回了家。

后来，因为并未查出问题，房子退回，但两位长者每天爬窗户的画面深深地印在我的脑海里。那个窗户不大，是上下两半对开，下半部是固定的，只有上半部可以自由打开，一个大人进出谈何容易。特别是我伯母还是一个小脚女人，每次爬上凳子，再攀上窗台，弓腰从上半截窗户钻进去的情景让我难以忘记。尽管年幼，至亲所受的莫名伤害还是在我内心留下满满的不解和困惑。

六、家庭熏陶下的人生格言

我伯父一向比较严肃，不苟言笑，帮他一道从事没完没了的晒土、拉土的枯燥活计经常令我心生厌烦，有时甚至倍感绝望。他的冷峻，以及眼里有意无意间流露的不悦，让我恐惧。但是从他的行为举止中，我依然能感受到他的正直、勤劳，甚至偶尔一现的"狡黠"。他善用歇后语，经常会引起周围人的哄堂大笑，偶尔还会被人请去演讲，其幽默的表达和独特的视角让人能察觉其内心世界的丰富。天天生活在一个屋檐下，我就是在这种复杂的身心感受中度过了童年。

小时候我与父亲见面的机会不多，他一般会在周末回家，然后在周一一大早赶回城里。我偶尔也去他们公司小住，他比我伯父更加开朗和直率。

虽然在一起生活的时间不多，但我父亲对我的影响不少。他给予我"自由发展"的空间，帮助我判断是非，教我如何做人。例如，在我们一起清理猪圈时，他会问我臭不臭。在那个年代，因政治氛围特殊，社会环境会影响年轻人根据周围的期望或潮流说话（这也许是前面提到的下意识从众行为的根源之一）。因为大家知道，这一问题是在考验你怕不怕这种脏活和苦活，所以"政治正确"的回答应该是"不臭"。但父亲则会告诉我，客观上确实很臭，但这是应该做的、必须做的事情，你不应该惧怕这种臭，所以也就"不臭"了。另外，他领导的公司技术改革团队，在那样的年代研发电子抓药机。当我看到在电子控制下，一个个中药抽屉如何自动地配成一副副中药，这对尚年幼无知的我来说十分神奇，进而在我幼小心灵里对父亲产生了真切的好奇和崇拜。

后来经历了初步的人生历练，我在30岁之前定下了自己的人生格言——"正直、真诚、自信、灵活"，还让朋友写成书法横轴挂于小小的客厅里。也形成自己的育儿理念，即重视是非观的培养、正确行为方式的养成。在儿子两三岁的时候，虽然他不可能真正理解"正直、真诚、自信、灵活"几个词的含义，我就让他先记住，并在日常生活中结合实际场景帮其理解。如看到有人随意扔垃圾，会问他这种行为是否正确。在他回答不对后，再问他你应该怎么做。他会跑过去捡起垃圾放进垃圾桶，我会及时予以鼓励。这样，随着其成长，这些品质便会被逐步理解和不断强化。

我想，这些感悟和实践与我从小的这种家庭熏陶一定关系密切。

七、家庭、家族、社会与成长

当下社会里,父母对子女的教育充满了焦虑,总害怕输在起跑线上。改革开放前,社会发展对人成长的影响巨大,基本上是社会教育人。随着市场经济的引入,贫富差距、社会分层现象逐步出现并加剧,家庭对子女发展的影响作用日益增大。家庭出身和家族背景似乎在人生旅程中扮演着关键角色,现在人们也很重视门当户对,是否出自"名门"。

按当时标准看,我很难说自己出身寒门,但确实成长于非常贫困的农村家庭。也不知是个性使然,还是其他什么原因,我从小喜欢独立,在现实面前抱有少许反叛精神,所以也不太关心家族演化背景。我估计我们家是有过族谱的,因为在农村我伯父当时算是很有文化的人,连我们家孩子的取名都有天干地支的"逻辑",比如我们家孩子名字最后一个字是民,我属鸡,鸡对应的是酉,所以我的名字是席酉民。我的两个弟弟,一个属兔,兔对仁,名为仁民;一个属马,马对午,故名午民。每年过春节,我家都会摆放家谱和祭祀的桌子,上边记录着家族的传承。遗憾的是,随着"文化大革命"中开展"破四旧"(旧思想、旧文化、旧风俗、旧习惯),这些东西就杳无踪影了。

我们村席姓就两三家,直至现在我也不知道我们祖上的演化和迁移史,只知道我们好像是外乡人。虽然后来有朋友从山西古城给我买了席氏祖宗木牌及木刻像,有学生送我席家历史小册子,我也未曾深究。直到 2008 年,我离开西安交通大学来苏州执掌西浦,我儿子加拿大留学结束,在温哥华帮国企收购一家上市公司后赴上海创业,我们双双迁到南方。

我知道在太湖边上有著名的 5A 级景区席家花园①,遂带我儿子专程拜访。后席家家族理事会秘书长联系到我,带领几位老者,到西浦见面。他们一进我办公室的门,也许是亲缘原因,我莫名地从一位老者面部看到了我父辈们的某种影子。从他们口中和带来的资料中得知,现在席氏在中国大约几十万人,最早似乎是从西部青海一带迁徙到江南。旧中国时苏州东山席家曾是上海最强大的金融家族之一,迄今在上海仍有其别墅改造的席家花园酒店和会馆等。为了纪念他们,席氏家族在太湖东山建有席温将军纪念园和祠堂,我也曾和众人在清明节参拜过

---

① 又名启园,位于苏州市东山半岛北端的湖山之间,占地约 5 公顷。1933 年,席氏为纪念其祖上在此迎候康熙皇帝而兴建。因其地理条件得天独厚,与自然山水浑然一体,园景错落有致,使人赏心悦目,被誉为"太湖第一园"。1984 年经国务院批准列为太湖风景名胜区主要景点之一。

一次。再后来有朋友发来席家的演变史资料，说该家族最早并非席姓，而是姓书籍的"籍"，曾为炎帝之师云云。个性使然，这最多成为我偶尔饭后茶余的谈资，并未去追踪我们属于该家族的哪支哪脉，我知道的充其量是我们三代以内的一些情况。

我喜好独立，主张每个人都尽可能"独立闯荡"，去体验自己独特的"冒险之旅"，包括对待下一代，也鼓励其自立，更愿意与孩子们亦师亦友。

* * *

回望儿时的成长，虽然社会资源匮乏，但也没有太多"自寻烦恼"的压力；家庭条件非常有限，但也没有对我进行太多干预。除了物质资源紧缺，但生活无拘无束、无忧无虑；虽见识有限，知识和信息很少，但天性却得到了充分的释放，初步建立了朴素的人生原则。与现在富裕环境下的孩子相比，虽受到生活窘迫的限制，但天性并没有被人为扼杀。充满各种政治运动的生存环境并未泯灭人性和良知，我依然得到正直、真诚、关心、爱护的温暖，这也许有利于后来的成长和人生。自然，这期间那些来自身体的饥饿感受、幼小心灵的"创伤"，也在脑际存留了一连串的疑问。

第二章
初出茅庐　纷纭杂沓
(1967—1977)

环境影响人的成长，但它实在不排挤意志的自由表现。

——车尔尼雪夫斯基

以眼看世界，世界是很小的；以心看世界，世界是很大的。有些人，有些事，只有用心去体味，才能了解得更真实。正是这种感觉，年轻的我们，在成长的过程中，少不了磕磕绊绊，雨雨风风。可是人生路上，总会有盏心灵的明灯照耀我们，一步步，向前进。

——佚名

第一章 初出茅庐 纷纭杂沓

少年，如一条小河，即使蜿蜒曲折，也必奔向远方；我是那水里的鱼，畅游涟漪，任波涛激荡。少年，又似一片天空，虽时有乌云密布，但乌云之上永远会有阳光闪耀；我是那飞翔的鸟，和风起舞，不惧电闪雷鸣。

一、初入社会

在我快10岁的时候，轰轰烈烈的"文化大革命"开始了。再有个性的少年，也不可能理解什么是"文化大革命"。

记忆中最为震撼的是跑到南邻龙渠村看两派"武斗"。龙渠村较大，一部分在沟里，一部分在平地。龙渠中学建在沟沿的平地上，沟的另一边刚好有通往秦岭大峪口的马路经过。印象中是1967年的一天，我挤在好奇的人群中，观望沟对岸的情况。只见龙渠中学教室的屋顶上站了很多人，有的拿着大刀，有的握着长矛，空手的从屋顶揭下瓦片砸向地面的人群；地面上的人则架着梯子，试图爬上屋顶，当快接近屋顶时，就遇到大刀、长矛或瓦片的攻击而滚下屋顶……这一幕让我感到非常震惊。

在回家途中，当走到龙渠村通向大马路的小路口附近，突然听到身后有呼喊声和急促的脚步声。一回头，面对面跑来一位身上负伤、满脸是血的汉子，也不知道他是房上那队的还是地面那队的。当他看到我们后，边跑还边喊："捍卫毛主席！"我心里很不明白：都在喊"捍卫毛主席"口号的人，为什么还会拼死相搏？

另一个令我印象深刻的是那个时期高度的政治敏感性。早请示、晚汇报，唱红歌，跳"忠字舞"，见面先背一两句《毛主席语录》，然后才说事。还有小朋友拿着红缨枪在村头站岗，口令也是政治口号或《毛主席语录》。这些已经成了村民习惯的一种生活方式。

记得一个夏天的中午，大家在我家门头槐树门洞里边的葡萄架下乘凉，一位细心人在我家门楼的墙壁上偶然间发现了一处很细微的划痕，经仔细辨认，依稀可见"打倒……"几个字。这可是重大的反革命事件，有人立即通知村大队民兵保护现场，并向派出所及时报案。按当时的政治氛围，此案一旦水落石出，"作者"肯定会被判为"反革命分子"并被判刑，除非患有精神疾病。

人很抽象，也很具体，一方水土养一方人。长大后了解到更多1966年到1968年发生的事，可以认为在我生活的这块土地上，虽然有各种各样的"运动"，但人们最基本的生活还算正常。对于我们这些当时学龄阶段的孩子，尽管学制改成小学五年、初中两年，但在学校里还是能够安心读书的。小小的我脑袋里虽有很多疑惑，但依然可以按部就班做个好学生。

二、别样的初中

我的初中要去往邻村屈家斜的学校，两村之间大约有二三公里的路程。冬天，天不亮我就得起床，与同学结伴而行，在路上还要不时大声吆喝以驱赶野狼。下午放学回家，大部分时间是在打野草和与周围村落的小伙伴打群架中度过的。这期间，有几个"情节"令我终生难忘。

也许是远离城市的缘故，我们受"文化大革命"的冲击还不算严重，初中老师的教学还是很认真。记得当时教我们数学的刘老师，也许是接受上边的安排，也许是呼应政治形势的需要，还在进行教学改革，例如鼓励学习好的学生以"小老师"身份登上讲堂。我一直算是好学生，自然被安排到黑板前讲过课。印象最深的一次"小老师"体验是讲语文——我被选中在引镇人民公社全社的语文观摩教学中以"小老师"身份登台演示。当时，各个学校的语文老师坐在台下，黑压压一大片。具体讲的什么内容已经记不清楚了，其中用到一个成语"好逸恶（wù）劳"，很不幸，我当时念成了"好逸恶（è）劳"。事后才意识到读音错误，爱面子又自尊心强的我着实脸红了很久，想起来就自责不已。这使我在日后的学习和生活中对这类问题特别敏感，尽一切可能避免类似错误。即使半个世纪过去了，偶尔想起还会"耿耿于怀"。

我们的初中生活与现在不可同日而语，不仅学制只有两年，而且每天放学很早，下午无须补课，更别提参加各种课外班了。要说"课外活动"，一般就是回家挖猪草。但那时正是贪玩的年龄，大家经常聚集在一起，与邻村小孩争地盘、打群架。每人一个草筐，捡一些土块和瓦片，带上本村凶狠的狗，与邻村伙伴相互追逐、打闹。有一次，在我们村西边黄土坡村的塬上，两村小孩各居坡沟一侧，相互用石头和瓦片投掷击打，结果一个瓦片击中我的右眼角，当下血流不止。心知"闯祸了"，不敢回家告诉大人，就自己先用河水洗洗，再用手按住止血……直至现在仍留有疤痕。

除了校外的嬉闹、恶作剧，也有一些有趣的校园生活。例如，1966年5月7日，毛泽东对当时的解放军总后勤部《关于进一步搞好部队农副业生产的报告》作出批示，即"五七指示"。毛泽东在信中指示，"军队应该是一个大学校"，全国各行各业都要办成一个大学校。这个大学校，既"学政治、学军事、学文化""又能从事农副业生产""又能办一些中小工厂，生产自己需要的若干产品和与国家等价交换的产品""也要批判资产阶级"。并写道："学制要缩短，教育要革命，资产阶级知识分子统治我们学校的现象，再也不能继续下去了。"（廖盖隆、庄浦明，2010：251）1968年5月7日，黑龙江省在纪念"五七指示"发表两周年时，把大批机关干部下放劳动，在庆安县柳河开办一所农场，定名为"五七"干校。1968年10月5日，《人民日报》在《柳河"五七"干校为机关革命化提供了新的经验》一文的编者按中，引述了毛泽东的有关指示：广大干部下放劳动，这对干部是一种重新学习的极好机会。此后，全国各地的党政机关纷纷响应，在农村办起"五七"干校。党政机关、高等院校、文教科技战线的大批干部、教师、专家、文艺工作者等知识分子被下放到农村，到"五七"干校参加体力劳动，接受贫下中农再教育（雷厚礼、武国辉，2010：397）。在学校里，尽管是初中，我们也举办"五七"工厂，学习一些技能，生产一些产品。比如，我们当时学习用细铁丝编制罩滤、盛食物的器具等生活用具。我在动手能力上可能有些天分，当时已经是这方面的"行家里手"。再比如，学校给我们下任务，要在麦收后收集洒落的麦秸（在我们那儿俗称"搂柴"），交到学校，然后我们挖窑、自制砖坯，再用收集到的柴火烧成砖。一方面接受教育、锻炼技能，另一方面也为社会做贡献。现在的学生很难想象当年上学期间会有这样的技能学习和劳动锻炼。

有趣的初中生活即将结束之际，中断数年的高中教育开始恢复。1971年，初中毕业的我们有幸直接参加高中入学考试。但因刚刚恢复，乡村学童的入学竞争非常激烈，我们初中一个班50个学生，最后只有4人考入高中。由于我在学习上比较努力，方方面面一直表现优秀，所以成为寥寥可数的幸运者之一，进入了我们当地唯一的中学——引镇中学。

三、跌宕起伏的高中

当时上高中，我们需要从农村户口转成商品粮户口，每月粮食定量20多斤，住宿条件为 7 人一间的大通铺。一般到了周末，同学们会回到家里帮忙干农活，回校时情况好的家庭会带一点窝窝头或黑面馒头作为一周口粮的补充。

历史的走向有时候扑朔迷离，大概从 20 世纪 60 年代中期开始，基于当时对国际形势的估计，毛泽东主席强调要突出备战，要准备粮食和布匹，要挖防空洞，要修工事。1969 年 8 月，中共中央正式决定成立全国人民防空领导小组和各省、市、自治区人民防空领导小组，在全国特别是大中城市普遍开展了群众性的挖防空洞和防空壕的活动。我们在初中自己烧砖也是为了箍防空洞用。1972 年 12 月 10 日，《中共中央转发〈国务院关于粮食问题的报告〉的批语》传达了毛主席"深挖洞，广积粮，不称霸"的指示。那段时间，我们村也是到处挖防空洞，我们有时帮忙，有时下洞里去玩。有一次周末回家，我下到洞里，我的朋友在地面用滑轮放土筐，但突然滑轮坠落，跌入洞内，此时在洞里的我听到喊声，身体下意识一偏，但滑轮还是砸在了我的头上，好在稍偏了一点，头顶右侧被砸了一个口子。为了不让家里人知道，在朋友帮助下我爬上来，到马路边上找了一些被车轮研磨得很细的土，敷在伤口上止血，不多时土、头发和流出的血就凝固在一起，随后又跑到水库里，用水洗掉结痂。好在后来没有发炎，只在头上留下了一厘米长的疤痕。除了淘气、冒险、偶尔闯祸，对我来说，还要在自留地干活，以及那看似永无尽头的晒土、拉土的活计。

庆幸的是，我们上高中时恰遇 1972 年周恩来推动教育整顿工作，以及 1973 年邓小平复出主持国务院工作，教育回到正轨，并受到空前的重视。机会难得，老师认真教，大家用功学，晚上经常点着油灯上自习。整个高中阶段，我在全校同年级 300 多名学生中，始终稳居前三名，还曾创造了 6 门功课 598 分的学校纪录。

这期间，我又有机会登上讲台，以学生老师身份参与观摩教学。记得当时几百名学生和老师集聚在操场，登台后看着黑压压一大片同学和周围的老师，难免有些许紧张。开始演讲后，逐步镇静下来，谁知进行到一半多时，突然发现后边的演讲稿不慎遗失，心头一紧，就有点儿慌乱，但一想后无退路，只能硬着头皮按记忆和理解讲完。这次教训让我真正理解了什么叫"预则立，不预则废"。凡重要事项，除了做好准备，还需事先反复检查、确认。当然，教训中也有收获，初次体验了只有"遇惊不乱"，才可能涉险过关。

高中阶段，在珍惜机会努力学习之余，我还以学生干部身份融入当时的各类学校和社会活动，特别收获了语文老师李志虎先生对我的谆谆教导。李老师对我的影响除了书写，主要教会了我积极面对人生、不断强大自我。他以学校当时很受学生欢迎的王国俊老师为例，帮助我们认识和对待人生。据说，王老师父亲曾是"伪政府"的一名县长，因此在当时他的个人发展受到很大影响。但他并不气馁，不仅在数学上很有成就，而且物理、化学也很精通，还能捣鼓当时算是很先进的无线电。而且作为一名镇上学校的农村老师，他在西安市的乒乓球比赛中也能拿名次，同时还是学校的排球名将，得到众多师生的尊敬。更让一大群学生仰望的是他瘦高的个子、"精致"的眼镜和文质彬彬走路的样子。可以说，李老师慧眼识人的引荐，王老师才华横溢的示范，让我懂得该如何加强修养、提升能力。

然而好景不长，在我们即将毕业之际，又一场政治风波打乱了正常的教育秩序。从1974年年初开始，在"批林批孔"的旗号下，"四人帮"把这段时期教育秩序的恢复称为"复旧"，提出"反'右倾回潮'"，他们制造所谓"一份发人深省的答卷"事件、"一个小学生的来信和日记"事件等，掀起一股股"反潮流""反复辟"、反"法西斯主义"、反"修正主义"的浪潮。教育领域刚刚出现的一线生机又被扼杀（程中原、夏杏珍，2017：448）。在这个背景下，即将结束两年高中学习的我们暂缓毕业。虽然不解其背后缘由，糊里糊涂地卷入其中，但我心中总觉得重视教育和强调学习并没有什么错误。这期间，在大量的大字报中，偶然发现的王国俊老师的一篇最为独特，它比较中性且短而精，尤其是其上显现的文字功夫吸引了我，当时着实被一个数学和物理老师的逻辑和文采所折服。说实话，这场风波中留给自己的除了困惑，剩下的就是那篇短短的、力透纸背的行文带给自己的震撼，尽管已记不清具体内容，但其简洁、精练、严谨、周密、直击要害的表现力让我印象十分深刻。

约莫两三个月后，1974年春，我们正式高中毕业了。我永远都记着那个返乡的日子——3月2日，我用破旧的自行车推着一个竹条箱子回到了家乡，算是完成了从少年走向青年，虽不免稚嫩、纠结却也充实的人生洗礼。

四、回乡四年，战天斗地

遗憾的是当时大学之门紧闭，渴望继续学习的我不得不以"成人"的身份开启真正的农民生活。坦率地讲，当时心里并无多少怨言，因为没有别的选择，对世界（他国甚至我们村镇以外的地方）的了解几乎为零。我当时走得最远的地方就是离我们村大约30公里的西安，还是因为我爸在城里工作。在高中期间，我们每月的口粮只有20多斤（当时几乎没有蔬菜和肉食，主要靠这些粮食充饥，经

高中毕业合影

常感到饥饿），几乎每天都是玉米面糊糊、窝窝头、"钢丝面"（玉米面拉成的面条，因为很硬，故得此名），但因完全与世界隔绝又缺乏信息，还自认为我们生活得很好。因此，在这种孤立和封闭的状态下，人们的心情反倒是很宁静，我迅速和积极地融入了"战天斗地、热火朝天"的农村生活。

高中毕业后的这四年，我做过公社团委委员、村团支部书记、会计、队长，既切身体验了形形色色的政治运动，也在科学种田、育种、进山植树造林、河滩造地等艰苦的劳作中，深入了解到中国社会最基层的真实生活。知道了什么是青黄不接，什么是政治"热情"，什么是奋斗激情，什么是人与人之间的信任与合作，还从知识青年身上看到了（城乡）身份的意义。故事离不开情节，几个片段或许可以部分地见证明暗之间生命的倔强。

加入中国共产党

坦诚地讲，我当时的想法比较简单，就是想通过自身努力，让生活和社会变得更好一点。所以高中毕业回乡后，我就积极投入到农村生活之中。

因为年轻，所以激情满怀，浑身是劲，活力四射。一年三百六十五天，除了天气不好无法劳动，几乎没有休息的时间。每天早上天不亮起床，晚上还有各种各样的政治活动，一般要到十一二点才休息。我曾做过统计，一个月大约有二十四五个晚上要开会。

我们有育种基地、科学试验田和青年试验田等。记得有一次初冬，天气预报说夜间有大雪降临，我当时在第四生产队，为了在大雪之前将肥施入试验田中，考虑到人手少、时间紧，于是邀请第一生产队的青年朋友帮忙。从傍晚开始，一大群青年人开始拉粪施肥，不一会儿大雪纷飞，但我们都不怕天寒地冻、地湿路滑，两人一个架子车，从村里一车车将粪肥拉到田间，没有小队之间的障碍、没有报酬、没有怨言，只有激情与欢乐。

可以说，我当时在各方面都积极上进，育种、种棉花、大牲口犁地、开拖拉机、撒种、集麦垛子等，几乎样样都是"把式"（高手）。例如，秋天雨水多，地太湿，小麦播种机无法使用，这时必须由有经验的老农民去撒种，以保证播撒均匀。以我当时的年龄，根本不该干这样的农活。但我在各方面的优秀表现，使我获得了充分信任和拥有干各种技术性农活的"特权"，包括撒种、集麦垛子、修理电器、开拖拉机、使用各种农机具等。埋头苦干和不断争取上进让我于1975年年初光荣地加入中国共产党。

初尝人性的复杂和管理的责任

当时,中国农村实行的是人民公社制度,以镇子为单位组成人民公社,村子为单位组成生产大队,然后再分为若干生产小队。虽然那时已不再像我出生时那样大家一块吃大食堂,但依然强调集体生活,统一耕种、统一收获,成人和孩子各获得不同口粮,并基于个人能力及劳动时数获取工分,然后依据工分获得相应酬劳。另外,在生产队集体土地以外,每家还分得一点儿自留地,可根据自己喜好打理,作为集体制度的补充,这也许是为了体现激励或满足个性需求。

当年,夏收是一个非常关键的时节,人民公社一般会事先进行"三夏"(夏收、夏种、夏管)动员。一般小麦收割后,会在地里晾晒一段时间,再拉回场里堆麦垛子(我们那儿称"集子"),然后在忙完收割和下种后,再打开麦垛子碾打麦子,经过起场(除去麦草)、扬场(趁风去除麦壳等杂物)等步骤收获麦粒,再趁天气好充分晾晒,最后入库。

这时我遇到了一件不解的事情。因为夏天天气易变,常有暴风骤雨袭来,收获的夏粮就在场上,遇上不好的天气就需要迅速收集、装袋、扛送至粮仓,不然会被大雨淋湿甚或冲走。这些粮食部分是后边要交的公粮(农业税),其他的就是大家共同拥有的。但奇怪的是,面对风雨可能造成的损失,原本人人有份,可绝大部分人并不着急,甚至有人先跑到自留地里处理自家的事情,为什么?此时,我已是生产队队长,虽然只有18岁左右,但不得不自己冲上前去,扛起200斤左右的麻袋,艰难地踏上铺在麦子上面的木板斜坡,爬到麦堆顶部把麦子倒掉。这样,其他人才会慢慢跟进。

另一件让我不解的事情是,在人民公社时,一年到头似乎永远有忙不完的活儿。大家辛苦劳作一年,到青黄不接时节,很多家庭依然填不饱肚子。等考上大学后,农村开始推行分田到户的承包制,我夏日回到农村老家,发现过去要持续几个月的夏收,只用一两个礼拜就全部结束了。尽管土地有所减少,但绝大多数家庭都有余粮。我和在家务农的弟弟聊起此事,明显的原因自然有农业机械化、更高产的种子和更多的化肥,但是否还有其他社会因素?集体制度下个人的动力问题该如何解决?

直到改革开放初期农村土地承包责任制的推行,才找到了释放农民动力和创造性的大门,始于1958年的人民公社制度在20多年后的1984年"寿终正寝"。其背后一直存在着一种个人与集体的利益关系,夏日暴雨前晒场上人们对集体粮食和自留地的态度就是一幅生动展现这种关系的现实图景。

有趣的是，当我 2015 年在以色列访问时，得知在以色列还有数百个"人民公社"，名为"基布兹"（kibbutz）（希伯来语的音译词，原意为"集体""聚合"），专指一种建立在公有、平等原则上，带有"共产主义"和"公社"性质的村庄。它原本是 20 世纪初犹太人回归潮的产物，后来发展成为以色列国内独具特色的社会经济组织。一个世纪以来，基布兹依靠公有化的组织形式和集体主义的力量推动农业和工业生产，为犹太民族复兴和以色列国家建设做出了不可磨灭的贡献。以我在人民公社的经验，我很好奇这种组织为什么在以色列依然有生命力？朋友雅各布给我介绍了其基本的运行原理，并驱车带我走访了数家基布兹，我还与在基布兹做志愿者的一位日本姑娘进行了交流，才初步弄明白其中的奥秘。在运行机制上，基布兹与中国当时的人民公社差不多，有公共食堂，集体分配住房，收益公平分配，即使在基布兹以外的地方工作，收入也归属基布兹。基布兹生活环境优美，综合经营，甚至供应美国军方所需产品。但其最大的独特性是进出基布兹自由。如果你拥有这样的生活信仰和愿意遵循这样的社会规则，即可加入基布兹；如果不愿这样生活，也可退出基布兹。而在中国曾经的人民公社，无论你喜欢与否，没有选择的自由。这可能是我们人民公社被废除而以色列依然有基布兹存在的最重要的原因，因为人的信仰、行为习惯各异，不同的社会、组织模式给不同的人提供了不同的选择空间。

尽管人民公社没有提供自由选择的权利，但对我们这些初入社会又信息闭塞、尚未形成选择习惯的人来说，即使生活条件很差，也过得很带劲儿。

劳动的磨砺

在生产队时，我们劳作一天依据工作强度和个人能力可挣得 7 个到 12 个工分，1 个工分年底大约可分得 6 分钱到 7 分钱。当时也可以通过一些副业多挣一些工分，例如帮别人拉货。

记忆犹新的是一次从山根儿前拉一车竹帘子送到西安火车东站货运场，再拉一车氨水（制造化肥冷却后的废水，依然有一定肥力，有关系可以免费获得）回到生产队，这一个来回可以挣 3 天的工分，大约折合 2 到 3 毛钱。我们下午到山里装货，一辆架子车能装四五百斤。出发五六个小时后，也就是晚上十点来钟，走了一小半路，马路边上有一个西安美术学院，我们坐在门口吃点东西喝点水，稍做休息后继续前行。再过数小时，大约在清晨六点前必须赶到西安南城门，趁人还不多，穿越南大街、钟楼和北大街，出北门往东到火车东站货运场。当时我穿着一双麻鞋（碎布编织成的类似于草鞋的鞋子），一路鞋底已经磨去一半，裤腿也撕了一个大口子。上午卸完货，再拉着车子到西郊化肥厂，把车子先寄放在那里，等着另外几辆车子把大铁桶（一米多高盛液体的器具，装满约有四五百斤）送来，第二天一早趁工厂还未开班装满氨水，再拉回家。

  因为年轻，即使经过长途跋涉且一夜未眠，到了西安依然激动。稍做休息后我们搭车进城，因为我父亲当时在西安市药材公司工作，位于东关，第一站就去他那儿。看望父亲自然是目标之一，但内心深处盼望的是那碗向往已久的羊肉汤，漂着几片葱花，泡一块烤的坨坨馍（一种圆形面饼）。长期不见荤的我感觉那个味道简直美得难以言表，几十年过去了，走笔至此，仿佛依旧唇齿留香。下午又去钟楼，先逛旁边的新华书店，再去离钟楼不远、位于五一饭店边上的外文书店。外文书店的常客都知道，有一道很窄的楼梯通往二楼不大的地方，店里摆放的是外文影印书。尽管当时的我没有能力阅读，但好学的劲头儿依然驱动着困乏的双腿爬上二楼，想看个究竟。浑身泥土、一双破麻鞋、撕裂的裤腿，我这样子进入外文书店，便与那里的环境格格不入，看到的人都投来一种怪异的眼神。这种眼神与早上我们艰难拉车进南城门时环卫工人的不屑眼神相叠加，在我心灵深处留下了挥之不去的刺痛。我心里很不服气，表面上嘀咕"我若有你们那样的条件，一定会干得比你们好"，内心里一直深藏着有机会就奋起的雄心。晚上，我们回到化肥厂，只能睡在露天的水泥地上。好在天气还不算太冷，但化肥厂旁边是硫酸厂，二者释放的气体在空中相遇并起反应形成长年不断的酸雨，周围的树木已全都枯死。我自己带了个雨衣，躺在地上，酸雨打在脸上很难入睡，只好用雨衣把头裹住，但又闷热难耐。第二天，我们装满氨水匆匆上路，又是几十公里的路程在等着我们，等离村子还有十多里地时，已是晚上。这时，生产队派几个人牵着牛来接我们，牛牵引着车子，我们只需把着车辕，随着车子慢悠悠地前进。三天两夜的折腾令我们疲惫不堪，有了牛的牵引，身心一放松，我们居然会睡着，但脚步还在不知不觉中随车挪动。

  今天，看着年轻人不愁吃不愁穿，生活得丰富多彩，由衷地为他们高兴。当这些艰苦奋斗的画面不时浮现于脑海，我虽然不会像有些同龄人一样高呼"青春无悔"，但仅从个人的经历，的确感受到"艰困"不仅可以磨炼意志，也能不断积累奋斗的动能。

农业机械的乐与囧

  就在我们以牲口和双手驾驭一切的时候，一条喜讯传来：可以用于农活的手扶拖拉机已经生产出来了。当然，它很难买到。这时，我们想起了以前曾经在我们村接受几年劳动改造的一位刘姓干部,据说当时他是西安城北草滩农场的领导。于是,我和我们村当时与之关系不错的一位长者进城去找他,请他帮忙买一台手扶拖拉机。在他的帮助下,我们确实买到一台。因为过往我在各方面迅速成为把式的优异表现,大家也相信我有驾驶拖拉机的能耐,于是我自然成了手扶拖拉机手。

一个小插曲让人生增添了"冥冥之中"的味道,在办完拖拉机购买手续后,凭借着大功告成的喜悦,我们决定到西安当时最漂亮的兴庆公园转转。那会儿舍不得坐公交,我们一直由东向西朝公园方向走,当我们走到一个大门,以为已经到了,就走进这个大院子,转了半天看着不像,就退了出来。后来,1978年年初,我再次踏进这个院子,才知道那是陕西机械学院的校园,那个几年前阴差阳错提前"报到"过的地方。

手扶拖拉机大大提升了我们的生产力,犁地、拉货、碾场效率大增。我曾开着它进山拉石头、下河道拉沙子、进城送货、上工地修水库等。当然也遭遇过不少困境,甚至是严重的事故。手扶拖拉机是双轮驱动,与车厢轴点链接,两轮可以分别通过两臂上的手动离合来控制。正常前行时,若向右拐,分离右侧动力,因左轮驱动,拖拉机便会向右拐;反之,分离左侧动力,向左拐。但在下坡时,因惯性大于牵引力,机头已有刹车功用,这时若左(右)侧动力分离,因惯性使然,拖拉机行驶方向会与正常情况下相反,即会向右(左)拐。因此在下坡时,必须准确判断,此时车子是惯性大还是牵引力大,从而决定采用哪边的离合器拐弯。许多人因判断不准,操作失当,致使车子冲出马路,甚至跌落沟里。我的助手,在一次犁地回程中,路过一个向西安送水的水渠。该引水渠从山里出来,因地形由高向低落差较大,为减缓水流及其对河道的冲刷,会视情况每几百米或更长距离建一个"积水",将河道分成比较平坦的上下游两段。之所以称为"积水",是因为会在两段河道衔接处的低端修建一个大的蓄水槽,缓冲落水的冲击力,以使水流平缓进入下一段河道,一般而言积水的上下落差在5米到10米。该积水上面刚好有一座桥,过桥一个急转弯下坡,可他用错了离合,连人带拖拉机掉进积水里。好在人无大碍,但发动机报废了。还有一种危险是机头和后边载重车厢通过一个轴点链接,在惯性很大或急速刹车时,若前后两部分不在一条直线上,巨大的冲击力会使前后两部分失去平衡,从而导致折叠甚或翻车。我在秦岭北麓许家沟修水库时,在斜坡和坝上拉土,就多次因为这种设计问题遭遇风险。

初入社会的政治洗礼

回乡的这四年还处于"文化大革命"期间,社会秩序十分混乱,各种政治运动不断。比如,前面提到的1974年的"批林批孔"运动;1975年年初,周恩来病重,邓小平主持中央日常工作,但年底却刮起了"批邓、反击右倾翻案风";1976年,周恩来、朱德、毛泽东相继逝世,10月"四人帮"垮台,标志着"文化大革命"的结束;1977年,中共中央重提工业学大庆,并形成一个高潮;等等。

我们虽身处农村,也无法远离这些运动的洗礼。在繁忙的劳动之余,大家都陷入各种各样的学习、批判、宣传活动中。为了帮助农村开展政治运动,上级还从城里给我们生产队派了驻村宣传队,领导或指导我们的政治活动。我当时是引镇人民公社团委委员、我们村(甫江村)团支部书记。印象很深的就是在1974年年初回乡后,继续参加"批林批孔"运动。但随着时间的推移,1976年年初又明确"反击右倾翻案风",隐隐感觉到风头不对。农民,特别是我们这些没见过什么世面又信息闭塞的年轻人,确实难以做出政治判断,只是觉得翻来倒去,有时候似乎与实际的生活感受不符,例如教育应该是好事,加强学习和教育没什么错,为什么还要批判?因此,我们积极响应号召,学习归学习、批判归批判,但内心里还是基于农村人朴素的认知该做什么做什么。当时我还以漫画故事方式开展一些宣传活动,所画内容基本上是把农村日常生活故事化,借助宣传工作鼓励人们为人向善、友好相处、积极生活等。当时也和宣传队队长、村支书们一起,介入一些农村问题的处理,如防止坏人破坏、处理村民纠纷等。

当时的农村生活既艰苦又丰富多彩,艰苦到想吃一次肉都要等到一年一度的"三干会"。当时有一个三级干部会议制度,简称"三干会",分为市级(市、县、乡镇三级)和县级(县、乡镇、村三级)。三干会在每年春节前后召开,主要是贯彻落实中央、省、市经济工作会议精神,按照各级党代会的部署要求,总结过去一年的工作,全面安排新的一年经济社会发展的任务,全面动员、统一思想、坚定信心,全力以赴加快推进各项建设工作。我当时已有资格参加三干会,说起来好笑,我去开会的最大动力是会上提供的一次白面馒头加粉蒸肉,就像过年一样。

坦诚地讲,对于刚步入青年的我,名目繁多的政治活动反倒使传统枯燥无聊的农村生活变得更加多彩,丰富了我的生活体验,让我学到了不少与人相处的门道。

上山下乡知识青年与回乡青年的对话

有一次,我们正在引镇中学(我曾经学习的学校)开三干会,突然听到远处嘈杂的喧闹声,估计出事了。我们赶快跑过去,发现在一个两三米高的土坎下,人们乱作一团。原来一群青年人在土坎下挖土和拉土,因为是冬天,都以为上方土层已经冻实,但上方冻土却突然塌落,将土坎下的几位青年砸伤、掩埋,大家正在忙着挖人。遗憾的是,一位下乡的女知识青年不幸被一大块冻土压住身体中部,等设法去除冻土后,发现其被压部分的身体已经"粉碎",当场死亡。在当时的政治环境下,知识青年的非正常死亡是大事,会引起各方的介入。而且农村没有殡仪馆,只能将尸体存放在较冷的地方,等待各方研究处理后事。不知何故,写悼词的任务落在了我的头上。如何写一个让家人接受、各方认同的悼词,我着实花了一番功夫。后来,在问题解决后,公社党委刘书记还专门称赞了我的写作能力。

其实,上山下乡并非始自"文化大革命",而是开始于 20 世纪 50 年代中期,最初是同中国城镇就业困难,而农村又需要有文化的青年这一历史条件联系在一起的。但在"文化大革命"中,知识青年上山下乡演变成一场规模巨大的政治运动。特别是 1968 年 12 月 22 日毛泽东关于"知识青年到农村去,接受贫下中农再教育,很有必要"的指示发表后,知识青年上山下乡运动迅即掀起高潮。从 1967 年到 1976 年,共有 1 400 多万城镇知识青年上山下乡(张曙,2008)。当时,学生"停课闹革命"、大学一度停止招生,使应届大中学生不能正常毕业、升学,经济的停滞不前又使得城市就业问题空前严重,上山下乡成为知识青年的主要出路。我们村也不例外,接受了来自西安的数十名知识青年。

前边提到,中国严格的户籍制度把城市居民和农民区别开来。即使是同样把户口从城里或学校转回农村,城里人叫"上山下乡知识青年",我们则叫"回乡青年"。政治和经济待遇也因此而不同,前者会备受关注,而后者则与之相反。后来在我入大学、工作后,这种差异更为突出。上山下乡知识青年就算是没有真正去过农村,但只要他们报过名,户籍到过农村,他们的工龄便可从到农村那一天算起。而我们回乡青年即使在农村干过四年,又念了几年大学和研究生,工龄也只能从研究生毕业后正式入职的那一天算起,前边的所有劳动因为是农民而无法计入。因此,与同样情况的知识青年相比,回乡青年大约会少计 10 年工龄,这在计划经济年代,从住房、工资和其他发展机会角度来讲是一个很大的损失。另外从能力等方面来看,我们身处信息闭塞的农村,知识青年较我们似乎有一种天然的优势，如生活条件、教育环境、见识等。在与他们的接触中，也听到过某些佼佼者的感言，他们来之前确实有极强的优越感，觉得各方面都比我们强，但在实际生活中，他们逐步发现我（们）在很多方面比他们更强大。后来一块考大学时，全村成功考过的两位也只有我和另外一位回乡青年。通过与他们共同度过的几年农村生活，我作为一名农村回乡青年，原本那种低人一等的自卑感全然消失，他们比我们只多了回城工作的机会。

我想专家对知识青年上山下乡运动会做出全面和公正的研究，有时在听到新的上山下乡建议时，我都为之一怔：除了解决一时的就业和经济困难，上山下乡对这些城市青年的人生到底有何影响？现在回想，回乡四年至少让我有了一段丰富的经历，有了通过"对话"升起的自信。作为后来的管理学者和教育工作者，这四年让我真正了解了农民和最基层组织的生活。在我后来获得中国青年科学家奖后，有作家写我在农村度过了四年"无奈的生活"，我告诉他这样说有失偏颇，我在农村的真正感受是拥有四年厚重、别样的生活。

打井队的险情

农村四年，故事很多，比如打井。因地下水位下降，我们吃水和灌溉有时会遇到水源紧缺的问题。我们村就和前边提到的龙渠村为水发生过群殴，这可不是小朋友间打群架，而是两个村有组织的抢水战斗，男女老少齐上阵，厮打在一起，也不时有流血伤人情况发生。因此，为解决水的问题，我们村决定打一口机井，挖两口深井，而我荣幸地成为我们村打井队队长。

机井，顾名思义是由机械钻孔，然后在井内放置带有空洞的管子，水泵从管内提水。为了防止地下泥沙堵塞水管，在下管子之前，需用棕片包裹所有水泥罐，而下管操作启动以后不能停歇，须一气呵成。于是我们组织青年突击队，连续奋战了三天三夜。顺利完成任务后，我们倒头就睡在了地上。而我们身下的地面是翻过的已经晒干的土地，在平时，锋利的土茬让人根本无法下坐，但当时我们都好像睡在席梦思上一样。

另外两口井则是人工挖掘，井口直径一米五左右，三十多米深。挖到见水的地方，要用水泥浇筑井壁。村北的井完成得比较顺利。而就在我结束77级高考后不久，焦急等待发榜时，村南的井场却出现了重大事故。

我们打井队副队长是一位复员军人，为加快进度，我们一般都加班夜战。那是一个冬天的晚上，已到用水泥浇灌底部井壁的环节。井下有几人在浇筑水泥，地面上有一位年纪较大的妇女和两三名女知识青年，她们需要将搅拌好的水泥用一个大铁桶通过卷扬机放下去。也许是夜深人困，放水泥时桶越降越快，几位女士拉扯不住，跟着越跑越快。在失控的瞬间，喊叫声惊动了坐在井口一侧草棚下烤火的副队长，他一跃而起，抢到几位女士的前面，抓住了拴着快速下坠的水泥桶的绳索。但因惯性太大，他被拉倒在地，刚好趴在了井口上，两只手臂伸到井口的另一侧沿，几位女士叽里咕噜地从其背上也翻滚到另一侧，但不幸的是有一位刚好从他腰部空挡跌落井中。而井底下的几位听到喊叫声立马起立，紧贴井壁，水泥桶擦身而过，落在他们中间。那位妇女刚好跌入水泥桶中，水泥浆的缓冲力救了她一命，但她的腰部脊椎还是粉碎性骨折。我们从这一严重事故中汲取了不少经验教训，例如，当时的卷扬机太简陋，如果有一个超速刹车功能，就可避免该事故；另外，在重要操作时，要有严密的流程和专注的精神，等等。

这次事件不久之后，我就收到了大学的入学通知书，准备开始一种全新的生活。

"文化大革命"后期的商品经济探索

转眼来到1977年，"文化大革命"结束，经济发展受到重视，发展思路也更加灵活。当时为了给生产队增加经济收益，我们四队和一队干部商议，准备合伙进到秦岭深处贩牛。因为山里的牛相对便宜，买一些回来，部分到集市以高于购买价卖掉，这样便可以不花钱获得部分自用的牛。

当时我们两队各出两人，先进城，再在西安火车站乘跨越秦岭的长途汽车，用了快两天时间住进了秦岭深处柞水县城的一家小旅馆。奇怪的是，半夜时分，派出所警察居然要进房间检查，查验我们有无大队出具的证明，我们感到莫名其妙。进山后才知道，之所以查得这么严，是因为深山里生活条件太艰苦，有的人家依然住在岩窝子里（靠岩石窝子搭建的草棚），甚至一家人只有一条裤子。有的女性因劳动强度太大会在下工后不辞而别，从此杳无音讯。数年后，等她们在山外结婚生子，才会再联系家人。因此，有不少山外人进山找媳妇，或者做起人贩子的勾当进山拐卖女性到山外。若没有生产队证明，进山的人会被抓起来，集中劳动作为惩罚，直至生产队派人带证明来把人接回。

要买到便宜的牛，必须进入大山深处，坐公交车从县城出发还需要数小时甚至一天。大山里因路况极差，普通大巴车无法行驶，"公交车"是把大卡车车帮加高加固后改造而成的，这样前后轮距短，转弯半径小。但因山高路险，有不少急拐弯，轴距很小的大卡车仍需前后进退数次才能转过去。车子经常一个轮子压在悬崖边上，从高高的车帮望下去，似乎车子就在空中一般，而且因为人多，大家拥挤着站在一起，重心高，车子经常大幅度地左右摇晃，据说曾有胆小的人坐过这样的车后吓得回家一病不起，丢了命。我在为驾驶员的车技感叹的同时，也暗暗庆幸自己的胆大和幸运。

钻进深山老林，我们需要从一个山梁翻到另一个山梁，走家串户，找卖家、谈价钱。晚上就用我们随身带的大米租住在山民家里，直到现在我还对炕上满是窟窿的破草席、油黑发亮的几乎没有被面的棉絮记忆犹新。山草养猪容易，倒是可以吃到肉，但他们是直接将肥肉煮在玉米粥里，吃得很不习惯。进山近一个月，终于锁定了要买的牛，同时我们也发现有极个别比较活跃的山民有挖药材、做生意的念头，并已付诸行动。

选好牛后，我们回到村子，等筹集和准备好钱，再回到山里把牛赶回来。我们四人中，两位是年轻人，两位是中老年人。遗憾的是，回村后我在打羽毛球时脚部扭伤，无法继续前往赶牛，于是只好他们三人返回山里。后来，他们告诉我，在完成交易集拢好牛群回程途中，有一晚，把牛赶入一家山民的牛圈，但半夜暴雨突然袭来，爬起来一看，牛冲出牛圈，漫山遍野跑丢了，他们几个在伸手不见五指的漆黑夜晚，满山沟沟搜寻和重新集拢牛群。坦率地讲，我虽未能亲身体验这一过程，但可以想象暴雨中山区夜晚的漆黑和在山沟里爬上爬下寻牛的风险，更不用说还有遭遇野兽袭击的可能。这就是我在高考前的一次深山生活和商品经济启蒙体验，虽不完整，却刻骨铭心。

五、拨乱反正，大学梦圆

其实，我返乡回村后不久，我们那里也有推荐工农兵大学生的机会，但基本上都是有特殊表现或一定关系的人才有可能获得。推荐生的入学考试比较简单，我曾帮我们村一名干部子弟复习备考，他最后进入了西安冶金学院。尽管自己也有极强的学习意愿，但基于当时的情况，我的内心也没有奢望过得到这种学习机会。

于我而言，当时走出农村唯一的途径是当兵。我曾经报名，但被告知，中农家庭在政治上不合格，特别是我姑父因在引镇做小生意还被定为富农分子，政审通不过。我在入党时组织还要求我与他划清界限。所以，一年到头，农村过节、过会时虽与我姑有见面机会，但却很少直接接触我姑父。

1977年，因"文化大革命"中断的高考制度得以恢复，这给了我通过公平竞争进入大学、实现"把学上到顶"念想的机会。回乡的四年里，尽管农村信息封闭、资料缺乏，学习条件差，好在我一直坚持，报纸碎片和能到手的有字的材料都成了日常生活中的学习资料。但繁重的农活和各项任务让我没有大块的复习时间，只能工余或晚上加班加点，偶尔也去蹭一些重要的"辅导"。比如，听说我们崇拜的那位王国俊老师在另外公社有高考辅导演讲，我曾骑车一二十公里去聆听。当时除了干一般农活，我主要负责打井队和参加秦岭北麓百里造田大会战。可以说，我是从热火朝天的荒滩造田工地直接走进考场的。

我们的考场设在我曾经学习过的引镇中学。高考那天早晨，我妈给我擀了一碗酸汤面，面上的葱花被热油一泼，激发的香味至今难忘。然后骑着我爸留在家里的旧自行车，赶往七八公里外的引镇中学，走进了被关闭11年的高考考场，成为570万考生中的一员（王辉耀、苗绿，2018：序）。虽然自己在各方面表现优秀、充满自信，可因为长期没有参加正规学习，我对自己的考试表现并不满意。

印象比较深的反倒是考完试回家路上的一场车祸，它恰好发生在前述发生塌方事故的地方。附近村民在收工回家时，若遇到下坡，经常会为了休息和快速回家，利用架子车滑行。若只有一辆车，则前后人坐均衡，前边人用脚蹬地，加速后靠车子平衡来快速滑行；若坡度较小，可以不断重复蹬地加力，持续滑行。若同时有两辆或有多辆架子车，通常村民会将这些架子车连在一起，构成四轮或多轮车，然后高速滑行，并美其名曰"搭火车"。事故发生时，一辆破旧的面包车与我的自行车同向而行，两辆"搭火车"的架子车迎面冲来，速度非常快。这种"火车"靠坐在车上的人用前边架子车的车帮把握方向，也许因车速太快或方向调整不及时，那辆"火车"直冲面包车的驾驶员撞去，面包车与两辆架子车对顶在一起，一侧的车辕穿过玻璃刺向驾驶员的右脸，直接撕破了驾驶员的嘴巴和脸颊。目睹驾驶员的痛苦，似乎自己的脸都在疼痛。

当时，我的知识储备和对世界的认知非常有限，在我心目中，人间最高贵的事业就是理解自然和改造社会，所以在报考学校和专业时，我选了当时在我们那里最出名的西安交通大学，所选全是物理、工程技术、自动控制等理工类专业。当时下意识地认为，我一定能进大学。因此，又一年征兵工作开始后，当部队征兵同志对我说我的情况可以入伍时，我自信地回复他我现在不想当兵了，要上大学。然而，临近春节了，通知书却迟迟未来。就在上述打井事故发生后不久，一天下午在去井场的路上，刚走到村西水库边上，有人从村里跑来喊住我，说有我的挂号信，我立刻心头一震，自言自语道："一定是通知书！"打开一看，果不其然，只不过不是西安交通大学寄来的，而是其对面那个在买拖拉机时鬼使神差误入的陕西机械学院（现在的西安理工大学）寄来的。再一看专业，是物理师资班（因当时急需教师，很多学校都举办了各类师资班）。我终于跌跌撞撞地迈进了大学的门，成为有名的"77级大学生"，加入了当年27.3万新一代大学生群体。除我之外，我们村另一位同时考上大学的是长我几岁的好友、高中时高我一届的何建民，他是第一生产队的干部，也是帮我们冬夜施肥的那位邻队伙伴、一道进山贩牛的搭档。他的好学以及一笔好字一直令我敬佩。我们在中学也有共同喜爱和尊重的语文老师李志虎。在高考恢复后同时考入大学看似偶然，其实也有必然性，因为我俩是我们村比较公认的少有的好学之人。这也应了"机会总是眷顾有准备的人"的说法。

* * *

终于，我以一种近乎"华丽转身"的方式结束了那"丰富多彩"的四年农村生活，走出了养育我的秦岭北麓小村庄——陕西省西安市长安县引镇人民公社甫江村大队，开始了新的人生历程，憧憬着更大的发展空间和更加精彩纷呈的未来！

参考文献

程中原，夏杏珍. 2017. 1975：邓小平主持整顿 [M]. 北京：人民出版社.
雷厚礼，武国辉. 2010. 中国共产党执政60年（上）[M]. 北京：人民出版社.
廖盖隆，庄浦明. 2010. 中华人民共和国编年史1949—2008 [M]. 北京：人民出版社.
王辉耀，苗绿. 2018. 那三届 [M]. 北京：人民出版社.
张曙. 2008. 邓小平与知青问题的解决 [M] //《党的文献》编辑部. 中共党史重大事件述实（增补本）. 北京：人民出版社：348—358.

第三章

观衅而动　钩深索隐
(1978—1987)

向没有开辟的领域进军，才能创造新天地。

——李政道

科学的灵感，绝不是坐等可以等来的。如果说，科学上的发现有什么偶然的机遇的话，那么这种"偶然的机遇"只能给那些学有素养的人，给那些善于独立思考的人，给那些具有锲而不舍的精神的人，而不会给懒汉。

——华罗庚

第三章 观衅而动 钩深索隐

在我看来，20多岁是最爱幻想的年龄，即使对于我这样生长于农村、见识不多的青年来说亦是。没走出农村时，常常无拘无束、海阔天空地胡思乱想，但是信息与知识的贫乏、机会与环境的闭塞让我的思维显得贫瘠。当拿到大学入场券后，想象的翅膀似乎瞬间长大，愈发舒展，思绪也更加狂野，对未来的各种幻想仿佛从无垠的宇宙迎面飘来。然而，梦想终归要与现实碰撞，激荡出淬炼人生的火花，形成磨炼意志的熔炉。梦想的真正落地，需要我们逐步长大用成熟来呵护，更需要我们日益萃取的智慧的滋养。

一、苦行僧般的大学生活

高考制度恢复，终于给了我实现"把学上到顶"愿望的机会。我清楚地记得，1978年3月2日，我还是推着高中回乡时骑的那辆破旧自行车，车后座驮的还是那只破旧竹条箱，进入了陕西机械学院。这也是我人生中第二个值得纪念的3月2日。

学习机会难得，入学后我们立即投入到了紧张的学习中。当年的陕西机械学院设有基础部，开设了物理、数学、制图三个师资班，每班30个人左右。因77级的特殊背景，我们班有少量应届毕业生，以及不少"老三届"（指1966年、1967年、1968年的初、高中毕业生），这两部分人群的年龄差距能有十多岁，而大部分人像我一样处于二者之间，并且有多年农村生活（包括回乡和上山下乡两种）或城镇工作经验。

当时的生活很简单，政府奖学金从几块钱到20元不等。学校食堂的菜，我吃得最多的是5分钱的茄子块，因为它最便宜。那时政府已启动提前退休制度，以解决年轻人的就业问题。我爸提前从药材公司退休，好让我弟接班。我爸给我弟的任务是每个月接济我5元钱，加上十几元的奖学金，我得以维持比较一般的大学生活。

我们宿舍共 7 人，绝大部分舍友都来自城市，家庭条件要相对要好一些，其中两位是应届生。一位城里的同学几乎每周都会从家里带来一瓶咸菜，是雪里蕻、黄豆和少许肉丁的混合，大家开心地分享一点儿，算是我们宿舍比较热闹的事情之一，留下了长久的回味。

尽管当时社会封闭、信息匮乏，但难得的学习机会依然释放了这批人积压多年的学习能量，我们大都夜以继日地发奋学习。大部分同学年龄已经不小，但前两三年很少有人谈恋爱，连在操场上露天看场电影都算很奢侈的事。学校很重视教育质量，基本抓手就是比较考试成绩，刚开始每门课考完后都会按成绩排序，还要张榜公布。直到一两年后，一次考试成绩公布后，我们班一位女同学因成绩较差而失踪，虽然后来找到了，但学校因怕再出事放弃了张榜公布成绩的制度。总之，那会儿同学之间、班级之间的竞争气氛非常浓烈，大家都在暗暗较劲。

一开始，由于长期缺乏系统学习和训练，我居然数次考试不及格，我们宿舍的应届毕业生同学成绩都好过我。这与我从小学到中学再到后来农村生活中几乎事事走在前面的历史形成强烈反差，激起了我极大的奋斗激情，除了拼命学别无他选。周末一个人躲到空荡荡的大绘图室，暑假回家帮家里夏收几天后立即返校，寒假也只是回家过个年，几乎把所有的时间和精力都投入到了学习中。

当时信息非常闭塞，与现在一睁眼世界各地的信息迎面扑来有天壤之别。每天我们一个班级就一张《中国青年报》，这成为我们唯一的信息来源。经过所有同学一整天的"折磨"，这张报纸最后会破得几近碎片。但好处是我们可以不受干扰，一门心思地读书学习。经过两个学期的持续努力，我的成绩排位迅速攀升。也是在这个阶段，我听到中学那位令我敬仰的王国俊老师的好消息：他虽身处农村中学，但探索和研究不辍，"文化大革命"后迅速在国际上发表了一些有影响的数学论文，也因此于 1978 年从一个农村中学调入陕西师范大学数学系〔后来成为该校校长（1986—1994）〕。这对我无疑又是一种激励，更加坚定地认为只要努力，总会收获，总会有奇迹发生的可能。在各种激励下，经过努力，到了二三年级，我在整个基础部三个师资班近百名同学中，成绩已经时常名列前茅。

我们物理师资班的课程很繁重，要学三年半的数学、物理学的方方面面的知识，特别是具有挑战性的四大力学。记得在学习电动力学这门很难学习的理论课程时，为了加快学习进度，挑战自我，我向老师提出了不跟随班级集体上课，而是自学的动议。我们所在基础部领导经过商量，有条件地同意了我的请求，由负责这门课的谭老师和郑老师夫妇给我一人组织一次考试，如果我的成绩达到 80

分，则可以自修这门课。结果很遗憾，我虽然过了及格线但没有达到要求的分数。尽管这一回未能如愿，但学习上的持续进步和"驾驭自如"增强了我奋斗的信心，换句话说，一直拥有的自信在经过某些挫折后还会重新恢复，甚至再度升级。

大学期间，我曾经担任副班长、校学生会生活部部长。记忆犹新的是，有一天同学们在吃饭时发现饭菜中有死老鼠，于是在学校掀起轩然大波。学生抗议食堂和后勤的"渎职"，并在饭堂集会，要求校领导出来对话。我作为学生会生活部部长，被推到了风口浪尖，既要向校方反映学生心声、提出正当要求，又要组织校领导与同学们的恰当沟通，让学生的激愤情绪迅速冷静下来，有效地解决问题，防止类似事件再次发生，同时提升学生的生活条件和质量。我们学生干部必须穿针引线，说服校领导直面问题，出面和学生对话，听取学生的怨言和诉求包括合理化建议，最后拿出真诚地解决问题的方案和措施，赢得学生的谅解和支持。在我们的积极协调下，校长登台对话，死老鼠事件很快平息。后来我在西安交通大学做副校长，主管后勤，也曾站在校方立场处理过因吃饭和后勤服务引发的学生闹事甚至罢餐事件。还曾发现一位主管学生事务的副书记不是在第一时间去安抚学生，而是教唆学生滋事，对后勤服务部门形成压力，把伙伴关系变成了对立阵营。加上在危机出现后，校领导一般不愿直接面对，而要求分管领导"灭火"，所以我不得不直接面对"火情"。回想自己当年站在学生立场上处理危机的做法，有些环节或地方虽然显得幼稚，但整体上还算得体，再联想后来管理后勤时的经历，胸中自豪感油然而生，也为当时个别领导同事的做法稍感脸红。

充实的大学生活虽然有些单调，但也很刺激。当进入毕业论文阶段，我选了一个比较有难度的研究课题，即理论分析波进入非均匀介质后的轨迹，特别是经过不同介质界面时变化的角度。现在的我已经无法准确地描述这一科学问题，留在记忆里的是一个非常复杂的理论演绎过程，要用到数学上的张量运算，即运算矩阵中的元素也是矩阵。我的数学推演进行到最后阶段陷入了死胡同，长时间百思不得其解，让我真正体会到了科学探究的艰难，真是夜不能寐。有一天梦醒时分，一个念头突然闪现，如果我把其中两个方程"相等"，就可得出一个解来走出困境，即当光线（波）从一种固体介质进入另一种固体介质方向变化的角度。当得到那个夹角算法的瞬间，我欣喜若狂，也被科学研究的美妙而震撼。当老师们评阅我的论文时，当时在陕西物理学会任职的刘荣汉教授对我说："这个角有实验证明，但尚无理论解释，你发展了这个实验角度的理论证明。"我的毕业论文

大学毕业合影

后来发表在《陕西机械学院学报》上。现在再读,我已经一点也看不懂了,很好奇自己当时居然可以进行如此复杂和有深度的理论演算。

一转眼四年大学生活就结束了,我顺利获得了物理学本科学士学位。物理学习特别是近四年的数学熏陶,训练了我很强的逻辑推演能力和理性思维习惯,使我受益终生。

良性的竞争环境往往会让人在不知不觉间积蓄力量、实现成长。我们宿舍七人在友好相处但又暗自较量的氛围中度过四年大学生活,毕业时有三人选择了"考研"。我也成为我们班当年考上研究生的少数几位之一,我和我上铺的刘红进入西安交大,我读系统工程,他读生物工程(毕业后曾去深圳打拼,遗憾的是,年纪轻轻就不幸病逝)。两位应届生中的杨安考入中国科学院西安光学精密机械研究所。又过数年,另外两人也选择了继续深造:一位是应届生余明斌,进入了西安交大完成硕士和博士学习,后来去了新加坡,曾获得新加坡总统科技奖特等奖,是半导体领域的专家,现在回国带领团队在硅光集成芯片领域耕耘;另一位是李永放,相继在陕西师范大学攻读硕士、西安交大攻读博士,后来成为陕西师范大学教授。我们宿舍同学间这种相互激励又各自奋斗的氛围似乎具有传染性,我们释放各自潜能,从而涌现一些难以事先设计的事业发展和人生轨迹,这也暗合了当代流行的生态发展模式的内在机理。

二、研究生走向的艰难抉择

因从小有"把学上到顶"的念想,我在大学毕业时毫不犹豫地选择了"考研"。当时研究生教育刚刚恢复,专业选择和机会非常有限。我的面前有两条道路:一是争取参加很"高大上"的李政道赴美理论物理研究班。从学问的衔接上继续物理研究是非常自然的选择,所以我报考了李政道班,获得了西部地区1号准考证,并迅速投入复习准备。然而当时,我的女朋友,也是我高中的同班同学,已进入西安交大工作,如果从个人生活角度,以及内心一直存在的名校情结,考入西安交大也是一个不错的选择。经过我的研究,西安交大有新设的系统工程(管理)硕士,既陌生又似乎很神秘,从其考试的科目(物理、数学、线性代数等)看,我都有较好的学习基础,如果报考,应该有较强的竞争力。另外,在大学期间,因为陕西机械学院师资缺乏,我们曾经在西安交大与其物理师资班同堂学习电磁场和量子力学两门课程,黄教授和陈教授的授课以及西安交大的校园也对我极具吸引力。内心从小充满的好奇和反叛在这种关键时刻悄然发挥了作用，我同时也报考了西安交大的硕士，希望进入系统工程（管理）这个完全陌生的领域探险。在复习两个月后，我判断两者都参考的"双保险"可能更不保险，于是毅然放弃了自己熟悉的已复习近三个月的物理，转向下意识里似乎朦朦胧胧隐现光亮的系统工程。这一选择彻底改变了我的生命轨迹，让我从纯物理世界走向了"个人、组织、社会、世界"的生活场域。

在备考期间，我听说西安交大举办研究生招生说明会，于是特地前往想了解更多情况。我去得不算晚，但中心楼教室早已爆满，只好站在后边听讲。演讲者侃侃而谈，讲了西安交大的领先性、对研究生的要求等内容，最后却说录取时会更关注西安交大自己的本科毕业生，因为他们对自己的培养质量更有信心，即使交大考生成绩比外校考生低20分，他们也会优先考虑录取。于是我问旁边的同学这位演讲者是谁，结果被告知是研究处处长汪应洛老师。我一听惊出一身冷汗，因为他就是我报考的导师。

复习的时间总是过得很快，考试迅速来临，考完后的总体感觉还不错。因为我们物理班付申同学是西安交大子弟，我于是就向他打听招考情况，碰巧他也是汪老师儿子的发小，在他的引荐下，我终于有机会到西安交大2村见到大名鼎鼎的汪老师。初次正式见面，他给我一种智慧、大气的感觉。他告诉我竞争很激烈，只招两人，但申请者有三四十人。幸运的是，我大学所学的专业和基础还是帮了忙，最后终于如愿以偿。

我就这样开始了西安交大的研究生之旅。因得知汪老师有一位得力助手李怀祖教授，我又设法去拜见了李老师。当我敲开李老师西安交大1村招待所住所朝西的家门时，映入眼帘的首先是一双炯炯有神的眼睛，加上瘦小的身材，完全是一副儒雅智者的形象。再进一步打量，他那双与身材不成比例的大皮鞋也给我留下很深印象。从此，两位老师成为我人生的贵人，影响了我一生的发展。

我所学的系统工程，在当时的中国是一个比较新而且大多数人也比较陌生的领域，特别是后边括号里的"管理"。因计划经济基本上是靠从上到下的规划和控制运行，最重要的手段是行政命令和各种计划、政策，基本上没有"管理"的"说法"。西安交大也只是在机械系设有生产组织教研室（1955年），面对慢慢启动的对计划经济的反思和国际上相关学科发展成果的学习，于1980年成立了管理工程教研室，并逐步开始为国家经委及其下属部门以研究生班名义培养干部，我入学后还作为辅导老师和他们一道学习。1981年，西安交大成立管理工程系，首次招收系统工程（管理）研究生，我们首届两位学生于1982年初入学。很巧的是，又是3月2日，我骑的还是那辆自行车，驮的还是那个竹条箱，跨入了我梦想已久的西安交大大门，终于成为其中的一员。后来我专门写过一篇纪念高考的文章，回忆 3 月 2 日对我的非凡意义，它也许是我的幸运日。

这里值得一提的是，入学不久我更换了新的自行车。当时因物资匮乏，买什么都凭票（粮票、棉票、肉票等），买辆自行车也需要票。于是我联系当时的人民公社团委书记，请她帮我设法弄到了一张"自行车票"，如愿有了一辆崭新的在当时很稀少的永久牌自行车。等我当老师后，我把它送给我和成思危副委员长共同指导的博士生李武，而他却把车子弄丢了。

进入西安交大，面对鲜有人知的专业，一直非常自信的我心理上并未有多少压力，坚信靠自己努力，没有不可逾越的挑战。但入学不久就发现校园里人才济济，可谓人外有人、天外有天。研究生同学中不少人多才多艺，琴棋书画无所不能。比如一位西安交大子弟同学阅读速度之快、知识面之广，让我顿生被甩出几条大街的感觉。我们从农村出来，本来就缺乏见识，加上当时中小学只学习数理化、语文、政治等课程，没机会学习史地生等课程，更不用说艺术、文学了。相较之下，我第一次感受到自己竟然如此无知，原来强大的自信不得不面对自我质疑——是无知无畏，或是初生牛犊不怕虎的瞎胆儿大？我决定"故伎重演"，像初入大学时那样，带着在学习中被应届生打败的心理落差，不气馁、不放弃，拼命学习，迎头赶上。于是振奋起精神，立即行动，再次发狠，组织英语学习角，建立爱好学习小组，结交高手同学……学得如饥似渴、废寝忘食。与大学阶段不同的是，我还注意加强交流以取长补短，建立社群以相互帮助，不仅学习上快速进步，同时也增强了自身各方面的能力。然而，知识的学习可以通过加倍努力快速提高，但各方面的修养、眼界、格局却不是一天两天的发狠就可以快速提升的，而是需要长期的培养。回过头来反思，时至今日，小时候全面学习上的缺失、教育资源的匮乏、成长环境的粗糙、疲于"生存"的窘困和肤浅，以及高人垂范、指点的缺位，明显地限制和影响了我人生的发展和生活的质量，深深地意识到一个人从小到大的教育和成长环境的重要，也可能就是那会儿在内心深处埋下了倾心教育的种子。

具体到专业学习，因为系统工程（特别是管理）是新兴专业，尚处于探索阶段，所以我们的课程设置覆盖了系统、控制、决策、实施等多个专业领域内容，学校里数学、自动化、电信、经济管理等系所的很多名师都给我们上课，内容涉及系统工程、复杂系统、自动控制、系统辨识、随机过程、大系统分解协调、经济、生产管理、机械制造及自动化等，课程多、任务重。

也是在研究生阶段，我有了第一次走出陕西的机会。制造与生产组织管理课程有去上海机床厂实习的安排,我们喜出望外,也倍加珍惜。当时途经无锡,自然就想趁机看看著名的太湖。有两件事记忆犹新:一是从入住无锡的小旅馆到离开,全程只听懂了一句话,还是在太湖边上一个游客讲的普通话。在北方,隔省隔市语言上虽有差异,但大体上还听得懂;可在南方,即使距离很近,彼此也难以交流。后来我一直在思考南方语言地域性差别如此之大的原因。是因为水系的隔阂和交通不便,导致各地方言迥异吗?二是南方的冷。当时已是初春三月,游走在太湖边上,风一吹,那种冷不仅刺骨,好像还能穿透身体。世事无常,当时的我再有想象力,也想不到后半生居然会落户太湖边,在"人间天堂"开启人生中最为重要的教育事业。另外,在上海最大的感受是似乎到处都充斥着居高临下和不屑的眼光。因去之前已听说了上海"排外"的文化,但直到亲身沐浴在那样的眼光下,才有了真实的感受。对此虽无太多反感,但内心奋斗和超越的决心确实又被激起了。

我们的学习虽然涉及面广、要求高,但经过努力,我并没有遇到太多挑战。为了全面发展,我们一群年轻人还积极开拓更多有趣的"领域",例如我们从计划经济体制改革的氛围中嗅到了商品经济的气息,于是几位研究生同学一起创办了"青云公司",进行技术研究与开发,甚至安装和"倒卖"计算机。我同时也是研究生会党组织干部,在与准备入党同学谈话时,感受到了很多同学入党动机的务实,比如说我们系统工程专业将来会在政府或大型国有企业工作,要参与国家项目,入党会有助于事业发展,这与我们当年在农村入党时纯洁、简单甚或幼稚的心态已有很大不同。英语角和学习互助团队等活动还帮我接触到了很多性格各异、各有所长的同学,一方面眼界大开,另一方面也获得不少生活体验,等等。

在忙忙碌碌的硕士研究生生活中,我最直接的收获是看到了更大的世界,也重新开始思考什么是真正的自信。

三、收获更高阶的自信

选择毕业论文的研究方向又是一个影响人生的关键时刻(defining moment),当时要么跟随后来成为全国人大常委会副委员长的蒋正华教授,利用控制论研究人口模型,要么和汪应洛老师(现在是院士)利用系统工程研究社会问题。也许是因为问题的开放性,我最终选择了后者。恰好当时,三峡工程这个举世瞩目、历经几代领导人依然悬而未决的重大决策问题摆在世人面前。1984年,中共中央政治局常委会已经决策三峡工程以 150 米蓄水位方案上马,但全国人大代表和政协委员中反对声较大,于是中央决定重新论证。随即国家科学技术委员会(简称国家科委)设立了"六五"国家科技攻关项目——"三峡工程综合经济评价及决策分析"("大型水电站的技术开发"子项),汪应洛老师及当时势头正猛的系统工程研究专家自然成为介入该项目的重要人选。非常幸运,在我研究生课程学习完成后,汪老师推荐我到当时的国家科委预测局协助传凯总工程师组织协调该项研究,应该说这是我人生历程中的一次重大转折。

1983 年赴武汉长办调研

首先,我生在农村、长在农村,农村的闭塞限制了我的视野,尽管在充满政治氛围的各类农村活动中得到了一定的磨炼,也难免遭遇进入大学特别是研究生阶段时受到的冲击和震撼。此次进京是我人生中第二次走出陕西,何况是在普通人心目中颇具神秘色彩的国家科委工作,直接上级又是刚刚火起来的中国软科学的领军者——传凯总工。其实传凯并非他的真名,而是他 1949 年前在清华开展地下党工作时的化名。老先生为人真诚、思想开放、积极进取,最让我难忘的是在研究遇到瓶颈时,他总会给我们别出心裁的建议或启示。他教会我们如何与同事进行非正式沟通交流。他的循循善诱让我明白如何巧妙地将研究成果与关键人员分享,并获得他们的信息和建议。另外,他还积极了解世界研究进展,通过努力争取中国加入了国际应用系统分析研究所（International Institute for Applied Systems Analysis，IIASA），不断给我们介绍很多相关领域的著名专家和研究机会。例如，在申请 IIASA 的过程中，通过他的努力，有个赴奥地利经济研究院学习的机会，要通过简单考试选拔，他让我也试一试。遗憾的是我的竞争者实力也很强大，他就是中国人民银行前任行长周小川。当时，周小川正在清华大学自动化系系统工程专业攻读博士，师从著名学者郑维敏教授。我最终败下阵来。还有，传凯总工十分勤奋、执着，他在飞机机舱里打太极拳的身影、癌症复发到生命最后时刻还在病床上学习德语的画面让我终生难忘。也正是在这一阶段，作为其助手的我遇见了很多研究领域的高人，后来他们之中的不少人成为我人生路上的楷模或合作伙伴，比如资深水利专家陆钦侃，模糊数学大教授汪培庄，系统科学家顾基发、邓述慧，系统工程专家刘豹、于景元，决策学专家陈挺，环境科学家马俊如，自动化（管理）专家赵纯均、夏少伟以及后来同辈的汪寿阳，等等。几十年过去了，和他们交往与工作的情景还历历在目。

当时，顾基发、赵纯均、夏少伟等专家经常会到国家科委汇报工作和争取研究项目。有一天，一位面目凝重的中年人进入办公室，得知传总工不在，便坐下来与我谈他的研究。我听后以自己青涩的系统工程训练对其研究口无遮拦地评论了一番，也许是由于专业的差异，我从不同角度、不知深浅的评述却打动了他，他离开的时候问我能不能陪他走走，于是我们从三里河国家科委大楼出来，送他去军事博物馆车站。途中我才想起来询问："您是哪位？"他说："我是汪培庄。"其实我早就听说过他的大名，知道他是模糊数学界数一数二的教授，于是内心一阵不安，为自己鲁莽的评论而懊悔。但汪教授依然平和、严肃，轻轻地对我说："你能不能做我的访问学者？我在北京师范大学给你申请一个访问学者的位置，安排一间宿舍，任务就是每次到京和我在校园里走一圈。"我内心只剩下受宠若惊，于是欣然答应，从此我与汪先生及其团队的研究有了交集。知道他有一个实验室，聚集了不少不同专业的研究人员，其中一位从某工程学院来，在实验室里实现了二级倒立摆的控制，然后汪先生及其团队才构造出相应的模糊推理模型。这在当时是一项巨大成就，因为若用状态方程建立二级倒立摆的控制模型，会遇到计算机的容量限制，但用模糊推理则非常简洁。时任国家科委主任方毅、科学家钱学森等都对这项研究给予了高度评价，认为这是未来计算机推理机的方向。国家也十分重视，拨款支持，成果申请了国家和日本等国的专利。他的一位学生常青在与我合作交流的过程中，说了一句话让我至今未忘："我们有的是数学工具，就是缺乏明确的问题。"而现实中充满了问题，常常是找不到合适的工具。

在后来的工作中，汪先生提出了模糊集值统计理论，我还将其用到三峡工程综合评价与决策指标的评价和赋权中，包括动态赋权的想法也是受到了汪先生"山顶和山下一瓶水的价格不同"的启示。

我与汪先生的这段情谊一直延续到1989年，从中我深深体会到跨专业合作的价值，也学到了以人格魅力孕育团队合作的重要性。1989年之后很长一段时间没有他的信息，后来得知他应邀去了新加坡国立大学，学校专门给他建设了一个研究所，并配套一栋别墅。直到1996年我到新加坡从事合作研究一个月后，才再度联系上他。新加坡国立大学横跨一个山头，我的研究室在山这边，而他的在山那边，他执意要来接我过去。在路上他告诉我，当他从唯物世界进入唯心世界发现空间更大了，我说当然，因为在唯心世界我们会逃离很多自然规律的约束。等到他家时，我才意识到此感叹的真正含义。进入别墅，一大群人聚集在那里，这时我才发现原来那个彻底的唯物主义者已转化为百分百的基督徒。我不知道是什么原因导致其信仰的改变，但了解到他专门出过"小册子"，在那里已小有名气。屋中人大都是他的信徒，他们先要"见证"，就是讲述各自怎样相信上帝的经过。除了旅游时参观教堂，这还是我第一次近距离地观察信徒们的活动。其实，当时我已经很饿了，但只能等他们完成各自的"见证"，才吃上那顿饺子。总之，他的言行有了很多变化，如以前工作起来废寝忘食，根本不顾家。现在却为了家人，可以改变自己的工作地点，甚至舍弃一些诱人的机会。那之后又很长时间失去联系，直到2017年他突然通过微信联系到我，说已回到中国，受邀在广州大学帮忙进行学科建设，已关注我在教育探索上取得的成就，表示祝贺。回顾往事，这些交往故事确实丰富了我的人生阅历。

有机会进入国家科技发展最高领导机关，迈入大师林立的研究殿堂，拥有俯瞰中国和展望世界的机会，对我这个从小山村跳出来的土包子来说近乎神话。也正因为这样的经历，我觉得我对自信的思考有了新的高度，真自信不是什么都懂、什么都敢，而是知道自己懂什么和缺什么、能干什么和不能干什么。换句话说，真正的自信不只是内心的强大，而是源于对全局的认知，对自己驾驭力的清晰判断，包括清醒地知道自己还不知道什么。

对三峡工程这一备受争议的项目，我也有机会站在国家层面去看待，包括与世界类似项目（例如埃及阿斯旺大坝）进行比较；有机会接触各领域的知名专家，了解工程发展的方方面面，亲自研究开发了大型工程决策模型，参与了数项重大项目研究，如国家科委预测局组织的全国能源规划和综合交通运输战略，并把三峡工程作为子系统或可替代方案分析其价值和影响。我当时收集、总结和发展了所有关于三峡建设的42个方案,从21个方面对这些方案进行了综合评价和决策分析,最后推荐了175米蓄水位、185米大坝高程两个方案,即后来的建设方案。经过几十年的反反复复,这一举世瞩目、世界罕见的超级工程于1992年4月3日经第七届全国人大五次会议表决通过,1994年12月开工修建,最后用时12年于2006年5月最终建成。

回头来看,我所收集和分析的三峡工程建设方案应是比较齐全的了。基于三峡工程研究,在汪应洛老师和副导师陶谦坎老师的指导下,我完成了我的硕士学位论文《大型工程决策与分析》,获得了系统工程硕士学位。

四、成家助推更高的立业期待

如前所述,女朋友是我进入西安交大的一个重要影响因素,我也在读研期间完成了人生大事——我们于1983年结婚。记不清具体是哪一天了,我只是骑着自行车带着她去民政局领了结婚证。有趣的是,回到校园进北门向西骑行不久,后边就有人喊:"东西掉了!"折回去一看,原来是塞在口袋里的结婚证掉了。我爸为了我弟能顺利接班,虽然提前退休回家,但那时又回到城里给单位守门了。他为我们准备了一个可折叠的小桌子和两把椅子,作为我们结婚的新家具。我们从食堂买了几个简单的菜,三人吃了顿饭当作婚宴。当时条件很差,没有住房,我们只好借住在西安交大25舍一个12平方米的房间里。其实,在攻读硕士研究生期间,我大部分时间是在北京度过的。1984年7月,我儿子出生了,时值硕士学位论文完稿。当时,还请大学同班同学郑育元到我小小的宿舍帮忙抄写论文(当时没有计算机,从准备论文到完稿,要手写好多遍)。在大学时郑育元是班长,我是副班长,后来也来到西安交大读研究生,尽管长我10岁,但成了我的师弟。当我们夫妇从医院把孩子抱回宿舍时,面对孩子的哭闹一时手足无措,还是他教我们如何给孩子喂糖水。

在读研过程中,我收获了家庭、孩子、论文,自身也得到了超常的成长和发展,收到了各方的好评。其间免不了要考虑就业问题,刚开始我并未受到特别关注,得到的第一个推荐单位是中央广播电视大学。但等我参加完国家科委的研究项目后,基于我的表现和各方面强有力的背书,我获准留校,1984年9月正式成为西安交通大学一名教师。因有站在国家层面看社会运行的机会和体验,我逐渐萌生了通过自己设计、控制和影响世界的冲动。

国家科委的研究经历让我在获得成长的同时,产生的疑惑也越来越多。改革开放初期，中国经济社会建设蓬勃发展，每年方方面面都有大量的工程开始建设，然而在众志成城、齐心合力的宏大图景中，我不断发现和深刻地体会到隐藏于组织细节中的复杂面，察觉到了蕴含其中的个人、组织和社会甚或世界共有的内耗现象。

例如，三峡工程主要有发电、防洪和航运三大功能。但观察其研究和决策分析过程会发现，这三者的优先次序在不同时期不断变化，有趣的是这些变化不是因为工程本身问题，而是根据社会或"上边"关注的重点在相应调整，目的是促成该项目尽快上马。假如长江防洪压力骤升，三峡的防洪功能就上升为首要功能，每年200多亿立方米的蓄洪库容加上优化调度就可以大大改善长江流域的抗洪能力；但当电力需求成为社会关注的热点时，三峡具有超2 000万千瓦装机容量，通过西电东送会大大促进经济社会的发展；若西南地区交通运输受到重视时，三峡建设则可改善650多公里的航道，非常有利于西南地区人民的生活和经济社会的发展。因此，在三峡建设的论证中，这三者谁先谁后会随社会关注点在不断改变。科学上确实有一个三功能恰当均衡问题，但实际中，争论甚至扯皮大部分源自部门利益或政治导向，而非科学或工程问题。

另外，自从三峡工程概念提出以来，"促上派"与"反对派"间的角力从来没有停止过。这其中既有科学、工程和技术问题间的分歧，更有对世界的认知、发展道路、价值观念、政治利益上的争执。例如，早在1953年，毛泽东就对当时酝酿上马的三峡工程表示赞许。1956年，长江流域规划办公室（简称长办）成立，意味着三峡工程已经开发实施。同年，毛泽东视察南方并在武汉三次畅游长江时写下"更立西江石壁，截断巫山云雨，高峡出平湖"的豪迈词句（《水调歌头·游泳》）。在当时环境下，如何让毛主席"高峡出平湖"的宏图早日实现，就成为重要的政治任务。1958年，当时有人催促三峡工程赶快上马，时任燃料工业部水电建设总局局长的李锐却有不同意见，他上书中央，认为目前条件不成熟，三峡工程应该暂缓上马。毛泽东将主张赶快上马的长办主任林一山和主张暂缓上马的李锐召集到一起，亲自听取双方意见。最后，毛泽东同意李锐的意见（欧阳敏，2010：18）。然而，如何早日"高峡出平湖"？作为三峡工程的预演和练兵，葛洲坝水利枢纽工程以"三边"（边勘测、边设计、边施工）形式上马，于1970年12月30日举行开工典礼，1971年5月开工兴建，1972年12月停工，1974年10月复工，1988年12月全部竣工。在这一重大决策和实施过程中，各种团体、各方面力量依循不同的目的相互较劲，一步步推动复杂的项目慢慢前移，当人们为取得的进展而欣慰时，也有人因其中的内耗成本之巨而震惊。

当我进入三峡工程研究和后来的论证中，才意识到，从孙中山到毛泽东，三峡工程研究之复杂以及涉及机构和人员之繁多令人难以想象。每当我听到一些一知半解的人随意评说三峡工程时，便忍不住开玩笑地说："有几个人知道关于这个工程的研究资料可以用火车拉？"其研究涉及面和深入程度世上罕有，仅就泥沙研究而言，三峡工程曾做过数学模拟、全河道实体模型、局部实体模型、类似江河对比等不同模式的研究，得出的结论却差异很大。但中国泥沙研究世界领先，也就是说，要么接受当下差异很大的研究结果，要么等到什么时间可以准确预测泥沙淤积时再建三峡大坝，这是一个需要在巨大风险和机会成本间做出权衡的决策。其实，李锐的很多观点就是基于这两点特别是机会成本提出的。三峡工程建设的环境评价也有类似特性，有对自然认识的局限，如泥沙和环境影响；有各方主张的差异，如"促上派"与"反对派"的立场；有利益主体的不同诉求，如上下游对防洪的看法（下游受益、上游损失）；有对蓄水位和大坝高程的不同的考虑；以及对巨额投资机会成本的不同考虑，现在建还是以后建，等等。甚至还有不准确信息的误导，例如据说150米方案确定后，有人告诉邓小平，该方案回水位距重庆港有一定距离，因水流缓慢会在水库上游与重庆港间形成通航障碍。如果提高水位，不仅会消除航道障碍，而且库区延伸至重庆港，万吨轮可直抵重庆。于是邓小平觉得该方案不错，启动了研究。但实际情况不是万吨轮而是万吨船队可抵达重庆，这是两个差异很大的概念。但这样的误传确实构成了重启新方案研究的动因之一。

针对三峡工程的复杂性，我当时建立的综合评价和多目标决策分析模型考虑了政治、社会、经济、生态环境、技术、风险等方面的21个指标，包括工程综合运用的冲突、地区和社会经济矛盾、环保、移民、文物保护、防洪（涉及上下游利益）、地震、战争、气候（考虑了对榨菜生产的影响）、湖面风速（对航运的影响）等，各类差异和冲突导致这一决策反复权衡、久拖不决……我当时很受震撼，方方面面几十万人、几十年围绕（"吃"）一个项目生存，有的青年才俊在长办熬到两鬓斑白，还看不到决策落地的迹象，各种纠结和争论迟迟难以统一，最后不得不在人大会上以投票方式结束了这一漫长的充满内耗的决策过程。我曾评论，很多人大代表虽然有权投票，但面对如此复杂的工程项目，大部分是没有能力做出准确判断的。这从人大投票中也可略窥一二：一般情况下，因会前认真准备和会中慎重审议，人大会上都会高票通过议案；但在三峡议案的投票中，罕见地出现了177票反对、664票弃权、25人未按表决器的结果，赞成票只有1 767票。对这类的决策问题，这样的方式可能只是一种解决扯皮甚至分摊责任的合法工具或方式而已。

更令我困惑的是，当时科学高度发展、系统工程迅速崛起，运筹学、大系统设计、复杂系统分解协调和分布式优化等学问广泛传播，"老三论"（系统论、信息论和控制论）炙手可热和"新三论"（耗散结构论、协同论、突变论）闪亮登场，但如此丰富的理论和科学工具似乎无力应对这些冲突、扯皮和内耗。物理学的"完美"和系统工程的"强大"让接受这两方面训练和熏陶的我，即使善于从系统的角度建模分析，即便擅长设计、控制、优化等工具的运用，面临这样的现实问题和挑战，依然满心疑虑：本来可以系统规划、优化设计和有效运转的项目或组织，为什么会存在如此严重的扯皮和难以消除的内耗？该如何解决？

五、带着困惑登上更高平台

我是带着满脑困惑开启了教师职业生涯的。越深入社会，困惑越深，研究的冲动越强。

赴美参加李政道物理研究班梦想中断，以及在首都北京的见识和体验，使我清醒地认识到，要做大事，需要更广阔的视野和更大的格局，出国学习或至少看看的念头再次涌现。正在我思考出国学习计划的当头，一件事情又改变了我的发展轨迹。当时汪老师去南京出差，然后再从南京到天津开会，我也赶赴天津与汪老师会合。一见面汪老师就告诉我，在南京召开的国务院学位委员会会议上，西安交大获批成为中国首个而且是唯一的管理工程博士培养单位，他自己经过评审也获得了博士生导师身份，虽然我记得当时他还是副教授。于是，他建议我继续读博士。坦率地讲，对我来说出国的诱惑很大，所以这个决策不易。后来让我放下出国深造计划的原因有二：一是管理工程专业确实面临新建的机会和巨大的社会需求，如果在该领域发展，可能会大有作为，这与硕士专业选择时的盲目性完全不同；二是我也怀有一个小小的虚荣想法，那就是如果读博士，我将会获得中国首个管理工程博士学位。回头反思，这个决定背后的实际驱动力也许是我对"内耗"的好奇，因为管理研究使我有机会从本科时物理和数学训练的科学性、硕士阶段的系统工程训练的系统性和模型化向前走深一步，将人、社会、文化和心理等因素纳入研究范围，更系统深入地研究各种各样的扯皮、内耗背后的人性、组织、社会因素和文化及其作用机制，从而有可能深入理解和消减内耗现象，形成对这类管理问题的解决方案。

1984年9月，我开始了在职博士研究生的学习，基于理科的科学学习和系工程复杂系统建模和优化的工程训练，我开始思考如何利用更综合的策略化解内耗问题。

当时，中国海洋石油总公司与美国阿科公司、科威特国家石油勘探公司于1983年6月合作进行石油和天然气勘探，发现了位于海南岛以南约90公里莺歌海海域的"崖13—1"天然气田，储量达1 000亿立方米，是当时中国发现的最大的气田。该气田采用中外参股方式进行投资开发，中方参股51%，外方参股49%。但按照合作约定，中国政府必须迅速作出开发与否的决策。当时国家的决策咨询机构是国务院技术经济研究中心、经济研究中心、价格研究中心、农村发展研究中心（这四个中心后来合并为国务院发展研究中心）。受国家计划委员会（简称国家计委）和中国海洋石油总公司委托，国务院技术经济研究中心组成研究班子，希望尽快向国家提供决策咨询意见。因汪老师与研究中心的联系，我于1985年年初再次进京，作为综合组成员进入该研究团队。当时的办公地点在中南海北院，每天都要从北海旁边的小门经过复杂的安检流程进入世人眼里非常神秘的中南海。办公室就设在北海旁边，离电视上常看到的和广播里常听到的紫光阁不远。大屋顶的建筑结构，在北京春天多风的日子里，经常会发出烦人的啸鸣。

这个机会再次让我融入国家重大项目的决策研究，后来基于三峡工程的综合评价和分析以及前后参加的几个大项目研究，我人生的第一本著作《大型工程决策》（席酉民，1988）正式出版了。

应该说，我是时代的幸运儿，刚步入社会就有机会相继在国家科委、国务院参与国家战略性项目的研究。这种机遇不仅丰富了人生体验，更会改变看待世界的角度。带着三峡工程研究萦绕在脑际的"内耗"，我发现气田这个项目因国际合作和产供销的跨地区、跨国等特点，相互之间有着更加复杂的多重钳制的关系。例如，要回答是否开发该气田，首先要弄清在什么样的条件下才可行。此时，外方公司勘探投入很大，而气田盈利率较低，他们也处于两难境地，必然提出一定要求，如抬高海上平台售气价格。但对于中方公司而言，只要有一定利润即可开发，因为是国家公司，可以从国家利益角度系统思考问题，如为保证公司和社会用得起，需确定合理气价，这就与外方公司形成明显冲突。其次，如果决定开发，又涉及如何有效利用该优质资源的问题。该气田每年可产气30多亿立方米，用来发电年售电量可达110多亿度，用来生产化肥可产500万吨尿素，用以气化城市可改善环境、提升人民生活水平、缓解能源和交通紧张，用于工业原料可提高产品质量、增加创汇能力、促进地区经济迅速发展，也可直接液化出口换取当时紧缺的外汇，等等。不难看出，综合用气方案的确定需要关注用气方式、数量、价格以及消费地的社会、经济、地理、环境等因素，并需落实可行的用气工程，这又是一个多种要素交错，多重利益并存，涉及技术、社会、经济、政治等方方面面的复杂系统。再次，为形成可行方案，还需制定相应技术经济政策和谈判策略，例如为保证我国整体收益最大，必须在上游中方公司与下游用气工程间进行策略优化，如上游公司在谈判时可适度降低气价或盈利以补贴和保障下游用气工程获得适当利润；又如为保证用气必须建设输气管道，若输气价格太高会影响下游用气积极性，若输气价格太低公司又无经济效益。因此，各种经济实体之间的利益冲突如何协调和相互补偿？国家如何对在整个系统中做出牺牲的子系统（如输气工程）给予适当的优惠政策（如免税或补贴）？最后，如果开发该气田，主要气源是落地海南，还是途径海南、支持广东和香港？这又涉及地区经济社会的矛盾和协作，特别是香港的特殊地位，以及国家的整体战略考量问题。另外，气价制定还有国际竞争问题，有利率、税率、汇率、物价、通货膨胀率、国际资源替代性和供给的稳定性以及其他不确定性的影响。总之，这种涉及经济、社会、政治、技术、国际合作、多方协作的复杂系统的策略构建和有效运行，更进一步加深了我对真实世界内耗产生机理，以及人、组织、社会合作难度的认知。

对我个人来讲，有机会与很多当时非常有影响的专家一道工作也是人生之大幸，如国务院发展研究中心马洪主任，资深专家王慧炯、李博溪、郭励泓、李寿鹏、李善同、周林、鲁志强、吕薇等，特别是我们课题组中德高望重的化工部规划院兰田方先生、费仲虎总工。当时计算机操作水平低，工作任务重，但这些老先生们仍夜以继日，抽空给时任中共中央总书记胡耀邦写了关于引进30万吨乙烯工程的建议报告。特别当获悉兰先生曾是中共地下党员，曾因发表不同意见蒙冤入狱，出狱后还能以一腔爱国之心充满激情地投身工作，我不由得肃然起敬。为了便于工作，我们曾在马甸立交桥东南侧的中国国际交流中心借住一段时间。当时该立交桥正在施工，我们常在饭后站在楼顶看着拥堵的马路和施工现场，畅谈国家大事、国际局势和各种轶闻趣事。与这些前辈师长"朝夕相处"，让我的心态变得更加积极。即使在无妄之灾加身的兰先生那里，我也没听到他有任何不满或对世事不公的感叹，总是展现出一种忧国忧民、积极进取、真诚开朗、不断奋斗的精气神。后来我曾邀请他到西安交大管理学院做兼职教授和给学生做报告，他也欣然接受，但却在之后带队出国访问时意外病故，这也成为我心中深深的遗憾。

这段时间的生活和研究，一方面帮助我更加深刻地认识到即使在极端复杂、压力重重的环境下，人的积极性和能动性也不该缺席，不仅可以相机行事应对突发事件，还可以通过施谋用智来消减甚或利用不确定性。这深化了三峡工程研究时我对组织、社会的认识，让我更加重视人在社会演化中主动性和能动性的潜在价值。另一方面，这些老先生的亲身垂范让我从心里明白了事业追求的真正意义。他们高尚的人格、优雅的举止、全心向善的努力，使我对自己的人生有了更高的定位，榜样的感召和精神的启迪，让我决心要做一个有品格、有能力、对社会有积极影响的人。

六、做"树篱笆桩子"的研究

因为我们是中国第一批管理工程博士生（确切地说首批一共两位，我比另一位李楠先生提前一年获得学位），博士研究生阶段怎样进行指导和研究都缺乏经验，没有现成可借鉴的套路，因而思维反倒更加开放和大胆。不是根据老师研究的某个理论问题进行具体延伸，而是根据社会现象和问题进行开放式探索研究。我当时曾将研究形象地分为"树篱笆桩子""编篱笆"和"修补篱笆"三类，而我最想做的就是"树篱笆桩子"的研究。

征得导师同意后，我很快就确定了大体的研究方向，即探索三峡工程等项目研究过程中发现的管理现象或困惑，这样既有继承性又使研究更偏向管理。紧接着在国务院发展研究中心的研究经历，使我似乎站上了一个更高的台阶，我在努力思考：复杂的人类生活和社会活动关系导致的令人无奈的管理乱象背后的机理是什么？有什么样的管理方法可以帮助人们消除或解决这些问题？特别是对普遍存在的内耗，我们该如何解读和避免？

带着这些困惑，再反思已有的生活经验和更深入地观察社会，不难发现，扯皮、内耗是人类社会普遍存在的一种管理现象。

为了子女教育问题，有的家庭常常争吵不休，孩子痛苦地离家出走，夫妻反目甚或离婚。大家都很困惑，都认为是为别人好，但各自对好的看法又不同，争论时又因亲情而无法保持理性，难以实现认知统一，使各方陷入僵局。为了保护家庭格局和平息事态，如果各方都愿意退一步、忍让和折中，就会有暂时的安宁，但若孩子的状况依然没有改善，这种平衡又会被再次打破。最后可能会因为一方无法忍受而分手，从中解脱；但也有可能因为血缘和亲情的牵扯，而一辈子陷入痛苦中。

会议也是现实中一个经常扯皮的场合。越大的议题越容易通过，越具体的问题往往会扯皮很久、议而难决。例如在哪儿建一个垃圾站，因为牵涉相关人的利益，扯来扯去，就很难通过。会议本是一种利用集体智慧处理复杂问题、调解矛盾、化解冲突的设置，但却会成为推卸责任、回避矛盾的工具。每个人都不愿承担责任，但又要显示自己的存在，所以遇事都要评说一番，对重大问题因不懂或说不透，反倒容易在轻描淡写地随便议论一番后顺利通过。但对具体问题，因身临其境，就会讨论得很具体，又因各自立场和观点甚至利害关系不一，导致争执不下，一而再再而三地议，迟迟决策不了。我曾出版过《管理之道》系列图书，收录了很多我写的短文（席酉民，2000，2002，2005a，2005b，2005c，2008，2013，2016a）。在我做西安交大党委常委和副校长时，时任党委书记王建华曾和我开玩笑说："咱们常委会对你出书贡献很大！"因为碰到无聊的议论时，我就写文章或观察每个人的言行，甚或判断其血型。

社会生活中的扯皮现象更是常见，个人的种种纠结、家庭的矛盾、组织部门间的扯皮等，酿成了资源、精力、机会、能量的巨大浪费。这种普遍存在的内耗甚至外耗，凭直觉都不难被发现，其产生的原因经常是由于各自的认知差异、利益纷争、心理不平衡、地位不对等、分工不清或有重叠等，犹如缠毛线，组织规模小、问题简单时还顺利或容易平衡，但随着组织规模扩大、问题日益复杂，就缠成一疙瘩，越理越乱。图3-1的漫画就生动地刻画了企业中的扯皮和内耗。

图3-1 扯皮和内耗

来源：改编自网络图片。

如果从个人—组织—社会互动的角度分析，我们可以从表3-1所示的几个方面理解内耗的根源：① 扯皮一般是合作群体（家庭、组织、社会、世界）的普遍管理现象，如果各自独立、无利害关系，充其量只是看不惯，不会形成矛盾或冲突。② 扯皮和内耗源自成员间观点、地位、利益的差异，一定发生在有合作或利害关系的群体中或成员间。③ 关系的性质或成员间连接的纽带会影响到扯皮和内耗的程度以及解决的难易程度，例如离婚或许可以算是夫妻间非常极端的"解决办法"，但父母与子女有血缘关系维系，可能终身都无法彻底解决。④ 如果有良好的治理或共处规则，上述差异可以消除或得到平衡，又或可控制在能够忍受的限度内，群体共处便会相对温和与顺利，否则一定会出现扯皮和内耗，严重的会争斗、解体甚或发生战争。

犹如当今世界，因资源分布、发展阶段、各国能力以及国情等的差异，特别是在现代技术和交通工具的支持下，大家看到了国家协作的价值，全球化的浪潮已席卷世界。从科学技术和实现手段上看，全球日益完备的供应链，无处不在的互联网，特别是正在发展的工业互联网，使全球合作和共生空前发展。但不幸的是，意识形态的差异，特别是某些政客的煽动，使得国际贸易争端、民族主义、国家主义、反全球化倾向愈演愈烈，再加上从 2019 年年底开始的全球新型冠状病毒肺炎疫情的推波助澜，人类陷入难以预料的惶恐和痛苦之中，国门关闭，交通停摆，居民隔离，很多对各国民众和社会有益的国际合作停滞，曾经的"地球村"和一体化世界面临分崩离析、重回孤岛的可能，"你中有我、我中有你"的千丝万缕的天然联系正面临着人为割裂的威胁。

表 3-1 内耗的根源

	个人/家庭	组织	社会	国家—世界
合作（共享/共生）关系	家庭的价值	组织存在的价值	社会存在的价值	世界合作和共存的价值
观点/利益	认知差异/利害冲突	认知差异/部门利益/责任重叠/合作的必然性（整体不可分性）	（个体/社会）认知差异/贫富差距/个人与社会福利	信仰/国家利益
关系/纽带	血缘/情感/理性	角色/关系/组织归属	法律/道德/社群	国际协作
统一/折中/底线/治理	个人成长/家庭和谐/超越忍耐程度/纠纷调解	（部门/组织）目标/责权利配置/冲突、怠工、解体消除机制	社会沟通/社群或阶层治理/混乱、冲突、暴乱应对	封锁、冲突、战争的调解机制与国际治理

从三峡工程到研究的几个大工程项目，再到目睹世界的挣扎、煎熬，以及社会观察和体验，我越来越深刻地意识到，仅靠我们熟悉的科学范式，甚至包括利用各种各样的技术工具和系统工程模型，很难消除内耗。即使我们可以把各种人、社会、文化、心理的因素纳入我们擅长的复杂模型中，也可以给出一个折中方案，但却无法根治或消除内耗现象。例如，在三峡工程综合评价和决策研究中，我们可以通过各种手段给 21 个评价指标加权，甚至是采用复杂的动态赋权，而且为了评价的准确性，还采用了当时最新的模糊集统计手段采集主观评判。但是，无论是简单加权排序，还是使用基于图论的非常复杂的多目标综合选择策略，虽然都可以选出和推荐决策方案，并最后通过人大投票做出决策，似乎扯皮可能被这一"科学过程或方法"暂时回避，但背后的纠结、矛盾、冲突并由此导致的潜在内耗并未根除。即使就纯粹的工程系统而言，其出现的问题用质量控制专家戴明先生的话说就是，80%是人为造成的。所以，如何处理扯皮和内耗这一问题一直萦绕在我的心头。

七、和谐理论的孕育与诞生

指导我写博士论文的副导师是李怀祖教授，他虽是理工背景，但有很好的人文修养，特别是创新思维。那时的我也经历多年的农村生活，有关于管理（生产队、共青团、班级及校学生会、研究生会、研究生公司）的直接感受，有在国家科委参与三峡工程、全国能源规划和综合交通发展战略的研究心得，以及在国务院发展研究中心参与莺歌海天然气田开发这个跨地区、跨国合作项目的研究体验，尤其是得到一批贵人在为人处事等方面的熏染，所以我们之间的讨论比较开放，时有思想火花的碰撞。当时曾试图追求古今、中外、文理三个贯通，尽管这一过程漫长和没有头绪令人倍感头疼，但就像酿酒一样，研究始终处于"发酵"的过程中。

当时，李老师家人在天津，他一人在学校，因研究压力大，春节假期也没有回家。我大年初一过后就回到学校，有时吃住在李老师家，现在还记着当年在他家里一边吃着泡饭，一边琢磨和讨论的情景。某日，我们把"摩擦""内耗""紊乱""争斗""扯皮"等词汇与其对应的"平顺""和谐""秩序""友和""合作"等相比较，突然觉得和谐这个在东方有着丰富含义的词也许是个值得好好琢磨的概念，因为无论任何个人或组织，一旦达到和谐状态，那些管理问题或困惑就应该消失了。但再深入思考和研究下去，又发现和谐是一种可望而不可即的理想状态。怎样描述或定义这一状态？通过什么样的路径才可以逼近这一状态？有哪些工具可以帮人们实现和维持这样的状态？作为一个理论，至少应该从概念、机理、哲学、方法论、工具等方面回答这些问题。

于是，我首先利用系统论和系统工程方法，把这种内耗现象理论化，用"负效应"来概括在社会经济系统中普遍存在的这种无序或不协调状态下，一个系统各组成部分之间以及系统与外部环境之间作用的相互抑制和冲突，使系统能量相互抵消以及系统总体功能下降的现象；并分析了其结构，提出了要素性负效应、结构性负效应、组织性负效应、精神性负效应、内外失调性负效应及总体性负效应等概念；基于此，解构系统总功能，从影响社会经济系统总体功能的不同角度分析了消除内耗、控制负效应的迫切性和途径，并通过系统微观机理分析，从系统构成、组织、文化、内外互动四个维度对系统总体能量释放机理和干预方式做了深入解读，从而形成了系统功能转换以及有效释放的机制认知（席酉民，2012）。

在进一步研究和谐如何消解社会负效应、促进系统功能充分释放的过程中，发现如果把和谐这两个字分开，则"和"与"谐"体现着不同的机理，分别对应着人的感受、行为和心理以及各种要素匹配、协调、优化的科学安排两个方面，而这两方面背后的机理不同。前者更强调用良好的氛围、文化和环境调动人的积极性和能动性，应对面临的问题和挑战；后者则强调利用现有科学知识，规划、组织和控制面临的组织任务。这两个方面在当代科学里也有相应的分支理论，所以把"和"与"谐"的分离若上升为理论，便可以形成与现有理论体系的对话。更重要的是，若把这两种机理有机结合，便可以使我们更有效地应对许多令人困惑和无奈的管理问题。这些分析和探讨坚定了我们的决心，即借用"和谐"这个大家熟悉但似乎只是模模糊糊知道其作用和价值的概念进行理论构建。

和谐状态概念的引入，特别是放弃走纯科学管理的道路，设法从科学逻辑与人性特点双重道路逼近和谐状态这一管理思路的萌发，让我们看到了希望。在这一时期，系统工程研究如火如荼，1984年IIASA专门组织了一次主题为"运筹学和系统分析过程的反思"的会议，与会者中有人认为，这些学科之所以在一些问题上失效，是因为对人的因素考虑不够。当时，英国运筹学家彼得·切克兰德（Peter Checkland）将运筹学、系统工程、系统分析和系统动力学等称为硬系统方法论，而他自己则提出了一种软系统方法论（Soft System Methodology，SSM），常用"概念模型"寻求"可行满意的变化"，将决策过程看作一个"学习过程"。20世纪80年代，国际上出现一批新的系统方法论，特别是英、美等国，它们的共同特点是"以软为主",大多没有数学模型,而强调思考方法、工作过程和人的参与等。此间,我与中科院系统所顾基发研究员及其团队也有不少探讨和交流,他们也赞成这种思路,这些国内外交流进一步印证了我们研究构想的可行性。后来,顾基发先生在领导干部的研究中发现,大部分领导在"人理"方面确有其所长,但是他们有时缺乏自然科学和管理科学方面的知识,因此提出将"物理""事理"和"人理"放在一起,一个好的领导应该懂物理、明事理和通人理。并在此基础上于20世纪90年代中期形成了"物理—事理—人理"(WSR)系统方法论,这在某种程度上也背书了我们于20世纪80年代中期形成的和谐理论。

坚定信念、明确思路之后,在对和谐概念进一步定义的基础上,我们把和谐作为一种理想的状态,并从功能释放的逻辑出发,研究了和谐的结构,即从构成和谐性、组织和谐性、内部环境和谐性与外部和谐性四个方面表征整体和谐性。如能促进整体和谐性改进,则有助于系统总体功能的释放,换句话说就是可以抑制或减少社会负效应或内耗。并于此基础之上,形成了系统和谐结构分析矩阵和五级嵌套优化模型、系统状态的和谐性诊断模型,还编制了相应软件,对区域社会经济发展、企业和学校等各类社会组织做了大量应用性分析和诊断。与此同时,我们还继续深入探究如何利用"谐"与"和"的机制,不断逼近和谐状态。

分析人类面临的问题,无论是个人、组织还是社会,其中一大部分是相对确定和稳定的,可以利用人类已有知识和积累的经验处理,对于这类问题,我们可以利用人们熟悉的规划和科学设计的办法去应对。在当时,许多系统工程、运筹学、数学工具可支持人们驾驭这类人类社会组织活动,而这些方法的背后机理即为"谐",通俗地讲就是匹配、协调、优化。而另一类问题则是不确定的、复杂的、模糊的,难以简单地利用科学设计的办法去处理,包括人的心理、行为因素影响、"决定"的活动等。比如,人有时甚至有意地做出非理性行动,另外还有很多突发的、涌现的、随机性问题,无法事先预知,这类问题的处理需要人们的能动性与创造性,换句话说,设法让人有责任、有动力、有能力和有条件在问题出现时甚或出现前积极主动地相机行事就成为关键。做到这一点需要良好环境和文化,特别是人的组织归属感,"和"的机制有助于这种机理的营造和利用。根据这种认知,利用我熟悉的物理训练,针对"谐"与"和"两种机制,我分别提出了"两轨"与"两场"的控制机制。"两轨"利用轨道的比喻强调硬控制,如外部的法律,内部的制度政策、组织规定、科学安排、工艺过程等;"两场"则利用磁场的比喻强调软影响,如内部的组织文化和外部的社会环境。两轨对应着

1987 年获博士学位后与导师汪应洛院士合影

"谐"机制，两场对应着"和"机制。

至此，我们形成了和谐理论的基本框架（席酉民，1987，2012）。严格地说，该理论基本上是一个分析社会经济系统运行机理、促进功能转化、释放系统潜力的开放系统分析理论，只不过其研究对象更偏重于有人参与的社会经济系统，包括家庭、组织、企业、区域经济甚至社会分析，所以还不算严格意义上的管理理论。

八、做个有影响的人

上面对理论发展脉络的叙述看似轻松，但其实研究和写作过程是蛮艰苦的。在论文进行到关键阶段，我便夜以继日地泡在管理学院老楼302房间，这里曾经是为当时到管理学院访问的外教和专家准备的，比较安静，一台286台式计算机成了我最亲密的伙伴。也许因通风不畅或自身免疫力下降，在论文艰难推进时，我得了带状疱疹，腰上和脸上起了很多泡，关键是钻心的神经疼。我妻子因暑假回家，也不知道我患病，因此一个人在夜不能寐的疼痛中坚持研究和写作，最后还在额头和眉骨处留下了疤痕，我曾经开玩笑说这是"实实在在的"博士记录。最后，我以"和谐理论与战略"为题完成了博士论文（见席酉民，1989）。

因为我是中国第一位管理工程博士，没有现成的评审标准和程序，也没有经验，所以我的论文摘要送出近百份，论文也送出十多份，又从全国各地请了许多专家和教授，构成了庞大的答辩委员会。答辩安排在管理学院多功能大教室，到场人数有一百多位，会场上架着摄像机，好像要进行一场大型学术报告会。在我报告完后，很多问题接踵而至，有赞许，也有质疑，例如系统和谐与冲突、斗争的关系，在事物发展中冲突和斗争在所难免，考虑了冲突和斗争后怎么判断和谐？还有和谐的定义、测度、实现机理等，当然也有改进建议。经历了这一阵势浩大的答辩会，除了获得答辩通过的结果，还从大量提问中对和谐理论有了新的认识，我意识到，这一应对复杂不确定管理的理论有待更深入的挖掘。其实在答辩之前，我做博士论文期间的管理实践和咨询服务已经带给了我同样的感受。

因是在职攻读博士学位，所以在读期间，我还承担着繁重的教学、研究和行政工作。例如，我与李怀祖老师合作给管理学院本科生开设"管理学"课程，我给研究生开设"系统工程方法论"课程，还利用系统动力学、冲突分析、大系统模拟等理论工具，为企业、政府、区域做发展战略与规划咨询等。我于1985年被破格提升为讲师，并担任系统方法研究室主任，后来又创办了系统工程与战略研究所并担任所长。同时我还在帮助汪老师和独立指导研究生，不少研究生年龄比我自己还大。

当时，我们的研究搞得热火朝天，声名鹊起，经常被邀请到各地进行研究和提供咨询意见，还被邀请在《陕西日报》《西安日报》上开设专栏，与当时非常有名的报纸《华商报》合作办版面，用一些经济管理理论研究社会现象、解读时下热点问题等。记得当时台湾地区一批名教授访问西安交大，发现我在报纸上开专栏，写很多有趣的文章，还大加赞赏。我开玩笑地说："在学术升迁上，这些文章不算数。"他们则严肃地跟我说："那又怎么样？你研究和思考的价值是产生社会影响，而不是为了学术升迁。你报纸上一篇短文可能会影响很多人，但有些学术文章一辈子也许没几个人看，甚至只有两个评阅人看过。"坦率地讲，这些话对我影响很大，因为我想做一个有影响的人，这些话提醒我后来在各种选择的关头，轻视名誉，重视实质和影响，包括持续撰写和出版汇集了我管理思考小文章的《管理之道》系列和教育思考文章的《教育之道》系列图书（席酉民，2016b，2020，2021），放弃很重要的晋升机会而毅然选择可能产生更大影响的岗位，放弃一些奖励（包括院士申请），而专注于热爱的事业，等等。

另外令我比较自豪的是，我的教学在当时也独树一帜，经常引用现实问题引导学生研究，启发他们的创造性思维。例如，我以西安交大副校长身份到上海考察西安交大上海研究院时，一位时任上海厅级干部的校友请我吃饭，我们已经有二十多年没见面，一上桌她先说还记得我上课时用活生生的例子引导他们学习，如西安交大门口红绿灯的设计，用自来水公司水位变化评估电视广告的收视效果[①]。用木匠[②]、头马[③]和空气[④]比喻领导等，至今记忆犹新，而且对自己的生活

[①] 当时刚刚进入商品经济社会，一些电视剧火到万人空巷，于是逐渐兴起了在电视剧中插播广告。如何研究广告效果就是一个重要的系统工程问题。直接调查工作量大、成本高，我们就想到去自来水公司研究插播广告时水位的变化。广告若吸引人，则利用这个机会去洗碗和上厕所的人就会少，水位变化慢，否则水位下降快。

[②] 木匠具有领导最重要三项能力：① 有规划，即使没有图纸，木匠也会在心里对要做的事情有整体的构思。② 会用"材"，在木匠眼里没有废材，即使小木块也可作楔子用。这与医生不同，在医生眼里所有人都有病。③ 执行力强，可以用手中材料把构想变成现实。

[③] 头马也是领导的好榜样：① 有导向能力，知道什么地方有水有草；② 会沟通，让马群相信并跟着自己走；③ 赛马机制，头马都是跑出来的。

[④] 领导应该像空气那样：① 看不见，摸不着，不以领导自居；② 有价值，离不开；③ 不给大家无形压力，有大气压，不仅大家感受不到，而且是正常生活所必需的；④ 无处不在，领导要像空气那样让自己的影响无处不在；⑤ 空气能自我更新，好领导要像空气那样让事业有新鲜感，让大家充满活力。

和工作有深刻影响。这些教育实践和理论思考后来也被引入西交利物浦大学，融入其以学生和学习为中心、兴趣驱动、研究导向型的教育中。

* * *

从 1978 年开始，我随着中国改革开放的步伐走过了本科、硕士和博士阶段的学习，也初尝了研究和教育的奥妙。这时的中国，经过十年的改革开放，各方面的事业百废待兴。为了加强科学研究，国家专门成立了国家自然科学基金委员会，1987 年为了支持青年科学家成长，还专门设立了青年科学基金项目。荣幸的是，经过申请、评审和答辩，通过激烈的竞争，我获得了国家自然科学基金委员会首批青年科学基金项目的支持，成为管理领域四位获得者之一，开始了"战略研究理论方法体系的系统研究"。这成为我这段学习和研究历程告一段落的一个标志，也帮我开启了更广阔的未来。

参考文献

欧阳敏. 2010. 水源地［M］. 北京：人民出版社.
席西民. 1987. 和谐理论与战略研究［D］. 西安：西安交通大学.
席西民. 1988. 大型工程决策［M］. 贵州：贵州人民出版社.
席西民. 1989. 和谐理论与战略［M］. 贵州：贵州人民出版社.
席西民. 2000. 管理之道：仙人掌集［M］. 北京：机械工业出版社.
席西民. 2002. 管理之道：林投集［M］. 北京：机械工业出版社.
席西民. 2005a. 管理之道：游戏规则与行为［M］. 北京：朝华出版社.
席西民. 2005b. 管理之道：大处着手，小处着眼［M］. 北京：朝华出版社.
席西民. 2005c. 管理之道：混沌中的秩序［M］. 北京：朝华出版社.
席西民. 2008. 管理之道：战略对准：结香集［M］. 北京：机械工业出版社.
席西民. 2012. 变革时代的管理：中国学者的探索［M］. 北京：北京师范大学出版社.
席西民. 2013. 管理之道：反思与重构：茶蘼集［M］. 北京：机械工业出版社.
席西民. 2016a. 管理之道：逆俗生存：蔷薇集［M］. 北京：清华大学出版社.
席西民. 2016b. 理性"狂"言：教育之道［M］. 北京：中国人民大学出版社.
席西民. 2020. 明道任事：教育之道［M］. 北京：清华大学出版社.
席西民. 2021. 特立独行：和谐教育之路［M］. 北京：清华大学出版社.

附文 1

国家大型工程把关人
记西安交大青年博士生导师席酉民

举世瞩目的三峡水利枢纽工程经过七届全国人大五次会议两千多名代表的庄严表决终于通过了。在中国现当代史上，几乎所有高瞻远瞩的政治家、水利学家、经济学家、管理专家都为这项泽惠子孙万代的巨大工程倾注过无数心血。西安交通大学教授、我国最年轻的管理工程博士生导师席酉民就是其中之一。

应该说，从小志存高远的席酉民不是幸运儿。他生长在陕西长安县（现西安市长安区）农村，高中毕业到恢复高考前，已回乡务农的他在无奈中体验了四年人生。在那一段可以使人奋起也可以使人沉沦的岁月，席酉民当过打井队员、拖拉机手，也当过生产队会计和生产队队长。但无论做什么，他都干得让人竖大拇指，无论是干什么，他都忘不了读书。清晨出工，星夜归来，在难以支撑的疲惫中，席酉民仍在涉猎有限的书籍。

十月的春雷，伴随着一个崭新时代的到来。正在参加改造山田百里大会战的席酉民紧紧地抓住了这个时机，一步跨进了梦寐以求的大学校门。在憋足了劲、学习如饥似渴的77级大学生中，席酉民不久就发现自己不过是个中不溜，甚至考试亮红灯的滋味也尝到了，用他的话来说是"打击接踵而来"。书山有路勤为径，学海无涯苦作舟。席酉民的长处是不服输、不怕压，别人下一份苦功他下十份，大学几年连电影也没看一场。苦读猛钻终于使席酉民进入陕西机械学院最优秀大学生的行列，一直到大学毕业成绩都保持名列前茅。1982年，席酉民如愿考上了西安交大系统工程研究生。在这所著名的高等学府里，他发现"天外有天，人外有人"。此时已不再是简单的不服气，而是真正体会到了"追求永无满足，做人永有榜样"。

西安交通大学素以优良学风著称，席酉民师从汪应洛教授和李怀祖教授，更是如鱼得水。仅仅几年他就以优秀论文《和谐理论与战略研究》成为国内培养的第一名管理工程博士。攻读博士学位时他被破格晋升为讲师，1987年获得博士学位。一年后又被破格晋升为校内当时最年轻的副教授，1992年晋升为教授并享受国务院政府特殊津贴。

还在读硕士时，席酉民就注意到大型工程是国民经济的支柱，于是开始了自己第一个主攻方向。当时，全国正在建设的大中型工程约有七八百个，平均三天半就有一个建成投产，而更多的工程正待上马。如何避免盲目决策造成的失误，保证工程项目决策上的科学性，这是实践提出的重大课题。席酉民在导师的指导下就此展开了艰苦探索。

29岁时，他结合自己相继参加的莺歌海天然气利用规划研究、华中华东地区电源规划课题，以及所主持的三峡工程综合评价与决策分析，运用系统工程的思想，对大型工程的评价和决策研究提出了一整套理论与模型方法体系，并出版了自己第一部著作《大型工程决策》。同期，他负责的几个项目先后获得了国家教委科技进步一等奖、国家科委科技进步一等奖。

同是在读博士学位期间，他作为负责人或主要参加者，对有关地方经济发展战略铺开十余项研究，这是他第二个主攻方向。其中，关于西安市、渭南地区的研究，获得了省科技进步奖。席酉民深思熟虑、潜心研究，总结提出了社会经济系统和谐发展的运行理论和控制机制，完善了战略研究理论和方法体系。他的著作《和谐理论与战略》《战略研究理论及企业战略》（与汪应洛教授合著），分获"光明杯"优秀哲学社会科学著作奖和首届高校出版社优秀学术著作奖。

在席酉民自己规划的第三个主攻方向——决策支持系统的研究与开发上，席酉民先后主持完成了"三峡超大型工程决策支持系统""黄河防汛决策支持系统""河南省交通运输决策支持系统""区域经济、社会、科技协调发展支持系统"等课题研究。在实践基础上，他形成了一套问题导向的决策支持系统（Decision Support System，DSS）研究与开发理论，颇受同行推崇。

席酉民衷心欢呼勃兴于中华大地的社会主义市场经济，决心为之竭诚奉献。1992年他又开拓了他在加拿大开展合作研究期间形成的另一主攻方向——管理行为与企业理论，现也已崭露头角、成果纷呈了，学术界与经济界开办讲座之约令他应接不暇。

几年来，席酉民完成了四个学术方向的掘进和三十多个课题的攻坚任务，获得中国科协青年科技奖、霍英东教育基金高等院校青年科学奖，国家教委、国务院学位委员会授予他"做出突出贡献的中国博士学位获得者"称号，并被载入数种世界名人录。

人们不禁会问,席酉民执着的追求究竟为了什么?也许,一位同事对他的一段评价就是最好的回答:国家十多年来的改革为席酉民提供了难得的实践机会和施展才华的场所,为此,他没有过多地考虑许多年轻人热衷的出国或"下海",全身心地投入工作,常常夜以继日、废寝忘食。他勇于实践、敢于拼搏,将自己的聪明才智无私地、高效地贡献给了祖国的现代化建设事业。

(作者白学龙,原载于《中国高等教育》1995年第2期)

附文 2

和谐管理

"和谐管理理论"的创建者席酉民

(绘画:刘明)

"技术的飞速发展和扩散,政治、文化的广泛甚至激烈的冲突,人类生存事件异常的多样性,已使得我们只能有些无奈地用'快变'(rapidly changing)和'不确定性'(uncertainty)来形容我们所处的内外部环境。"席酉民教授这样描绘我们所处的世界,并且认为,"管理迫切地需要一种新的理论来应对这种复杂性和多变性"。他创立的有着浓重东方文化色彩的"和谐管理理论"是可能的应对之道。

席酉民与我们常见的西方管理大师没有多少相似之处,他更像一个科学家。在采访中,他不断谈及这样的词汇:系统论、因果律失灵、和则体系、谐则体系、方法论……实际上,与著有《第五项修炼:学习型组织的艺术与实务》的彼得·圣吉一样,席同样从系统论开始,最终聚焦于组织管理。

席酉民现在是西安交通大学副校长、教授。1987年凭借提出"和谐理论"的博士论文成为中国第一位管理工程博士,1993年成为中国管理工程领域最年轻的博士生导师,1996年获得第三届中国青年科学家奖。20世纪90年代末以来,他致力于将和谐理论这一系统理论变成可操作的管理理论,"随着社会、经济、科技日益快速地发展,我越来越觉得人类应对这个复杂多变的社会需要人类自身强大的主动性和能力，和谐理论正是以人、物互动以及人与系统的自治性、能动性为前提的，我强烈地感觉到和谐思想在未来社会有旺盛的生命力，也有强烈的愿望想把和谐理论再往前推进，推到管理问题去。"

在谈及和谐管理理论时，席的话语可能会非常理论化和哲学思辨。但和许多西方管理大师一样，他也是邀约频繁的演讲"明星"。他喜欢将研究中的成功以生动活泼的事例和丰富多彩的语言传播出去，他的几本管理随笔集充满了智慧的色彩，从大事、小事、细微处看到管理之道，暗合他主编的《管理》丛刊的理念：管理是管理者的生活。

和谐管理

和谐管理是组织为了达到其目标，在变动的环境中，围绕和谐主题的分辨，以优化和不确定性消减为手段提供问题解决方案的实践活动。其中和谐主题是指，在特定的时间、环境中，在人与物要素的互动过程中所产生的实现组织目标或妨碍组织目标的核心问题。

"和"指的是人及人群的观念、行为在组织中"合意"的"嵌入"；"谐"指的是一切物要素在组织中"合理"的"投入"。

应对"快变"和"不确定性"的世界

"我们需要流行的标签武装我们的思想，但也需要思考那些似乎枯燥但却更加永恒性的管理问题。"席酉民这样评价走马灯般传播进中国的各种新颖管理观念，他说，我们必须认真思考"如何在'快变'和'不确定性'的环境中以更加具有竞争力的方式向顾客提供价值"。

他的思考从梳理管理知识的流变开始。科学管理一直追求科学设计的思想，它的前提是未来完全（或概率条件下）可预见的、我们能把握的复杂现象的规律性或因果律。但复杂性让人们意识到这种思想的局限性，于是，经济学家西蒙提出了"人的有限理性"，管理学家也早已开始将人的行为复杂性引入管理研究里。但是，席酉民认为，"（这只是）考虑的因素多了，把人的行为因素、心理因素引进来，引进来之后还是设法进行科学设计。无非是考虑的因素越来越多，越来越全面……但这种进步仍然遵从科学研究的基本逻辑，即对所能考虑到的因素进行科学分析，追求的还是科学设计的思想。"

"由于管理活动及其环境的复杂和多变性以及由此产生的有时因果律失灵（不可察），加上人类认识的有限理性、人的能力有限性、人的不可确知性和行为的不稳定性,所以管理永远会面对一些不能事先确定的东西,需要人自主来应对,并且这种现象随着社会的进步和发展,比例会越来越大。"席酉民说,"和谐管理就是要在科学设计的基础上,充分调动人的能动性、人的创造性、组织的能动性应对这种不确定性。"

和谐的思想就是围绕要解决的问题,对能科学安排的内容尽可能科学设计,对无法实现科学设计的问题主要营造一种"和"的氛围,使得每一个人有能动性并不断提高自身能力,而且创造一个大家能够发挥作用的平台,并使之与科学设计部分相融合,从而使组织能够自主地根据环境的变化来适应、自动调节。

在席的观念中,管理要处理的主要问题就是"人和物的互动关系",人的不确定性和物的可无限优化性(由于技术的发展和人类的智慧)二者相互影响。科学设计的局限就在于,认为"最理想的管理模式就是将人的不确定性转化为确定性,把管理变成类似一部机器一样的投入产出过程"。和谐管理不再简单地追求科学化,而是追求两种思路,也就是席所说的"双规则":能够事先安排、用科学方法解决的,用科学优化解决;反之,让人发挥他的创造性,随机应变。

和与谐

"'谐'考虑的是科学化、物化的东西,它讲究的是比例协调、配合得当、可以科学安排;'和'更多看到的是人的心理感受、能动反应。"席酉民用中国的"和谐"两个字来概括他的理论,"和"是人及人群的观念、行为在组织中"合意"的"嵌入";而"谐"是指一切物要素在组织中"合理"的"投入"。

"和则"是从和派生出来的人嵌入组织的规则或者说主张,人们用它来应对组织中"人的永恒的不确定性",包括规则、契约、文化、舆论、社会观念等。而"谐则"则是处理那些可以量化的因素,考虑它们如何在给定的约束和目标下最优化。和谐管理的两面就是,一方面用优化的思路解决客观科学的一面,另一方面用减少不确定性的思路解决人的主观情感、行为的一面,前者为"谐则",后者为"和则"。

"不同的人看这个房间,肯定有不同的感觉,因为没有一个主题。"席借酒店里的布置解释"和谐主题"的提出,"和谐主题是指组织中在一定时期存在进一步寻求确定性及优化必要的以实现组织目标的核心管理问题或任务。""有了和谐主题,判断一个事物发展的时候,我们就可以看到,围绕和谐主题,哪些是可以物化的、可以优化的,哪些是不可以的,这样就使得问题很具体,具有了可操作性。"对于一个组织,我们看到的是和则、谐则和组织运动过程中不断涌现的

"和谐主题"的互动和耦合。

"如果是个机械制造行业，在它初期进行简单生产的时候，'和'并不重要，因为我们所要应对的主要方面都可以进行科学的安排，传统的科学管理理论足可以应付。但是，如果把它变成一个以研发为主的单位，那么'谐'马上就会变得不重要了，而'和'就会上升到很重要的地位。我们要根据和谐主题进行适时的调整。"

譬如，研发型企业要成功，最重要的是要有一大批研发人员能够稳定工作，这里重要的是"和则"体系的设计：怎么让人在这个单位里面更有成就感？让人能够安心在这儿工作？围绕这个主题，就需要设计一种氛围、体制，使人能够在这里有自我实现的冲动和能力，又能发挥其研发的创造性，还能够使得不同部门之间相互匹配。

将和谐主题作为分析管理问题的基本出发点可能带来管理思想的变革。我们不再拘泥于传统的管理职能，或者不断涌现的管理时尚，而是分辨实际面对的主要问题（和谐主题），然后在"和"与"谐"两个方面寻求解决之道。

"从和谐主题入手，将彻底摆脱管理理论丛林的尴尬局面，也不再会被各种各样层出不穷的管理时尚所左右。"席说。

席和他的团队正进行着大量的案例研究，以验证这个通过观察、归纳总结和演绎而来的和谐管理理论的正确性，并进一步细化，从而发展出可实际操作的应用工具。他们现在除了理论的深化研究，还正在进行实证和案例研究。

中国管理

和谐管理理论有着很强的东方文化色彩，以整体性思维为基点，但席没有陷入其中，他在不断地追求理论的可操作性。"东方文化中的整体性思维往往是'只见森林，不见树木'，虎头蛇尾，想得很大，不细致。而西方文化则容易'只见树木，不见森林'。我们在研究上努力整合二者的优点，追求一种'既见树木，又见森林'的总体论思想。在不确定消减和优化并行的基本和谐管理思想下，再构建方法论及具体的应用工具和技术。"

东方文化的另一个特点是对模糊性的忍耐。"西方不能忍耐模糊性，譬如说菜谱，西方人一定是写什么什么几克，什么什么几毫升，什么过程几分钟；东方人则会讲什么什么少许，什么差不多就行。未来社会越来越需要东方思想中这种对模糊性的忍耐。"

和谐管理继承了东方思想对人的关注、对模糊的忍耐和整体性思维的优点，但不局限于此，席试图把这种思想和西方已有的管理理论结合起来，做到"既见树木，又见森林"。

对现有管理理论的整合主要体现在围绕和谐主题的和则体系与谐则体系的设计上。"谐则体系的设计就是，对于任何一个分析系统，我们要先把它要解决的问题分析透彻，之后来看如何进行设计，是优化运筹的问题就用运筹学，是系统分析的问题就用系统工程的方法，所有科学设计方法、生产管理和组织设计的理论都可以应用。和则体系建立则可以将心理学、组织行为学、企业文化等理论应用进来。"

席有着某种"中学为体，西学为用"的气势，他说，"西方管理理论是我设计的基础，它的技术方法是我设计的工具，我站在和谐管理理论框架下，有选择地去使用，吸取了西方管理的精华。但这不是简单地套用，而是在我们的理论框架下的组合和再造。"他比喻说："就跟治病一样，如果一个人得了多种病，治这个病，这个药很有用，但却对另外一个病有副作用，所以我们不能简单把这个拿来、那个拿来，朝一块一放，我们要消除不同方法之间的冲突，使它们能达到最佳的耦合状态。"

"一个国家的管理理论被接受，是实践充分证明了它的成功的时候。"席酉民相信，尚处在发展阶段的和谐管理理论会有非常大的拓展和应用空间。"在今后十年、二十年内，随着中国经济社会的进一步发展和壮大，基于中国经济社会实践活动总结出来的管理理论可能得到世界的认可和重视。"

"和谐管理最高的境界是要达到无为而治的状态。"席说他家客厅的墙上有这样一段文字，其中前半部分是"以人为本，以德为先，以和为贵，以法为教，中庸之道，无为而治"。这看似儒家、法家和道家思想的罗列，实际的含义是"只有儒家和法家思想的有机结合，才可能达到道家畅想的'无为而治'"。和谐管理，就是既有客观的、比例得当的、科学的'谐'的完美，又有主观的、感觉良好的、情感的'和'的融合。

（作者方军，原载于《经济观察报》，2004年1月19日）

第四章

上下求索　养威蓄锐
(1988—1997)

人类被赋予了一种工作，那就是精神的成长。

——列夫·托尔斯泰

一个人无论禀有着什么奇才异能，倘然不把那种才能传达别人的身上，他就等于一无所有；也只有在把才能发展出去以后所博得的赞美声中，才可以认识他本身的价值。

——莎士比亚

摄于 20 世纪 80 年代的西交校园

第四章　上下求索　养威蓄锐

攻读硕士学位时，因研究三峡工程，在国家层面了解了很多对社会有重大影响的大型工程，内心就有一种憧憬，自己只有融入其中，方能体现系统工程训练的价值。在博士研究过程中，因从内耗和管理有效性研究复杂系统的调控，更加深了这种亲自实践一番的愿望。当时也曾想，如果毕业后能到三峡工程建设总指挥部充当关键角色，就更能检验自己系统工程和管理工程研究及训练的成果。这终究只是曾经的梦想，但仍有幸得遇那些个性鲜明、充满社会担当、为自己认定的事业奋斗不止的大家，并受到他们的引领和启迪，人生视界豁然开朗，他们就是自己最好的人生楷模——做一个对社会有积极影响的人！

一、走进商海，小试牛刀

在我获得博士学位时，中国的经济改革正如火如荼，商品经济释放了蕴藏在人们身上的潜能，大量公司涌现。作为学习管理的博士，自然"蠢蠢欲动"，也想在这股洪流中一试身手。于是，我代表西安交大管理学院，与国务院发展研究中心和铁道兵指挥部[①]合作，在北京注册了一间公司——北京运通有限责任公司。

进入商海，在刚刚起步还很不成熟的商品经济里熏染，不仅只为体验，还有思考和研究。我发现改革开放后早期的公司，干得比较成功的掌门人基本上有三种"出身"：第一种是复员军人，胆大、果敢、有担当；第二类是"下海"（"半下海"）的政府官员，消息灵通且权力资源丰富；第三类是"红二代"和关系网发达的各色"能人"，他们有信息、有关系，身处或接近权力的中心，最为"神通广大"。早期公司主业一般也不集中，大都"随机而动"，什么挣钱就干什么，倒批文、贩羊绒、开金矿……干什么的都有。尽管不少生意中附加价值增加不

[①] 1984年1月1日，中国人民解放军铁道兵部队集体转业并入铁道部，铁道兵指挥部改为铁道部工程指挥部，铁道兵各师分别改称铁道部各工程局。但之后一段时间还习惯称呼其为铁道兵指挥部。

大，但商品的流动和资源的更有效配置确实增加了市场经济的活力。

我们北京公司的合作伙伴名头也不小，但具体操盘的却是一两层关系外的商人和临近退休或已经退休的人员。当时，铁道兵指挥部方面有一名接近退休的干部具体负责，国务院发展研究中心由一名从清华毕业的年轻干部协调，西安交大管理学院方面的负责人则是我。具体在一线操盘的是我、一位浙江的商人殷先生和后来加入的八一电影制片厂前政委赵先生。我们在京成立公司后，基本上就住在前门一带，捕捉各种各样的信息和商机，与各种有可能有商业往来的人接洽和交流，如争取进口鳗鱼苗、出口苎麻批文，寻找有关矿产资源开发机会，挖掘一些有利于商品流动的生意。在北京业务刚刚开启尚无实质性收益的情况下，1988年4月第七届全国人民代表大会第一次会议召开，李鹏出任国务院总理，并通过《关于设立海南省的决定》和《关于建立海南经济特区的决议》。我们闻风而动，又"杀向"海南，在海南注册了我们的第二家公司——海南运通有限责任公司。

在海南公司成立不久，1988年10月，中共中央、国务院作出清理整顿公司的决定，掀起了一场公司清理整顿的浪潮。1989年8月17日，中共中央、国务院作出《关于进一步清理整顿公司的决定》。在这样的背景下，加上我是中国培养的第一个管理工程博士，当时该学科也处于起步阶段，社会和学界对该领域的研究充满期待，管理人才炙手可热、需求很大，学校希望我回到研究和教学中。我自己进入商海，本意也并非从商，而是试图通过一线体验，将理论与实践结合，从而更深入认识和研究管理。于是，我从1988年年底开始逐步将工作重心回归学校，也是在这年，我再次被破格晋升为副教授。

在这段从商经历中，有几件事，或是给予了我强烈的感官刺激，或是对我的人生产生某种启迪，因此至今仍记忆深刻。

格局与发展空间

在北京办公司期间，有一位浙江生意伙伴，后来我们成为朋友。

他刚到北京时，都不知道怎样坐飞机，但年轻胆大、有冲劲，只身一人提了一箱子珍珠项链来到首都，两个月后，销售柜台已经开到了王府井百货大楼（和某机构负责人建立了友好的关系）。若论知识和见识，他与很多受过教育的年轻人无法比拟，但在商海的实战中，可能是浙江人那种"莽撞"和韧劲包括些许的精明让他能够迅速打开局面，很快在首都做得如鱼得水。

在他结识的朋友中，有一位是亚运会工程的一个包工头，应该也是那种文化水平不高但善于结交和很会来事（按他们的规则）的市场"神人"。为了答谢那些帮这位浙江商人在北京立足和发展的人，他专门在昆仑饭店最大的一个包间组织了一场答谢宴会，这也是我平生第一次见识"民间"这个层次的人如何在"席间"（场面上）"礼尚往来"。

那是一张很大的桌子，每人身后都有一名穿着红色旗袍的服务员，喝的是当时最好的酒（之一）五粮液。酒过三巡后，夸张的敬酒活动正式开始了。因为我是现场受教育程度最高的，又来自大学，经过再三请求才获得"恩准"喝过三杯后即无须奉陪，算是幸免于难。虽是看客，但江湖的波澜还是让我心惊胆战。在一轮轮和平敬酒结束后，那包工头满上酒走到敬酒对象面前，希望再次表达谢意，而对方却表示不愿再喝，只见他满上酒，咚的一声双膝跪地，酒杯举过头顶，对方不喝他不起……可想而知，结束时他自己醉得东倒西歪，客人们也大多处于半醉或烂醉状态，他还摇摇晃晃地跑到酒店礼品店为客人买礼品。据我所知，他和这位浙江商人似乎没有什么商业往来，仅是朋友关系。当看到他为朋友可以如此"两肋插刀"，我一时间感慨良多。

这位浙江商人当时曾邀请我和他一起干，每月给我开500元工资，我拒绝了。虽然500元在当时已是很诱人的工资，但我知道像他这样的商人潜力有限，于是对他说："你每年做个几千万是有可能的，但内心里的想法、境界和格局会限制未来发展的空间。"

在研究早期那些成功商人的背景和秘诀时，这些观察和体验使我意识到，知识和开拓能力不必然成正比，有时候还有反向作用。早期的成功商人大都目标明确，抓住机会便敢作敢为，在市场经济初期，可能很快取得成效。反观很多知识分子，因为懂得多，在目标确定上也就想得多，所以经常摇摆；一旦确定了目标，在研究行动方案时又很仔细，考虑的因素多，想到的办法和路径也杂，然后分析来、比较去，优柔寡断，反复折腾，常常会错失良机。你不能说后者这种慎重分析与仔细斟酌不对，但确实需要看发展阶段。在商品或市场经济初期，因机会多、影响事情成败的要素明确，因此只要把握住机会，有胆量、有魄力、行动果断，成功的概率就高。这也是为什么早期创业者和成功者有那么多复员军人，其实跟他们得到的训练和养成的行为方式有关。所以坊间有一种说法：第一代资本家基本上是"流氓"资本家，第二代资本家需要懂管理，第三代资本家必须是管理专家。这说明了随着经济社会发展的复杂程度提升和市场逐步完善，竞争不再只是勇气和胆量的较量，知识、管理的理论和实践能力等方面的作用会日益凸显。

少了位亿万富翁，多了名学者

我们在海南注册公司时，"海南汽车走私案"①刚过不久，管理和控制似乎更加严格。我们一行三人要去工商局登记注册公司，按当时风气，带上了五粮液和万宝路香烟作为礼品（据说当地人只抽万宝路）。赵政委似乎不会抽烟，但因为要"上烟"，自己不抽过于唐突，所以他会点燃一支拿在手里或含在嘴唇间，但姿态显然过于僵硬。我也不会抽烟，在农村和大学毕业时小试过几次，大学毕业晚宴我虽没有和大家一道喝醉，却受尽"烟熏火燎"之苦，从此后再也没抽过烟。但看着老赵的无奈，我不得不亲自上手。

作为海南建省后第一批上岛人中的一个，我目睹了当时的热闹景象。当我回归科研教学工作后，有人开玩笑地对我说："你如果当年不离开海南，现在应该已经是亿万富翁。"我则坦诚回答："也许身无分文。"因为人们总是看到耀眼的成功事迹，而不太关注那些在这些成功企业崛起过程中失败的无数奋斗者个体或企业。在当年海口的街头上，我看到不少从内地来闯荡海南的大学毕业生，有的为了挣足回家的机票，只能架个油锅卖油炸木薯。还有很多企业凄凄惨惨难以为继。我一向比较自信，以我对市场的理解和研究训练，要去做生意，能否成为亿万富翁不敢说，但至少不会做得太差。

时至今日，对此我依然信心满满。

二、回归教育，崭露头角

回到学校，我以战略与决策研究所所长身份，与同事一道展开了大量的系统工程与管理应用研究，包括企业咨询、政府决策、区域发展战略规划、政策分析等，足迹遍布陕西、北京及其他省份，如山东胜利油田、水利部黄河水利委员会（简称黄委会，位于郑州）、世界银行在河南的高速公路咨询项目等。

无独有偶，我在做硕士论文以及后来的十多年间，一直因三峡工程而与长江

---

① 海南在1984年1月1日至1985年3月5日的一年多时间里，采取炒卖外汇和贷款等做法，先后批准进口超89 000辆汽车，到货也逾79 000辆，还有电视机、录像机、摩托车等大量物资，进行倒卖。这是我国实行对外开放以来的一个重大事件。当时认为海南行政区党委和某些负责人违背中央关于开发海南的方针，从局部利益出发，钻政策的空子，滥用中央给予的自主权，是一种严重违法乱纪行为，冲击了国家计划，干扰了市场秩序，破坏了外汇管理和信贷政策，败坏了党风和社会风气，不仅给国家造成很大的损害，也给海南的开发建设增加了困难，延缓了海南岛开发建设的进程。

打交道，后来又阴差阳错地与黄河建立了不解之缘。记得有一天，黄委会的一位领导带了几个人到西安交大拜访我。见面后方知，他们试图开发黄河防洪决策支持系统，但去了北京和国内其他名校，未找到目标中的合作伙伴。碰巧看到了我们写的一篇关于决策支持系统的文章，觉得很有启发，所以邀请我去黄委会做场报告。在报告后，他们看到了我们理论上的先进性和开发上的能力，决定邀请我们成立课题小组，做黄河防洪决策支持系统的原型开发。从此，我与黄河又打了很多年交道。

当时不仅我年轻，我们组织的研究团队也很年轻，有西安交大管理学院现任院长冯耕中教授、崔文田教授、王刊良教授（后调到中国人民大学）等，还有当时的一些研究生。我请我的一位女研究生田军作为现场主管，这在当时都是非常大胆之举。我们做了原型开发，后来又与芬兰合作进行了版本升级，最后这个系统经过不断拓展和完善，升级为国家防汛抗旱总指挥部（简称国家防总）的决策支持系统。因为黄河河道的复杂性，有高出地面的悬河、土河床，有时候大水反倒可以快速通行，不会形成破坏性洪水，但小水却有可能"东流西窜"，造成危害。"三十年河东，三十年河西"描写的就是黄河河道易变的特点。特别是当上下游雨水遭遇，各水库和蓄洪区需要联合调度方能保证安全。因黄河河道的易变和复杂，黄河沿岸就有很多"老黄河"，即对黄河过水情况有非常丰富经验的专家，如何收集这些人的经验和判断，将其纳入防洪决策支持系统，是我们当时面临的一个挑战。为此，我们当时就引入了"人工智能"的概念，将其纳入系统，辅助决策。我也因三峡工程和黄河防洪决策支持系统研究，获得过多项省部级科研奖励。

其实，早在三峡等工程项目的研究中我就发现在重大事项的演进中，很多时候起决定性作用的往往是人和社会问题，不是简单可以用量化指标和数学模型分析的。因此，我们在后来的许多研究中，采取了不少当时新兴的理论和技术，例如软系统分析、多视角分析（multiple perspective analysis）、系统动力学等，主要进行的研究包括城市和区域经济社会发展战略规划、企业战略规划和决策分析、政策分析等。

在经济社会发展预测方面，考虑到中国发展正面临结构性转型和重塑，国际上流行的、适合相对稳定环境下的、基于趋势的预测模型将会失效，所以我们在考虑各种情境和回归分析有效性的基础上，采用了冲突分析（conflict analysis）的基本逻辑，建立状态预测模型，从而更准确地预见未来和判断趋势。这就好比当我们在山顶上扔一个球下山，按照趋势去预测球的滚动路线会很难，但若分析山坡的形状，找到哪里有洼地和较平的高地，这些都可能是停球的地方（平衡点）。但有些平衡点是稳定的，有些是不稳定的，我们再根据坡形和趋势来确定平衡点的稳定性，于是便会较容易地找出少量的可能落点（相对稳定平衡点）。这种状态预测理论在系统发生结构性变化时更为有效。

我们还利用扩散方程构建区域模拟模型，以支持能源点布局规划和污染控制预测。例如，渭南地区位于陕西中部关中平原，是我国著名的粮仓。但同时，渭南又拥有丰富的煤炭资源。为了促进该区域经济社会发展，地方政府计划开采煤炭资源，并建立火电厂和化工厂等，于是就需要准确预知这些发展项目建成后对区域农业的影响，以及如何布局才能在获得资源收益的同时尽可能控制环境污染，最小限度地影响农业发展。因此需要根据地理位置、常年风向和风力等级、污染源位置、每年排放量和扩散规律等，做出模拟，以优化布局和预测可能的影响等。

因三峡工程、莺歌海天然气田开发、全国能源规划、全国综合交通运输战略以及大量的社会经济规划、政策分析、企业咨询研究等，我们研究团队和研究所的名气越来越大。与此同时，我个人还追随汪应洛老师担任了国务院学位委员会学科评审组秘书，这些使我有机会与当时国内管理学界大家有密切的接触，在从他们身上学得知识和经验的同时，也延伸了自己的学术网络和发展空间。虽年纪不大，但也算出道很早，在国内具有了一定名气。

有一天，我正在研究室讨论问题，忽闻有人来找，见面后得知是从湖南专门赶过来邀请我去做讲座的。我不知道他们从哪里得知的情况，但他们很希望我能够应邀。长沙对我来说并不陌生，因为当年湖南省干部学院与芬兰合作的干部培训班曾邀请过我讲过多次课，我已经品尝过早餐一碗稀饭、一盘咸菜、一盘辣椒、一盘白糖的特殊待遇，也与项目外方负责人一起体验过湘菜之辣。我认识地处长沙的国防科技大学的时任政委汪浩将军。将军喜欢收集帽子、爱打台球，我曾到他家做客，得以欣赏他的收藏和家里的台球桌，这在当时社会上还非常稀少，算是开了眼界。但最大的收获是他做人的谦逊，以及对系统工程的深刻理解。后来我接受了那个邀请，做讲座的单位是湖南省棉麻总公司，当时讲的什么内容已经忘记，其总经理在演讲前对我的介绍却一直记到现在。他说："席酉民，席是上通天，民是下接地，中间的酉是喝酒的酒没有三点水，酒是粮食做的，去掉了水，就是实实在在地打粮食。"闻听此言，我先为之一惊，后深思，又顿悟，这不就是自己的人生追求吗？做学问不仅是要研究透彻、有体系、有深度，还要有本体论、认识论和方法论上的体悟，更需要有哲学和理念的高度，即"通天"；但好的研究，一定要脚踏实地，深入社会，了解最底层人及人物互动的需求、情绪、行为和思维逻辑，即"接地"；如果能把天地打通，那么一定会做出好的理论，即能"打粮食"的理论，"打得出粮食"才有价值。

三、面对风波，清醒从容

20世纪80年代初，为了提升中国刚刚兴起的管理教育水平，中国和加拿大两国开展了管理教育合作。加方由加拿大国际开发署（Canadian International Development Agency，CIDA）牵头，构建两国大学合作伙伴关系，支持中国管理教育的发展，如派送加方教授到中国进行观摩教学、开设中加合作培养硕士和博士研究班、支持中方老师到加拿大对口学校访问研究等。西安交大是中国中西部几所大学的协调单位，与加拿大阿尔伯特大学对接，与其周围几所学校合作。在1984年出国计划再次搁置后，CIDA项目给了我新的出国学习机会，我以高级访问学者身份赴加拿大开展合作研究。但就在我们拿到加拿大签证准备出发时，1989年政治风波爆发，两国关系变得紧张，我的出国行程被叫停，需要留在学校应对这场风波引起的各种问题。因我当时小有名气，所以自然而然地也成为焦点人物。

1989年4月15日，胡耀邦逝世。在悼念胡耀邦的活动中，极少数人借机制造谣言，利用党在工作上的某些失误，特别是利用少数领导干部的腐败问题，煽动人民群众反对党的领导和社会主义制度（全国干部培训教材编审指导委员会组织，2006：429）。北京和其他一些大城市出现了较大规模的混乱。对于这场风波，时任中央军事委员会主席的邓小平是有所警觉的，他在3月4日同中央负责同志谈话时说："我们搞四化，搞改革开放，关键是稳定。我同布什谈了，中国的问题，压倒一切的是需要稳定。凡是妨碍稳定的就要对付，不能让步，不能迁就。""中国不能乱，这个道理要反复讲，放开讲。""要放出一个信号：中国不允许乱。"（邓小平，1993：286）当时，交大的学生们也被煽动得情绪激动，要上街游行、静坐、罢餐等，校方请我与学生对话。我们学管理的，研究社会经济问题本身就是我们的任务，自然对国家、社会治理、改革发展有自己的看法，面对当时陷入混乱的中国，很是焦虑。我理解学生的诉求，但未必与他们有相同的见解和解决问题的方案。那些同学要推行市场经济改革，要像苏联"休克疗法"①那样，把国有资产按人均分配，通过颠覆性改革实现私有化和"民主"制度。我对学生们讲："我理解你们的爱国热情，也与你们期盼发展的心情相同，但现在请你提出一个可操作的方案。苏联阵痛式改革已显现很多后遗症，有的人拿分来的股权换酒喝，有的廉价出售，最后形成了极大的贫富差距和极不稳定的社会。中国社会如此复杂，经济发展滞后，从现状走到你们想要的社会，绝非一蹴而就，需要一个漫长的探索过程，也就是邓小平讲的'摸着石头过河'。我想邓小平比我们更清楚河对岸的美景，关键是怎样从这边走过去，请你们给他出主意、想办法！"学生们慢慢平静下来，有的开始了理性思考。

后来，《光明日报》就当时的情况采访我，我也表达了近似的看法，各种政治运动，尤其是"文化大革命"带给我们巨大压抑，谁都希望经济发展和社会进步，但关键是走什么路、用什么样的系统举措促进发展。农村土地承包到户焕发出的经济活力可以给予我们启示，但城市改革要比农村改革更为复杂，需要更深入和更加系统的设计。不过无论如何，商品化和市场化改革是必走道路，释放市场力量的成效已经初显，经历过人民公社缺乏活力体验的我对此体会更深。不过如果缺乏其他方面的配套改革，这种活力的释放将是有限的，所以我也主张加快改革，但更支持邓小平在一种稳定环境下逐步探索。不过，在当时敏感的环境下，正式刊登出来的采访内容与我所表达的意思差别很大，从此我对接受媒体采访变得格外敏感和小心。

尽管1989年政治风波期间我一直保持理性、掌握分寸，但6月4日当天，在西安交大有一张大字报受到了关注，后来我被举报到学校和教育部，被指称是这张大字报的幕后策划者。还有朋友将举报信"临摹"后给我，看到巴掌大的小纸片，我起初并未在意。但后来人事处、组织部、纪委书记、党委副书记接二连三找我谈话，要我认识到问题的严重性。因我心里对他们的处理方式十分不满，于是决定辞职，准备离开西安交大。也忘了通过什么渠道，当时广州市准备以高端人才引进我，承诺提供三室一厅住房和20万元安家费，这在当时很有吸引力。正在我准备赴广州面试时，当时在中央党校学习的西安交大蒋德明校长，不知怎

---

① 休克疗法本是医学术语，20世纪80年代中期，被美国经济学家杰弗里·萨克斯（Jeffrey Sachs）引入经济领域。当时玻利维亚爆发严重的经济危机，通货膨胀率高达24 000%，经济下滑12%，政局动荡。萨克斯临危受聘，向该国献出锦囊妙计：放弃扩张性经济政策，紧缩货币和财政，放开物价，实行自由贸易，加快私有化步伐，充分发挥市场机制的作用。上述做法一反常规，短期内造成经济剧烈震荡，仿佛病人进入休克状态，但随着市场供求恢复平衡，经济运行也回归正常。两年后，玻利维亚的通货膨胀率降至15%，GDP实现增长，债务问题明显缓解。萨克斯的反危机措施大获成功，休克疗法也因此名扬世界。

么得到这个信息，打电话回校，让学校不要放我走。我很感谢蒋校长的挽留，他的电话也加速了学校对我问题的处理速度。学校最后和我谈话，说此举报不足为凭，让我汲取教训，总结经验，向前看，继续努力工作。这个处理意见是由我们学院当时的党总支书记田鹤亭老师转达的。我还和他开玩笑，说："那你需要给我一个书面文件，要不以后没有凭证。"田老师说："你别胡闹了，人家会存档的。"于是这个风波告一段落，我该干什么还继续干什么。翌年，我还被评为学院的"优秀共产党员"，这一事件画上了句号。但两年后，正如我当时所预感的，在我再次申请出国时，外事处处长不知道为什么还记着那件事，又提出了疑问。实际上，这个挫折对我没有太大的影响，1992年我幸运地再次被破格晋升，成为教授，首次出国的行程也没再被阻止，我于1992年4月中下旬抵达加拿大卡尔加里大学，开始了高级访问学者的旅程。

回顾自己在此次重大政治风波中的经历，最深刻的感受是，在大是大非面前，要着力形成自己清晰的认知，要独立判断和敢于坚守，切忌人云亦云，也不能不顾现实沉醉于幻念之中，而要更加务实、理性，有时还需要迂回、智慧地逼近理想。

四、走出国门，感知和认识世界

虽然我在国内各种活动中表现非常活跃，也有机会与外国教授交流，但第一次走出国门仍不免有些兴奋和激动。

我从温哥华入境，转机卡尔加里。飞机上坐在旁边的人悄悄地告诉我，卡尔加里紧靠落基山脉，四季分明，因有奇努克（Chinook）暖风，冬季比加拿大其他内陆城市更加温和，是加拿大最好的城市，叮嘱我千万不要告诉别人。当我落地后，我发现行李没了，在行李问询处登记以后，走出航站楼，有一西方面孔的人走上前来问："Are you Japanese?"我自然说"No"，但不知他为什么这样问。后来，去了落基山班夫国家公园和路易斯湖，看到商店里商品、路标全标有日语，才明白这是为什么。当时的日本人到处旅行，就类似随着今日的中国人走向全世界，各处都可以看到汉语标识一样。在机场出口，西安交大首批通过中加管理项目赴加留学的项兵博士来接我，我暂居他家。到他家时天色已晚，加之旅途劳顿与时差的原因，我早早入睡。第二天一早天刚亮就有人按门铃，项兵说我的行李已被找到并送到家中，我不觉为加拿大机场的工作效率和服务态度叫好。

1992 年摄于落基山

项兵留学阿尔贝塔大学，获会计学博士，因会计博士稀缺，他直接被聘为卡尔加里大学管理学院会计系副教授。他太太毕业于中国人民大学，他家住在卡尔加里富人区，出门可以远眺落基山，周围地势起伏，环境优美。自此我过上了与当时很多留学生和访问学者不太一样的生活。

我和项兵每天早上 9 点多起来，快速地准备两碗阳春面，然后开车近半小时到学校，下午 4 点多就回到家里，要么骑山地车在周围转悠，要么打球和散步。吃饭时，我和项兵两个西交人经常攻击中国人民大学（他夫人毕业的院校），有时把他太太说急了，她直说"不给你们做饭了"。晚上，有时一杯红酒，有时喝喝茶，看着电视新闻，天南海北地讨论加拿大、中国和国际时事。周末，一般我们会去饭店吃一顿，或者跟朋友聚会，再或者就驱车去落基山的不同景区游玩，也去过远一点的路易斯湖、杰士伯冰川等其他国家公园。当时我们开玩笑说，两个人过的是银行家的生活。

因中国当时很穷，出国留学人数也不多，大部分访问学者很珍惜在国外的生活机会以及国家或外方的财务补贴，省吃俭用。他们到了加拿大后一般买辆旧自行车，周末在社区间追寻车库甩卖（garage sale），用餐就特意去那些传说中便宜的自助餐厅饱餐一顿。当时通信技术也很差，没有现在这样随时随地互联的沟通方式，主要还是靠信件交流，经常一封信送达国内需要半个多月，所以一个来回的沟通需要一个多月的时间。虽然也可以打国际电话，但因为很贵，没几个人舍得打。当时流传着一些关于中国留学生和访问学者的生活笑话。比如，一个鸡蛋分几天吃；从国内带很多方便面和榨菜；打付费电话，在硬币上打一个孔穿上线绳，多次使用（不知是否属实，也许是戏说）；利用无条件退货政策，入境后在商店买一个相机，用完后再退回去；尽量省钱，这样回去按政策可以买电视、洗衣机、冰箱等几大件；等等。

在我做管理学院院长负责西安交大的中加项目后，曾与加方联络人阿尔贝塔大学时任副校长罗尔夫·米卢斯（Rolf Mirus）教授回顾我这段留学经历，感慨自己没有抓住机会好好学习英文，学问上也没有在某个领域有更深入的钻研，有些遗憾。但他却说，你这样对西方社会的了解更深入，研究视野也会更加开阔。他说的有一定道理，因我出国时对中国社会和问题有较广泛深入的认识和思考，所以到了加拿大后就注意对比了解和探索。在和朋友聚会时，我们常常一起评论国家发展中的一些做法，以及别人对中国的批评、相关问题的剖析、国际发展的有关议题，我常与其他人特别是出国时间较长的人有不同观点。总体来看，他们经常满眼都是中国的问题，比较悲观，而我尽管也知道问题的存在，但总体上比较乐观。也是在此期间，香港科技大学创立不久，在全球用高薪抢人，我们在饭桌上确定了项兵的回归——加盟香港科技大学。但后来，他因感受到当时香港对内地人的歧视，后又加盟北京大学。一次北京西山学术会议期间，他又来告诉我，李嘉诚看上他了，邀请他创办长江商学院。据传李先生很欣赏项兵的市场营销和开拓能力，说他可以"把地上的鸡说得飞到天上去"。我们在同一屋檐下生活了半年多时间，我知道他很聪明，拥有与各界人士交流的能力，是少有的能真正融入西方社会的中国人。之后长江商学院的快速崛起充分证明了他的资源整合与市场拓展能力。没想到的是，十年后，我们俩在中国分别创建了两所既各有特点又有影响的学校。

此次出国，我在卡尔加里大学访学六个月，其间又去了萨斯喀彻温大学一个多月，与邓胜良教授合作研究，并认识了徐滇庆教授。在学问上，我很关注委托代理关系、交易成本的研究，特别是中国当时的体制下普遍存在巨大的代理成本，我试图通过帮助构建有效的治理机制、减少代理成本，来助力中国经济社会改革。

1992年年底，我结束了这次加拿大的访学，回到西安。

五、春华秋实，一系列意想不到的收获

因我在研究上的努力和成绩，1993年，经国务院学位委员会评审，获得了当时学术地位很高的博士生指导老师即"博导"的资格，是国务院学位委员会下放博导评审权前最后一批获批博导，也是中国管理工程领域最年轻的博导。

回顾一下，在博士毕业后全面开启自己学术人生的几年间，除了研究工作先后多次获省部级以上奖励，我还收获了当时几乎所有国家给青年学者设立的主要奖项。1989年获霍英东教育基金会高等院校青年教师奖；1990年被国家教委、国务院学位委员会授予"做出突出贡献的中国博士学位获得者"荣誉称号；1991年被评为西安交通大学先进科技工作者、青年教书育人先进个人，陕西省教书育人先进个人；1992年被评为第二届陕西省优秀青年科技工作者，并获第三届中国青年科技奖[①]，同年起经批准享受国务院政府特殊津贴；1993年获国家自然科

[①] 1987年，为鼓励青年人才脱颖而出，解决科技人才青黄不接问题，在钱学森等老一辈科学家的倡导下，设立"中国科协青年科技奖"，1988年开展第一届评选表彰，1994年更名为"中国青年科技奖"。中国青年科技奖由中共中央组织部、人力资源和社会保障部、中国科协、共青团中央共同主办，旨在表彰在国家经济发展、社会进步和科技创新中做出突出贡献的青年科技人才，激发创新创业创造热情，培养造就规模宏大的青年科技人才队伍，打造大批一流科技领军人才和创新团队，为加快建设世界重要人才中心和创新高地、实现高水平科技自立自强贡献智慧和力量。中国青年科技奖评选周期为2年，每届中国青年科技奖获奖者不超过100名。

学基金委员会用于支持跨世纪学科带头人的优秀中青年人才专项基金、国家教委优秀青年教师基金和重点跟踪支持基金;1994年获第二届中国青年科学家奖提名奖[①];1995年获国家杰出青年科学基金支持,被评为"陕西科技新星"和"陕西有突出贡献的留学回国人员";1996年获第三届中国青年科学家奖(管理科学),还被国家七部委选拔进入百千万人才工程;1997年被国家教委和人事部评为"全国优秀留学回国人员""国家有突出贡献中青年专家"。

获得奖励和荣誉,一般会有隆重的颁奖或庆祝仪式。在中国青年科学家奖颁奖大会后,获奖者与中国十大杰出青年当选者等在人民大会堂接受国家领导人接见与合影。比较有趣的是,我们按要求提前到达人民大会堂,按各自名字找好位子等待领导到来,等候时间有些长,因科学家们自由惯了,所以有些不满的怨声和骚动。而企业家则与在场的新华社等媒体的摄影师们做起了交易,他们私下商定,付费请摄影师抓拍他们与领导的合影或握手的照片,据说一张5 000元。待国家领导人入场之后,一些企业家纷纷抓住椅背抢着照相。因为当时与国家领导人的合照是一种重要的"资源",挂在办公室里会令人刮目相看,甚至有助于获得银行贷款,更不用说与全部政治局常委的合影了。我对此没太上心,甚至最后都没有索要这张照片。我办公室曾有一张江泽民总书记与我握手的照片,那是江总书记视察西安交大时学校摄影师抓拍的,制作好就挂墙上了。

也许是个性使然,也许是因为"科学家"这个称谓,我们不太需要用政治家或名人为自己背书。又如车,企业家常赋予名牌轿车以超越交通工具的意义,用价格和品牌衬托身份,而我只把它当成交通工具,只要安全舒适即可。

六、走马上任,大刀阔斧变革

1993年下半年,我接替李怀祖教授担任西安交大管理学院副院长。不曾想,1994年汪应洛院长在北京国家自然科学基金委员会会议期间突发脑出血,陷入昏迷,幸运的是在重度昏迷一个多月后清醒过来,但进入了漫长的恢复期。所以,我在担任副院长几个月后就不得不全面主持工作,并从此开启了大刀阔斧的改革历程。

---

① 为实施"科教兴国"战略和深化"跨世纪青年人才工程",1992年设立"中国青年科学家奖",由共青团中央、中国科学院、中国工程院、全国青联联合主办,评审条件是:年龄不超过45周岁中国公民,在数理科学(含天文、力学)、化学、生命科学、地球科学、信息科学、技术科学、管理科学等7个学科任一领域内有新的重大科研成果,对本学科的研究和发展具有现实推动作用和深远影响的青年科技工作者。每两年评一次,每次不超过10人。

当时，管理学院有管理和经济两个系，因西安交大管理学院起步早，又历史悠久，所以尚处于较好的发展状态。对于刚上任的年轻的我来讲，按部就班无疑是一个稳妥的路线。但面对社会发展的巨大需求，我觉得改变和进步的空间很大，加上喜欢挑战和创新的个性，我选择了迅速改变学院安稳现状、构建更大发展平台的改革之路。

我的基本思路是集中资源，提升品牌，拓展平台，导入市场机制、释放潜能。因此，打破了两个系的组织架构，根据学科特点和社会需要，重新构建了八个系，将原来系里的行政权力上收，资源在全院统一调配。新的系的定位是学术单位，不再担心奖金和增收，重点是搞好学科建设和教育。在人事上，全院教职工同时下岗，统统进入学校人才交流中心（一个学校的人才池，主要收留下岗和暂时找不到工作的人）。实行年薪制，与学校谈判把国家工资打包发放到院，由院里进行二次分配（这一点很难，但我确实说服了学校）。然后，在不涉及任何个人岗位安排的情况下，重新设计所有岗位及其要求和薪酬，所有人可以根据自己的愿望和实力申请新岗位。万一无法获得新岗位，对不起，就必须继续留在人才交流中心待业。这一过程以均等的机会和市场机制回避了因人设岗和迫使个别人下岗的困局，因此改革方案实施比较顺利。

这一改革方案的问题是需要有效应对运行初期资源短缺的挑战。当时，管理学院账户上只有几万块钱，而每个月的奖金支出就需要十多万元，所以第一个月就面临赤字的难题。另外，有同事调侃道："老板，一年几千元这还叫年薪？"我回应她，年薪不一定要发多少万元，而是按岗、按贡献、按年度确定报酬。因统一品牌，集中资源，效能大大提升，到年底我们不仅消灭了赤字，而且还有较可观的奖金。当年，收入高的老师可以拿到五六万元奖金，收入低的则因平时预发需要倒找回几千元。于是问题来了，多发的人高兴，倒找回的人不仅不开心，而且有很大的怨气。他们会说不是他不想干，而是系主任不公，不给他安排任务。问系主任，系主任也会说他们就是不想干，但系主任们又怕得罪人而不愿意主动将他们上交到院里。鉴于此，我采取了一种机制，全院收益分配到个人但打包到系，也就是说每个人都知道自己的奖金收入，但院里是在扣除个别员工应退回的奖金数后发给系里，这样系主任必须设法处理这一资金缺口，要么把不好好干的人退回院里，要么用自己奖金补齐应退奖金，再要么减少他人奖金来弥补窟窿（正常情况他人不会答应），从而迫使系主任负起责任来。

与此同时，为了提升全院团结合作的和谐文化，让大家尽可能多地相互了解和接触，我在院里专门安排早餐，制造见面交流机会，并请旅游系在一楼创造了非常温馨的早餐环境，一方面安排学生实习，另一方面也为学生和老师的交流创造条件。刚开始效果很好，但时间一长，有些人跑步来把餐食拿回家吃。为此，我们不得不再度调整机制。另外，为了改变知识分子那种比较"自由散漫"的习惯，鼓励大家积极到会，刚开始是每次会议到会者可以得到50元奖励，后来发现效果并不佳。其实开好会的最根本办法应该是让会议开得更有价值。为了减少会议，并提升效率，不开无意义和太过官僚的会，院里每次会议都事先征集和确定议题、发言人和发言时间，即使政府部门来人发言，时间到了也会有人将你轰下去，包括我自己，并确定每人发言最长绝不应超过10分钟。而且，由各系轮流坐庄组织会议，鼓励创新，实现竞争，要把会议开到让老师们觉得缺席会议是一种损失，等等。在种种颠覆性改革之后，我们年年改进，不断升级，按我开玩笑的说法就是"年年折腾，在折腾中前进"。当然，我们不是瞎折腾，而是有一套折腾的理论，即表明变革决心，阐明变革理由，共享变革愿景，营造变革氛围，筹划变革战役，推动变革过程，反思变革结果，巩固变革成效，启动新的变革。

我们当年的干部职位很少，从我主持工作到1996年正式担任管理学院院长后，我开始与柯大刚教授搭档，随后又与赵西萍教授合作，一正两副，学校还安排了一位行政副院长周俊卿老师，当然还有院党总支书记，与我合作过的有田鹤亭、段新民、袁治平老师等。我当时提倡居安思危，并将其演变为"居危思安"的哲学，即我们本身处在一个充满危机的环境（居危），但要谋划可以相对长治久安的道路（思安）。居安思危强调预见变化和风险，居危思安则主张要在持续变化的环境中找到可以支撑事业长期稳定可持续发展的定位和模式。

因我在校内外活动很多，在院长岗位上一直充分授权，我只管"发展"二字，人事、财务等均由副院长打理。"发展"意味深长，有方向、模式、思路和策略。发展难免遇到不同观点、误解和矛盾等。例如，职称评审常常会产生抱怨和不满，但惯用的委员会投票机制是一个很有意思的设计，让你不满时找"对手"都很难找到。一个老师申请高级职称时会找每一个可能成为评委的人，他们都会说"如果当评委一定会支持你"，但依然有可能没有通过，因为很多承诺支持的人根本就没有投赞成票。这个时候，许多老师就会找领导来申诉甚至哭闹，我们书记常常采取的办法是和稀泥，把人打发走了事，但人家又会跑到我这里或干脆找学校领导，我不得不建议书记改变做思想政治工作的方式。在我的紧逼下，他说："家有千口，主事一人，你说了算。"我做思想政治工作不是哪儿疼在哪儿抹红汞，而是把伤口打开，清理干净，再缝合，这样虽然当时疼痛，但可以真正疗伤。比如，我会告诉这些老师："学术判断永远不会有绝对的公平，你说别人发表文章少于你,人家会说你发的都是垃圾,十篇不顶人家一篇。特别是投完票后,没有程序性错误,最好接受现实。没评上总会觉得不公,这时你有几种策略:一是到处跑和闹,既无济于事,还弄得大家很反感,反倒不利于日后评审;二是躲在家里生闷气,猜测谁没投我的票,既可能生病,还影响日后工作关系;三是据理力争,因为此时木已成舟,让大家知道确实可能对你不公,然后该干什么干什么,这样会利于来年评审;四是因愤懑而轻生这种极端情况,当然最不可取;五是不玩了,或破罐子破摔,该干嘛干嘛,也说不定因缘际会间'峰回路转',等等。你认真想想,到底选哪一种?"等气消了,冷静了,大部分人一定会做出理性选择。

管理学院作为一个二级单位,在当时改革开放环境还很不成熟的情况下,实现了这样"革命性"的变革,与我想做事并乐于突破的性格、积极推进的具体行动、争取友好外围环境的努力是分不开的。这也为后来近十年西安交大管理学院在全国学科发展排名上一直名列前茅奠定了坚实的基础。在国家层面的一些会议上,大家一直好奇为什么西安交大管理学院会发展得这么好,如国务院发展研究中心李善同教授在一次基金委评审会上问我:"你们地处西安,远离市场,又远离资源中心北京,是什么推进你们快速发展?"我俏皮地回应说:"恰恰是两个远离让我们能够静下心来做我们应该做的事情!"在十多年后,北京大学启动综合教育改革,电视、报纸、国内外论坛都在讨论。我在北京大学参加一个国际讨论会,北京大学闵维方书记介绍其改革方案,我觉得尚未超越我们已经做过的。后来在北京一次会议上,北京大学改革方案主要参与者、著名经济学家张维迎教授到我房间聊天,听到我介绍西安交大管理学院改革过程,他问:"你们怎么不写文章?"我开玩笑地说:"我们学理工的干了再说,你们学文科的说了不干,特别是遇到比较复杂敏感的事,讨论来争论去,最后很难有效推进。"

七、不断拓展空间,助人生愿景落地

在我带领西安交大管理学院蓬勃发展的同时,我也在多个领域更加活跃。例如,我在国家自然科学基金委员会刚成立后获得首批少数的几个青年基金支持后,于1993年又获国家自然科学基金会用于支持跨世纪学科带头人的优秀中青年人才专项基金(管理学科得到该支持的仅我一人),与此同时,我还得到国家教委优秀青年教师基金和重点跟踪支持基金。

1994年,在海峡两岸学术交流大门刚开启之时,我有幸作为国家自然科学

基金委员会管理学科代表团成员之一赴台。当时，正值两岸关系高度敏感期，我们访问时恰逢淡江大学校庆，受邀出席时发现会场有个别国家代表参加，而且要奏所谓"国歌"，我们当即决定离场。而且，我发现两岸话语体系差别很大，大陆挂在口边常讲的话在台湾地区意思就不一样，甚至是令人尴尬的用语。因此，我们曾与台湾地区管理学界同人商议编撰一本两岸管理学对照词典。然而，1995年，当我接受淡江大学管科所邀请，经台湾地区教育主管部门批准，作为首个到台湾给研究生班上学分课的大陆教授时，我发现，仅通过一年时间的交流，那本词典已无须编撰。

我受邀给硕士和博士生讲授的是"决策分析与评价"课程，三个多月时间里，我还应邀到了台湾地区的很多大学讲学和访问，接受电台和电视台采访，指导当地研究生，跟很多当地工商界和政界人士交流，包括曾与时任陆委会秘书长焦仁和先生吃饭，等等。当时正在策划两岸"三通"，所以我曾经拜访台湾地区交通主管部门、航空公司等。在淡江工作期间的同事中也有极个别人主张"台独"的，因此在吃饭时经常争论。我还与老友新竹交通大学前校长盛庆琜教授共同探讨其效用主义理论研究，他试图打通理工、中外、古今，构建效用主义，探索和解读未来社会发展的道路，陆续出版几本效用主义专著。一次，在我们参观日月潭附近一家富豪的山庄时，他深有感触地对我说："只有集体主义才能救未来。"这不只是他对贫富差距和台湾地区社会状况的感叹，也是他理论证明的结果，我当时是一半同意、一半质疑。

我早年在报刊上开过专栏，写一些针砭时弊的短文，编入《管理之道：仙人掌集》一书，曾计划在陕西科技出版社出版，但后来主编说书中有些文字比较敏感，无法出版。恰好在台湾朋友介绍下，我认识了台湾地区出版管理类著作的华泰书局的老板，他很感兴趣，于是我的两本书《管理之道：仙人掌集》（席酉民，1997a）和《领导的科学与艺术》（席酉民，1997b）在华泰书局问世。第二本后来被列入《中国高级工商管理丛书》，我邀请我的学生井润田教授和其同事进一步充实完善，由北京大学出版社再次出版（席酉民等，2009）。

比较有意思的是，让我决定以植物名称来命名《管理之道》系列图书的创意也源于在台湾地区访学时去台南垦丁公园的一次访问。为保持原生态，该公园每天限制进入人数，且要事先报备，自然美丽的公园让我印象深刻、流连忘返。一位女导游知识渊博，不断讲述有关路边花草、林木和动物的故事。我也在努力地挑战她，看到不少蝴蝶飞过来，便问这些蝴蝶的名字，她几乎都能回答出来。于是我告诉她，以前在西北农学院（现在的西北农林科技大学）昆虫博物馆，我曾看过一只形似枯叶的蝴蝶，它是"蝴蝶大王"周尧教授的珍贵收藏，讲解员介绍说这类蝴蝶如何稀少和名贵，并说一只标本当时的收购价是一万到两万元人民币。我接着问她垦丁这里是否有，她说垦丁公园里很多，说话间就飞来一只。后来在海边，还看见到处都是一种果实长得像菠萝的植物，她告诉我们，其名叫"林投"，其密集向上的枝叶可以收集雨水以抵御干旱；它的树干纤维是散状分布，与纤维主要集中在树皮的其他树木不同，即使外皮受损或遭到侵害也不会死亡，其叶子在干枯后可以自燃，烧毁别人，给自己争取更大的生存空间；它是单性繁殖，外观像菠萝形果实落地后会散开，变成一束一束的种子，风刮到什么地方或水冲到什么地方就在什么地方发芽生长。我曾经研究过仿生管理，借助生物的成长机理，发展管理理论。当听到这种神奇植物的"生命逻辑"后我确实被震撼到了，回家后就写了一篇关于企业集团发展的"林投模型"，借助林投的生存智慧启示集团如何防止风险以获得长期健康发展，也萌生了将自己的《管理之道》系列文集以植物命名的设想。例如，在台湾地区出版的第一本副题为"仙人掌集"，意即书中文章虽有刺，让有些人看起来会不舒服，但却对人生和发展有某种启示或指导价值；第二本副题便命名为"林投集"，随后还有"结香集""荼蘼集""蔷薇集"等副题（席酉民，2002，2008，2013，2016）。在台湾地区的这段工作和生活，不仅丰富了我自己的人生体验，而且也为两岸交流与合作增添了一抹色彩。

1996年，西安交大管理学院组织两岸学术交流会，台湾地区时任新党主席王建煊，远见·天下文化事业群创办人、董事长、《远见》杂志主编、台湾"名嘴"高希均等带团参会。会议宴请时，筹办人请我致辞。其实事先并无此安排，但我因多次交流体验的确有所感悟，所以顺手拿起桌上的餐巾纸，就海峡两岸的关系发表了一通看法。我说："大陆认为台湾是中国的一部分，就人口和面积而言，是一小点，如果以大陆99%和台湾1%的比例折叠，台湾肯定不开心；而台湾认为两岸应平等，必须对折，大陆不愿意；其实还有一种折法，略微错一个角度的对角折，大家会发现，大陆和台湾在90%以上可以达成共识，只有一点不同。"如果求同存异，很容易实现交流和统一，大家为我即兴的动作和观点欢呼，掌声雷动。后来，《远见》杂志刊载了我折纸的大照片，注脚是"西安交大管理学院院长说两岸关系像折纸"。

紧接着，大陆几所交通大学组织代表团访台，与新竹交通大学举行交流与合作。代表团有二三十人，我因有较多两岸交流经验，也成为其中一员。但在申请赴台旅行证时，从台湾地区方面得到的反馈信息是除我以外其他人均可赴台。组织者联系我询问原因，建议我给国务院台湾事务办公室写一个说明，我不明就里也只能猜想：是因为我在台湾地区讲学期间有不当言论？或是接受台湾复兴广播电台采访？又或是因为《远见》杂志对我的报道？总之，我错过了这一次访问机会。次年，我再次有机会赴台，焦仁和先生请我吃饭，我就和他讲了上述故事，询问我被拒绝的原因。焦先生似乎也不明白。然后在交谈中，他得知我当年曾两次申请访台，才解释道按当时规定一人一年不能两次入台，我这才明白了真实的原因。

应该讲，通过这一时期大量丰富多彩的科研和社会活动，我的眼界更加开阔，对自己和社会的认识都不断提升，成长的平台和空间得到延展，更大发展的资源和条件逐步丰富，也日益得到学术圈和社会多方面的认可，与此同时自己影响社会的理想也慢慢落地。

八、勇做中国管理学科发展的生力军

上文提到，国家自然科学基金委员会在1986年成立之时设立了管理科学组，负责对管理科学及其相关的科技管理与政策等研究提供资助。次年，我即成为四位首批受到资助的青年学者之一，1993年又获得其专门支持跨世纪学科带头人的优秀中青年人才专项基金。该专项基金在运作一年后随即转为后来"鼎鼎有名"的国家杰出青年科学基金。作为管理学领域该专项唯一受资助人，我顺理成章地应成为首批国家自然科学基金获得者。然而，管理学科当时冒出一位新的申请者，就是以研究国情著称的胡鞍钢先生。也许由于其研究具有重大意义和影响，胡鞍钢成为管理学领域首位国家杰出青年基金获得者，我继续享受已经转型的优秀中青年科技人才专项基金支持。经此一事，我在基金委的名气大增，因为有不少人认为对我不公，而我自己则因"祸"（失利）得福，于1995年获得了国家杰出青年科学基金资助，这样算下来，我还多得到一年专项基金的支持，也成为国家自然科学基金委员会管理学领域唯一的、同时获得两个重要人才基金资助的学者，并与国家自然科学基金委员会结下了不解之缘，此后几乎主持和参与过基金委所有类型的项目，如青年科学基金、面上基金、优秀中青年人才专项基金、国家杰出青年科学基金、重点项目、重大项目、创新研究群体、应急项目等。

1996年，国家自然科学基金委员会经过充分酝酿和论证，将原来的管理科学组升格，正式成立了管理科学部，成为国家自然科学基金委员会所属的七个科学部之一。尽管在改革开放的进程中，管理的重要性日益凸显，但管理科学从小组升级到学部仍然是一个非常艰难的过程。管理是否可以作为一门科学纳入国家自然科学基金委员会存在争议，基金委组织科学家和管理学家进行了较长时期的论证，因我当时活跃在学术领域，也因为是国务院学位委员会管理科学与工程学科评审小组的秘书，自然与这些专家一道参与了整个论证过程。而且，我还提出了从研究对象入手，对学科进行分类，如用管理科学涵盖管理的基础研究、用工商管理覆盖营利性组织研究、用公共管理囊括非营利组织管理研究等，后来的争论点变成了经济学放到哪里的问题。考虑到政府、政策等需要经济原理支持，涉及非营利性，于是将其暂归类于公共管理领域。最后，该学科框架得到认同，基本维持至今。

比较难忘的故事是，在国家杰出青年科学基金项目结束时，基金委为了支持青年学者持续发展，决定若受国家杰出青年科学基金资助的研究成果为优秀，可获得延续资助，但仍需通过评审。当时，国家自然科学基金委员会高度重视国家杰出青年科学基金，所以延续支持决策需在各学部评审的基础上，通过各学部专家组成的大评委会答辩评审，当时大评委会有60人左右。我在赴京答辩的途中，受邀到华北电力大学管理学院帮助其进行学科建设和作学术报告。本想活动结束后直接赶往北京，但院长乞建勋教授坚持挽留我第二天早上再走，并表示他可以安排车子直接送我到会场。考虑到保定离北京不远，于是我就答应了。然而没想到的是，早上起来当我们开车赶到高速路口时，发现大雾封路，工作人员无法预知什么时间开放，走小路根本来不及。我们顿时变得十分紧张，立即决定赶火车，还有希望赶上答辩。到了北京火车站，冲出站台，找到一辆出租车就直奔设在北京大学的会场，出租车一路疾驰，司机还边开边说"为了你我已违规数次"。话说会场更是着急，陈晓田常务副主任，管理学部大评委于景元、赵纯均教授都急得像热锅上的蚂蚁，因为这不仅是我个人能否获得延续资助的事情，还直接涉及备受争议的管理科学部在国家自然科学基金委员会的地位和声誉。好在有惊无险，在离我答辩时间还有几分钟时终于赶到会场，我悬着的心放了下来，门口几位面露愠色的组织者和管理评委也终于释然。我自己的陈述部分还算顺利，但管理学科在自然科学家眼里一直备受诟病，而我研究的理论还用大家非常熟悉的"和谐"命名，自然成为质疑和攻击的对象，甚至有人挑战："用你的和谐理论如何解决俄罗斯金融危机问题？"我自认为比较冷静沉着地回应了所有问题。走出会场时，刚好遇见去洗手间回来的国家自然科学基金委员会张存浩主任，他开玩笑地对我说："好啊，你今天舌战群儒。"

国家自然科学基金委员会设立管理科学部是一件大事，故在清华大学举行了隆重的庆祝大会，并邀请在北京和天津两地的主要专家参加。时任国务院副总理朱镕基向来重视管理，长期兼任清华大学经管学院院长，也出席了会议。也许因为我和基金委的特殊关系或主持的基金项目多，也被邀请来参加。朱副总理会上做的重要讲话后来以"管理科学，兴国之道"为题发表，强有力地背书了管理的重要性，促进了管理学在中国的发展。

在大量的教学、科研、管理和社会工作的同时，我在学术界的活动也很繁忙。虽然论年龄，我当时还算很年轻，但已是中国系统工程学会常务理事及其青年工作委员会主任委员，并于1991年和一帮青年学者（如中科院系统科学研究所的汪寿阳、天津大学的张维、上海交通大学的吴冲锋等），一道发起了全国青年管理科学与系统科学学术年会，该年会已成为青年人的交流平台和国内有影响的标志性会议。而且，我们根据年轻人的特点大胆进行会议创新，例如首届会议在湖南张家界召开，会议在报到首日晚上进行，每个人介绍自己的背景、目前从事的研究、感兴趣的话题，大家相互认识和了解。第二天早上，出发爬山，开"走会"。那些有共同话题和兴趣的人会走在一起，边走边聊。晚上回来后再开会，坐下来好好交流和梳理白天的讨论。第二天再开"走会"。两天下来，不少与会者成为终生的朋友、长期的合作伙伴。几十年后回忆起来，很多当事人对这样的会议形式和效果依然津津乐道。也因为在研究上的成果和学术圈子的号召力，后来我又当选为中国系统工程学会副理事长。

可以说，这个时期我的全面发展似乎顺风顺水，为自己不惑之年放开手脚大展宏图奠定了基础、搭建了舞台。

九、大胆突破，创建陕西MBA学院

随着改革开放的进程，社会急需大量管理人才，但教育体系的产出不足以满足发展需要。1996年，时任陕西省省长的程安东先生与西安交大时任校长蒋德明教授等磋商，产生了动用陕西资源办管理教育、为陕西培养急需管理人才的动议。由西安交大牵头，西北大学、西安理工大学、西安电子科技大学、西北工业大学等高校联合举办的"陕西工商管理硕士学院"正式成立，简称"陕西MBA学院"，总部设在西安交大，在参与学校设立教学点，统一招生，统一学术标准和管理，由各教学点具体培养。省委组织部和省办公厅、人事厅、科技厅、教育厅等部门联合发文,陕西省在用人上对该学校毕业生所获证书按硕士学位同等对待。程省长亲自兼任院长,我作为常务副院长负责学院的具体运行。为了学院发展的规范性和学术的严谨性,学院还成立了由时任省委副书记范晓梅、副省长陈宗兴以及著名教授和企业家组成的教育指导委员会。这种新生事物一经出现,立即引人关注。首先有人把陕西告到了教育部,说:"省里怎么有权成立这样的学校?还直接叫硕士学院!"程省长只好到教育部直接向时任教育部部长陈至立汇报办学动因。也许陈部长来自教育圈外且当时各方面处在改革关头,居然同意该学院自己颁发毕业证。为了支持学院举办,省政府分别给西安交大和西北大学投资500万元,在校园里建设必要设施。后来又决定在西安交大,由政府投资以"交钥匙"方式建设管理学院大楼,以支持陕西MBA学院的发展。此时,我已是西安交大副校长,与程省长一道参与确定设计方案,具体组织建造过程。西安交大时任校长徐通模教授在大楼的建设和使用上却提出了不同看法,我的坚持己见一度影响了我和徐校长的关系。

我深知虽有政府红头文件确立的"地方粮票"背书,但这样的学院的长期发展一定依赖于市场对其质量的高度认可。所以办学伊始,就明确定位其目标是帮有经验的政府干部和企业管理人员提升素养和升级领导能力,并严格入学考试、加强质量监控,采取开放办学,从全世界聘请有理论和实践经验的老师授课和指导,以质量和影响确保其长期可持续发展。例如,考试时若作弊,无论是谁,一律严处。我们曾发现省上有关干部作弊,就准备在当地报纸上披露,目的是在惩戒当事人的同时提升学院声誉。程省长则考虑到这些人的心情和后续发展,让我们以警告和停止几次报考为惩罚。还有些干部随省长出国错过了考试,托省长请学院特殊处理,我们也都予以拒绝。总之,二十多年来,其他一些省份效仿的学院分别关门或遭重组,但陕西MBA学院越办越红火,不仅扩展了教学点,建设了自有校园,现在一些陕西省外单位也开始认可学员证书,还进行国际认证。我曾建议学院更大胆一些,发放自己的学位证,虽不受国家认可,但关键是要通过自己毕业生的质量获得市场认可。我去西浦之后,虽仍为陕西MBA学院的法人代表,但不参加具体运营,只提供战略和学术指导。

十、进入人大、政协,促进社会进步和文明

过去人才青黄不接,给我制造了较早出道的机会,我的不少学生甚至都比我年长。很年轻时就有机会进入各种学术圈,有较好的发展平台和空间,研究成果

多，声名鹊起，进而又得到了更多资源和机会，这应该就是所谓的马太效应。1996年，我以社会贤达界别被选为西安市人大代表，服务了两届后又当选为西安市人大常委会委员（2004年第十三届、2007年起第十四届），直到我迁居苏州两三年后，才因时间和距离辞去了西安市人大常委会委员的职务。我还曾被推荐为全国人大代表候选人，但因我党员身份和共产党员界别比例太高而退出，随后成为陕西省政协委员（曾任陕西省第八届、第九届政协委员）。

担任人大代表期间，我所在的碑林区代表团因高校较多，风气比较开放，在当时的情境下算是比较"激进"的。其间有一些经历直至今日仍值得回味。例如，人大代表的一项重要的职责是干部选举，一般在市委审查推荐候选人后，需人大代表投票选举再任命。人大会议期间，阅读和审查候选人资料是重要事宜，然后大会投票表决。我当时认为这样的做法值得改进，正副市长候选人至少应和人大代表们见个面、说几句，让投票人有个直观感受。我提出建议后，当时的市委书记和人大常务委员会主任崔林涛采纳了我的建议，并带领候选人一一"拜访"各个代表团。但遗憾的是，当他们进入我们代表团会议室时，全体代表起立，掌声雷动，仍是一副欢迎领导视察的架势。倔强甚或有点"叛逆"的性格使我成为整个会议室里唯一坐着没动也没鼓掌的人。候选人一一进行自我介绍并向代表致意。他们离开后，我对其他代表们说："他们来与我们见面，是寻求我们了解和支持的，不是恩赐！"

另一件有趣的事是，我们组提出议案，建议每年公开评审市一级领导的政绩，即副市长们要给人大常委会述职，并通过媒体接受市民公开评审。但后来接到通知说该议案不可行，要改成建议。在人大会上，若是议案，则来年会议上一定要汇报执行情况；如果作为建议，就有可能不了了之。我们询问为什么，他们说法制委员会审查认为不可行。我们对此并不认同，要求法制委员会给我们当面解释，于是6位法制委员会委员来到我们小组。我说人大会上一人一票，他们6位无权否决我们组20位人大代表联名提出的议案；他们则说市民没有足够信息对市领导们做出客观判断。我们组恰有几位西安市的退休老领导，其中一位还曾经是地下党员，他把桌子一拍，大声说："群众的眼睛是雪亮的。"法制委员会的委员们无法说服我们，主席团只好连夜召开会议，重新研究该议案。第二天一早，在去吃饭的路上，迎面碰到主席团秘书长，他老远就笑眯眯地跟我打招呼，说昨晚主席团临时会议批准了我们提出的议案。理论上，人大代表就应该代表人民选择有能力的领导，并监督他们的工作。如果这种权力流于形式，就会真的成为戏言中的"橡皮图章"。

每年的市人大会议，评议市长工作报告也是会议的重要议题，除各组分头评议外，一般市长也会选择去一些代表团当面"聆听"，有时候这些代表团还会专门事先安排好代表发言。在我已经决定移居苏州的前一年，时任市长陈宝根到碑林区代表团听取工作报告评议，一些事先有准备的代表相继发言，一派赞美之声，我越听越觉得那不是真正的评议。人大代表肯定市长工作报告无可厚非，但评议是为了更好地帮政府总结经验，不断改进和完善，不能背后牢骚满腹而在市长专门来听意见时只有赞美之声。最后，我实在忍不住了，举手示意我要说几句，因为我在人大代表中是有名的敢于直言且因管理教授身份常又能言之有物的人，会场立即安静下来，大家将目光投向我，各路记者的摄像机也对准我。我开口就说，政府工作报告很仔细、很务实，但不像一个政府工作报告，更像一个企业家所作的报告。政府应该明了其基本使命，关注那些政府应该做的事情，并规制好市场，然后支持企业家和市民做好他们自己应该做的事情。另外，定位西安为千万级人口的国际大都市，没有确切分析国际大都市的定位和意义，同时也缺乏严密的合理性和可行性研究。我话音没落，整个会场的空气似乎就已经凝固。这本来是人大会议上很正常的事情，却似乎成了不合时宜的"刁难"。

再如一次陕西省政协大会，我荣幸地被选中发言，在认真准备发言的同时却被告知要事先审查我的发言稿，我对此很是不悦。作为政协委员，我自然会对自己的言行负责。于是，坚持不提供发言稿，不是怕审查，而是对这种事先审查的做法或习惯不满，如果坚持要审查发言稿，我宁愿不发言。最后，我的真诚和直率得到了认同，发言获得了支持。

我的这种行事风格一直延续到现在，我到苏州后又被推荐为苏州市人大代表，2018年又成为江苏省人大代表。我在小组会上的直言、敢言、切中时弊成为我的"标志"，比如我若因请假缺席讨论，大家就会觉得缺点什么。在2021年春节前，苏州工业园区人大常委会主任与同事看望我时，我明确表明了对人大会议氛围的意见，如在一些情况下确保全票通过的非理性、追求和确保高票当选的负面影响、投票中模拟票滥用的逻辑问题等。还给他们分享了我曾经给全国人大常委会前副委员长成思危先生的建议，如全国人大常委会会议能否不固定座位，牌子放在门口，参会者拿着自己的牌子随机入座，从而在技术上营造更宽松的环境，以确保常委们投票时的真实意志，等等。

总之，我之所以积极参与人大和政协的工作，除了尽一个公民应尽的义务，主要还因为，作为一个研究经济社会发展的管理学教授，应该深入有关社会治理体系的组织里，从内部观察和研究社会的运行机理和实践。当然，也以个人微薄之力努力推进人大和政协的活动，上述一些例子即是自己所做的努力。

十一、失之东隅，收之桑榆，夯实发展基础

1996年，西安交大要补充两位副校长，中组部到西安交大动员考察。此时，我的名声和工作基础已比较引人注目，坊间认为我是有竞争力的候选人。教育部和中央组织部先召开动员会，说明情况，然后各院开会进行讨论。我坦言："在西安交大这种公立大学体系内，副校长的作用空间很有限，干不了什么事。"我当时并未意识到这句话有什么不妥，只是直接地道出了实际情况。然后在正式开始推荐和审查之前，我去了新加坡和加拿大进行合作研究。但等我回国以后，才知道我的那句话影响之大。首先是李怀祖老师问我："你怎能说要当就当正校长，不当副校长？"北京的朋友也听到了这样的误传，说："在中国文化和公立体系下，你怎么说出了那样的话？这样副校长你也当不成。"我为之震惊，因为我并没有这样说啊！同时也深深地体会到社会上信息传递失真的程度以及这种以讹传讹的影响力，社会又给我上了一课。

除此事之外，我在新加坡和加拿大的合作研究是十分愉快的。

在我有了较好的研究基础，社会活动平台也日益扩展之时，受新加坡国立大学信息管理教授魏国基（后来曾任国际杂志《管理信息系统季刊》的主编、香港城市大学商学院院长）的邀请，在新加坡国立大学合作研究一个半月，也与魏教授和当时在新加坡国立大学的黄伟教授（后来曾任西安交大管理学院院长、南方科技大学管理学院院长）合作研究群体支持系统、比较中外网络主页页面设计的差异及其文化和行为习惯等。也正是在这个时期，出现了我在第三章中提到的我与大数学家汪培庄再次见面的故事。

在新加坡的研究结束后，我未直接回国，而是飞越了大半个地球到加拿大安大略省伦敦市的西安大略大学继续合作研究。该研究仍由中加合作项目支持，加方的研究伙伴是经济学院的徐滇庆教授，与我一道参与的还有冯耕中老师（现任西安交大管理学院院长），我们主要运用CGE模型对中国众多改革方案进行政策分析。

到达学校后，经济学院院长安排宴请。记得院长是位英国教授，他和太太做东，徐滇庆和一位来自我国香港地区的教授作陪。令我吃惊的是，刚落座，院长说今天他和太太做东欢迎我，邀请两位教授作陪。他和太太的费用院里支付，两位作

陪教授的费用各自承担。经过在西浦工作的这十几年，现在的我当然很容易理解他的话，但当时的我确实吃了一惊，公私居然分得如此清楚，而且也能说得出口！

在伦敦小城近半年的大学校园生活，由于少了很多社会活动，我度过了一段比较宁静、注意力集中的日子，在研究之余还有不少闲暇时间。徐教授家里有很多藏书，不少是中文图书。我们的学术领域管理和经济虽然相近，但研究方向和兴趣差异却让我看到了一些过去不常看的书，例如茅于轼先生的《生活中的经济学》。我受之启发，也开始撰写从管理角度看日常生活现象的文章，后来有了前面提到的以花和植物命名的《管理之道》系列。因要给管理学院博士生上"管理前沿"这门课，一直觉得没有合适的参考书，于是趁机开始撰写《管理研究》这本书，回国后由机械工业出版社出版（席酉民，2000），后来与我的博士生王亚刚合作，经过修订和补充出了第二版（席酉民、王亚刚，2013）。所以，这段国外生活，在研究、教材编撰、管理反思性写作等方面都取得了令人开心的成果。

与此同时，我也没有浪费住在伦敦小城的机会，多次造访加美边界的尼亚加拉大瀑布、多伦多大都市及五大湖区。还应邀出席了在密歇根大学举办的中国留美经济学会年会，并作大会报告，也是在这次大会上我第一次从方法论上阐明管理学与经济学的差别和走势：经济学是演绎的科学，从基本假设和原理推演经济发展过程，当理论与经济现实差异较大时，不断修改和增加假设，从而使经济学研究日益接近管理问题。管理学则是归纳的科学，从大量成功的管理实践中归纳总结规律，所以出现了大量不同情境下的规律和理论，即"理论丛林"。但理论家总试图提升理论的解释力，从而极力拓展理论的适用范围，于是不断抽象，结果使研究又日益逼近经济问题。所以，两个学科将会出现经济研究的管理化和管理研究的经济化趋势。该报告引起了与会者极大的兴趣，因为很少在经济学家会上有管理学者的声音。我也因此结识了不少日后对中国有影响的经济学家，如清华大学的李稻葵教授、先后在世界银行和中国证监会工作的方星海教授、上海财经大学的田国强教授等。

* * *

总之，通过这个时期的积累，自己无论在学术、学校管理、事业平台和社会服务网络等方面都取得了较好的成绩，也得到了更广泛的认可，被国家七部委选拔进入百千万人才工程，1997年被国家教委和人事部评为"全国优秀留学回国人员"，并获得"国家有突出贡献中青年专家"的称号。为我更大的事业发展做好了准备，打下了坚实的基础。

参考文献

邓小平. 1993. 邓小平文选：第3卷［M］. 北京：人民出版社.

全国干部培训教材编审指导委员会组织. 2006. 中国共产党历史二十八讲［M］. 谷安林，主编. 北京：人民出版社，党建读物出版社.

席酉民. 1997a. 管理之道：仙人掌集［M］. 台北：华泰书局.

席酉民. 1997b. 领导的科学与艺术［M］. 台北：华泰书局.

席酉民. 2000. 管理研究［M］. 北京：机械工业出版社.

席酉民. 2002. 管理之道：林投集［M］. 北京：机械工业出版社.

席酉民. 2008. 管理之道：战略对准：结香集［M］. 北京：机械工业出版社.

席酉民. 2013. 管理之道：反思与重构：荼蘼集［M］. 北京：机械工业出版社.

席酉民. 2016. 管理之道：逆俗生存：蔷薇集［M］. 北京：清华大学出版社.

席酉民，井润田，秦令华. 2009. CEO领导科学与艺术［M］. 北京：北京大学出版社.

席酉民，王亚刚. 2013. 管理研究［M］. 第2版. 北京：机械工业出版社.

郑谦. 2010. 中华人民共和国史1977—1991［M］. 武国友，著. 北京：人民出版社.

附文 3

软科学领域的一头垦荒牛
记共产党员、博士研究生导师席酉民教授

博士研究生导师这一职衔，总是与年高德劭联系在一起。然而，我这里介绍的西安交通大学管理学院教授、博士生导师席酉民，今年只有 37 岁。

一

1957 年 5 月，席酉民出生在三秦大地的长安县引镇。黄土地养育了聪慧的小酉民，也成了他破壳而出的肥沃土壤。尤其是他父母的质朴勤劳，给酉民幼小的心灵打下了永恒的烙印，使他在少年时就默含着一股既倔强又能吃苦的心性。

时间退回去 19 年。在西安外文书店专售影印科学著作的大厅里，一个十七八岁的小伙子，脚穿磨破了底的草鞋，浑身尘土，裤腿还撕破了一个近尺长的大口子，怯生生但又执拗地站在那里，环视着书和周围的一切。他就是席酉民，利用进城拉肥料之机，到此一"游"。书上的外文他还不认识，面对周围各种复杂的眼神，他暗暗下决心：我要把学上到顶，一定会征服它们的。

只可惜这个农家子弟，昔日中学的高才生，在那个狂飙年代里，没有了上学的机会，只好返乡务农。为了养活自己，双足踏上这方厚土，埋头劳动。高中毕业到恢复高考之间四年的农业劳动中，他始终没有放弃读书。古人有"头悬梁，锥刺股"之说，席酉民虽没有这样做，但他每天带着重荷顽强学习的那一幕幕情景至今历历在目……清晨出工，田地休息的片刻，不忘看书；星夜归来，更不放弃那宝贵的时间，有时一看书就到半夜。即使疲惫不堪，也没能动摇他"把学上到顶"的信念。花开花落，冬去春来，四年对席酉民来说不啻做了一个漫长的梦，一千多个日日夜夜，不知流了多少汗水。

一个崭新的时代伴随着十月春雷到来了，正在参加改造山田百里大会战的席酉民抓住时机，一跃而起，跨进了梦寐以求的大学校门。在憋足了劲儿，学疯了似的 77 级大学生中，席酉民发现自己不过是个中不溜学生，一次考试还尝到了

亮红灯的滋味。可是小伙子的长处就是不服输，肯下功夫。他抠紧时间，苦读猛钻，大学几年里连一场电影也没有看过，终于跻身于陕西机械学院最优秀大学生行列。

或许是命运之神的垂青，又或许是命中注定他要在软科学领域里耕耘，本来席酉民是学物理专业的，一心想报考李政道的研究生，谁知老天不作美，使他痛失"搏杀"机会，只得挥别自己醉心的物理学。他没有怨天，也没有怨地，而是很快校正了自己的航向，于1982年如愿考上西安交通大学新设的系统工程研究生。在这所名闻国内外的高等学府里，良好的学风，优秀的同学，使他懂得了"天外有天，人上有人"，真正体会到"人生追求永无满足"。从此，他更加刻苦了。

二

软科学是自然科学、社会科学、工程技术等领域诸多学科交叉融合而形成的高度综合性的新兴学科群。在我国虽然起步较晚，但西安交大已在这一领域造就出一位硕果累累的学术带头人——汪应洛教授。席酉民师从汪应洛，在师长带领下于群峰竞秀的边缘学科苦钻，如鱼得水。在汪应洛教授和李怀祖教授的亲切关怀和指导下，席酉民不负恩师期望，于1987年10月以优秀论文《和谐理论与战略》获得博士学位，成为我国国内培养的第一位管理工程博士。攻读博士期间被破格晋升为讲师，获得博士学位一年后再次被破格晋升为当时西安交通大学最年轻的副教授。1992年赴加拿大合作科研7个月，当年回国后再次被破格晋升为教授。1993年经国务院学位委员会批准成为我国管理工程领域最年轻的博士研究生导师。

苦尽甘来，不少人没有亲身感受，怎会知道席酉民走向今天的成功，步入这座梦般的殿堂又是何等艰辛？

还在读硕士时，席酉民就注意到，当时全国正在建设的大中型项目达七八百个，平均三天半就有一个建成投产，而更多的工程正待上马。大型工程是国民经济的支柱，如何避免盲目造成的失误，保证工程项目决策上的科学性，这是实践提出的重大课题，也是我们学管理的应该研究的问题。席酉民就此展开艰苦探索。他边求知边工作，在求知中工作，在工作中求知，许多个不眠之夜，琢磨着怎样把管理理论应用在工程建设上。他结合自己相继参加的莺歌海天然气利用规划研究、华中华东地区电源规划课题，以及所主持的三峡工程综合评价与决策分析提出了一套理论和模型方法体系。此时他只有29岁，而他的研究已处于国内领先地位并达到国际水平，出版了自己第一部著作《大型工程决策》。他负责的几个项目先后获得国家教委科技进步一等奖、国家科委科技进步一等奖。这是他最大的欣慰。

改革开放十几年来，中国经济连年的高速增长，综合国力逐年增强，举世瞩目。但也要清醒地看到，我国幅员辽阔，发展很不平衡，沿海地区和内陆地区差距很大，主要在于经济的发展。如何为减小这种差距做些贡献，一种使命感油然产生，这又成为他研究的重要课题。也是在攻读博士学位时期，席酉民作为负责人或主要参加者，对有关省、地、市的经济发展战略铺开十余项研究，其中关于陕西西安市、渭南地区的研究都获得省科技进步奖。他深思熟虑，运用当代科学知识和技术手段，对各种复杂的决策、组织和管理问题从总体上进行综合系统分析，研究其内在联系、发展规律和运行机制，从广泛深入的课题研究中，总结提出了社会经济系统和谐发展的运行理论和控制机制，完善了战略研究理论及方法体系，所写著作《和谐理论与战略》《战略研究理论与企业战略》（与汪应洛教授合著），分获"光明杯"优秀哲学社会科学学术著作奖和首届高等学校出版社优秀学术著作奖。专家认为，席酉民这一研究成果所达到的学术水平，"与国际学术界有关战略问题的理论及实际水平相比应归入先进之列"。

按照自己的第三个主攻方向，他决定充分应用计算机，研究决策支持系统与开发。席酉民先后主持完成了"七五"国家科技攻关计划项目——三峡超大型工程决策支持系统和"八五"国家科技攻关计划项目——黄河防汛决策支持系统等。基于实践和理论研究，形成一套问题导向的DSS研究与开发理论、用于DSS分析与设计的"需求→供给→生产"模型，以及一些具体的实现技术等。这一理论颇受同行推崇，形成的著作《决策支持系统理论与实践》由陕西人民出版社出版。

席酉民衷心为勃兴于中华大地的社会主义市场经济而欢呼，决心为之竭诚奉献。针对国有企业面临的困境、人们关心的热点问题，1992年他以更加高昂的斗志，又开拓了另一个学术方向——管理行为与企业理论。根据交易经济学、信息经济学等新的经济和管理理论，潜心研究中国企业管理行为和企业理论，他写的又一部著作《国有资产的流失、保护与管理》由西安交通大学出版社出版。席酉民在企业管理的研究方面逐渐崭露头角、成果纷呈，学界与经济界开办讲座之约也令他应接不暇，多次带领内地企业家、学者代表团赴日本、加拿大等国及我国港澳台地区参加交流会议和合作研究。

三

1984年以来,席酉民经过11年的苦苦求索,完成了4个攻坚、30多个研究课题,出版著作8部,译著3部,主编和参与撰写著作4部,在国内省级以上刊物和国际会议上发表论文80余篇。在多项研究成果获奖的同时,他收获了许多荣誉,如霍英东教育基金会高等院校青年教师奖、"做出突出贡献的中国博士学位获得者"荣誉称号等。

席酉民的工作成绩和学术成就使他在软科学领域取得了较高的学术地位,在许多重要的学术组织中兼任职务。他先后被聘为国家教委科学技术委员会管理学科组成员兼秘书,国务院学位委员会第三届学科评议组(管理科学与工程组)秘书,国务院学位委员会MBA教育指导委员会委员,中国系统工程学会常务理事、青年工作委员会副主任委员兼秘书长,陕西行为科学学会副会长,中国电子科学技术战略研究所兼职研究员等,被载入《世界知识名人录》和《世界突出学术领导名人录》。席酉民还担任《决策科学》丛书编委,《国土开发与整治》《系统工程理论、方法、应用》和《西安交通大学学报》等多种杂志的编委。在这期间,他承担着大量的教书育人的工作,指导硕士研究生20人(含合带3名),其中15人通过答辩。协助汪应洛教授指导博士研究生5名,其中2人通过答辩。现在,他独立招收博士研究生12名。

席酉民的才华令人赞叹,但给大家留下更深印象的,莫过于他的报国情和事业心。在枯燥繁复的研究工作面前,他永远是那样的快乐。"商海"潮的冲击、"东南飞"的波涛,丝毫没有在他内心激起一点浪花,即便在国外,在种种诱惑面前,也未能动摇他击浪于学术之海的人生志向。

席酉民不愧是软科学苍茫大地上的一头垦荒牛。

也许大家会问,席酉民不断探索究竟是为了什么?我从他写的《我心中的管理》一文几段话中找到了答案:"在当今世界的激烈竞争中,管理已经成为一种'基础国力',好的管理可以使民族振兴、经济技术发展,而差的管理却会使国家衰亡,使企业或组织在激烈的竞争中一败涂地。科学的管理是竞争发展的利器,抓住它,昨天的弱者可能成为今天的强者;失去它,今天的强者也可能成为明天的弱者!"

"系统研究、管理研究为我们掌握运用这种'基础国力'提供了理论依据和实用工具。系统研究可使我们更深入地认识自然和社会经济系统的运行机理和控制机制;管理研究为我们合理地组织和有效地运用这些系统提供了理论和方法。

这两个学科的发展对我国走向繁荣、民族日趋昌盛有着十分重要的意义。"

席酉民把科学管理看作"基础国力",要运用这一"竞争和发展利器",使"国家走向繁荣,民族日趋昌盛",这恐怕就是他"追求永无满足"的动力。

四

席酉民,方正的脸庞,矮而敦实的个头,貌不惊人。大学十几年,星移斗转,而他仍然保持着热情豪放、风风火火的关中汉子性格。看起来全然没有那文质彬彬、温文尔雅的学究风度,可是接触过他的人都会很快地发现他思想深邃、才思敏捷,也自然对他在软科学领域脱颖而出是能够预料到的。其实,席酉民在行政管理工作中也初试了他的才能。

1993年11月,席酉民出任西安交大管理学院副院长,分管科研、外事、研究生教育和实验中心等方面的工作,还要抓好学院的创收,院长不在时主持院里的全面工作,身上的担子可够重的了。然而,他在读博士时就兼任系统工程与战略研究所的室主任,后来又在战略与决策研究所当室主任、副所长,加之他把他那个有名的"和谐理论"在行政工作中加以实践,所以,席酉民对如何搞好管理工作,已是成竹在胸。"和谐理论"对席酉民来说,在学术上把它看作对社会经济系统发展机理的一种认识和把握,在行政管理上,就是要创造出一种平等竞争、充满活力的机制,一种蓬勃向上、宽松融洽的气氛。席酉民清楚地知道,自己所在的单位是我国第一批恢复招生的管理学院,也是国家教委首批批准招收MBA(工商管理硕士)的试点学院,管理工程专业是国内第一个博士点,也是国内首批管理学科博士后流动站和重点学科,中国与加拿大联合培养博士生西安中心也在西安交大管理学院,要在国内和国际上有一定影响,就得不断出成果、出人才,而协调好各方面的工作,正是出成果、出人才必不可少的外部条件。席酉民上任后,对管理学院的机制进行了大刀阔斧的改革:

——院、系机构调整,理顺了院、系关系,形成了良性的运行机制;

——制定和实施了比较完善的内部管理制度及有关条例;

——加强了学院与企业、政府和国际间的合作与交流,改善管理学院的外部办学环境;

——强化了学科建设意识和青年教师业务培养工作,有计划送教师出国进修和合作研究;

——加强研究生培养工作,使研究生教学、培养管理工作逐步规范化、制度化;

——下决心处理冗员问题，使行政管理干部队伍精干；

——开源节流，采取多种方式创收，改善教学、科研条件和教职工生活；

——关心全院教职工生活，不断增强大家的责任感和凝聚力。

工作中，席酉民不怕苦、不怕累，有创新精神，敢想敢干，敢于负责，处理问题果断，表现出强有力的组织领导才能和工作能力。一年多来，在党政共同努力下，管理学院整体实力和精神面貌发生了很大的变化。

席酉民，确实不是一般的人，他无论干什么事，都能有所作为。学术研究、教书育人、行政工作三管齐下，互相兼顾，样样得到大家称赞。这位年轻的共产党员、担任一年多西安交通大学管理学院副院长的博士生导师席酉民，在中央电视台《东方时空》栏目和大家见了面。他的名气更大了，但他没有一点自得之意，除了尽心搞好学院的行政工作，又一头扎到他痴情的软科学之海，把焦点对准了新的攀登目标。

（作者白学龙，原载于梁克荫，王广印.1996.三秦归国学人：第一辑［M］.西安：西北工业大学出版社：165-173）

附文 4

生日自画像（四十而作）

朋友提醒，惊悟，又是一个生日！38 岁，马上 40，人到中年。不由得想起电影《人到中年》的主人公，同为知识分子，我们现在的情况可要比他好得多。但猛一想，光阴似箭，青春年华已经逝去，加之身在异国的思乡之情，不由得深坐椅中，沉思自己走过的近 40 年人生历程：

1. 小时候是个好孩子，上学时是个好学生。当农民时是个好社员，如今做了教师，当了教授，受同行认可，受学生尊重和爱戴，也可以算个好教师。之所以"算好"，其实并无太多专长，经常是干一行，爱一行：做学生时当过教师；做教师时当过学生；当农民时务过棉、育过种、开过拖拉机，当过队长和会计。
2. 虽能干好各种事，但自认为不是个聪明人，且本事也不大，只是勤于思考，有事业心和奋斗精神。
3. 办事有主见，但不专断，喜欢听取别人意见。
4. 对爱干的事很勤，遇不喜欢干的事很懒；说干就干，恨不得一有想法就见结果。
5. 做事和研究的哲学是问题导向，不认死理，目标明确，方法灵活。
6. 不管能否看透别人的心思，但别人却可以一下子看透自己的心思。
7. 为人处事不分高、低、贵、贱，不管亲、疏、逆、顺，诚心待人，认真办事。
8. 从小时候的不自信到研究生后的自信，不仅是知识积累的结果，而且是广泛社会交往的结果，从很多学术造诣深、人品好、有威望的老先生那里不仅学到了知识，而且领会到了做人的真谛，受益终生。
9. 不管学生年龄大于自己还是小于自己，都以朋友相待，相互学习，相互促进，更期望且帮助他们成就伟业。

10. 爱妻、犬子令我满足，重视家庭生活，但对父母、妻儿、弟妹照顾不足。
11. 不吸烟，少饮酒，嗜好不多，只偏爱与各种人交友、闲聊。
12. 虽有不少头衔和机会令人羡慕，但自己却常感到受宠若惊，不敢得意，只有给自己不断加码。
13. 心理年龄小于实际年龄，不服输，闲不住，最大的愿望是为社会做点有益的事，大言不惭地讲，想留下点到世上走了一遭的痕迹。
14. 一次获奖后，《中国博士精英》一书的编辑要我写出治学格言，当时的回答是：
    ★ 治学座右铭——博中求深，永无止境；
    ★ 获奖时的最初感受——我比别人幸运一点；
    ★ 业余爱好——广交各方朋友；
    ★ 对大学生要说的话——路还很长，眼光放远点；
    ★ 做人名言——自己走路，走自己的路；
    ★ 在最困难时想什么——天无绝人之路。
15. 在家育儿和自勉的五个词是：是非观、责任感、真诚心、自信心和灵活性。
16. 在我心中，成功＝完善的人格＋能力＋知识＋奋斗＋机遇。

人常说，人生难得几回搏；朋友讲，人生发展有几个波。我已到了不惑之年，不敢怠慢，将继续发扬自己的长处，改能改之缺点，奋起再搏，期待一个新的发展波。

（席酉民，1995 年 5 月 27 日于加拿大西安大略大学）

第五章
锐意改革 "锋芒毕露"
(1998—2007)

  一个想对社会有积极影响的人，奋斗目标不是拥有多高地位、多大权力、多少资源，而是能给别人和社会创造多大的价值。成功、影响力、幸福感不是来自地位和权力，而是为别人和社会创造了多少价值，权力和地位只不过是运送这些服务的工具而已！

——席西民

须教自我胸中出，切忌随人脚后行。

——（宋）戴复古

第五章 锐意改革 "锋芒毕露"

培根在《论青年和老年》一文中曾言,青年性格如同一匹不羁的野马,藐视既往,目空一切,好走极端。勇于革新而不去估量实际的条件和可能性,结果常因浮躁而改革不成却招致更大的祸患。老年人则正相反。他们常常满足于困守已成之局,思考多于行动,讨论多于果断。为了事后不后悔,宁肯事前不冒险。

我在步入"五十而知天命"之年,未见老人"如约"的保守,最多算是"年轻"的老成。自忖已看透了世俗名利的诱惑,对个人荣辱已经淡然,不再努力追求那些给别人看的荣誉和头衔,不愿把生命浪费在那些"跑"甚至"跪"的游戏里,更不会折腰,希望活出自我。因此很在意做自己想做的事情,近乎"发愤忘食""乐以忘忧",行为上仍然保持着青年人的冲劲,明知理想实现之艰难,但依然大胆为之。在习惯于夹着尾巴做人的社会文化里,对那些不太了解我的人或那些只能观察到一时一事片段的人,我的这种行为方式或许会给他们留下"锋芒毕露"的印象。但我内心很清醒,经过这些年的摔打和磨炼,尽管行动上依然积极甚至激进,但日积月累的人生智慧已让我更善用周密的思维,以周围人容易接受的方式努力而为。

我们处在社会变革时期,因范式转移、结构调整、机制变迁之种种挑战,要在发展上赢得先机,必须敢于创新和突破;要想做成一番符合未来发展趋势的事业,还需凭借智慧逆俗生存和独树一帜。但现实中推进事业、工作的最大阻力,却极有可能源自缺乏常识、违背常识。

一、校长还可以这样当

1998年,西安交大的校领导班子再次调整,我终于有机会以副校长身份进入领导班子。徐通模校长找我谈话,说:"以你的学识和基础,应该让你分管教育或研究,但学校规划、建设和后勤等业务没有合适的人分管,你是学习管理的,你负责如何?"我知道社会上普遍认为教学和科研才是大学的主流业务,而规划、基建和后勤业务虽不被看重，但其实很难搞。然而，自己是学习管理的，我们的理念应该是"只能面对问题，而不能选择问题"，所以欣然答应，我打算用自己特有的理念和办法应对。

轮流坐庄，把主要负责人赶上一条船

在学校多年，我深知所分管工作的复杂性，老师学生怨言多，又被人们看低，甚至觉得这个系统的工作人员素质低、能力差。所以，我决心消除问题根源，来一场"脱胎换骨"的变革。

经过研究分析，我发现大家的抱怨主要来自系统内部的扯皮，还有被贬低的消极甚至是对抗心理。所以，我首先要帮大家在心理和行为上实现转变。

在著名大学里，我可能是少有的大教授分管后勤的校领导，大家可能觉得我不会干得太久。所以，首先要从心理上与大家同心，这是合作和共同奋斗的基础。我开诚布公地向大家坦言："我们不要因为人家看低我们就自己看低自己，于是凡事都消极应付。我们不是为别人工作，而是为自己的饭碗和未来工作。你如果有本事，可以另谋高就。如果这就是目前能干的事，也只有把它干好了，才谈得上高就。我分管这项工作，虽然可以随时撤退，但我之所以接手，就是想帮大家搭建一个长期的事业平台，通过我们的努力，为别人提供服务的同时，也为自己创造更好的发展空间。不管别人怎么看待我们，我们自己一定要看得起自己，我们和他们在人格上是平等的，只是工作岗位不同而已，要用我们高质量的服务赢得尊严。"经过心态和认识上的调整，我接着又组织了学习、培训，提高大家的业务能力。

其次，在机制上设法根除长期存在的问题。我发现过去很多问题和抱怨源自部门间的协作不够。例如，盖一栋楼，规划处负责立项审批，基建处负责建设，后勤处负责绿化和维护。结果，项目建设完成后，基建垃圾被埋在地下，后勤处接手后准备种植花草，整理土地时却发现下边全是基建垃圾，不仅引起双方的怨言，而且造成工期拖延，成本增加。另外，建筑质量有问题也相互推诿，把用户推来推去。因此，我上任后决定成立我分管的五个处的处长协调小组，协调主任轮流做庄，每人负责一个季度，这样把他们捆在一条船上。现在不是谁家的问题，而是我们大家的问题，各处面临的问题需要协商合作解决。如此一来，我当主任时你不积极合作，那你当主任时别人也不会合作，随后他们就会积极主动地消除各种问题的根源，从整个学校服务角度重新梳理各处原来的工作流程，建立相互合作的新的工作流程，形成合作机制。考虑到每年各季节学校事务繁忙程度不一，我也不想让他们觉得我和谁亲谁近，不是由我来指派谁先跑第一棒，而是通过抓阄形成相互轮值次序。

一系列做法一经推出，立即引起"反响"。首先是分管组织的副书记找我，她说听说你成立了什么协调办公室，而且任命了主任。你并没有经过学校编办审批，主任也没有正常提拔和审批程序。我解释说这只是一个工作班子，并非正式编制，协调主任也是一个工作角色，而非正式级别的新岗位。就这样过了党委这一关。但学校里普遍笑传席校长利用抓阄安排主任，觉得很好奇甚至滑稽，不过随着逐步了解了背后的逻辑和运行方式，这种传说慢慢散去。而且我对所有处长讲，你们有问题直接找协调主任商量解决，协调主任也无须向我汇报，你们都解决不了再找我。换句话说，如果经常找我，那就说明你常有解决不了的问题，这可能表明你能力有问题。试问有谁不想做好事情，在新来的领导那里留下好印象？

经过必要沟通，我们团队明白了我这样安排的用意，迅速进入状态，精神面貌大为改观，工作效率迅速提升。在我上任副校长还不到两个月的时候，教育部有一个重要的代表团赴美考察，我是被选入的成员之一，只好向校长请假。徐校长很是震惊，说你管的这一摊子事情，经常问题不断，需要频繁救火，分管校长在校园里都难应付，刚上任就要离开快一个月时间怎么行！我请校长放心，说我们有协调主任主持日常工作，有问题就找他，他如果有困难再让他直接联系我。校长在内心不情愿的情况下批准了我上任伊始的美国之行。

那次美国之行的内容主要是访问美国名校，了解美国的管理教育。从西海岸到东海岸，我们访遍美国前 20 名大学的管理学院。最有意思的是对处于美国管理教育两个极端的哈佛大学商学院（简称哈佛）与麻省理工学院斯隆商学院（简称斯隆）教育模式差异的比较。哈佛很重视案例教育，一个 MBA 学位要学习 800 多个案例，老师上课也只讲一二十分钟，剩下的时间都在进行案例研讨。而斯隆仍强调比较系统的知识和技术学习。我很好奇这两种模式各自的优点，一直想搞清楚。恰好在波士顿访问一家咨询公司，董事长来自南美，是斯隆毕业生，而 CEO 是哈佛毕业的一位很高大的白人。我首先问 CEO："谁家的毕业生更优秀？"他说："说不清，你问我们董事长。"董事长告诉我："很难说谁更强，但可以看出各自的特点。哈佛的毕业生经常用一点点数字说一大堆话，斯隆的毕业生则用一大堆数字说一点点话。另外，哈佛学生入职时对岗位有很高期待，但斯隆学生则会从基层干起，但很有后劲。"比较滑稽的是，我们当时是国家代表团，美方专门给我们安排了翻译，女翻译不让我们自己说英文，因为这样就显得她失职了。

当我们转道西海岸去旧金山访问麦肯锡时，由一位香港合伙人介绍情况，只见他侃侃而谈，等出门后，我们的女翻译悄悄地对我说这家伙一定是哈佛毕业的，你看他说了一大堆，但根本没说多少东西。我们听后哈哈大笑。

二十来天的访问很快结束，其间协调主任并没有联系过我。我回到学校，校长一见面就很新奇地告诉我说这帮家伙干得很不错。我淡淡地回应：他们本来就不错，素质和能力并不是大家印象中的那样差。

做一个潇洒的后勤副校长

尽管我刚上任不久，但我们的新机制运转很顺利，遇到问题整个协调办公室会高效解决，他们都不会轻易找我，这彻底改变了这个分管校长一直是最忙、最累还不讨好的印象，而变成了比较轻松的岗位。

一次我去南京出差，我的朋友、东南大学时任副校长盛昭瀚教授引荐他们分管后勤基建的副校长给我传经送宝，席间他讲该校长害怕别人议论，不敢住好房子，整天骑个破自行车，走到哪儿看到下水道堵了，就会蹲下来掏。言下之意，很辛苦。我当时自信地跟他说，我绝不会这样当校长，因为你即使浑身是铁，又能打成几颗钉子？我们需要的是让体系发挥作用，让整个队伍活起来。他说我是刚上任，干一干就知道他所言不虚了。作为管理学教授，我心里并不认同，也确信自己在中国会做成最潇洒的分管规划、基建和后勤的副校长。

我在西安交大，给自己的定位是为大家营造一个长期的事业发展平台，以确保大家日后的职业生涯顺畅。所以我主要做以下几件事：① 谋划事业，让大家理解我与事业的关系，以及只有共同努力，梦才能实现，从而激情参与；② 为实现事业目标创造环境、争取条件和搭建平台；③ 在充分授权、分权基础上提供服务和帮助；④ 为大家撑起失败或犯错误时的保护伞；⑤ 与大家一道为理想而奋斗，并保持清醒头脑。为了实现这种平台战略，我积极采取行动，培养干部、培训员工、完善制度、改进机制。

例如，后勤之所以备受诟病，主要是其服务涉及家家户户的日常生活，所以一定要设法让大家感到方便。过去每当发生问题，师生员工经常会被一个部门推到另一个部门，结果跑了一圈又一圈，问题仍没法解决。于是，我要求一站式服务，无论谁家接到问题，不能让客户去走非常复杂的各种内部关系，而是由我们熟悉情况的员工自己协调内部关系，帮助客户解决问题；一旦发现内部流程不顺，就要不断改进。这样既使师生员工得到友好的服务体验，也不断改进了内部流程和服务效率。过去，每个部门都会公布一个客服电话，我就问我们员工：

"你们谁能记住这么多电话?哪个电话最好记?"答案自然是大家最熟悉的110报警电话。于是,我请他们与公安处协调,打通之间的协作,共用学校报警电话110,这样大大方便了师生员工。当110收到的请求属于我们的服务内容,就直接转交我们体系应对,而且明确了中间的反应时间不超过5分钟,等等。与此同时,还建立了相对独立的监督小组,进行日常巡视以发现问题,将问题超前或提前解决。这样,学校的后勤服务精神面貌大为改观,口碑迅速提升。

抓大放小,以小察大

我有晚上在校园里散步的习惯,如果发现地砖有缺失或者车棚上缘裂开,一般不会立即联系有关负责人提醒他们,而是先观察,第二天晚上再看问题是否解决。因为有日常性工作巡查,如果问题存在两天还未得到解决,我会责成有关负责人检查其工作体系,而不是简单地让他们处理问题。因为在我们管理团队里,我一直提倡"抓大放小,以小察大"。坦率讲,人人都会讲抓大放小,但做到不易,因为判断大小往往很困难,就像人人都知道牵牛要牵牛鼻子,但实际上很多人以为牵的是牛鼻子,其实拉着的是牛尾巴。另外,更高深的功夫在于从小事敏锐感悟到隐藏在背后的大事,即以小察大,从小事情看到背后的制度性、政策性、队伍性或文化性问题。例如,有一天晚上将近10点钟,我散步走到图书馆门前,旁边有几个人边走边聊,七嘴八舌:"还让我们参加培训,我们就是种个草、打扫个卫生!"我猜测这是我们的员工,没有吭声。我知道他们中有的对组织培训很开心,因为会提升能力,有更大发展空间,但也有不太了解培训意义和价值的人。于是在后来的会上,我跟大家讲:"我们有的员工可能从农村来,会发现厕所比他们的院子还干净,如果大家不理解ISO14000认证的意义,就会从内心抵制几个小时打扫一次的规定,但如果大家明白了干一件事情的逻辑和原因,他们做事的方式自然会发生改变,这就是学习的意义。"再如,我对员工说:"比如你的责任是下水道维护,有人家里下水道堵塞,你在臭烘烘的马桶掏堵塞物,回头发现坐在沙发上的人屏住呼吸以轻蔑的眼神看着你,你是什么心情?你可以有很多种选择,一是报复,把掏出来的东西再塞回去,虽然一时心里舒服了,但后边你还得再来;二是想开点,你碰到了这样的人,也没必要和他一样见识,把自己的工作快速完成;三是积极思考,人和人不同,他的素质低,我不能把自己降到和他一样,于是轻松愉快地做好本职工作;四是在做好当下能做的工作的同时,努力学习和提高,这样会为自己有更好、更心仪的工作创造条件和机会。"

当然，我在注重团队员工的心理活动及能力建设的同时，也非常注意保护他们。当有学校领导和部门对他们有偏见和误解时，一定要主动解释和冲上去保护他们。例如，有教授给我打电话，声色俱厉、劈头盖脸地指责我们的员工。我马上打断他："你是想解决问题还是想吵架？如果想解决问题，请你好好说。他们和你在人格上是平等的，只不过你的工作是教书，他们的工作是提供后勤服务，他们并不低你一等。"同时想尽办法提升管理团队的领导素养，我开玩笑地告诉他们，你们和我工作一场，不仅会开心快乐，而且相当于读了个管理硕士，自身素养和能力也要得到提高，我不仅自己给他们讲管理知识，还给他们创造学习机会，帮他们在实践过程中不断反思和提升。例如，我每年暑假都会组织他们驾车游历一个地方，我们走过甘肃、宁夏、青海、新疆、山东、内蒙古等，不仅开阔了眼界，更进行了非正式亲密交流和相互理解，同时还会提高他们工作的自信心和自豪感。

经过了理念转型、机制改进、队伍建设、文化提升，我们体系的工作和服务焕然一新，得到了各界的高度认可。我自己也实现了在东南大学副校长面前夸下的海口，做一个"潇洒"的后勤校长。我搬到西安交大1村后，有一次过春节时我请李怀祖老师到我新家里坐坐，一整个下午他都没听到电话铃响，甚是惊讶，在他的经验里，我这个岗位经常会面临很多火烧眉毛的事情，一定是电话不断。我开玩笑地说："这都是管理学习和训练的功劳！"

直面危机，从容应对

其实，推动一个体系的转型升级不可能一帆风顺，一定会有很多遗留问题需要处理，有突发的危机需要面对。

例如，在西安交大历史上发生过多次征地，每次都会有一批农民转入西安交大做后勤职工。时间一长，极个别员工会通过自己的努力有一份不错的岗位和收入，但大部分会因基础差和生活习惯使然，滞留在那些工作技能要求和收入都比较低的岗位上，甚或游荡在社会上。因他们有原来同村或同生产队的纽带，所以很容易抱团。在我上任后，这部分员工为工作和薪酬的上访从没有停止过。为了彻底解决问题，我请校办查阅了从征地以来的历史资料，包括国家政策、学校各种政策安排及执行到位情况。

有一次，他们聚集起来，包围了行政楼，诉求是给他们每人几十万补偿，历史旧账方可了结。而我通过全面的历史和政策分析，发现这几乎没有可能性，唯一能改进的是调整就业结构，加强培训，升级服务，与此同时提高他们的待遇和尊严。于是建议学校党委和校长回到自己所在院系的办公室里工作，避免与这些职工形成正面冲突。另外，我和我们团队加强与他们交流，让他们理解不是"不闹不解决、小闹小解决"，而是"该解决的不闹也会解决，不合理合法的要求再闹也解决不了"。给他们留时间，只要他们不破坏公物，就不干预他们的和平静坐；同时向公安报警，如有破坏行动，请他们出面处理。这样，每天有公安便衣陪伴，让他们在逐步理解底线的情况下，慢慢意识到这样的闹依然无效，然后回到正常的协商机制，处理那些需要解决的问题。

这样"相安无事"一段时间后，有一天上午后勤系统书记董民贤老师突然打电话给我，叫我赶快到行政楼，她说徐校长被包围了！坦率地说，我当时觉得事态尚在控制之中，无须大惊小怪。但电话不断催促，我从管院走到校园东花园时，看到了"壮观"的一幕：徐校长在前边走着，身旁左右几位保安护着，后边跟着一大群闹事的职工，徐校长走到哪儿，他们就跟到哪儿。难怪后勤干部不断打电话催我，说我再不去徐校长要发火了。我快步走上前去，跟他们说："让徐校长走，你们跟着我怎么样？"徐校长才得以快速脱身。我跟大家说："想解决问题，就要好好协商，这样闹无济于事。你们跟我到会议室怎么样？"他们同意后，我在他们的拉扯下涌向行政楼二层会议室。在上楼的过程中，有一位光着膀子、黑乎乎的毛巾搭在脖颈上的"征地工"（当时做生肉买卖生意）似乎想动粗，我心知和他动手我肯定吃亏，但我还是停下脚步，以一种坚定甚至威严的眼光直视他，也许我平时已给他们留下虽然对他们好，但却果敢、严谨、不怕事的印象，我明显看到了他的迟疑和收敛。几位妇女试图拉扯我的衣袖甚或推搡，也被我冷静的眼神和低声的呵斥逼退。

到了会议室，几十号人吵作一团。我大声喊道："你们想要解决问题就静下来，否则就继续吵，帮大家解决问题是我的工作，我可以长期奉陪，但你们吵一天就损失一天。"于是大家稍微安静下来。我紧接着说："你们只要有人吵，我就不和你们谈。"我将学校的处理意见一一托出，可想而知，我每说一条，就有人吵闹，我便立即停止，然后他们就有人站出来制止，慢慢地会场静下来。我将学校方案告诉大家，并让他们清醒，哪些底线没有商谈的余地，哪些事项可进一步征求大家的意见再完善。并进一步明确，以后我不会再接待这样哄哄闹闹的无法商谈的大队伍，他们必须选出最多五位代表，我只和代表协商。就这样，在经过了近两个月的包围后，他们慢慢散去，回归到一种理性的问题处理方式上。当然，若怕麻烦，想息事宁人，学校也可以"照单"满足其要求，但事态暂时平息后，还会有人闹事，何况你也没有足够的资源满足很多无理和没有底线的要求。

大刀阔斧升级办学环境

除了改进后勤服务,在我任上还有几个方面的重大任务,其中之一就是大建设。西安交大始建于 20 世纪 50 年代,校园基础设施落后,发展空间不够,资源严重短缺,所以大面积的基础设施改造和建设提上了议事日程。除了所有老建筑的抗震加固,西安交大思源活动中心、主楼、北大门、校园通一村的彩虹桥、康桥苑、管理学院大楼、校园南部的众多宿舍、南洋大酒店、周边开发建设的出版社等一排排大楼,以及并校后财经校区和医学校区的改造及新建项目都是这个时期的建设成果,仅新建筑就有上百万平方米。在这期间也发生了许多非常有意思的故事,涉及学校内部和政府、社会的种种观念差异与利益冲突。

第一,如何在习惯性低效率的决策会上通过重大项目。我任职期间,一方面是高校后勤社会化改革时期,另一方面也是西安交大快速建设阶段。而我分管的工作因涉及大学发展和每个人的日常生活实际上非常重要,但它不是大学的主流业务,因此不受重视,所以当年国家红头文件强调大学后勤社会化改革是"一把手"工程。许多重大议题必须经过党委常委会决策,但我知道很多常委会成员不了解甚至不愿深入了解情况,但又会根据自己的常识和经验东拉西扯地评论一通,最终让决策者骑虎难下,因此我们的会议也因扯皮经常拖堂。根据这种情况,我"发现"了一个有效的策略,就是等到会议拖得要到饭点时,再提出自己的重要议题,这样大家便不愿"恋战",所以一般就能很快通过。我用这种办法,获准通过了很多建设项目和改革方案。

第二,越小、越具体的问题决策越要小心。因为决策者知识和信息有限,又无心深究,有时重大问题反倒容易通过;而具体问题却因每个人都能说上几句,又关系到自身利益,决策过程反而非常艰难。例如,我们计划在西安交大 3 村生活区建一个小广场,按道理讲,广场建在谁家门前,该栋楼住户应该开心,因为下楼即可享受,但后来发现反倒是这些理应开心的人跑到学校抱怨,原因是一些人早起在广场上放着音乐跳舞,晚上熬夜的教授们常被不同风格的音乐干扰。再如,在家属区建设垃圾台和置放垃圾桶更是非常困难的决策,谁都不想让这些设施靠近自家大楼,"科学"决策方法在这里遇到了很多心理、利益甚至是情感方面的挑战。更有趣的是在私家汽车迅速增多后,车辆停放与行人的矛盾在本来就拥挤的小区日益突出。我们当时有一种创意,就是改变人们已经习惯的道路、路沿、人行道的道路建设方案,因为这种以路沿区分道路和人行道的做法会浪费路沿上下各 50 厘米到 1 米的空间。如果把人行道与道路拉平,不仅会增加 1—2 米的空间，而且可以解决停车问题。但这种有利于多方的方案在实施阶段却遇到了来自部分不理解人员的巨大阻力，甚至有院士冲上去抢夺施工人员的工具。对于这些问题，我们经常请设计人员深入社区，收集意见，提出设计方案，并在社区展览方案和听取建议，改进后再投票决策。即使这样，在实施过程中也会遇到很多挑战。

第三，艺术与科学的对立统一。西安交大要增加教学科研设施，必须扩大建筑面积。当时决定在校园南部建设主楼，我们请了建筑大师东南大学齐康院士作为顾问组专家，以及中国最有名的几家设计院，形成了几种建设方案。最大的争议是：要不要建高楼？选择哪个方案？每个设计方案除功能外都有自己的艺术追求，而艺术的最高境界是独特性，仁者见仁，智者见者，难以票决。另外，如果不建高楼，西安交大空间有限，会大大限制自己的发展；建设高楼，对整个校园来说又非常突兀，20世纪80年代建的图书馆已经让人感觉到既不实用，又对视觉产生冲击。对一群科学家而言，决策中自然自说自话，难以统一，就看谁会说而且说得有理，最后权力最大者说了算。我知道，直到现在，人们依然会对西安交大主楼有不同看法。例如，齐康院士认为从风水上讲，思源活动中心已经堵住了南北气孔，因此在主楼顶部设计悬挂式会见厅，除了美观装饰，主要是起气孔的作用。在南侧顶端有一块天然毛石，起到点缀的作用，有点俏的感觉。我建议涂为鲜红色，以突兀提振其俏丽，但大部分人认为太大胆而作罢。管理学院大楼也是一样，本应建在四大发明广场西侧，让整体校园布局更加合理，功效也更高。但却因难以说服那里的实验室搬迁，而不得不放到非常拥挤的校园西南角，我还用哈佛大学商学院院长的话说服自己，以平心绪。前边提到，我曾出访美国名校，当时哈佛大学商学院院长半开玩笑地对我们说："过去商学院发展很慢，主要是离行政楼太近，在校领导的眼皮子底下，发展约束较大。后来搬到河对岸，远离中心，不受人重视，所以迅速壮大起来。"所以，尽管管理学院现在的选址并非十分恰当，但在当时是唯一可行且可以快速开建的选址。至于设计，请了陕西几大设计院，这些院长在陪省长看方案时，程省长开口就说陕西没有好设计院，我提醒他院长们就在他周围，他告诉我就是说给他们听的。外观设计自然省长亲自定夺，虽并非我满意，但因空间限制，也只能如此。但在内部设计上，我坚持应符合管理学院特点，即有较大的公共空间，包括最后东西天井的装修方案，把楼道窗户融入浮雕里，以体现古代与现代文明的对话等。

第四，与顶头上司相处的挑战。我分管的业务主要是花钱的工作，又涉及大学的日常生活，虽然不算大学主流业务，却备受关注。校长自然也很重视，加上徐校长又非常关注细节，就更乐意过问。一开始，我们也积极主动汇报，新项目都会邀请校长视察。但我很快就发现，这会影响工作的正常开展。例如建设康桥苑食堂，我在外形设计上要求尽可能简洁，去掉任何没必要的装饰线条，最后设计公司不断"求饶"，因为他们善于用一些累赘的东西掩盖缺乏深入表达的缺陷。在内部设计上，留有天井，安装自动扶梯。借用《再别康桥》诗句，取名"康桥苑"，以彰显大学色彩，并在大厅刻有徐志摩诗来衬托大学高雅文化。但在英文名字上为了避嫌，我用了"Canbridge"，Can 是有机会、有可能，Bridge 是桥梁，寓意是通向机会、心想事成。在土木工程完成后，我们邀请徐校长视察。他看着镂空的大厅，很是不悦，并建议把这二楼和三楼镂空部分封闭起来，建成楼面，可以多放很多饭桌。但从设计和构思来看，中庭恰恰是这个楼的灵魂，而且大学建筑应体现大学精神和营造适合大学文化的氛围，于是我陷入两难：不听有违"上意"，听了会破坏整体构思。后来在国务院召开的高校后勤社会化改革工作会议期间，李岚清副总理视察西安交大后勤后，在第二天也未点名地批评我们，表示有的学校把学生食堂建得像饭店。我认为建筑是百年大计，必须很多年后再看也不落后，但按当时的标准，建设和设施标准确实有点超前，这种超前思维会面临巨大挑战。再如管院大楼，在进入装修阶段我们也请徐校长入内视察，他走到二、三楼宽敞的公共空间时，又建议这些地方可以隔出一些办公室，这又给我们出了难题，听还是不听？在学校宿舍的建设中，每次视察，他都会提出一些修改意见，要么与系统构思不同，要么要花较大代价重新返工。听也不是，不听也不是。于是，我不得不在我们团队立下规矩，以后，除非对我不满可以越级汇报，正常业务则必须按正常组织关系汇报和请示。过了一段时间，听说徐校长见了这些处长们半开玩笑地说："现在都见不到你们了，我都想你们了。"因我们在关注点和行为方式上的差异，似乎在一些问题的看法上出现了比较大的分歧，包括对我们团队的看法、一些干部的选择等。例如，徐校长坚持认为一位后勤服务公司经理不行，但我知道该经理天天要面对一大批"征地工"的挑战，不断救火且可以稳定一方，所以我不愿换他。于是，我采取了选举的办法，依然推荐他，引得校长大怒，最后不得已还是把他换掉了。另外，我觉得徐校长有时对一些工作和员工批评有失偏颇，有一次我忍无可忍，在他办公室把桌子一拍，说："不干了，另请高明吧！"另一次更加严重。每年寒假，学校都要开常委扩大会，学习和开展批评与自我批评，当谈到有些事情，他以道听途说之辞对人、事横加指责，我当场起身，面对几十人，又桌子一拍说不干了。后来在大家的劝说下，才将问题暂时搁置。当然，在以实践"三个代表"重要思想①为主要内容的保先教育②中的批评与自我批评环节，我主动向徐校长道歉："按职别，您是我的领导；按年龄，您比我长；按学问，您比我大。我当时不该两次向您发火，撂挑子。"徐校长也很大度地表示，都是为了工作。其实，关于我和校长观念及行为方式上的差异，坊间曾有戏言：徐校长爱干席校长的活，席校长干的是徐校长的事。言下之意是我更重视宏观和全局，徐校长比较专注于细节。这也可能影响了后来校长职务更替，按管理水平我应该有一定的竞争力，但徐校长显然不喜欢我的风格，其继任者郑南宁院士与他有类似风格。在中组部宣布任命后，我上前恭喜郑校长，他握着我的手说："这事应该是你来干！"在与郑校长的合作中，尽管他也很随性和关注细节，但因有长期合作的基础，他知道我的风格，相信凡是我管的事一般不会有问题，所以他基本上对我的工作不加过问。于是，在我们几个副校长中，相较其他人，我的工作空间更大。在赴苏州前夕，学校领导班子为我开告别宴会，在送花环节，郑校长再次握着我的手说了一句有趣的话："这些年来我们相互欣赏。"

第五，"管理上级"概念的提出。除了与上级领导在个性和行为方式上的差异，副职还经常面临一个严峻的挑战，就是当党政两个"一把手"意见不一或有矛盾时，如何在夹缝中间"生存"。西安交大为了盘活资源，获得更大发展支持，决定通过 BOT（build-operate-transfer，即建设、运营、转移）方式进行开发建设。一开始由当时的党委副书记、后来的党委书记张迈增负责，他发表了著名的曾经遭各方诟病的"空手套白狼"说法。后来我接替他分管这些工作，这中间出现了很多不同意见和矛盾，在处理方式上，王文生书记和徐通模校长观点明显相左。这时，若按书记旨意办，校长就会说你是副校长，你应该听校长的或按校长办公会决议办；可书记又会说你是党委委员和常委，应该按照党委决定办。我开玩笑地说："你们两个或两个会应该统一（意见）。"这种夹在中间还想把事干好的差事很不容易。首先，我要想方设法找到能解决问题的方案，再想办法使双方都认同或满意。这极大地锻炼了我，不仅增长了工作智慧，也提升了我的领导和管理能力，甚至给我创造了新的发展机会。例如，关于西安交大在苏州办学，按道理应由校长赴苏州签协议，但因两人观点不一致，校长不愿来，于是指派我随书记

---

① 江泽民 2000 年 2 月 25 日在广东省考察工作时首次提出"三个代表"的重要思想，即中国共产党始终代表中国先进生产力的发展要求，始终代表中国先进文化的前进方向，始终代表中国最广大人民的根本利益，这是立党之本、执政之基、力量之源。

② 保持共产党员先进性教育活动。

代表校方签协议，这为我制造了在苏州发展的机会和空间。

作为管理学教授，这些经历是一种资源甚或财富，我也经常在工作中反思理论研究，因此还撰写了以"管理上级"为题的小文章。按照正式组织关系，作为副职只能服从，但副职也是领导团队中的一员，为了切实搞好工作，在上下级的互动中一定存在下级"管理上级"的空间。"管理"绝不是"控制"的同义语，它更意味着引导、合作和支持。在决策环节，副职应注意积极参与，为事业发展和做出自己的贡献争取平台和资源；在决策以后，副职依然应积极、机智地处理上下左右各种关系，为事业发展创造宽松友好的环境；在实在很难改变局面的情况下，也可以通过适度保持距离来回避职场旋涡。

第六，要寻求政府支持，必须让政府理解你的价值和贡献。这个时期西安交大的发展，有几件事情影响比较大，且与政府密切相关。第一个是有名的彩虹桥烂尾工程。1村与校园的通道一直是影响教职工上下班的老问题，一是上下班时人流量大，二是常有交通安全隐患。于是我们提出建设过街天桥，整个设计如彩虹般从一村进入校园，为形成一体化美感，专门设计了高跨度门形框架，将桥和汽车通道拥入怀抱。市政府原则上同意建桥，但考虑到大桥距离兴庆路十字路口不远，试图让西安交大天桥同时作为社会通道，一体两用。因希望尽快改变现状，天桥在政府原则上同意后即开始建设。但事实上，西安交大坚持认为，如同时让桥服务社会，校园安全就无法保证，而且桥与十字路口有近100米的距离，过马路的人也不愿意绕道经过天桥跨越马路；另外，天桥也是学校出资建设，不是市政工程。但政府也坚持其主张，否则就要求学校停工。于是，天桥建设不得不半途停工。西安交大师生员工天天路过建设工地，本来期待迅速完工的天桥一停工就是几个月。此间经过无数次沟通均无果，拖延了近半年，负面影响很大。总之，最后通过"关系"才获得批准，使该著名烂尾工程终于按学校方案建成。

另一个有意思的项目是位于南二环北侧、西安交大校园外东南角的南洋大酒店，这也是我上任副校长后的第一个建设项目。这个地方原来计划引进港资，建设一个培训中心，而且地基已经完工，但因1989年政治风波，捐资黄了，荒废近十年。那个时候，考虑到学校根本无钱建设，所以我计划用BOT方式推动，即由后勤集团融资建设，建成后头15年期间，每年给学校上交资产占用费150万元，15年后将经营权交回学校，再议下一期租赁经营权。我采用前面提到的等会议快结束时再提出议案的策略使得该方案顺利通过。但建设时又遇到了难题：如果想按酒店格局建设，需要挖掉原来的地基，那样会浪费至少500万元；否则，在原来地基基础上建设，酒店格局会受制约。因资源有限，我们选择了后者,但在房间设计时,把飘窗向外扩展,增加了房间的舒适感。因酒店位于二环、兴庆路和友谊西路三岔路口,按我习惯的开放理念,我主张不建围墙,这样三岔路口的公共绿化与酒店绿化可以整体设计,连成一片,将甚为壮观。但市政府坚决不同意。我和时任分管副市长乔征先生争论多次,还是无法获批,最后我妥协建设镂空栏杆,尽量降低高度,但乔市长说按规范不能低于1.4米。这样,最后形成了一个很矮的不起眼的围合。为了凸显开放的理念,我又坚持不建设可开启关闭的大门,并要求酒店以及整个后勤,凡传统的柜台式服务一律抬高桌面,撤掉椅子,开展站立服务。南洋大酒店在西安交大建校105周年时举行了隆重的开业仪式,酒店的气派和运营机制也成为那个时代的一段佳话。

第七,改革需要突破,更需要较真和坚守。高校后勤因其独特地位一直受到校内外的关注,1985年中共中央颁布《关于教育体制改革的决定》,意在将高校后勤服务纳入社会主义市场经济体系。2000年1月14日,国务院办公厅转发教育部等部门《关于进一步加快高等学校后勤社会化改革的意见》,正式掀起了高校后勤社会化改革的热潮。当时,很多地方和院校给予了学校后勤走向市场很大支持,例如复旦大学、上海交通大学、浙江大学和武汉大学等。因我专业是管理,又乐于变革,自然不甘人后。在学校和政府支持非常有限的情况下,我坚持走一条最彻底的市场化道路,即将后勤所使用的现有资产(锅碗瓢勺等)进行评估作为学校注资,成立学校全资的后勤集团,并借用康桥苑的名字命名为康桥集团。对于下属子公司,具有一定垄断性质的公司(如饮食公司),集团占大头,但为了让所有后勤员工愿意离开学校走进市场,一定要在体制和机制上为他们的未来搭建好平台,所以主要领导团队和职工持股不超过20%,但管理团队不能低于5%。对于非垄断公司,管理团队和员工持股比例不限,所有个人出资必须真金白银。这样的设计一方面让大家把公司当成自己未来的家,减少进入市场的阻力;另一方面把大家的利益与公司的利益真正捆到一起,从机制上确保运营动力和积极性。在这样的制度安排下,西安交大后勤的两三千名员工顺利离开学校走向市场。另外,在后来西安交大校办产业发展受阻和遭遇困难时发现,真正还能盈利的企业基本上都在康桥集团。

在热火朝天的后勤社会化改革的同时,为响应国家号召,西安交大还大张旗鼓地进行了筒子楼(教工们住的单走廊、无厕所、无厨房的楼宇)改造,以改进教工住房条件。在西安交大,学生宿舍、周边开发、教工住宅楼同时开展大规模建设和改造。因西安交大的后勤社会化改革颇有特色,因此2001年,国务院办公厅在西安召开了第三次全国高等学校后勤社会化改革工作会议。李岚清副总理亲自领导此项改革，并对学生宿舍建设有直接批示，如不允许宿舍里建卫生间。陕西其他高校当时有十多万平方米的宿舍，有的遵照指示未建，已经建了的将其封堵取消。但我认为，建筑乃百年大计，一定要有前瞻性，所以坚持在宿舍中建设卫生间。我去机场接教育部工作人员一行，在回来的路上，当部领导得知我们的学生宿舍依然有卫生间时，很是生气，斥责我们不理解中央精神，但我依然争辩道："建设要向未来看，而且各校情况不一，不宜一刀切。"当李岚清副总理视察西安交大时，看到了学生宿舍中的卫生间，并未当场表态，随后又到了康桥苑。第二天大会上，副总理在讲话中说有的学校宿舍像宾馆、食堂像饭店，似乎未点名地批评了我们。但我私下还是认为基础建设应有超前和长远思维，如果资源充足，还应再建设得好一点。

尽管教育部领导对我提出了批评，但我认为他心里还是认同我们很多做法的，否则国务院现场会也不会放在西安开，而且还专门给我们南洋大酒店题词。另一证明是，之后的一天，那位领导的秘书给我打电话说，让西安交大去管理教育部食堂。我当场推辞，一来因为天天面对教育部领导们，说不准哪一天得罪了谁，吃力不讨好；再者，要让人满意肯定要贴钱进去。他秘书说："人家校领导千方百计想接手，你是领导请你还不来。"后来那位领导亲自打电话，请我到京面谈。见面时他对我说："请你做，我放心。"我说了我的担心，他说管理上你们肯定没问题，财务上部里回头给你们项目支持（后来确实给西安交大追加了项目，但在再后来的审计中被撤回）。我觉得再推辞就过意不去了，于是答应了。我们接替的对象是扬州大学烹饪学院，其中的挑战可想而知。在交接会上，那位领导从家里拿来好酒，亲自宴请双方校领导和管理人员。我们一开张，就看出了陕西小吃丰富便宜的特点，不仅饭菜花样繁多，而且粗犷的西部菜肴加上各种诱人的小吃与南方餐饮的细腻形成鲜明对比，大获好评。后来领导觉得菜肴过于丰盛，要求减少花样，每周调整。总之，我们的管理和服务受到了广泛认可。在做了一年多后，那位领导又把教育部食堂改造升级的任务交给了我们，这一做就是三年。

果断决策，创建发展新平台

在大学后勤社会化改革的同时，另一个比较轰动的教育改革举措就是并校，也是由李岚清副总理亲自指导的。关于西安交大并校方案有很多版本，但最后的方案是西安交大与西安医科大学、陕西财经学院合并。当时，李岚清副总理亲自到西安指导工作，在西安交大国际会议中心，陕西有关高校领导现场听取他的重要讲话并座谈。2000年,三校合并,干部队伍需要安排,当时教育部主持并校工作的领导与我谈话,问我愿不愿意去长安大学当校长,并给我三天时间考虑。我若按组织建议接受新岗位,从职务上说可以升为正厅级,这是很多人奋斗的目标。但我追求的是做自己认为更有价值的事,新岗位尚无法实现自己的期待,所以经过分析,数小时后很干脆地拒绝了,并表示如果没有合适岗位,我可以从校领导的岗位上退下来。后来我依然留任。当决定校党委常委会人员组成时,从管理角度讲,我是减少常委人数的积极倡导者。但因并校,上级和绝大部分人希望尽可能地增加人数。于是我建议由党委会投票表决,当时有三个方案:13人、11人和9人,我自然投了9人方案的票,但最后通过的是11人。这次调整后,我进了常委会,而且分工上还增加了对外教育,为此也专门成立了西安交大教育集团。

随后,我又利用教育集团,按当时国家的政策,与博通股份合作,于2004年创办了西安交大城市学院。董事长由博通股份时任董事长雷励先生担任,我担任学院董事会副董事长和创立院长,学院每年向西安交大上交20%的总收入作为教育资源占用费。我坚持清晰定位,将其建成教学应用型大学,在理念上视学生为独立成人,培养其素养和责任担当,在教学上更关注学习能力的提升。例如,坚决形成学校与学生和家庭三方协议,以让学生明确其成人责任;在宿舍和校园管理上,督促学生处理好舍友之间的关系,如水电费分担等,以提升他们的人际关系处理能力和自我管理能力;在培养过程上,注重基于真实世界,帮助学生增加快速融入社会的智慧;在学校管理上,放弃官僚层级结构,建设学生、学术、行政和校园服务四中心的服务平台,简化组织体系,提升管理效率,等等。由于我们治理和管理比较有效,我们用了短短几年,就跻身独立院校第一梯队。我到苏州两年后才正式辞去了该院院长职务。

随后,考虑到西安交大专业布局,瞅准西安工业大学与航空工业局等机构因故疏远的机会,我们与航空工业局合作,再拉上中航西安飞机工业集团股份有限公司(简称西飞)、中航工业西安飞行自动控制研究所(618所)、西安航空计算技术研究所(631所)等几个航空产业研究所,在阎良区政府的支持下,创立了西安交大航空航天学院,并准备在阎良航空产业基地建设校园。我担任创立院长,并巧妙地通过阎良政府民政局正式注册了事业单位的学院法人机构,规划了1 500亩地,招聘了团队,并且开展了研究,如可用在飞机上的信息材料(一种可实时传递附着物疲劳信息的涂料),并经过空军军方认可,在飞机(军机)上试装,以实时检测机体关键部位的疲劳状态等。但遗憾的是,后来校领导换届，新任校长不愿继续推进，航空航天学院夭折，我认为西安交大也因此失去快速融入后来高速发展的航空航天产业的先机和机会。多年后，因该产业的快速发展，西安交大又重新建立了航空航天学院。

全体"卧倒"，再次上岗

这个时期，教育改革在不同层面积极推进，备受社会各界关注的事件之一就是西安交大 2004 年面向海内外公开选聘副校长。其基本程序是现有班子成员集体"卧倒"，让出所有副校长岗位，向社会招聘，包括推荐或自荐，然后是资格审查、公开述聘、投票、专家评议、民意测验、组织考察、上报教育部和中组部批准。共有 124 人报名，校外 66 人，其中 1/3 来自海外。我也接到了公开述聘的通知，我问书记："我没有申报，为什么还要述聘？"他笑着说："别忘了还有组织推荐。"另外，在岗位设置中增加了一个"社会改革岗"。有一位刚"卧倒"的副书记对此有意见，说这是专门给我设计的。书记解释，所有岗位是根据学校发展设计，既然是公开选聘，任何人均可申报。公开述聘那天，西安交大国际会议中心大礼堂座无虚席，有相关部门的各级领导、校内各级领导、教授和各方代表，还有来自兄弟院校观摩的领导，而且采取网上直播，那会儿虽不如现在的网络发达，但也可通过 BBS 等参与述聘过程。述聘者西装革履，严肃认真，我是唯一穿着红色体恤上场的。在述聘中，我将大学功能进行系统划分，明确提出为了更高效运转，像西安交大这样的大学，一正三副足矣。语罢下边就有骚动，有人悄声地说："你是来竞聘的，还是砸场子的。"我继续讲，考虑到现在会议多，而且经常要求校领导参与，所以可以增加一位副校长专门负责参会。回来后有价值的传达，没价值的"没收"，下边哄堂大笑。当时有很多挑战性的问题抛给了我，例如有名的郭烈锦教授（后来成为院士）就提出关于校园建设问题，我明确表示，大学的价值不在于校园大小，而在于影响力，所以在发展战略上需谨防本末倒置。当然，必要的空间和物理支持是必须的，当时曲江校区建设和扩张已提到议事日程。最终，"卧倒"后的我再次上岗，而且岗位也变成"社会改革岗"，岗位内容越不具体，反倒什么事儿都可以摊上。例如，在原来分管业务的基础上，又增加了校办产业管理、周边开发、对外拓展等。

赴汤蹈火，排雷除险

当时西安交大校办产业在辉煌过一段时期后已经危机四伏，我深知背后有不少窟窿和陷阱，不少管理者的处境可谓水深火热。所以，在与王建华书记商谈接手产业集团董事长一职时，我坚决拒绝了接管开元集团①。其实，我接手的产业集团也没好到哪儿去。上任后我立即让财务理清资产和债务，两个礼拜后我看到的报告是负债近20亿元，相互担保近20亿元，真正的好资产没多少。进一步深入了解后发现，上市公司博通股份及瑞森、启光、思源等好几个公司背后都有一亿到三亿元不等的窟窿。虽然形式上都有股东会、董事会和监事会，但实质上股东不理股东的事，董事不会当董事，监事更是形同虚设。我自感问题严重，于是请我在市场上具有实战运作经验的学生李健先生研究，寻找解脱之策。一周后，他告诉我："席老师，没办法，公司间相互交叉持股和担保，全焊死了，根本无法用有限责任或市场机制解套。"我向学校领导汇报了问题的严重性，学者出身的郑校长简单地说不行就破产。他太低估破产的难度和后果的严重性，届时与之利益攸关的上万人和大量债权人会让西安交大难以招架。此时，已出现了银行冻结西安交大有关账户，甚至包括给其担保的陕西旅游集团的账户。参与融资的老师和职工整天打着横幅围堵学校和有关公司。甚至有一天，一群天津人冲进我位于中心楼18层的办公室，问我还想不想干，并扬言他们与上面关系如何紧密，"分分钟就可以让教育部免掉我的校长职务"。我也很直率：要么好好坐下来解决问题，要是威胁那就请便。

我心里知道，按当时的困境，破产是下下策，最好的办法是盘活资产，用几年时间不断瘦身，最后实现"软着陆"。我首先请当时的总经理张汉荣（后来曾任常委和副校长，最后因受贿罪入狱），邀请所有金融机构风控人员来学校开会。几十个人聚在南洋大酒店，我直接向他们摊牌，集团情况比较严重，摆在大家面前的有几个方案：第一，如果大家紧逼，西安交大产业集团立即破产，大家一块儿死；第二，大家宽容一点儿，给西安交大产业集团时间，我们加速制订资产盘活方案，慢慢解套，确保大家利益；第三，如果愿意选择后者，我们会迅速制订方案，一一与各家具体协商，形成相应策略。经过艰难谈判，大家终于同意给西安交大一次机会。也是根据此次众多银行围追堵截的经历，我经常劝诫企业界朋友，不要在发展急需资金时见钱就是娘，应该选择少数几家形成战略联盟，一旦遇到经济低潮或发展困境，这几家为了保全自己，也会选择与你结盟渡过难关。否则，若合作银行太多，在危机出现时，每家都会像狼一样扑上来，你很难找到盟军。

在争取到时间后，我们迅速盘活资产。例如，西安思源学院是产业集团出资

---

① 该公司后来因高息筹款和管理混乱，导致资不抵债，给学校带来了很多麻烦。经常有一群人聚集在校长和书记楼下，敲着脸盆高喊还钱。

几十万元与有关员工合作成立的,算是一块好资产。在我接手之前,产业集团已经与美国劳瑞德教育集团(Laureate Education, Inc.)签署备忘录,准备以1.1亿元人民币出售集团手中的股份。我发现这个估价欠妥,于是与美方高级副总裁Alan Diaz先生重新谈判。有一次在喜来登酒店,我知道西方人习惯使用EBITDA(Earnings Before Interest, Taxes, Depreciation and Amortization)值,我就和他开玩笑说:"我们也有投资回收算法,或者是按我们早先集市上在袖筒里捏码子的办法确定价格。"他说:"按你的算法大约出价多少?"我答:"不少于1.8亿元人民币。"他说:"如果我有把枪,会把你毙了。"经过反复争论,最后我们确定标的物为1.8亿元人民币,并先交1 000万美元作为押金,他们则请四大会计师事务所之一的安永入场审计。当然,后来我们成为好朋友,每次他来西安,我都请他吃"陕西Burger"(肉夹馍)。然而,审计进展并不顺利,主要是私人小股东不知何故不愿提供有关资料,一直拖到约定期限,安永仍无法出具审计报告,我告诉他们快速决策,他们说没有律师签署意见,交易无法完成。在最后时刻,私人股东们告诉我们,无须再寻找买家,他们愿意增加1 000万元,尽快买断。于是,我们有了一笔可观的"软着陆"资金。

可以变现的另一资产是产业集团在注入四项技术后拥有昆明机床29%的股权。当时,沈阳机床正在全国进行战略布局,昆明机床显然是其重要并购目标。但为了卖出好的价钱,我们找到了一对浙江兄弟,他们很有机械情怀,喜欢制造业,昆明机床也是其所爱,于是我们在两家的竞争中筹到了第二笔较可观的解困资金。

在这些应急操作的同时,博通股份潜藏的问题暴露出来。为了上市,在实际亏损两三亿元的情况下虚做利润。从当事人到学校,再到陕西证监局和中国证监会,谁都不希望问题公开化,最好通过内部运作解决问题。当时如果出卖上市公司空壳,可以收到5 000多万元,但拿在手上的债务和问题依然无法解决,最佳办法是找到买家全面接盘。后由省里一位领导介绍,一个东北公司交付押金800万元,准备接手,但运作几个月后还是退出了。此时的总经理和私人股东以精神和身体不济为由住院,不全力配合,使局面雪上加霜。后来不得不通过内部,特别是西安交大上海研究院等相关资产注入,才摆脱困境。

与此同时,思源投资在教职员工中集资几千万炒股,难以回收,主要当事人用很多身份证注册账户进行操作,因难以通过行政方式处理,最后只好动用经侦追讨,却很难有效推进。另外,周边开发中也有多起高息集资案,最后不得不以周边开发资产经营所得作为解困资金,等等。总之,投资时大家非常踊跃,但大部分缺乏风险意识，一有风吹草动就坐卧不安，遇到问题基本上是以闹为主，所以当时的校领导有随时坐在火山口上的感觉，不知什么时候、什么地方、哪一个群体的问题会爆发。我曾开玩笑说，我们当时的情况很像工作在隐蔽战线上的人，学校主要领导不理解也不积极支持，又不能对紧追不舍的教职工和追债人说明情况，还不能无视火烧眉毛的大量危机，唯一能走的路就是在夹缝中凭借智慧潜行，希望能逐步摆脱危机。

再如，尽管我不分管科技园，也拒绝了开元集团的管理，但一有危机，还得冲上去。当时科技园还款出现危机，不仅有关担保公司账号被封，而且每天面临两三万元的罚款。该危机应由财务和科技园主管校领导直接面对，但因问题严重和迫切，常委会研究决定由我牵头，和另两位副校长（卢天健和蒋庄德）组成领导小组，拿出应急方案。我们快速形成解决措施和步骤，向常委会汇报并通过。然而数天后，有关人员向我汇报，执行上出了问题，迟迟无法付款，这样将面临处罚。我问问题卡在哪里，他回答说财务上无法付款。常委会已经通过，应该不存在问题，于是追问到底是什么问题。他才回应说是因为分管财务的副校长出国，财务处长无法推进。我让他打电话获准，但据说当事人感觉比较为难。我顿感恼火，在这种火烧眉毛的危机面前，还考虑那么多！这要是家里的事，早都屁颠屁颠地冲上去了。其中隐藏的问题可见一斑：一是真正的所有者（owner）缺位和主人翁感（ownership）缺失；二是分工太细、官位太多、扯皮现象积重难返，管理体系复杂而效率低下。这就是在为党委常委人数投票时我为什么要大声疾呼减少人数的原因。

走出陕西，拓展发展空间

2002年，时任西安交大党委书记王文生与时任苏州市委书记在中央党校学习，其间萌生了在苏州工业园区举办西安交大分校的设想。西安交大1956年从上海迁至西安，随后在陕西这块黄土地上发展壮大。但因地域资源和条件限制，在改革开放后期，相较于在留守部分基础上成长起来的上海交大，其发展已相形见绌，加上校园中许多南方人的故乡情结，西安交大很多人不乏在南方和东部发展的意愿。苏州工业园区又是中国与新加坡两国政府合作的结晶，借中国改革开放的东风，在江南富庶地域迅速崛起，其产业和经济社会持续发展需要更强的研发力量和人才。苏州缺乏理工科强大的大学，当时苏州领导以其前瞻性的战略思考，试图吸引国内外著名高校在苏州办分校、研究生院、研发中心和人才培训基地，在苏州工业园区专门规划了近10平方公里的高教区，并于2002年开发建设！两位书记虽一拍即合，但校内有不同声音。我作为党委常委和副校长，特别是分管教育集团和社会发展的职责所在，自然需要冲在一线筹备。我们首先成立了西安交大苏州研究院（简称苏研院）。因学校不愿意出资，我只好从分管的职教系统暂借100万元完成了在苏州的注册。苏州市政府批准西安交大苏研院为事业单位，并给予50人无薪酬事业单位编制，我任创始院长和法人代表，吴君华先生和余海红女士任副院长，开始了在苏州的创业。

当时的苏州工业园独墅湖高教区还是一片农田，我现场考察时穿着雨靴，地方陪同领导在路边向远处一指，说那片地就是给你们准备的。苏州市政府为西安交大规划预留了1 050亩土地，高教区教育投资公司（以下简称教投）投资代建校园。我代表行政与王文生书记一道，在苏州举行了比较简单的签字仪式，因为当时教育部并不支持大学在异地建立分校，所以我们尽可能地低调处理，暂不提办分校的事，而是以研究院的名义先开启人才培养、研发、技术成果转移等事宜，但依然遇到了来自不同方面的质疑。首先是陕西省政府到教育部反映和不支持这项动议，以防止西安交大返回到南方；其次是西安交大王文生书记和徐通模校长一起迅速离职，有传言说与这件事情有关。

总之，在西安交大副校长岗位上的10年里，前几年兼任管理学院院长（2002年辞去院长），后来又兼任陕西MBA学院常务副院长、城市学院创立院长、航空航天学院创立院长、产业集团董事长等，我一直在努力尝试将管理理论研究与管理实践相结合，不断提升自己的领导力，促进所分管工作的改革和管理水平提升，为员工创造良好的事业平台和长期发展机制，为服务对象提供价值和积极影响。若从理论上对这些管理实践进行总结，就如前章所述，我做管理学院院长时主要是折腾（改革），年年折腾，在折腾中前进；而在校长岗位上，主要是努力搭建事业平台和营造创新生态，后来还将这一思想延伸到了西交利物浦大学的发展。共生生态营造的基本步骤是：① 制定愿景，明确理念，准确传达；② 确定远大且能实现之目标，持续推进；③ 将时间和能量集中在发展主题或战略性问题上；④ 敢于反思、善于冒险，遇机会快速变革；⑤ 不惧失败和阻挠，用智慧坚守；⑥ 培育团队，选择策略，营造文化；⑦ 打造平台，全员参与；⑧ 形成个人与组织双赢机制。而共生生态系统及其有效运行的机理是：① 存在的意义——融入而不失自己的方向感；② 共生的原理——利他才能长期利己；③ 共生的逻辑——以自我价值贡献赢得合作价值的实现；④ 共生的基础——健康的个人、群体、社会价值观；⑤ 共生的最高境界——幸福、和谐（价值观、伦理观、世界观、情感）。在个人体验和成长方面，小说《一度君华》中对人与环境的博弈与变化有段精彩描述:"身临其境未必能淡然处之,这时候棱角分明,眼里容不得半粒沙尘,于是辩解、争执、郁闷、愤怒,最后落下一个心胸狭窄、人品低下之名。待时间一久,棱角被慢慢磨去,再遇到负面的评论,即使无礼无理,也都不再跳脚相争了。郁闷多少会有,但那份锋芒毕露的锐气,终是磨灭了。"(一度君华,2012)而我明显与之不同,辩解、争执但并不郁闷,而是更助长了奋斗的激情,更加努力用事实证明自己主张的合理性和可行性;棱角并未被慢慢磨去,而是更加成熟地面对多元或不同声音,凭借智慧坚守和前行;遇到无礼无理或不公正待遇,虽然慢慢不再跳脚,言语上没了锋芒毕露的锐气,但行为和结果却常常暴露了雄心,时常被人贴上张扬的标签。

二、和谐理论向和谐管理理论的延展

在学术界,经常有干行政影响学术发展的感叹,也时不时因"双肩挑"(同时兼顾研究与管理两个角色)而受到诟病,如被批评太专注研究而影响了行政管理工作,或者利用手中的管理权为自己的研究创造条件或争取资源,等等。而我作为学者型的管理者,因研究背景是管理,可以较好地将二者统一起来,甚至不少人赞叹不已:"你当院长和校领导那么忙,研究成果却不减反增。"其实,作为管理学者,我总是试图把实践中的问题带到研究中解决,把研究的理论运用于自己的管理实践。肩负一定管理职能,对我来说就是在进行一场场管理实验。又因从事的是教育行业,虽非教育科班,但耳闻目染,对教育现象的不满和问题的思考也越来越多,在创办陕西MBA学院、西安交大城市学院、西安交大航空航天学院以及后来的西交利物浦大学之后,我内心试图再做一场教育和教育管理的实验。

随着广泛参与很多研究,包括国家自然科学基金委员会几乎所有类型的项目,科技部、黄委会、有关省市政府和企业的各种课题,我发现了许多值得深入研究的问题,发表了数百篇学术文章,获得过十余项省部级以上的科研奖励。特别是在做院长和校长的实践中,对管理的复杂性体会更深。管理关心的是有人参与的社会经济活动的效率和有效性,强调人的干预机制、方式(领导、管理、制度、组织、政策、文化等)和效果。随着研究的深入,我发现无论何种理论和方法,都会指向和谐理论所描绘的"两轨"和"两场"的干预或控制机制,以呼应人类对其活动的强烈干预和效果追求。于是,如何将和谐理论的机制管理化,融汇于实践,以强化和实现人在现实中的干预、领导、管理作用,就成为我继续深化研究的一个自然而然的话题。

2002年，我和韩巍教授在对百年管理发展进一步梳理的基础上，剖析了管理的系统性，并将管理抽象化为一个函数的最大化问题：

最佳管理绩效＝最大化［管理函数（｛物｝，｛人与物｝，｛人与人｝，｛人｝）］

于是，管理研究的路线可归结为三类，如图5-1所示。

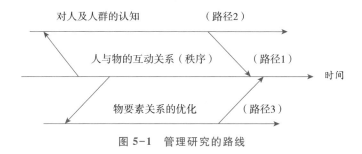

图 5-1　管理研究的路线

根据上述认识，对应于和谐理论的"和"与"谐"两种机制，我们正式形成了基于"人与物互动秩序"的和谐管理框架（席酉民等，2003）。

但随着研究的深入，我们发现如果没有某种参考系或基准，很难判断管理状态是否和谐。例如，西施很美，但东施要按照西施的标准"扮美"，就会落个东施效颦的后果。所以，和谐应有方向性或判断基准。另外，自然界的进化是无"目标"的基于大量规则的涌现性演化过程，但人是有极强的目的性和控制感的。所以人与物互动演化秩序也需要方向，从而体现出人类主动干预的独特性。基于这些思考，我和我的博士生、现在的尚玉钒教授提出了和谐主题的概念，即系统（组织）在当时环境（情境）下某个特定阶段的核心任务或要解决的关键问题（席酉民、尚玉钒，2002）。和谐是在和谐主题的引导下通过"人与物互动"形成秩序。至此，和谐理论因引入和谐主题，其管理特性便充分体现出来。

席酉民等（2003）把"和"与"谐"机制分别命名为"和则"与"谐则"，并提出了其演进机制，以及和谐主题随发展与环境变化的漂移与转化机制，形成了和谐管理系统分析框架，包括环境分析、主题分辨、路径选择、工具库提供方案、实施与验证六个基本环节，并给出了和谐管理理论应用的示例。应该说这篇文章的发表标志着"围绕和谐主题通过'和则'与'谐则'互动演化以逐步逼近和谐理想状态的复杂问题解决学——和谐管理理论（HeXie Management Theory，HXMT）"的诞生。

然而，和谐主题的发现、构建和选定需要极强的敏锐性、系统性和战略驾驭能力，围绕和谐主题构建和不断升级"和则"与"谐则"体系也需要系统的管理设计能力，保证和谐主题、和则与谐则的匹配则是实现逼近理想和谐态的重要基础，如何实现上述三者的协调、互动与耦合？2005年，我们在《和谐管理理论的研究框架及主要研究工作》一文中，针对上述问题正式提出了和谐管理的耦合模型，简称和谐耦合（和谐管理研究课题组，2005）。我与博士生曾宪聚和唐方成还借鉴关于大脑的科学研究成果，于2006年在《管理科学学报》上发表了《复杂问题求解：和谐管理的大脑耦合模式》，进一步从理论上说明了和谐耦合的工作机理（席酉民等，2006）。

然而，在现实社会里如何实现耦合？和谐主题的漂移和"演化"是否可控？和谐主题稳定后如何实现围绕和谐主题的和则与谐则耦合？这是一个非常复杂和不透明的相互作用和演化过程。为了发现和选择和谐主题，我们引入了管理领域的愿景和使命的概念，作为和谐主题发现、构建和选择的基准。至于具体如何耦合，虽然其过程非常复杂和不透明，但似乎有一点是比较明确的，即如果环境稳定、问题相对简单，谐则作用越大，耦合过程也相对容易，领导的价值也有限；若问题和环境越是复杂、模糊和不确定，耦合越是复杂、不透明，领导在其中发挥的作用越关键或影响越大。因此，领导在和谐耦合中扮演重要角色，基于此我们提出了和谐领导模型。对应于和谐管理理论的愿景和使命、和谐主题、和则、谐则、和谐耦合五种核心概念，和谐领导相应也需要具有判断力、学习力、影响力、控制力和创造力。坦率地讲，领导力本身就是一个黑箱，而和谐耦合过程这个箱子更黑，我们试图通过引入和谐领导力的"核心概念"，使之有一定的透明度和可干预性，但和谐耦合机理和程序依然需要更进一步的研究来揭示。

和谐理论特别是向和谐管理理论的延展，大大强化了其对管理实践的指导意义，也促进了更广泛的应用。据不完全统计，已有上千篇关于和谐理论与和谐管理的理论及应用的文章。我们会有专门论著来详细介绍和谐管理理论的发展历程，这里只提纲挈领地陈述一下，主要是为了完整呈现我们在理论发展上的心路历程。

三、西交利物浦大学的孕育和诞生

前文提到，因陕西省和教育部不支持，西安交大苏州分校的动议搁浅，只是通过苏研院开展相关的培训、技术成果转移、研究生教育等。但事物发展既具偶然性，又有必然性，改革开放的深入又给西安交大在苏州的发展创造了新的契机。

中国加入世界贸易组织后，为规范国外教育力量进入中国，2003年国家出台了《中华人民共和国中外合作办学条例》（简称《条例》），这为中外合作举办独立大学创造了机会。与此同时，西安交大党委换届，王建华书记履新，他对办学和社会发展不仅有战略上的认知，还有策略上的灵活、思想上的开放。碰巧，他和英国利物浦大学时任校长德拉蒙德·博恩爵士（Sir Drummond Bone）的国际事务助理方大庆教授在科研上有合作，彼此熟悉，而且方教授曾多次受邀给西安交大研究生开设课程。更碰巧的是，博恩校长有极强的全球化战略，试图把利物浦大学建成一所全球大学。因此，方教授已经开始尝试利物浦大学在中国的教育合作。于是，休眠中的西安交大苏州分校的构想在这几人的碰撞中悄悄复活，演化为在苏州由西安交大和英国利物浦大学根据《条例》，利用苏州市政府给予的支持条件，创立一所独立法人的中外合作大学，这样既不会对西安交大自身发展产生影响，也不会引起陕西省政府的不满，而且有利于苏州发展，西安交大也可利用经济社会发达地区的条件和资源在国际合作办学上进行探索和拓展。时代的机遇、恰当的环境、适宜的土壤、理念的相合，孕育了西浦概念，各方调派力量，开始了轰轰烈烈的筹办工作。①

在各种体系和政策还未完全建立、尚无成功经验可借鉴的情况下，成立一所国际合作大学有很多问题需要解决，比如双方合作意向、地方政府的支持条件、筹建团队、申请材料准备、审核获准等。我们快马加鞭，双方于2004年9月签订协议，拉开了西交利物浦大学发展的序幕。

西安交大由西安交大苏州研究院承担筹办工作，由西安交大教育集团提供200万美元筹备金，具体工作由我负责，吴军华先生和余海红女士为主要筹办人员。按照《条例》，需选一位中国公民担任学校法人代表，一开始我们邀请了一位了解英国教育的某著名大学退休校长，但后来该校长认为自己不合适，由我推荐了西安交大陶文铨院士作为法人代表和校长候选人，选择了曾在我国驻曼彻斯特总领事馆工作过、曾任西安交大电子与信息工程学院院长和研究生院副院长的吴洪才教授作为学生副校长候选人。

利物浦大学方面由博恩校长和首席运营官约翰·莱瑟姆（John Latham）先生为主导，方大庆教授为在中国一线筹备的主要负责人，副校长凯尔文·埃弗里斯特（Kelvin Everest）教授负责协调，而且选择了利物浦电气工程系杰里米·史密斯（Jeremy Smith）教授为学术副校长候选人。因公立大学很难直接出资，所以利

---

① 这里轮廓性地介绍西浦创立背景和逻辑，更系统的论述和有趣的故事详见席酉民（2020）。

物浦大学通过其美国合作伙伴劳瑞德教育集团出资200万美元作为筹办费，并委派劳瑞德高级副总裁艾伦·迪亚兹（Alan Diaz）先生介入重要决策事宜。

苏州工业园区直接对接筹办工作，园区时任副书记潘云官先生为一线主要负责人，苏州工业园区高教区教育投资公司建设校园，高教区办公室在叶峰主任带领下负责具体筹办活动，包括疏通从园区到苏州市政府、省教育厅、教育部各级政府间的关系，领导校园和基础设施建设等。

苏州工业园区承诺在原来规划给西安交大分校的1 050亩土地上建设西交利物浦大学，分三期供地。先在最北面200多亩土地上开建教学楼，即现在的基础楼，并从中划出60亩作为西安交大苏州研究院发展用地。南侧近200亩地（原来暂时规划为体育公园）即现在的西浦南校区为预留用地，再南侧的土地即现在的独墅湖医院为后续发展预留。按当时承诺，一期土地每亩5万元人民币，校园由地方政府出资代建，前几年西交利物浦大学可享受免租使用，三年后如果西交利物浦大学愿意，可以按每亩5万元和建设成本直接回购。二期供地价格锁定为10万元。

在学校治理上，双方约定了50∶50的股权结构，各自推荐4人任董事，校长为天然董事，形成了9人董事会，西安交大方推荐董事长，利物浦大学方推荐副董事长。首届董事会董事长由王建华书记担任，利物浦大学博恩校长任副董事长，董事有西交利物浦大学候选学生副校长吴洪才教授、西安交大教育集团总裁冯晓光先生、西交利物浦大学候选常务副校长方大庆教授、劳瑞德教育集团高级副总裁迪亚兹先生、利物浦大学帕特里克·哈克特（Patrick Hackett）先生以及西交利物浦大学候选校长陶文铨院士和我。

在学校运行上，校长、学生和思想文化副校长、财务副总监由西安交大提名推荐，常务副校长、学术副校长、财务总监由利物浦大学推荐，所有高管由董事会任命。具体来讲，首届校长由陶文铨院士担任，方大庆教授任常务副校长（在西浦成立后，由第二任常务副校长提议，并经董事会批准，常务副校长更名为"执行校长"），吴洪才教授任学生工作和党务副校长，史密斯教授为学术副校长，按利物浦大学和劳瑞德的约定，田和平先生任财务总监，西安交大则因西浦的非营利性质，没有推荐财务副总监。

因是中外合作办学，特别是有两所世界名校的强强合作，以理、工、管三个学科门类起步，西交利物浦大学越过了从专业学院、三本到二本再到一本逐步过渡的中国筹建大学的惯例，于2006年5月直接获批成立大学，而且从开门伊始就一本招生。这当然是我们的幸运，也使一批有志于探索教育事业的人获得了机会和平台!

西交利物浦大学筹备过程中充满了挑战和管理趣闻,包括治理结构设计的逻辑、大学命名的纠结、办学定位的困惑、育人理念和体系的选择、东西文化的冲突与融合、各方关系的协调、创新和现有观念及制度的碰撞、多种利益相关者间的争端、管理过程中的矛盾与合作、全新年幼大学的社会认可等,我在《和谐心智:鲜为人知的西浦管理故事》(席酉民,2020)一书中有详细陈述,这里不再赘述。

四、怀揣梦想果断南下

2006年9月,西交利物浦大学正式"开张",在基础楼迎接其首批160多位学生,此时其正式获批还不到3个月。整个学校虽只有一栋楼,学校老师也不多,设施一般,很多必要条件还不完全具备,但方大庆常务副校长的国际视野、职业精神、兢兢业业的办学态度,赢得了各方的尊重。学生虽然不多,学校各方面服务还亟待发展和完善,但吴洪才副校长全身心地投入学生工作,通过各种方式的沟通使家长和社会逐步放心,学生也很快融入学习中。学术副校长史密斯教授从筹备开始一直落地苏州,辅佐方校长进行日常和学术管理,从基础楼的装修、功能布局、设备和家具采购、各种办学环节的安排到整个教育过程的协调,可以说事无巨细、尽心尽力,保证了西交利物浦大学教学一起步就能高水平、有秩序地进行。经过紧锣密鼓的不懈努力,有从全球招募的高水平师资的保证、各种教学和实验设施的逐步到位、教学环节的衔接配合、学生学习观念改变和校风的慢慢形成等,使人心稳定、办学信心增强,被戏称为"一栋楼的大学"慢慢进入社会的视野。

在西交利物浦大学步入正常运行状态以后,方大庆教授因年龄原因决定离职,利物浦大学方必须推荐常务副校长的新人选。方教授首先找到我,希望我来接替他,但我当时离开西安交大的时机尚不成熟。于是,利物浦大学通过猎头公司搜寻,选择和推荐了英国皇家工程院院士、伦敦布鲁内尔大学(Brunel University London)时任副校长宋永华教授作为候选人。我和在京开会的王建华书记、郑南宁校长与到京访问的宋校长见面,也算是西安交大方的面试。因为宋教授是英国皇家工程院的院士,我们无须做学术上的判断。又因他还是英国大学的副校长,相信其也具备大学管理经验。但是否适应在中国新办一所国际大学需面对的复杂环境,以及能否驾驭新建大学内部的各种组织和运行问题,我们很难确定。但利物浦大学方告诉我们，宋教授是他们目前能找到的最好人选。于是2007年年初，宋教授接替方教授以利物浦大学副校长身份担任西交利物浦大学常务副校长。他决心将西交利物浦大学办成中国土地上的一流国际大学，在办学理念、教育定位、组织方式等方面进行了一系列变革，举行了盛大的西交利物浦大学一周年庆典，他还将常务副校长职位经董事会批准调整为执行校长。但遗憾的是，不到一年时间，利物浦大学方董事会成员对其领导西交利物浦大学发展的能力和行为有了不同看法，并决定向董事会建议更换人选，而且开始私下搜寻新的候选人。

因在筹办西交利物浦大学过程中与英方的合作和"战斗"，我获得了英方主要领导的认可和信任。办学伊始，方大庆教授曾建议我到西交利物浦大学任职，因当时的条件不成熟，我婉拒了邀请。他2006年年底离职时又建议我接任，我再次遗憾地说"不"。这次方教授又极力推荐我，曾在筹办和合同签署过程中"不打不成交"的朋友、利物浦大学的莱瑟姆先生也高度赞赏我，博恩校长也极力支持，在西安交大任校领导10年的我，开始觉得这个时候主政西交利物浦大学可能是人生一次独特而难得的机遇。当时，这个幼小和存在很多发展问题的学校有着更广阔的发展空间，但也存在战略性风险（与当地政府的关系），这不是我单方面可以把控的，至于其他操作性风险则取决于领导者自身的驾驭力，我确信凭借努力自己是足以应付的。因此，我在2008年年初飞抵苏州，虽到时已很晚，但仍把工业园区独墅湖高教办主任和教育投资公司董事长叶峰邀到入住的酒店，讨论校园建设、租金、政府对大学的期待等关键事项，第二天一早飞回西安，便通知英方，我决定接受邀请，带领西交利物浦大学更好地发展。

其实，我离开西安交大还需教育部和中共中央组织部（简称中组部）同意，因为我曾经是中组部在陕西考察过的少数副省级后备干部之一。我先说服了王建华书记和主要校领导，王书记再请示教育部当时主管人事的李卫红副部长和周济部长。据王书记反馈，周部长曾问他是不是席酉民对教育部对他的任用有意见，王书记告诉部长"席校长是想做事"。然后，王书记又利用中组部会议机会把我的决定报告了中组部，最后西安交大党委常委会同意我到西交利物浦大学工作，并保留我在西安交大的教授岗位，工资照发，但年底返还，于是我以这种特别身份走上了领导西交利物浦大学创新发展之路。

2008年8月6日，我正式接受董事会西浦执行校长的任命，因尚未获得教育部和中组部的最后批准，职务前加了个前缀"代理"（Acting）。考虑到这项决策对我意义非凡，我请求董事会同意我的合同始于2008年8月8日，也即北京奥运会开幕日，虽少挣两天工资，但便于记忆，也是留个纪念，而且在中国文化下

"888"是个吉祥的数字。与此同时，考虑到吴洪才副校长已到退休年龄。经与西安交大领导磋商后，我动员当时的西安交大就业处杨民助处长，也是我曾经的西安交大管理学院院长助理，提前赴苏州协助招生，并准备接替吴校长负责西交利物浦大学学生工作以及信息服务工作。得到董事会批准后，我与杨副校长再度合作，携手帮助西交利物浦大学实现了长达10年的快速发展。

直到2008年11月，中组部一位副局长、教育部人事司司长和一位处长到西安交大与我谈话。中组部副局长问我："如果让你继续留在西安交大，你愿意吗？"我说我愿去西交利物浦大学，首先西交利物浦大学是一所国际化大学，可以整合全球资源，有更大的创新空间；其次西交利物浦大学是国际化办学、市场化运营，利于实现突破性教育探索；最后是全球面临反思教育、重塑教学和再定义大学的千载难逢的机会，这给西交利物浦大学与世界一流大学站在同一起跑线上进行教育探索创造了难得的契机，而且西交利物浦大学还有后发优势，没有历史包袱，一张白纸好绘宏图，只要我们大胆前行、凭借智慧不断创新，就有可能影响中国的教育改革和世界教育发展。中组部干部显然被我的理想所说服，表示他们没有意见了，指指人事司司长说："就看你们的了。"于是，我顺利辞去了西安交大党委常委和副校长职务，去掉了职务前的"代理"（Acting）二字，利物浦大学同时任命我为副校长。我的到岗不仅帮西交利物浦大学收获了高速发展，而且也谱写了中外合作的一段佳话，即外方合作大学（组织）选取了其中方合作伙伴的主要负责人作为自己的利益代表。埃弗里斯特教授在他撰写的《西浦故事》（*XJTLU Story*）中曾指出："博恩校长离任前选择席酉民教授担任西交利物浦大学执行校长，是他校长任上的一大贡献，因为该决策成就了西交利物浦大学的发展奇迹。"

对我个人来说，选择西交利物浦大学，使我有机会在中国土地上创建一所国际化大学，不仅影响教育、探索管理，更使我有机会在一种全球化的环境下运行一个高度国际化的组织，帮我从中国走向更大的国际舞台。

五、丰富多彩的社会活动

这个时期，在教学、研究和繁忙的行政工作的同时，我还发起、主持和参与了很多社会活动，以更好地实现自己"做个有影响的人"的人生使命。

创办《管理学家》杂志

当年那位台湾地区的教授对我在报纸上开专栏的肯定，让我体会到了传播是拥有有影响人生的重要途径，于是我萌生了创办一本刊物的想法，这也成为我五十岁时的人生主题之一。

我的以花名命名的《管理之道》系列、为博士生撰写的管理前沿课程的教材《管理研究》等都是由机械工业出版社华章分社出版，因此认识了编辑刘辉先生，他也是西安交大校友。在有了创办刊物的想法后，我与刘辉商议，他表示获得刊号非常困难，建议"以书代刊"，即定期出版类似刊物的书籍，形成连续出版物。然后我鼓动他来具体操办，他当时在华章端的铁饭碗很诱人，出来风险很大。但以我在管理领域的影响和资源，这种创业的想法也很有诱惑。我们进行了很多次的沟通，谈得比较深。后来在北京再次见面，他掏出一枚硬币，以掷骰子的方式决定自己的选择。"不幸"的是，投出的硬币支持他出走。于是我们分头准备，我寻找投资人，他办理辞职和筹办创刊事宜。后来，我找到曾经在西安交大管院的同事、后在欧洲经商的耿键先生出资，成立公司，我任主编，刘辉任执行主编。2002年6月，我们精心筹划的连续出版物《管理》第1辑（席酉民，2002a）出版，其高雅的设计、精彩的内容，一发行就备受欢迎。记得一次在深圳举行的青年科技企业家论坛上，我拿了一本《管理》送给何继善院士，正巧被坐专机前来作报告的颇有艺术修养的远大集团董事长兼总裁张跃先生看到，他赞赏"雅、雅、雅"。后来，《管理》系列共出版6辑（席酉民，2002a，2002b，2003a，2003b，2004a，2004b）。

长期以书代刊从战略上讲很难实现理想，我们一直寻找机会和途径创办杂志。2005年8月，我率领《管理》编辑团队筹备《管理学家》杂志，并在国家商标局注册了"管理学家"商标。邀请我的几位朋友再次注资，成立了北京观天下国际广告传媒有限公司（以下简称"观天下"），负责杂志运营。2006年1月，与国家发改委主管的《财经界》杂志合作，正式出版《财经界·管理学家》杂志（双月刊），依然是我担任主编，慕云五（刘辉笔名）先生担任执行主编，樊登先生（我们西安交大的学生、原中央电视台主持人、现在的"樊登读书"创始人）作为CEO。因有高端的定位、丰富的作者资源，加上《管理》的编辑基础和经验，一经创刊便受到追捧。因为我们想突出"管理学家"的品牌，所以这四个字在字体上与"财经界"作了区分，相对更为显眼。该出版物以质量好和格调高迅速"蹿红"。例如，中国航空工业集团时任总裁林左鸣先生就决定为其各公司管理人员成批订阅，并作为礼品赠送给中航集团合作公司的领导人。这种热闹的场景很快引起了当时新闻出版总署的关注，下令我们整改。因是与《财经界》杂志合作，所以还是要突出"财经界"而淡化"管理学家"。

我意识到，要真正实现办杂志的梦想，这种合作不是长久之计。恰好得知中航传媒有很多刊号，而林总裁又很欣赏我们的期刊内容和风格，遂商议能否借用其一个刊号，将其更名为《管理学家》，然后合作办刊。经过努力，2007年7月，国家新闻出版总署批准了《管理学家》的刊号；2008年1月，《管理学家》杂志正式出刊；2008年6月，《管理学家》（杂志）学术版创刊，林左鸣先生担任学术委员会主席，我担任主编，慕云五先生任执行主编。学术版提倡争鸣，发表了不少观点犀利、具有前瞻性的文章，风靡一时。同时杂志还在全国铺设网络，组建读书会。例如，《管理学家》南京读书会的一系列活动成为当地的一道风景线。

但遗憾的是，一方面因互联网对实体媒体的冲击，加上《管理学家》的高端定位，特别是缺少国家和大资本支持；另一方面，《管理学家》刊号依托国企中航传媒，虽然商标在我们手上，但若想完全市场化运作，障碍不少，仅以我及朋友的出资，还是难以长期支撑。考虑到时代发展、技术进步、各种替代刊物的出现，经过审慎分析，我觉得该放手时就放手，因此在经营十多年后，我们决定停刊。至今很多人依然为之念念不忘。

举办"管理学在中国"年会

随着改革开放的不断深入，对管理的要求日益提高，管理研究也蓬勃发展起来，创建"中国管理学派"的呼声日盛。但管理研究"顶天立地"的追求，使得很多研究者陷入困惑：如何让管理研究与国际接轨？受到国际认可？如何使理论适应中国情境，解决中国问题？是否有中国的管理理论，或者中国管理的理论？如何形成中国管理学派？针对管理学界的纷繁争论及对其理论与实践脱节的批评，我们想创造一个对话的平台，从而助推管理研究水平的提升和理论与实践的衔接。我和《管理学报》主编、华中科技大学张金隆教授协商，共同发起了"管理学在中国"学术年会。我们在年会名称上有意识回避"中国管理学""中国管理学派""中国的管理理论"和"中国管理的理论"等有局限的词汇，而采取了更加开放的心态，汇集中国的管理学者和实践家，一道探索和对话，总结中国的管理研究和实践。会议由西安交大中国管理问题研究中心、教育部科技委管理科学部、西安交大管理学院、华中科技大学管理学院联合主办，《管理学报》编辑部、《管理学家》编辑部协办，按年度由不同机构竞争申办。我们主张和提倡会议的学术风范，坚决反对官场习气和形式主义，鼓励学术争鸣。

2008年3月29—30日，首届"管理学在中国"学术研讨会在西安交大管理学院举行。时任国家自然科学基金委员会管理科学部主任郭重庆院士、教育部科技委管理科学部主任刘人怀院士、西安交大管理学院名誉院长汪应洛院士、教育部科技司副司长陈盈晖、国家自然科学基金委员会管理科学部常务副主任陈晓田、教育部科技委秘书处处长朱小萍、教育部科技委管理学部全体委员以及部分学者代表出席了研讨会，我亲自主持了会议。

会议围绕"管理学在中国"的历史演进、宏观思考、理论构建、教育研究、实践中的理性思维和管理学与中华文化六大主题展开。每个主题都有事先准备充分的主旨发言，并邀请至少两位相关领域学者进行点评，也给与会者提出不同理论、观点的机会，学术批评坦诚直接，思想碰撞奔放激烈，令大家耳目一新，感受到了学术会议新风迎面吹来。那种常见的领导致辞和大咖报告后即离席而去的"走穴"现象不再，院士和司长们两天一直坐在前排，与大家进行热烈的研讨。

后来，我们进一步改进会议的组织形式，在中国管理问题中心有常设的组委会，我任会议主席，竞选成功的组织者在组委会指导和支持下承办会议。一般第一阶段会邀请实践界专家报告，学者评论，然后自由讨论；第二阶段会邀请学者报告，企业家或学者点评，然后自由讨论，以实现理论与实践的对话。

这一年会已成功走过 14 年，成为中国管理学界一道靓丽风景线，为中国管理的研究和发展树立了新风，促进了理论与实践对话。

从 2021 年起，我们还准备把师门聚会与会议相结合。"席门"中有不少著名企业家，如海尔总裁周云杰和梁海山，悦刻科技 CEO 汪莹，TCL 前总裁薄连明，创新奇智合伙人、首席战略官、高级副总裁、央视前主持人路一鸣，青岛啤酒前市场总监杨华江，中航集团前副总裁张新国，华电国际前总经理陈建华等；也有不少知名学者，如上海交大安泰管理学院副院长井润田教授，西安建筑科技大学校长刘晓君教授，深圳大学韩巍教授，西交利物浦大学领导与教育前沿院张晓军院长，西安交大管理学院院长冯耕中教授，上海交大安泰管理学院蒋炜教授，北京化工大学经济管理学院院长唐方程教授等；还有一些政府官员，如西安市发改委主任邢欣等。这样结合既有利于给会议增加更强的阵容和资源，也可以增强席门师生的交流与合作。

筹建中国管理现代化研究会

管理研究和实践在中国风起云涌，但能把管理各界聚拢在一起的学会并不多见。有民间的中国管理科学研究院，但学术定位和吸引力不足；有中国管理科学学会，占据了很好的名字，但早期活动不活跃，会员群体不够强大；还有中国企业研究会,也是成员不够广泛;还有一个中国管理现代化研究会,成立于1978年,试图把从事管理科学研究、教学、咨询工作的工作者,企业经营、管理工作者组织起来,促进管理科学的学术研究、科学普及与实践经验的总结交流。

在国家自然科学基金委员会成立管理科学部的同时,国内一批顶级管理学者就试图成立相关学会,创办高水平学术刊物。但在中国,成立国家级学会须通过民政部批准成为社会团体法人,而一旦名字被占用,即使其不活动,在未注销之前,也不能再申请成立同名的社会团体。所以,对我们来说,新成立这样一个学会或者接手已有的学会都是非常困难的。即使是成思危先生,在其任国家自然科学基金委员会管理科学部主任以后,努力了数年,也没能把"中国管理学会"建立起来,或者把"中国管理科学学会"复活和加强。尽管"中国管理科学学会"活动有限、影响不大,但负责人不愿放弃,我们也没有办法。后来通过各方协商,争取到改造中国管理现代化研究会的机会。虽然名称不像我们期待的那样"正统",但至少是一个可重塑的平台,按学会管理制度,暂无法更换中文名称,但为了国际交流,我们起了一个容易获得认可也足以传达我们意愿的英文名称——China Academy of Management。成先生邀请在国内有影响的机构和人员,每家出资两万元经费支持重组工作。我和西安交大管理学院自然在受邀之列,也成为重组后的中国管理现代化研究会副理事长单位。2005年,学会在北京举行第四次全国会员代表大会,对理事会进行了大规模换届重组,推选成思危先生为学会理事长(2005—2010),广泛吸收国内各高校经管学院、商学院、公共管理学院、相关科研院所及优秀管理学者加入,在学科构成上兼顾工商管理、管理科学与工程、公共管理、农林经济管理等诸多学科领域,使学会真正成为中国管理学界、企业、政府及其他各类组织科技工作者、管理者和管理科学爱好者交流、合作的平台。

有国家自然科学基金委员会管理科学部的支持,有成先生的领导,学会迅速汇集了中国管理学界、实践界的主流力量,成为管理研究者和实践家的家园。2010年11月,学会在大连召开第五次全国会员代表大会,推选赵纯均教授接替成先生成为第五届理事长。在这期间,为了确保学会充满活力,实现长期可持续发展,考虑到学会是学者的群体,其发展依赖的是学术造诣和学术共识而非权力,所以更适合集体领导,我向赵教授建议我习惯运用的轮流坐庄制度。于是,在2015年11月,在合肥举行的第六次全国会员代表大会时,我们推出了这种新型领导体制,选举出第六届理事会,赵纯均教授为名誉理事长,李维安、石勇、席酉民、杨善林、张维为联值理事长,赵景华为秘书长。2018年1月,按国家要求，学会成立了党委，赵景华兼学会党委书记。截止到2020年年底，学会共下设23个专业委员会和2个工作委员会，162名理事，其中常务理事75名。

在中国科协管理的国家级学会中，我们尝试的轮值理事长制度独树一帜，受到好评。在2020年年底举行的第七届理事会换届时，获得中国科协批准，学会继续采用轮值理事长制度，我再次当选轮值理事长。

与成思危先生的交往

我很有幸与成先生结识，他是我敬重的学者型官员之一，我们不仅在工作中合作，他也给了我很多人生启迪。

在他担任国家自然科学基金委员会管理科学部主任期间，我主持和参与了很多不同类型的基金项目，体会到了他力图使中国管理研究"顶天立地"的殷切希望。他为了使管理研究更接近和支持社会实践问题，在管理科学部提倡和设立了应急管理项目，即针对社会热点、重要问题，组织管理专家展开研究，及时提出政策建议和应对方案。我有机会参与数项应急管理项目。例如，我们曾针对中国企业改革面临的挑战，研究国内外治理体系，将英美模式、日德模式、家族模式和中国国企常见的关键人模式进行分析对比，从理论上和实践上揭示其各自的优缺点和适用条件，最后为中国企业治理结构的选择提出了建议，为国家改善治理环境提供了政策分析，还一同编辑出版了关于国际治理结构比较的著作。我们还合作指导博士生，例如现在上海大学任教的李武教授就是我们联合指导的博士生。在我到任西交利物浦大学执行校长以后，为了促进学校发展，我成立了发展顾问委员会，请成先生担任了首届主任委员，教育部前副部长吴启迪教授担任副主任委员。

成先生还很支持我组织的很多学术活动，例如我在西安组织过一次重要学术会议，他曾亲自到场支持。那次会议后，成先生与我就研究、合作指导研究生、学会发展以及时事进行了交谈，他专门提到在京听说我要到部里或省里工作。我说这种传言不少，但我不在意，只专注做好自己的事情。他表示赞同，并与我分享了他一步步从化工部、民主党派领导人到副委员长的经历，每个阶段把自己能做的事情做到位，无论有无机会，都会收获快乐和进步。其实，这也是我一直以来的人生信条。

成先生作为一名学者型官员，积极向上、勇挑重担、敢于创新（因较早推进风险投资产业，被誉为"中国风险投资之父"）、严肃认真（他工作和开会的笔记像化工流程一样一丝不苟）、平易近人，是我人生的楷模之一。我曾有幸陪他去过香港地区，目睹他与霍英东等人士用粤语无障碍地交流，尽管有时听不懂，但通过他们的表情能感受到彼此尊重、相处时融洽愉快的氛围。我还曾陪同他出访瑞典、英国、德国和法国等国家。比较有意思的是，每到一地，我们根本无须做功课，他就已经把当地风情和周围的"热点"都研究清楚了，跟着他走就是。他不只研究当地风情文化，而且可以用多种语言与公交车司机或遇到的人交流，让人非常佩服。

我曾给成先生提了一些奇特的在中国难以实行的建议，或者应该采纳的措施，尽管我知道实施有难度，但坚信只要愿意突破和努力，也可能实现。例如，在他兼任复旦管理学奖励基金会副会长（李岚清为会长）时，我曾是其推荐人和评委，但我觉得中国知识分子把太多精力浪费在这样的申请、评审、答辩甚至游说的过程中了，于是建议，既然基金会采用的是专家提名进入候选人的做法，为什么不再进一步，直接由专家确定获奖人？这样就会出现某人在某一天突然收到通知，因其在某个方面的贡献，被授予某某杰出贡献奖，类似诺奖一样。但成先生告诉我眼下这很难行得通，而我认为应该没有什么障碍。因此，我后来也逐步淡出这个圈子，尽管有人推荐和受到邀请，我也拒绝申报。并不是我不喜欢这个奖，更不是不喜欢人家给我这个奖，而是不喜欢这种浪费精力和时间的烦琐程序，也是对自我认知和理念的坚守。

我给成先生的另一个建议是来自我担任西安市人大代表和常委的体验。我说："委员长，你们开人大常委会时能不能不固定座位？"他问我为什么，我说："座位固定，从技术上说，可以监督每个人的投票。如果让每个参会人员进门拿自己的桌牌随意入座，这样在技术上可以给每个人轻松的自由投票的空间。"他解释一是不会技术监督，二是即使随机落座，现场视频依然会锁定每个人的座位。我的主张是，应该给予每个人大常委表达真实意愿的空间，即使法律上不允许技术监督，但如果技术上可行，人们仍会担心。如果这种理念能被接受，实施的办法其实有很多。

与国家自然科学基金委员会的缘分

在我博士毕业之际（1986年2月14日），国务院批准成立国家自然科学基金委员会（以下简称自然科学基金委）。翌年，自然科学基金委政策局时任局长骆茹敏和管理科学组陈晓田先生访问西安交大，自此我与自然科学基金委有了不解之缘。在我获得博士学位的次年，有幸成为自然科学基金委青年基金首批获助者，然后持续获得了自然科学基金委几乎所有类型的支持，如优秀中青年人才专项基金、国家杰出青年科学基金、面上项目、应急管理项目、重点项目、重点项目群、重大项目、创新研究群体等。也曾参与自然科学基金委的管理工作并通过其重大项目（由时任政策局局长李光临负责）研究科学基金资源配置机制和自然科学基金委发展战略，还作为顾问和专家参与咨询和评审工作。

在早期，自然科学基金委实行委员会领导下的主任负责制，委员会共有25名委员，由科学家、管理专家担任，实行任期制。其中主任由国务院任命，副主任及其余委员由主任与国家科委、国家教委、中国科学院等有关方面协商后报国务院科技领导小组任命。自然科学基金委的重大问题由委员会讨论决定，必要时以表决程序决策。自然科学基金委的日常工作由主任负责。自然科学基金委的绝大部分委员都是院士，我自己有幸成为第四届委员。

在陈佳洱、陈宜瑜任主任期间，我参与了较多自然科学基金委的活动。特别是陈宜瑜任主任时，在委员会上，我坚决主张不要过分强调自然科学基金委研究的直接应用价值，因为当时有倾向认为，国家投这么多钱给自然科学基金委，就应有很多立竿见影的成效，俗称的"冒泡泡"或"听响声"，于是就有很多人主张组织重大项目攻关等。我的主张是因自然科学探索的属性，如果通过自然科学基金委能够维持一支强大的自然科学研究队伍，能提升中国自然科学研究的文化和氛围，能够刺激更多有天赋的人喜爱和加盟自然科学研究，自然科学基金委的使命就已经达成，至于科学发现和成就，那是一种演化和涌现过程，前边几个目标若得以实现，迟早会开花结果，甚至桃李芬芳、硕果累累。可是，以行政为导向的治理和管理体系永远会滋生短期行为，进而浪费有限的资源和宝贵的机会。不难发现，自然科学基金委的一些重大项目的实施效果难达预期，无法令人满意。

在参与自然科学基金委活动的过程中，除了前述那些关于国家杰出青年科学基金申请和答辩等趣事外，我最大的收获是结识了一大群有深厚造诣和远见卓识的科学家和学界朋友，对自己的研究和人生有重要的影响和启迪。另外，自然科学基金委各类项目的持续支持，使得我可以坚守自己的研究兴趣，几十年如一日地顺从内心和独立判断来开展研究，也帮我们维持了比较稳定和不断壮大的研究团队。例如在和谐理论提出后，各类支持有力地推动了我们将其上升为和谐管理理论，并成为应对未来 UACC（uncertainty, ambiguity, complexity, changeability）世界锐利的管理工具、整合东西方智慧的方法论框架。一句话，成为国家自然科学基金委员会的同行者和其平台上的一员是我人生的幸运。

另类 863 专家

1980 年以来，科技迅猛发展，引起了经济、社会、文化、政治、军事等各方面深刻的变革。为了在国际竞争中赢得先机，许多国家都把高技术列为国家发展战略的重要组成部分，如美国 1983 年提出的"战略防御倡议"（"星球大战"计划）、欧洲尤里卡计划、日本的科学技术振兴政策等，中国王大珩、王淦昌、杨嘉墀、陈芳允四位科学家向国家提出要跟踪世界先进水平，发展中国高技术的建议。经过邓小平批示，国务院批准了《高技术研究发展计划纲要》，并部署了 10 个技术领域：信息，生物和医药，新材料，先进制造，先进能源，资源环境，海洋，现代农业，现代交通，地球观测与导航。因该计划于 1986 年 3 月开始实施，简称"863"计划。1991 年，邓小平又为"863"计划工作会议和高新技术产业开发区工作会议专门题词："发展高科技，实现产业化。"

因"863"计划的国家战略意义，能经过遴选进入各领域专家组（简称"863"专家），就成为学术界的一件大事。"入选"于个人，既是一种沉甸甸的责任，又是学术地位"显赫"的象征，入选专家凤毛麟角，所以相关单位格外重视。在"十五"期间，西安交大有四名"863"专家，分别是信息技术领域的钱德沛、先进制造技术领域的蒋庄德、先进能源技术领域的郭烈锦，以及现代交通技术领域的我，前三位现在都是中国工程院院士。

我可能是比较另类的"863"专家，一来我是非交通技术专家的现代交通技术领域"863"专家。该领域的其他专家，如马林（中国城市规划设计研究院）、王云鹏（吉林大学）、王炜（东南大学）、田俊峰（中国交通建设集团有限公司）、李清泉（武汉大学）、张毅（清华大学）、林国斌（上海磁浮交通工程技术研究中心）、赵明花（长春轨道客车股份有限公司）、奚国华（中国北方机车车辆工业集团公司）、唐涛（北京交通大学）等，都是交通领域相关专业的技术专家。我能入选主要是因为现代交通是一个非常复杂的系统工程，除技术以外，还有体制、政策、组织等复杂要素影响技术进步和应用。而我入选的重要学术基础可能与自己的研究经历有关，如早年在国家科委工作时曾参与国家综合交通战略研究、三峡工程综合评价和决策分析，后来又主持大量的经济社会发展战略和政策方面的研究。二来我在入选后，随着对"863"计划立项和运行机制的深度了解，也听到社会上对项目评选的一些诟病，习惯于站在管理角度挑战"863"计划的评审机制。例如"863"计划重在以高科技发展促进产业化，所以建议其立项和评选不应局限于高校和研究所的学者圈子里，应该更加偏重市场导向，瞄准产业界新需求和新技术，发现苗头，以"863"项目"煽风点火"（"见苗浇水"），加快其实现突破和产业化。当时科技部的部门负责人曾开玩笑和我说："你怎么吃我们的饭却砸我们的锅？"三来我还建议在"863"计划相关技术领域增加科技管理项目，以提高研究效率和促进产业化过程，等等。

入选"863"专家，除自身学术地位得到背书外，就我个人发展来讲，一是有机会再次站在国家最高科技平台上了解战略决策、科技布局和社会发展的互动关系；二是有机会捕捉更多领域的新技术进展，拓展了自己的科技视野，提升了自身科技决策的参考系；三是有机会参与一系列国家重大的交通建设项目，如当时适逢北京奥运会（2008）筹备期，为确保这样复杂国际活动的交通畅通，需要进行整体谋划和布局，当时被我们称为"北京奥运交通"，与此同时还有"广州亚运交通"（2010）和"上海世博交通"（2010）。在对这些项目的研究和参与过程中，我进一步体会到了地域经济社会运转机制和亚文化在管理上的明显差异，如北京更"政治"，广州很"市场"，上海则非常"精细"。

当时因首都交通堵塞严重，北京交通局还专门请我及研究团队为其进言献策，并告知我们是他们首批咨询的非交通专家。基于我们的整体观与和谐管理思想，我的意见是设计与演化并举，以设计确保公共交通畅通无阻，其余让系统演化达到平衡，例如买不买车、去什么地方开不开车等由市场决定，甚至不要怕一些地方暂时堵死，因为只要保证公共交通顺畅，人们便会通过多次尝试评估出各种方式的出行效率，进而做出自己的正确选择，随之慢慢形成有效的出行习惯和文化。

比较有趣的是，现在高速上随处可见 ETC（Electronic Toll Collection），我那时还曾是交通部 ETC 指导专家组组长。也正是在该项目的规划、技术发展和实施计划的研讨中，再次印证了任何技术系统的实现和营运都是复杂社会系统问题，也体现了自己以系统和管理专家身份成为"863"专家的价值。具体来讲，即使依靠当时的技术，高速路收费站完全可以撤销，因为通过 GPS 可以获得每个车辆在各种道路上的行驶记录，然后可根据道路收费标准，计算出每个车辆的过路费，如果再将银行系统整合，只需从各个车辆绑定的银行卡上适时扣款即可。然而，这种整合的技术方案却会受到很多法律、心理、部门利益、社会问题的影响，例如车上装 GPS 定位系统可能侵犯个人隐私，法理和伦理上需要慎重考量；商用车辆可以强行安装，但私人车辆因心理上担心，即使方便也可能不愿安装；再考虑到不同省份和道路投资人间的利害冲突，即使有好处也可能不愿配合；更进一步，即使以上问题都可以解决，收费员及相关岗位工作人员大量失业的社会问题仍难以克服。

与美国若干层面的对话

我曾多次赴美,但大部分经历都比较零碎,如参加中国留美经济学人年会,应教育部安排陪同时任部长赴芝加哥参加世界教育大会并为其起草发言稿,刚上任西安交大副校长时赴美考察高等教育特别是管理教育,等等。在2007年,应美方邀请和教育部安排,我作为团长,带领中国人文管理学科教授代表团又一次赴美国考察,那一次是比较系统地观察和了解美国的经历。

这次访问由设在夏威夷大学下属于国会的东西方中心(East-West Center, EWC)具体安排,费用由美方支付。经过教育部和有关方人员介绍,我终于明白这是一次几乎没有主题的交流,实际上是不受限制地对美国社会各个方面进行考察以加深理解,目的是通过中美的不断交流改进和建立双方和谐关系。而作为管理教授,需要对世界及其不同文化有充分认识和体验,我觉得机会难得,一定要抓住机遇,争取尽可能大的收获。所以决定每天记录心得,并发博客(见附文5)。

此行横跨美国,从夏威夷一直到美国东海岸,深入到了美国社会的方方面面包括对普通市民和教授家庭生活的观察;从各种民间活动,如与中美友好协会老人的晚餐聚会,到各种研究机构的访问交流,如美国夏威夷亚太安全研究中心、美国疾病控制与预防中心、卡特中心、私立医院、大学等;以及对政府有关部门的拜访和与官员的交流,如国会及议员、五角大楼和战略研究专家、州议会和议员、部长等。无论中美双方组织人员,还是所有团员,都留下了深刻印象。

我们访问的使命是,通过各类活动,使双方学者和教育家加深相互了解,在各自研究和教育中埋下友谊的种子,再经由大家的研究与教学活动影响更多的人,从而提升彼此的尊重与和谐相处。我想双方参与人员均在某种程度上履行了使命。自动控制专家、动态系统现代控制理论创导者之一、美国国家工程院院士、中国科学院外籍院士、中国工程院外籍院士、哈佛大学终身教授何毓琦先生对我的博客评述道:"应该有更多像你这样的美国游客访问中国,以使他们能够详细审慎地描述现代中国。在美国,就连受过教育的公众和媒体也对中国了解太少。期待你继续介绍你的访感。"①

---

① 原文是"There should be more US visitors to China like you who can give detailed and careful account of modern China. Even educated US public and media have too little understanding of China. Look forward to continuing account of your visit"。

六、全方位的成长与收获

一个想对社会有积极影响的人，你的奋斗目标不是拥有多高地位、多大权力、多少资源，而是你能给别人和社会创造多大的价值。成功、影响力、幸福感不是来自地位和权力，而是为别人和社会创造了多少价值，权力和地位只不过是运送这些服务的工具而已！凭借这样的信念，我在努力把能做的事情尽量做好、设法推动那些应该做但因环境和关系掣肘较难做的事情同时，像冲浪运动员一样，在征服一个一个巨浪的过程中感受着挑战的喜悦，并利用甚至寻找更猛烈和更奇特的"恶浪"磨炼和提升自我，以获得事业发展和个人生活的双重精彩。

学术上的收获

我在做研究、管理学院、快速推进学校事业的同时，个人也收获了成长和进步。1998年，经过严格的评审之后，我获得了国家杰出青年科学基金两年连续支持；1999年被评为"陕西教育界十大新闻人物"；2005年，我获得国家级教学成果奖一等奖。兼任或曾兼任国家软科学指导委员会委员、国务院学位委员会管理科学与工程学科评议组召集人、工商管理学科评议组召集人，教育部工商管理教育指导委员会主任委员、教育部科技委员兼管理学科部常务副主任、全国MBA教育指导委员会委员、教育部学科发展与专业设置委员会委员、国家自然科学基金委员会委员、管理科学部咨询委员会委员、中国管理现代化研究会副理事长、中国企业现代化研究会副会长、中国系统工程学会常务理事、青年工作委员会主任委员、副理事长，中国高等教育学会高等商科教育分会副会长，《管理学家》（实践版）（学术版）创办人及主编等。社会活动方面，1998年起曾任陕西省第八、九届政协委员，2004年和2007年分别担任第十三届、第十四届西安市人民代表大会常委会委员。

当和谐管理遇见西方管理大师

因和谐管理理论发展于中国，借鉴了中国文化中的和谐思想和机制，而且以和谐命名，所以常被看作中国的管理理论。我不得不在很多场合专门强调，和谐管理理论是UACC环境下的复杂管理问题解决学，具有全球的适用性。只不过相较于流行的西方管理理论，其带有明显的中国文化基因和东方擅长的整体论特色。

在我和成思危先生访问瑞典并与组织管理学者交流时，他们对和谐管理理论大加赞赏，而且据他们介绍也有近似的理论思想，只不过是用瑞典文发表的。美国管理学会前主席、著名学者陈明哲教授提倡的文化双融理论，从管理机理上与和则及谐则相呼应，如果将其动态竞争理论与文化双融理论相结合，则接近和谐管理理论的问题解决框架。而我的好朋友牛津著名教授丹尼斯·诺布尔也提倡借鉴东方整体论，其系统生物观融合了西方分析哲学和东方整合哲学，并认为日本对中医、中药的科学解析可作为东西方医学融合的桥梁，这种系统生物观也与和谐管理思想遥相呼应。在我访问牛津时，他专门邀请牛津大学赛德商学院前院长柯林·迈耶（Colin Mayer）教授就和谐管理理论与我进行访谈，并通过 *Voice from Oxford* 发表。在我接手西交利物浦大学以后，我和利物浦大学当时的常务副校长、首席运行官帕特里克先生多次介绍如何运用和谐管理改进大学运行，并经常交流大学管理经验。在他离开利物浦大学、前往曼彻斯特大学出任首席执行官和教务长的时候，他还与我感叹和谐管理对他管理工作的帮助和领导力的提升。

更有意思的是，2011年年初，由管理大师詹姆斯·G.马奇（James G. March）教授和中国国家自然科学基金委员会发起的"组织管理新思维——决策中的模糊问题"（New Ideas of Organization and Management——Ambiguity in Decision Making）研讨会在斯坦福大学举行。马奇是一个传奇人物，20世纪50年代，刚进入而立之年的他就已经出人头地、功成名就，成为美国组织研究领域和卡耐基—梅隆学派的创始人之一。他身上闪耀着各种荣誉的光环：美国国家科学院院士、美国艺术科学院院士、美国公共管理学院院士、美国管理学院院士、美国教育学院院士，还拥有18个不同国家大学的荣誉博士学位。他的研究涉猎很广，同时是斯坦福大学商学院、教育学院、政治学系、社会学系的教授，被大家称为"Professor of Everything"。尽管成就卓越，但他并不追求管理研究的实用性。其兴趣在于通过研究认知世界。比如"模糊"在西方人心中带有某种负面感受、对于东方人来讲又拥有某种擅长的优越感，但总体上一直停留在直觉阶段而缺乏理性的深究。这次会议主要是邀请了相关领域的专家一起设法对模糊有更清晰和科学的认知。之所以邀请我们这些中国学者，似乎因为东方人在应对模糊性上具有某种先天的思维或行为优势，他试图通过东西方互动，以西方人的理性及规范挖掘东方人处理模糊性的宝藏。我在会议上介绍了如何围绕和谐主题通过和则与谐则互动耦合应对模糊、不确定和复杂问题的方法论框架，以及通过和则诱导的能动致变机制以主动的不确定性（创造性）应对客观的不确定性，最后逐步逼近和谐的哲学，老先生甚感兴趣。会后，他邀请我们参加他的周五红酒（自由研讨）会，还亲自开着他的蓝色丰田小车接我,我后来在网上撰写了《我给大师当"老师",大师给我当"司机"》的短文记录了这段有趣的经历。

管理学者与企业家的碰撞

在个人生活上,我一直坚守正直、真诚、自信、灵活的原则,我在大学毕业纪念册的留言"自己走路,走自己的路"也反映了我年轻时的心态。那个时候,我还受很多企业家的青睐,作为管理学家帮助他们创业和发展。

与企业家的合作与咨询方面,我有太多值得述说和反思的故事,可以写一本案例集。这里只提及一些公司和事件。

企业兴衰与老板的境界

当时,陕西有一家明星企业——伟志集团,其诞生于汉中,1996年总部迁至西安高新技术产业开发区,开始了二次创业。经朋友引荐,公司老板向炳伟找到了我。尽管向总只有小学文化程度,但他肯学习、想进步的态度打动了我,我作为其董事会成员,帮助企业从战略、布局、内部管理、人才培养等方面不断提升,走过了一段非常辉煌的发展期。我还借鉴国外大学经验,探讨"企业教授"概念,即教授以其专长帮助企业发展,企业给予教授一定资源支持其研究和事业。我当时的名片上就印有"伟志"教授,公司也为我配备私家车。所以我在当时算是比较早的拥有私家车的教授,也因此遭到一些人的嫉妒或非议,比如有人说这个公司如果是搞兽药的,他是不是还要叫"兽"教授。以我的个性,在我没有认为自己做错了什么事情的情况下,当然不去理会这样的攻击。比较有趣的是,在公司发展到一定程度时,尽管向总一直坚持学习,但他的个性特点已不适应公司的总裁位置,我建议他只任董事长,放弃总裁。他虽同意我的看法,但依然无法放手,遂设立执行总裁一职。我为了在他和执行总裁之间设置"障碍",给执行总裁争取足够空间想尽了办法,帮他处理了很多次冲突,也救了不少次火。有一个周末,他突然约我去秦岭脚下的亚健高尔夫球场打球,我问他有什么事,他说要和我谈战略问题。在打球的过程中,他问我:"公司怎样能快速做到60亿元的规模?"我反问:"你为什么这样想?"他说:"我想在我60岁时把公司做到60亿元的规模。"当时公司年营业额只有几亿元。我说:"先不要和我谈多少亿,请告诉我你具体想干什么?"他说:"做什么能把公司快速做到60亿就干什么。"我觉得公司大问题来了。后来该企业进入了房地产领域,还不听劝告地进入药业,他认为这两个行业可以助其实现理想。在大家阻拦无效的情况下收购宝鸡一家药企,为几年后的公司挖了一个很大的坑。在公司用人上,因其"想当然"的战略，总觉得和自己一道创业的人已无法适应公司领导岗位，总是眼睛向外，甚至不惜高薪招聘。一天他又约我，想谈谈公司总裁人选问题，候选人有海外工作经历，自己有一个小公司，他准备以 300 万元年薪聘请，这在当时是天价。还要收购那人的小公司，而且那人还要求先从公司借几百万元作为"筹码"。我当时建议他此人慎用，如果真想聘用，需先放弃收购其公司并不予借款，如果公司日后运转顺利，必要时再收购。倘若那个人同意就可以试一试，否则赶快另请高明。但他不听劝说，那个人入职三个月后，因资产转移等问题不得不动用警察来处理危机。后来，他彻底遁入空门，在公司总部开设"佛学院"，门店顾客接待室成了佛堂。我因与其理念不合，与之渐行渐远。从他的实例中不难看到，创业成功，不见得能守业成功，有些人会随着事业发展不断调整和升级，有些人可能无法做到，反被快速前进的车轮碾压。

以真诚和前瞻赢得尊重

在当时，开私家车在校园穿行是比较醒目的，也容易遭受非议，特别是我还有一个很容易记忆的车牌号：陕 A6800。紧接着我被任命为西安交大副校长，又有人议论："看他现在还开不开车！"也有人见面说："席校长，你该换一部车开了。"

这时，我的一位管理学院前同事、前文提及的出资办杂志的好友耿键先生来访。他因不满当年处境，先去了越南，最后在东欧创业成功，成为当地有名的华侨企业。回到国内，他再次联系上我，听取我对他发展的看法。我自认为是一个比较擅长把握大势、善于抓住要害问题而且出言坦诚直率的人。那次超出他的预料，我没有赞扬他创业发展的丰功伟绩，而是直指他可能面临的风险和问题，应该重视的策略。也许相逢后这一番肺腑之言打动了他，他表示希望在日后的发展上能多得到我的指点。

有一天我们在车上聊天，突然看到前边大广告牌上优美的帕萨特轿车图片，我不由自主地感叹道"漂亮"。当时在中国，除了桑塔纳轿车，几乎没有什么像样的汽车品牌，我的第一辆车就是桑塔纳。新年元旦假期，我突然接到他的电话："席老师，你到学校行政楼门前来，我等你。"我很好奇，放假了他还要我到行政楼去，心里一直在想出了什么事。等到楼前，我发现他站在一辆崭新的黑色帕萨特轿车跟前，看到我走上前来，递给我一把钥匙，说这是给你的新年礼物。我真是一惊，半年多前不经意的一句话，他居然记在了心上，而且在没有任何商量或沟通的情况下花三十万元（初期价格）偷偷地给我买了一辆。我们之间没有任何利害关系，如此诚心和大方也许是我的那一番话真的打动了他。

第五章　锐意改革　"锋芒毕露"

我成了员工的信使

我曾给江苏长江电气集团有限公司（现在的大全集团）提供管理咨询，当时该公司属于销售员主导的企业，拥有六七百名销售员，以推销拉动企业发展。

我们在帮助企业建立规范的治理和管理体系的同时，主要是帮老板和管理团队提升现代管理意识和水平。每次到扬州，公司老板徐广福先生都会与我们深入交流并热情款待。一次晚宴设在他家的大别墅里，他告诉我当天晚上除了野生河豚是公司的，其他酒水和菜品都是自己家里的。闲谈涉及很多公司发展的独特机制和内幕，例如销售员与销售额挂钩的高额薪酬机制，让有些销售员当年就可收入大几百万元。但因市场经济初期阶段，法律法规不健全，销售员难免有些不规范行为。为了避险，公司在法律上视每个销售员为独立个体，责任自负，公司与销售员之间的联结仅仅是销售合同，以这样的形式切断与企业的连带关系，等等。我曾专门在《中外管理》杂志发表对他的专访《丑小鸭如何变成金凤凰》，揭示长三角特别是苏南企业家在市场经济初期闯荡、开拓和发展的经验。

我深知随着企业的发展壮大，这种不太规范的销售员企业必须升级蜕变，尽快重视品牌提升和产品创新。因为有员工知道我和老板说话"管用"，所以后来曾有销售员找到我，请我向他们老板建议提升质量，否则他们要"合同走私"。也是通过与他们交流我才知道这个词的含义，即"你既然不重视质量，我可以用其他厂家的产品履约到手的合同"。这个时候我意识到我担心的风险已经萌芽，企业可否健康发展，就看企业家能否及时实现管理上的转型升级。

要改变企业，先改变老板

另一个值得一提的故事是我和西安立丰集团颜明董事长的交往。我们相识于他发展遇到瓶颈的时候，当时我们都是西安市人大代表，他请我组织一个研究小组到企业咨询，他说："我从政府出来创业，成了亿万富翁，但现在一块创业的人已经跟不上发展。公司就像一部老车子，冬天发动不起来，司机挂上挡，我们几个人在后边推；车子发动起来，沿着市场的道路越跑越快，但我们跟不上车，我腿长，紧紧追赶，跑在前面，但回头一看，我的团队离我太远。"并且感叹："我现在才明白，皇上成功后为什么要杀功臣。"

我们团队研究后发现，公司 90% 的问题是老板的问题。当时正在召开人代会，在西安止园饭店的房间，我告诉他我们的研究结果，他从沙发上腾地跳起来，头冒虚汗，在屋内边踱步边申辩："我从一个个体户发展成亿万富翁，怎能都是我的问题？"我说："谁最关心公司发展？当然是你，公司也是在你的绝对控制下走到现在，先别否认，回去好好反思后我们再谈。"

过了大约有两周的时间，他又约我，告诉我："我给公司员工开会了，承认了我的错误。"我问他怎么说的，他说："我告诉大家，公司发展遇到挑战，我的问题是51%，你们的问题是49%。"我笑着说："你还没有反思到位。要改变立丰，必须先改变你颜明。"随后给他了一些必要的建议：第一，不要只和"江湖朋友"吃饭聚会，每周腾出两天与核心团队包括那些跟不上进步的创业者聚会，进行非正式交流。第二，限制自己的权力，建立制度权力，例如不要再动不动对员工说"限你多少小时从我眼前消失"，而是建立包括各级人员参加的委员会，来决定公司员工的去留等事宜。第三，进行公司股权和治理变革。第四，规范公司管理体系和制度。第五，加强公司员工，特别是领导班子的培训。过了一段时间，他兴高采烈地告诉我："这帮家伙还是有想法的！"我说："当然人家有，可每天看着你铁青着脸进进出出，谁又愿意搭理你，有可能碰一鼻子灰。"他接着告诉我："大家很有责任感，有些我认为可以不开除的人，但大家却提出与其解除合同关系，因为他们不愿意与那些不负责任的人为伍。"他还得意地告诉我，现在的预算制度真的起作用了，例如他接待长江商学院同学花了60万元，结果财务给打回来了，原因是没有预算。他开心地让从自己工资中扣除，等等。

立丰集团较早地涉足了商业地产，如在西安市东大街中外合作建设运营百盛商店。我曾和他及外方经理在一个冬天的一大早出席开业典礼和升旗仪式，帮其培训员工，特别是影响了老板的转型，我们团队也帮助其制定管理体系和提供其他必要的支持。**企业家最有价值的是直觉和冲动，最具风险的也恰是冲动，所以我一直鼓励他们善用理性思维。在处理人的问题时，要善于换位思考，这样不至于冤枉好人；在设计制度时要把人假定得最坏，这样才不会在制度上留下漏洞；在做重大决策时，要反向思考，当你冲动着不顾一切前扑的时候要想想假如不这样做又有什么损失，这样会避免陷阱；另外，在情绪激动时不要做重大决策，等到稍微冷静后再说，这样可以减少后悔；等等。**但实际上人的改变是很难的，颜总在这些方面交了很多学费。有一次他打电话请我下午去公司一趟，我到公司后发现他想收购一家生产保生素的深圳保健品公司，我对面坐了几位深圳客人，得知其意图后我问了对方几个问题：深圳资本市场那么发达，为什么要跑到陕西来找买家？该产品在人们很重视养生和保健的珠三角为什么没有发展起来？保健品本身的机理是什么？因为我知道保健品的效果很难判定，销售需要靠大量广告，是建立在人们的"信任""信心"之上的。但还未等人家回答我的问题，颜总就先用被洗过脑的信息回答我了。我随即告辞："既然如此，还要我来干什么？"过了几个月，他的家里和公司到处都是保生素，给朋友送的也是保生素，我们去山里玩开的车也是收购带来的。最后这个项目当然以失败告终，损失了近千万元。除此之外，还有曲江旅游开发区项目、户县（今西安市鄠邑区）房地产开发项目等，都是冲动带来的巨额损失。他在一次和朋友开玩笑时讲，多次听不进席老师的劝告，直接损失至少数千万元。

我与颜总曾一起讨论和策划利用BOT及资产置换方式在西安交大2村、3村对面建设立丰广场。后来项目落地，在盛大的奠基仪式后，他在建国饭店宴请来宾，包括几位著名的扮演国家领导人的演员，在大家祝贺他在商业地产上取得的巨大成就时，他还骄傲地向人家介绍："席校长告诫我，要改变立丰，首先要改变颜明。我问他我现在改变得如何，他似乎不满意地说还行。"其实，他曾移民加拿大，但后来回国发展。有一次从加拿大回来，他约我在北郊西安国际高尔夫球场打球。他之前把球打坏了，会骂球童、摔球杆，但那次打坏球，他不再骂球童，而是改骂自己，也不再摔球杆了，开始从自身找原因。所以我说他进步了，但提升空间还有很大。

这些年，他多次联系我，甚至还专程飞来苏州，要捐款让我们团队建立研究所，我问他的想法，他说："作为省人大代表和全国政协委员，要提出有质量的建议，需要研究。"他还说："**与其给子女留下金钱，不如通过努力给下一代营造一个好的文明的社会**。"这个时候，我才再次说："现在你是真正进步了，有境界了。"相信他的事业也会随着境界的提高而得到更大的发展。例如，他瞄准的服务于未来社区生活的立丰城市生活广场（2020年开业）就是他事业上的一个新的里程碑，他本人现在也以城市商业地产专家而闻名。

有效的帮助依赖于真诚和信任

其实，我接受企业家邀请进行咨询与合作还是蛮挑剔的，因为在我的理念中，企业咨询如同医生看病，需要双方建立信任，否则效力会大减。所以在合作之前，我一定要先了解对象。比如我与山东十方环保能源股份有限公司的交往就是如此。该公司合伙人之一黄建宇先生因在西安交大学习而认识了我，希望我帮他们公司应对当时的挑战。在他介绍情况后，我说："可以考虑，请给我一本你们公司的画册，我要给老板相相面。"看到老板一表人才，面部真诚，我答应可以推进，但依然继续制造困难，看其是否真心愿意合作。因为我遇到过不少企业家，每次见面都会说欢迎到公司考察或联合设立研究院，支持公司和学校发展，大部分只是见了面客套一番，不会认真对待。因此我一直推说没有时间见面，突然有一天，我告诉黄第二天晚上有时间。结果第二天他告诉我："甘总已到学校，住在学校招待所。"我说："好，但我要晚上9点才有空。"这一系列的麻烦主要是检验企业老板是否诚心和迫切。

我当晚如约与甘海南董事长兼总经理见面，也证实了我通过照片得到的印象。他介绍了公司发展面临的问题，讲到自己经常睡眠不好，大把大把地脱发。我听后觉得他比我想象得更加真诚，便下决心帮助他。这是由几个同学联手创办的公司，因均为技术专家出身，所以对单个项目处理没多少问题。然而，公司业务是以工程为单元，在公司规模小的时候，还可以应付，但随着公司发展，仅依靠领导的技术能力就应接不暇了，难免漏洞百出。于是，我和他分享了我的分析，他深表赞同。我说，"我有信心用一两年时间把你从一个工程师型的经理变成一个总工型的经理，然后再变成一个公司经理，但我不能确保把你最后变成一个企业家，因为企业家需要一些天分。"从此开始了合作之旅，我们成为朋友，甚至我还成为他们公司的小股东。除了诊断分析、机制转变、制度设计、文化创建、人才培训这些常态业务，我主要是帮助甘总及关键领导团队转型和提升能力。刚开始，公司里很多人喜欢打乒乓球，每次都是老总赢。你会发现，连男士的发型都与老总相同。这很不符合科技公司的特征。一年多以后，他个人体重降低了二三十公斤，闲暇还练习拳击，身体更加结实，睡眠改进，工作更高效，公司面貌发生了翻天覆地的变化。等公司正常运转后，我便逐步撒手。后来再见时，他告诉我已经专门建立了环保科技园，而且业务也拓展到垃圾发电，正准备境外上市等新的进展。

类似这样的公司还有河南正星加油机公司，我也是给老总制造了很多困难考验之后才同意帮他，但他的董事们在听到老板邀请我做公司管理顾问后很不理解，尽管他们都是中欧商学院或长江商学院的 EMBA 毕业生，却认为管理教授夸夸其谈，没什么价值。等我第一次在黄河边上参加他们的董事会，才发现这是一帮制造情怀和各种野心兼具的组合，他们大部分董事不会当董事，股东不会当股东，给主要管理者制造了很多麻烦和挑战，公司也缺乏有效的治理体系，因而极大地限制了管理的有效性。我准确和坦率的分析使他们折服。当时他们产品的市场占有率在中国已达 30%，而且出口到俄罗斯等地，但治理和管理上潜在的问题并未彻底解决。几年后，股东团队分崩离析，公司发展也遇到很大阻力。

与正星类似，还有一家锅炉公司，老板是我指导的 EMBA 学生，兄弟三人因利益纠葛，发展到恨不能致对方于死地的程度。我帮助他们缓和矛盾，寻求解决方案。另有曾全国驰名、销售网络遍地的某公司，因过度扩张而走向破产边缘，雪上加霜的是朋友又通过刑事诉讼追债。我也真诚和理性地伸出援手帮其东山再起。类似的还有青岛啤酒等公司在收购过程中的战略融合问题,特别是多品牌战略研究等。

顺风顺水中的挫败感

在与企业发展咨询与合作的过程中,境遇迥异的公司,形形色色的企业家和管理精英,让我真切地融入中国改革开放几十年的巨变中,既获得了理论发展上的启示,也以自己的研究和学识参与和影响了改革的发展过程,同时还丰富了人生的体验。然而,在顺风顺水中,我也曾遭遇挫败。

我曾支持我的博士生夫妇开办管理咨询公司。为了保护他们,这里称博士先生和博士女士。博士先生在银行工作,是行长秘书;博士女士在学校任教。因两人均有较好的商业头脑,在读书期间也与我保持较紧密的关系。后来博士先生因其银行贷款业务需要很多公司发展报告,加上两人均为管理学博士,便有了开管理咨询公司的动议,于是一位银行行长、行长助理、两位前文提到的我的企业界朋友(他们都与二位博士很熟),再加上我,就构成了公司股东团队。公司成立后,因为我们各自积累的人脉关系和资源网络,业务迅速开展起来。随后博士先生退出公职,全力投入公司运作。

数年以后,公司在西安交大曲江开发区科技园购买了一层办公楼。随着业务和公司壮大,似乎博士夫妇的心态也在变化。他们主张给大家一定补偿后请大家退出公司,一开始大家不明就里,等了解情况后,有的股东觉得没意思自愿退出,也有的股东在迟疑。据说这期间博士夫妇曾以暗示手段威胁前领导,与两位企业家朋友也闹僵了。也是在这个时候大家发现,他们已经将买的办公楼过户到了个人名下,大家本可以侵占公司资产起诉他们,但考虑到朋友一场,好聚好散,于是都分别拿了补偿金离开公司。因考虑到我在管理学界的地位和影响,他们同意我留下来,再后来似乎我与公司也没什么关系了,在事实上已脱离公司,连补偿金也不提了。说实话,我在他们劝其他股东退股时还对他们抱有幻想,认为也许是因为辞去公职下海,对风险过于担心的缘故,所以想把公司家庭化。而我对咨询业务有价值,又是他们的导师,有可能继续共事。然而我后来意识到我过高估计他们了,贪婪已损毁了他们的人设,我也无心要回我的补偿金,但却因他们曾经是自己的博士生而在内心里有深深的失败感。我相信这样的人可能谋得一些甚或比较大的利益、一时的事业发展,但很难成就一番大业,于是果断地将他们从"席门"名单里清除,也从我的记忆里抹去。这里之所以还愿意记一笔,是因为这是我人生中少有的对人失察的一个严重教训。

生活趣事

内心的倔强、反叛,现实环境的复杂,雄心和抱负,让我必须在发展的过程中控制自己,将自己钟爱的管理研究(理论)与实践相结合,巧妙地寻找突破的路线。这也使自己不断成熟,为人处世更智慧和有效。我在任何环境下都努力争取做好自己希望做的事情,即使暂时无法办到,也坚持要把能做的特别是手上事情做得尽可能好。

走出健康,抵抗衰老

我自己从小生活在比较贫穷和物资匮乏的环境,身体素质不强。在农村时,我经常和对门的老中医聊天,琢磨医疗逻辑,他们有时也给我检查一下,说我心脏有3级杂音,云云。在入大学前体检时,就因血压高要复查,需吃药控制。我在攻读研究生和工作以后,几乎每年都会出现数次严重心脏缺氧反应,年纪轻轻的,血压、血脂都高,还是重度脂肪肝。在事业和精神上取得全面发展的我,意识到身体是未来和更大发展之本,于是从中年起开始锻炼身体。以我的理解,锻炼并不在于每周要去运动场或健身房(当时很少)多少次,而更在于一种积极的运动行为和乐观的心态,这样运动便会融入生活之中。

我们2000年从西安交大3村移居1村,跨过彩虹桥即可进入校园,于是我和夫人侯老师晚饭后坚持在校园里转一大圈,接近3千米,一方面可以发现校园设施的问题,同时也是和自然对话、与家人交流的时间,一坚持就是二十多年,除出差外,几乎坚持不懈,心脏缺氧的症状逐渐消失,体能和各方面状况明显改善。

其实,这也是我"把一个简单事情长期坚持做好"的心理追求在生活中的直接体现。再如,随着年龄的增长,人体的肌肉会以每年1%的速度不断流失,在八九十岁时会损失一半。而肌肉纤维萎缩会影响运动信号的传输及蛋白质的合成和分解,最佳抵抗蛋白质分解的办法就是持续进行抗阻训练亦即力量训练,换句话说力量训练能引起肌肉功能和结构的改善,并提高蛋白质的合成速度与质量。在儿子的建议下,2019年开始,我每天早起半小时,进行20分钟左右的无氧运动,一年多时间,身体一些部位肌肉感觉有明显增加。

选择一项终生喜好的运动

只有爱,才容易坚守,选择一项终生爱好的运动,人生会受益匪浅。因与政企人士有较多交集，我比较早地接触高尔夫。我发现这不只是一种在优美环境①中的高雅运动，还是一种有思想的运动。第一，因为天气、场地、击球情景千变万化，即使打一辈子球，每杆球也都是独特的，所以永远有新鲜感；第二，高尔夫永远没有最好，只有更好，这与自己追求"更好"的人生信条异曲同工；第三，每一次击球都是对心理的挑战，每一场球都有遗憾，因此总会期待下一杆或下一场可以有所改进，因而被戏称为"绿色鸦片"；第四，因每次击球都因场景、天气、情绪、行为的稳定性、动作的正确性等有关，每次击球都在挑战自我，打高尔夫是一个不断超越自我的过程，是一个修炼的旅程。因此，通过一场球可以了解一个人，包括其素养、境界、性格、决策风格等。这就是为什么政治家、企业家会喜欢打球，甚或通过打球谈事、谈生意。当了解越多，越觉得这项运动妙不可言，也能理解无论烈日炎炎、寒风凛凛，还是大雨瓢泼，高尔夫球场上总有一些专注的打球人。

打高尔夫球还是一个很有技术的运动，但我练球从未找过教练，也不看电视直播和读书学习，不太爱去练习场，而是通过了解机理、观察他人、体悟和反思而不断改进，成绩虽不是很好，但从业余打球人角度看也算高手，特别是非常稳定这一点与我做人做事一脉相承。我曾经写过高尔夫与管理系列文章，备受欢迎。遗憾的是，这一在世界上流行的运动在中国被看作贵族运动，甚至与腐败挂钩，有些令人唏嘘和遗憾。

我的高尔夫启蒙源自 2002 年，我当时是西安交大预防 SARS 领导小组负责人，校园封闭，事情不多，去秦岭山脚下的亚建高尔夫球场走走，不仅安全还有利于健康，从而学习到这种有思想的运动。也是从这个时候起，打高尔夫成了我终生喜好的运动。尽管高尔夫运动的生存环境不好，但其魅力吸引着我，加上自己叛逆性格使然，不太在意那些因不了解或不认同或其他原因的批评，会将这项运动坚持到底。

* * *

40 岁到 50 岁，应该是人生中充满激情的岁月。现在回望，我依然为其中的精彩而激动，为没有枉度而开心，为丰富的体验而满足，为所铺就的更大平台而自豪，也为知天命之年的人生总结和反刍充满期待。

---

① 高尔夫是 Golf 的音译。其中，G 来自 Green，代表绿色；O 来自 Oxygen，代表氧气；L 来自 Light，代表阳光；F 来自 Friendship 或 Floor，代表友谊或开阔草地。

管理何为：一个"理想主义"践行者的人生告白

参考文献

一度君华. 2012. 一度君华 [M]. 西安：陕西人民出版社.

席酉民，韩巍. 2002. 管理研究的系统性再剖析 [J]. 管理科学学报，5（6）：1—8.

席酉民，尚玉钒. 2002. 和谐管理理论 [M]. 北京：中国人民大学出版社。

席酉民，韩巍，尚玉钒. 2003. 面向复杂性：和谐管理理论的概念、原则及框架 [J]. 管理科学学报，6（4）：1—8.

和谐管理研究课题组. 2005. 和谐管理理论的研究框架及主要研究工作 [J]. 管理学报，2（2）：145—152.

席酉民，曾宪聚，唐方成. 2006. 复杂问题求解：和谐管理的大脑耦合模式 [J]. 管理科学学报，9（3）：88—96.

席酉民. 2020. 和谐心智：鲜为人知的西浦管理故事 [M]. 北京：清华大学出版社.

席酉民. 2002a. 管理：第1辑 [M]. 厦门：厦门大学出版社.

席酉民. 2002b. 管理：第2辑 [M]. 北京：中国水利水电出版社.

席酉民. 2003a. 管理：第3辑 [M]. 北京：机械工业出版社.

席酉民. 2003b. 管理：第4辑 [M]. 北京：机械工业出版社.

席酉民. 2004a. 管理：第5辑 [M]. 北京：机械工业出版社.

席酉民. 2004b. 管理：第6辑 [M]. 北京：机械工业出版社.

附文 5

访美杂思
中美教师发展计划，2007 年 7 月 1—21 日

夏威夷

序曲（2007 年 7 月 1 日）

按照此次访美项目要求，我于 30 日晚抵京，今天上午在北大参加了出发前的项目培训。

也许是资历的缘故，我荣幸地成为本次访问团的团长，因北大是该项目的中方联系单位，所以实际的组织工作是由北大张琪教授和北大国际合作部的罗玲小姐做的，我只是挂名而已。

我虽然很欣赏美国文化，如其极强的个性化、成功观念的多元化、坦率、直言、对创新和差异的包容、严格的法律意识等，但由于平时能感受到美国的强势和对发展中国家不够尊重，例如我们必须赴美国驻华使馆留下指纹和面谈才能获得签证等，所以一直对赴美国并无多大积极性。这次手续基本上都是我助理办的，直到早上会议前我对此次访问的真正意图还并不清楚，只是考虑到已经有近十年没有访美，而自己正在研究的和谐管理理论需要对中西方文化有准确把握，认为这次访问也许是一个很好的机会，更何况所有费用由美方负担，所以决定参加此项目。

算起来，这是我第三次赴美考察。第一次去美国是 1995 年由加拿大去往密歇根大学参加国际会议，第二次是 1998 年刚担任西安交大副校长后参加中美友好协会组织的对美国近二十所著名大学的考察。

听了张教授的介绍和教育部领导的说明，终于明白这是一次几乎没有主题的交流，实际上是不受限制地对美国社会各个方面进行考察和理解，近距离感受美国，以增强了解和认识，通过中美的不断交流建立和改进双方和谐关系。这十分吸引我，为了该项目，我放弃了 7 月 18—19 日在上海复旦大学举行的"复旦管理学杰出贡献奖"候选人的汇报会议。

下午没有安排，恰有我曾经的学生、某中字头国有大企业集团老总邀请去打高尔夫，于是我们就边打球边聊天。我看到他在击球时要试挥杆多次，直到找到感觉才开始击球，且成功率很高；另外，他又非常开朗、坦诚、积极和健谈。以他如此精益求精的态度和积极快速的思维特征等，我猜测他的血型是 AB 型，工作中偏 A，生活中偏 B。得到肯定回答之后，甚为开心！这再次验证了我对人行为和性格，特别是领导者或高层管理者管理行为的总结判断，尽管我并非这方面的专家和爱好者。

对于即将开始的访美之旅，我非常期待通过这 20 天的学习和交流，结识更多的人，了解更多的事，感悟更多的世间百态，真正达到此行的目的！

无处不在的人性化（2007 年 7 月 2 日）

早上 5 点半我们一行人从北京大学出发，前往机场乘坐 8 点由北京经停日本至夏威夷的航班，除路上因机场路施工堵了近半个小时之外，还算顺利地按时登机。近 3 小时之后，我们抵达日本成田国际机场，令人遗憾的是要在机场等待近 6 个小时。

尽管扩建后的成田国际机场比印象中现代了很多，有琳琅满目的商店，但对不爱逛商场的我来说仍然感到非常无聊。好在机场很大，有许多安静的地方，我趁机修改了一篇《高尔夫与管理》的文章，把昨天下午在京与朋友打球时加深的感受即"以球观人"记录下来。

好不容易等到下午 6 点多登上飞机，又经过近 8 个小时飞行抵达美丽的岛屿机场火奴鲁鲁国际机场。本次赴美接触的第一个美国人是机场移民局的官员，一个胖胖的白人。据以往的经验，移民局官员常会像很多权力机构一样，脸难看、事难办，做好了面对黑着的脸接受入关文件验证的心理准备，却没想到他很面善，工作虽慢但极其认真。我们还趁机聊起我的职业和西安来，很开心地入了关。但愿这不是特例，而是一国接待他国公民时均具备的尊重和态度。另外，从海关广播中，我也谅解了赴美前去使馆按指纹的不快，因为他们被恐怖主义吓得不轻，虽然要"友好接待来客，但又要保证国门安全"。

提取行李时，又遇到了常见的现象。我们一些团员因怕饮食不习惯带了很多吃的东西，被海关开箱检查，除了美国人熟悉的方便面，其他食品特别是没有英文说明的食品几乎统统没收。

出了机场，虽然阳光刺目，但热带海洋气候会时不时就飘来一阵阵大雨，并没有感到不适。我们正欣赏着窗外的美景和纯净的天空，呼吸着久违的新鲜空气,却又遇到了似乎全世界都必须面对的发展后的通病——塞车。好在不太严重,趁机可以好好看看这个令人向往的美丽群岛。

很快到达设在夏威夷大学、属于国会的东西方中心(East-West Center, EWC),迎接我们的是其元老西格·拉姆勒(Sig Ramler)教授,一位80多岁的老人,其和善可亲自不必多言,更何况他很熟悉中国并从事中美合作项目多年。希望今后几天有机会与包括他老人家在内的中心和大学的更多教授进行深入的交流。

按计划,中午主宾要共进午餐。不出所料,我们吃了一顿真正的美式中国午餐,他们希望我们能吃上中餐,但我们吃饭的方式却完全是一副美式的,边吃饭边介绍整个计划行程,每个人自我介绍及略述此行的目的等,饭吃完会议也结束了。饭后有些人去采购必要的物品,然后大家一块到海边观光、去购物中心体会美国市场。

令我惊奇的是,美国人在许多方面做得都很人性化,如北大一教授在这里做访问学者,他骑自行车来陪我们去海边,汽车进站后,正当我们操心他的自行车要怎么办时,只见他将自行车推到汽车前,把自行车挂在车头上,然后就上了车。公交如此人性化令人惊奇!更令人吃惊的是,车子开出几站后,除了想下车的人根据需要拉一下车上的绳(每个位置都很容易做到,这方便任何位置的人及时通知司机停车),司机在一站停车后居然也下车大摇大摆地进了商场,旁边了解情况的人告诉我们司机是方便去了,这个过程中车上所有人秩序井然。

在发达的、由技术和装备主导的社会里,能如此人性化真让人感到舒服,而且这种人性化几乎无处不在,如十字路口有红绿灯时行人和汽车都要严格按照红灯停绿灯行的规则办事,但若没有红绿灯时,一定是车让人。另外,大量城市公园、绿地免费向市民和游人开放,方便大家非常容易地融入大自然的怀抱,充分享受大自然的美。再就是,无论是昨天从飞机上远望日本,还是今天在海边公园和沙滩散步,无不感到环境的优美洁净和空气的清新,让人有一种进入现代化的人间天堂的感觉,这与我们在国内看到经济迅速发展后遗留下来的环境污染、人与人之间缺乏必要沟通等现象形成明显反差。① 也许这是因为我们身处夏威夷,太平洋中的一群岛屿,但愿一周后我们进入美国本土时仍会有这样的感受!

---

① 本文写于2007年,对比的是当时的国情。经过十几年的发展,尤其是党的十八大以来,我国在环境治理、改善民生方面取得了巨大进步。下面关于政府治理、法治环境、医疗卫生问题的论述亦是如此。——编者注

管理何为: 一个"理想主义"践行者的人生告白

"教育更多的教育者"(2007年7月3日)

今天紧张的活动结束了,但一些场景和思考仍在脑际徘徊不去。

上午,正式的欢迎会虽然很简单,但 EWC 执行主席南希·刘易斯(Nancy Lewis)、教育主任特兰斯·比加尔克(Terance Bigalke)以及夏威夷太平洋大学(Hawaii Pacific University)校长爱德华·舒尔茨(Edward Shultz)等人关于 EWC 及其项目的介绍,使我们理解了他们开展大量国际项目的使命——"教育更多的教育者"(Educating the educators),增强相互了解和尊重,建立和谐的国际关系。特别是夏威夷大学与 EWC 的合作主任鲁杰·埃姆斯(Rooger Ames)教授对亚洲研究项目的起因分析让人印象深刻。他认为,亚洲的发展,特别是中国经济的崛起,不仅体现在经济上,而且表现在政治和文化上,特别是中国以不同于世界发达国家的方式取得的发展成就,对美国特别是美国教育者形成了重要的挑战。因为他们太不熟悉中国以及亚洲,所以需要相互学习和交流,而其中最重要、最有效的方式是教育教育者,通过教育者产生更广泛的影响。这种了解亚洲、寻求理解和合作的意图在下午和晚上的活动中都有充分的体现。

下午,第一位接待我们的是夏威夷州商务、经济发展与旅游部的主任西奥多·刘(Theodore Liu)。他首先代表州长欢迎我们,然后介绍了夏威夷的经济社会发展及其与中国的联系。他出生于新西兰,在我国香港地区工作过十年,之后再从纽约到了夏威夷。在美的华裔担任这个层次的高官很少,当问到他为什么能身居高位时,他认为主要原因是对创新和变革的追求。夏威夷现任州长是该州第一位女州长,还有下午接待我们的议会主席也是女的,这或许也是变革的结果。另外,为了创新和变革,他们网罗多方面具有不同视野和背景的人才进入政府,以探寻新的发展道路。这种观点在其回答怎样认识创新和培养人的创新意识问题时得到了进一步的确认。他指出,21世纪需要创新,发展经济犹如做蛋糕,要做一个是以前两倍大的面包,不是简单地将所需的各种原料加倍,而是通过新工艺、新材料、新配方在原料不增加一倍的基础上使面包增加一倍,这就是创新。而现在的教育需要反思和变革,不仅要教给学生有关专业的知识,而且要教会学生发现问题、解决问题的能力。这就需要研究怎样培养他们的创新意识、技能和工作方式等。例如,可通过研制机器人来培养学生,因为在研制过程中不仅需要学习数学、技术等知识,还需要训练动手能力,更需要训练团队合作的工作方式和能力等。另外,对于日益全球化的21世纪,文化的适应性也是非常重要的。看起来,在新世纪的挑战面前,需要改革的不仅有我们中国的应试教育模式,还有世界一流教育水平的美国模式，但我们必须清醒，中国因积累的问题更复杂而面临更严峻的挑战。

因时间紧凑，我们几乎是从主任办公室冲到了议会主席办公室，迎接我们的是第四代日裔美国人科伦·花房（Collen Hanabusa），她也是本州第一位议会女主席。在她的介绍中，我们进一步体会到从踏上这块土地后就有的感受。夏威夷地处太平洋中部，除了美丽的风光，主要特色是它是一个多民族社会，其中亚裔占55.5%（大部分是日裔），剩下的是欧洲后裔、原住民、非洲后裔、印第安人和阿拉斯加人，加上是旅游城市，随处可见各国游客。夏威夷也是美国唯一有过王国（1893年夏威夷王国覆灭）建制的州，我们随后去夏威夷王国末代君主卡拉加瓦国王和莉丽欧卡拉妮女王的皇宫参观。当我问及夏威夷政府面对的最主要的社会问题是什么时，科伦认为，除了美国大陆面临的吸毒、失业等社会问题，夏威夷独特的社会问题是如何保持夏威夷的独特性，或者民族特征，她坚信这是世界繁荣的基础。我进一步追问：在日益全球化的情况下，世界各种文化正在逐步被同化，如何有效地保持民族特征？她承认这很难，但又认为形式上虽有趋同之势，但骨子里的文化会得以保持。还有教授问她是否在意别人说她是女议员时，她坦承女权问题依然存在，例如希拉里·克林顿的性格如果属于一位男性政治家，将是他的一项优点，而事实上，希拉里却因为其性格屡遭批评。在谈到和谐社会建设时，她认为有如何理解和谐的问题，但在她看来和谐就是人和人之间的相互尊重。

在交谈中，我一直思考一个问题，就是多样性与和谐的关系。多民族、不同个性的人如何和谐相处？是不是越多样性，社会越稳定？从复杂系统研究我们可以知道，多样性有利于系统的稳定；但复杂的交互关系也极容易导致小波动酿成大后果，如著名的蝴蝶效应。利用复杂性原理以及我自己研究的和谐理论，我认为和谐不仅仅是人与人之间的相互尊重，要在相互保持自己独特性、相互尊重及包容的基础上，还需要拥有处理相互关系的基本规则（如法律、制度、规范等）并共同遵守。前者可以形成稳定的基础——多样性，后者则是社会秩序产生的基础。多样性有利于创新，秩序有助于稳定，有秩序的创新可产生社会财富，这样才能真正实现创新、有序而富有的社会，这才是真正的和谐。缺乏人与人、社会与社会处理相互关系的共同规范，一味强调多样性的各自尊重和自由发展，将会导致一个无序的社会，这样社会的富有也无从谈起，这是我国和谐社会建设必须重视的问题。

晚上，我们在埃姆斯教授家聚餐，他是夏威夷大学著名的中国哲学研究专家,又谈到了中国的发展和美国的作用。他认为,21世纪中国以及亚洲会得到更大的发展,中国不仅要关注自己的经济和社会,还应在国际舞台上扮演重要角色,对维护世界秩序起到积极作用,但绝对不能想一国控制世界。世界上每个国家都是独立的,要相互尊重,如果能利用中国人的智慧、美国人的技术,共同参与世界事务,协调和促进世界发展,一定会对人类的进步起到更大作用。所以他认为,中美关系非常重要。我基本同意他的看法,以中国为代表的东方思维方式和以美国为代表的西方思维方式不存在孰优孰劣的问题,而是具有极强的互补性,如果能将这两种智慧有机结合,将会大大惠及人类社会的发展。这实际上也是我提出和发展的和谐管理理论的思想基础和基本原理。

在参观和访谈的过程中,另一些细节也引起了我的注意,例如陪同我们的老教授向保安问路,后者不仅热情回答,还起身将我们带到路口;项目的组织者谢丽琳·希达农(Cherylene Hidanon)女士在活动的各个细节和问题上细致、系统、入微的工作态度和精神;街道旁停车处路牌上清晰、细致、全面的信息,等等,无不表现出一个成熟、发达社会的职业精神、人性化的关怀以及对效率的关注。相比之下,我们国家的建设速度虽然很快,GDP增长迅猛,但人性化关怀、各种管理软件的建设、社会秩序所依赖的基本规范和法律制度的建设及实施还有很长的路要走,我们每个人都应为之而努力!

美国"独立日"的思考(2007年7月4日)

今天是美国独立日,有趣的是在世界上最强国家美国的庆祝日,我们听取了关于这个强国最脆弱也最关心的两个问题的报告,并进行了热烈的讨论和交流。

第一位报告人是夏威夷大学前学术副校长、政治学家迪安·纽鲍尔(Deane Neubauer)教授,他介绍和分析了夏威夷的卫生保健和医疗保险问题。卫生保健是所有国家都关注的重大问题,美国尤甚。但遗憾的是,几乎没有一个国家很好地解决了这个问题,包括发达的美国。用于卫生保健的费用不断增加,未受医疗保险保护的人数占比却在不断增加,老年社会及贫富差距使这个问题更显严重。尽管从事卫生保健和医疗服务的人数在不断增长,但医疗服务人员依然是紧缺和不足的。纽鲍尔教授开玩笑道:"随着社会发展,需要卫生保健服务的人数迅速增长,而从事卫生保健服务的人数也迅速增加,到时将会有一半人需要医疗服务而另一半人提供医疗服务,世界上就没有别的人可做别的事情了。"当问及如何应对医疗费用增加和未受保险保护的人数增加这一问题时,美国人对前者的解决思路是建立社区医院(community hospital),通过集体谈判降低价格;对于后者的应对策略是政府只提供基本的底线的医疗保健开支。联想到经济社会迅速发展、农村人口占很大比例的中国，医疗保健问题远比美国要严峻得多。随着计划经济时代赤脚医生这种低投入、广覆盖的基础防疫和医疗救助体系的解体，中国需要研讨和迅速建立新型的医疗保障体系，以解决人民看病难、看病贵、服务差、医疗服务资源短缺等问题，这已成为全民和政府案头的重要议题。

第二位报告人是作家保罗·贝瑞（Paul Berry）。他从夏威夷出发，精彩地分析了环境和可持续发展问题。夏威夷有人口 130 万，但却拥有 110 万辆私家车，更何况美国人的私家车实际上不是轿车而是卡车（排量大、耗油多）。他认为，美国急需解决四大问题：可持续发展的经济，能源安全，食物安全，以及生物的多样性和环境健康。我们中国在经济取得快速发展后，同样面临这四大问题，但我们同时还有其他更多的棘手问题等待解决，如贫富差距增大、农村与城市的协调发展、经济与社会的同步发展等。他认为，环境的影响（I：impact of environment）= 人口（P：population）× 富裕（A：affluence）× 技术（T：technology）。他批评美国政府在全球变暖和二氧化碳排放方面没有尽到责任。随着经济的迅速崛起，中国的二氧化碳排放总量也直线上升。中美经济的联系日益增加，美国人的大量消费品都是"Made in China"，而且中国已经拥有了大量美国债券，每年还购买大量美国债券。因此，中美犹如一对跳交际舞的伙伴，紧密联系在一起。所以，两国一定要加强沟通与合作，这不仅有利于两国，也有利于世界！看起来，至少在学界，大家都充分认识到了中美双方建立战略合作关系的必要性和重要性！

中午参观了美国典型的商业小镇哈莱伊瓦（Haleiwa），下午在玻利尼西亚文化中心体验了太平洋中六个岛屿（国）的民族风情和文化，分别是萨摩亚群岛、塔希提岛、新西兰、斐济、夏威夷和汤加。从参与性的表演和文化活动以及来自全世界的游客，我们可以深深体会到全球化和交流的深入，以及文化的渗透和融合。

晚上我们去项目负责人 80 多岁的拉姆勒教授家聚餐，畅谈的话题十分广泛，涉及经济、社会、教育等多个方面，还与埃姆斯教授聊起了中国古代文化。对感兴趣的话题讨论之深入，使双方颇受启发，加深了相互的理解和认识。

珍珠港感叹（2007 年 7 月 5 日）

1941 年 12 月 7 日星期日，发生了第二次世界大战中震惊全球的日军偷袭美国珍珠港（Pearl Harbor）事件，直接导致美国参战。在电影中曾看过这场袭击的惨烈，今天早上终于有机会到现场回顾历史，感受世界的变化。

管理何为：一个"理想主义"践行者的人生告白

早上8点多，我们如约到达亚利桑那军舰纪念馆（USS Arizona Memorial），门口已经排起了数百米长队，没想到和平时期居然有这么多人前来纪念珍珠港事件。看着水下依稀可见的沉舰，不知有多少军人葬身于其中。不远处仍有一艘艘战舰漂浮于水面，被非常美丽的景色环绕着。翘望太平洋，听着人们对事件本身的种种传说，无须做更多的假想和解释，历史就是历史，历史是无法复制的。最重要的事情是，人们虽然经历过种种残酷的战争，但仍没有学会和平有效地处理人与人、民族与民族、国家与国家之间的纷争，中伤、恐怖行动、战争等屡见不鲜，且花样不断翻新。虽然世界日益全球化，我们已经进入科技日新月异的知识经济时代，但经济大国的军费预算的增长速度不断提升，人类在处理矛盾和纷争问题上何时才能长大和成熟？

带着这些思考，我们走进了隶属于美国国防部的夏威夷亚太安全研究中心（Asia-Pacific Center for Security Studies，APCSS）。该中心并没有我们想象中的戒备森严，而是坐落在花园似的环境之中，非常像一个大学的研究机构。接待我们的是该中心的副主任吉姆将军，他有三十多年军龄，并没有我们想象中的军人杀气，反倒给人一种非常儒雅的印象，谈吐高雅，逻辑清晰。从他的介绍中，我们感到了一丝宽慰，因为人们已经开始学习怎样解决纷争。该中心主要任务是"研究安全问题，其使命是进行安全合作教育、进行战略的沟通与合作、提升安全保证和重建能力等"，主要方式是举办各种各样的面向亚太地区四十多个国家（地区）的将领或安全官员的研讨班、学术会议、研究活动等。在简单介绍和参观之后，我们与该中心近十位研究人员进行了座谈，看到的都是有修养的学者，听到的也都是理性的思考和分析。但愿人类早日学会沟通、合作、和平相处、共同富裕！

下午我们走访了一家私立中学，这是一所由华裔担任校董会主席的学校，捐资者大都是华裔人士。从宽敞美丽的校园、生动活泼的教学方式、强调动脑动手的教学理念等方面，我们看到了美国中小学教育中很值得中国学习的地方。当然，这是夏威夷最好的私立学校，公立学校的条件与之相比差距很大，但公立学校学生上学是免费的，私立学校学生则每年需要缴纳1.4万至1.5万美元的学费。然而无论如何，只有人类不断学习和进步，只有培养出一代代高水平的年轻人，我们才可能推动社会的进步。

紧接着我们观看了华人在檀香山奋斗历史的纪录片。19世纪中叶，中国还处于战乱、生活没有保证的年代，那时的许多中国人来到夏威夷寻求生存机会和事业发展，从糖厂苦工到逐步创业，渐渐取得了在夏威夷的社会地位。尽管现在华人仅占夏威夷人口的5%，但他们在经济社会发展中的影响远远高于人口比例。进入21世纪，中国的迅速崛起又是一次重大发展机遇，一百多年前，中国人西赴美国；现在的夏威夷华人需要东进，投入推动中国经济社会建设、回国寻求新发展机会的热潮。也许人类进步的基本规律就是相互沟通、相互了解和学习，在竞争和互动中螺旋式地上升！

令世人头疼的社会问题（2007年7月6日）

无论发达国家还是发展中国家，社会问题都是永久性话题。今天上午社会活动家、公共政策中心主任、夏威夷大学社会学教授苏珊·钱德勒（Susan Chandler）博士就"重要的社会福利问题"进行了演讲。

在美国，社会福利问题包括住房、教育、社会安全、健康保险、残疾人保险、失业、食品安全、小孩和成人保护服务等。社会福利的基本价值观强调个人的差异性、个人和家庭的责任、小政府是最好的政府、市场机制和作用；社会福利的基本模式是选择性的而不是普遍的，是补充性的而非全面的，是个人/家庭责任而不是社区/团体责任，是救急的而不是预防性的，是私立的而不是公共的，市场第一、政府第二，州的权力在先、联邦其次。换句话说，政府只是提供最基本的生存保障，更高水平的需求和保护是通过市场提供的；而且政府保障的提供方式以市场运作为主。例如，美国未受医疗保险保护的人数在增加，甚至其中不少是有工作的人，对于无家可归者、醉卧街头者或没有保险人员，一旦生病需要医治，医院有义务按政府基本保护条件提供救治，但如果需要更高水平保护和服务，就必须购买相应的医疗保险。也就是说，政府要保障每个人有基本的生存条件。

实际上，美国人家庭平均年收入并不高，大约税前46 326美元，亚裔美国人家庭收入高于平均线，白人其次，黑人低于平均线。在政府贫困线以下人口占12.7%。尽管政府提供医疗保障，但那是最基本的，实际上美国的医疗费用很高，要保证一定的医疗水平，需要大把花钱。以我们中午参观的皇后医院（私立非营利机构）为例，在医院里住一晚，单人病房需要2 000—3 000美元，双人病房也需要800美元。

夏威夷的皇后医院1859年由当时的国王卡美哈梅哈四世及其王后创建，是一家高水平的私立医院，其理念是为夏威夷人提供高质量的健康服务。遵循该理念,我们可以看到医院的设计和设施一切为了需要服务的人,真正做到了以人为本。除了花园式的医院环境,内部设计上也尽可能减轻病人的焦虑,如乳腺癌治疗中心是按照迪斯尼的设计理念布局,走廊的变化和装饰让人十分放松;在病人等待区设有小的购物环境,可欣赏和选择首饰等女性喜爱的东西;还配有家属逗留和孩子玩耍的空间,以解决病人看病时孩子无人看顾问题;另有让病人放松和辅助治疗的按摩、学习、交流等设施。在急救室,整个设施按照救护车进入以后各种可能情况下的救治流程详细设计和布局,病房的分布、医护人员的配备、设备的安排等流程都经过精心优化;特别是治疗过程的全程计算机管理完全按照现代供应链的方式自动配备和执行,既提高了效率和减少了错误,又很透明,便于监督和管理。如以每个病人的指纹为基础的软件系统和自动存储的各种器械和医药设备,实现了诊断、治疗、用药、监护、计费等全程的计算机辅助管理,各部门各守其责。急救室中还设有社会工作者、家属、心理医师、牧师等专用的空间和条件,甚至包括类似于我们的思想教育室。比如重症急症病人送来,如果处于昏迷状态,社会工作者会依据其身份资料与家庭和救助组织联系,家人可以在单独的房间商议和对外联系;如果有关人士因此产生心理问题,会有专业人士帮忙疏导;如果不幸死亡,会有专门地方参拜遗体及商量有关事宜,牧师也会出现并进行祈祷,等等。总之,能想到的需要都会有相应的服务,真正让人感到以人为本、以被服务对象为导向。另外最直接的感受是,要不是看到急救室和手术室等,你几乎感觉不到这是医院,还以为是宾馆或研究机构,因为这里根本闻不到任何在医院里经常能闻到的味道!

接待我们的是一位在医院工作了几十年、现已退休的女士,她是日裔美国人,70多岁,是医院里活跃着的几百位志愿者之一。她平时配备一台传呼机,24小时开机,主要工作是为不会讲英语的日语患者做翻译。昨天我们参观亚利桑那军舰纪念馆时也看到许多老兵做志愿者,我们的项目主管拉姆勒教授也是一位80多岁的老人,全天、全程陪我们走东闯西,还要帮我们办票、联系等,我们团的一些年轻教授都觉得累,可想老教授的工作量之大。从这些接触中我们可以深深地感受到,美国不少老年人以志愿者的身份活跃在许多岗位上,不仅贡献余热,而且使自己生活得更充实、更有意义;另外,这些老人的敬业态度和精神状态令人敬佩。这从另一方面也提醒我们,在繁忙的工作和学习中要保持一个健康的体魄,还要有更高的境界和追求以及培养相应的职业精神,这样才能活得更有价值和意义!

旧金山

镜子（2007 年 7 月 8 日）

看清楚自己的外观需要一面镜子，但正确认识自己也一定需要一些镜子，它们可以是你的朋友甚至是对手。

对于国家来说也是如此，如中国改革开放以来取得了举世瞩目的成就，使得中国人眉开眼笑，扬眉吐气。过去中国人出国，尽管习惯大声说话，但到了发达国家，声音自动会低下来，大约是因为穷而没有底气。现在，声音又慢慢变大，因为口袋里有钱了！我们喜欢别人特别是外国人的讲法：21 世纪是中国人的世纪，中国这头沉睡的狮子已经醒来！当然，由此而来的还有中国经济威胁论噪声四起。我们中国人在沾沾自喜中也应该清醒，应该"照照镜子"，我们到底怎么样？

昨天早上，EWC 中心主任查尔斯先生关于国际关系的报告使我们有幸照了一次镜子。他以中美双方如何互相看待对方开始，展示了调查分析结果，2006 年中国和美国正面看待对方的程度相比 2005 年都明显有所下降，但总体上美国对中国的正面评价大于中国对美国的正面评价。印度尼西亚、韩国、日本就中国对世界的影响都有明显的正面评价，德国作出的正面评价略高于负面评价。中国将会越来越强大，印度尼西亚给予充分肯定，韩国正面评价略大于负面评价，即使日本、美国、德国不完全认同，但正负面评价相差不大。对于中国经济是否能发展到与美国经济一样强大，大部分受调查的国家的认同率在 20%—30%，其中伊朗为 60%，美国为 9%；如果算上模棱两可的意见，大部分受调查国家相对肯定的程度超过 50%。分析各国在世界中的责任时，中国、美国和日本被认为发挥了重要作用/一定作用的得票数为 6/32、15/26 和 12/34。从这些粗略的统计数据中，我们确实看到了中国的世界形象的一部分，总体来说是积极的，但仍有不少质疑。

那么，一个快速发展的国家，如何才能获得高质量的发展，做到又快又好？如中国已经提出科学发展观，要建设和谐社会，这都是追求健康发展的标志。要实现这个宏大的目标，有很多影响因素，其中最重要的因素是制度和政府，换句话说就是政府的治理能力和模式。在查尔斯主任的报告中，也比较了亚太国家（地区）和中国的政府治理问题，总体上讲，按照其标准衡量，中国在多个指标上均与亚太国家（地区）有较大差距，例如民意和管理的透明度、政治的稳定性、政府管理的有效性、规制的质量、法律的作用、腐败的控制等。由此可见，我们要实现自己的发展目标，不仅要在一些硬的经济指标上达到发达国家的水平，更重要的是追求和谐社会，在政府治理上我们还有很长的路要走。

这使我想到上午参观（昨天下午出发，晚上10点到旧金山，今天主要是观光）普雷西迪奥（Presidio）国家公园时，了解到该公园是遗留下来的历史上用于仲裁和判决的遗址和遗产，随后不断扩大成为国家公园。但因每年不断增长的开支，政府同意公园利用自己的资产进行一定的符合公园使命的经济利用，于是成立了运作资产的专门委员会，与公园管理人员和社会公众及媒体等构成相互监督的体系，既保护大众利益，又防止腐败。当我们看到一些空间似乎未得到充分利用时，公园管理人员解释道，凡是用作公共事务的房子，为了保障残障人士的权利，法律规定必须有无障碍通道，否则将会受到残障人士的起诉。于是可以想到，当政府把许多需要自己监管的事情以市场运作或委托管理时，可能会由于代理问题和信息不对等而疏于监管，但法律及其无处不在的监督可保证即使政府疏于监管甚至不管，也能正常运转，因为真正的利益相关者会利用法律武器保护自己，这时监管事实上无处不在。另外一个事例是我去韩国访问时，有些人问导游会不会买到假货，导游说基本不会，因为政府有制度规定，一旦发现将受到严厉处罚。打假的检查工作不像我国主要靠政府的有关机构，而是通过机制，即任何人只要发现假货，便可以举报，政府的处罚收入归举报者。可想而知，这样的机制将会制造一支无处不在且积极性很高的监督队伍，假货将无处藏身。我国也出现过王海这样的职业打假人，曾使一些商家闻风丧胆，但因没有规范制度的保证，他们难以实现正当和长期的健康发展。

从上边两个例子中我们可以体会到，健康完善的政府治理对社会进步具有巨大推动作用。

政治与政客（2007年7月9日）

尽管有许多人不喜欢政治，但我们每天的生活都被政治影响着，即使我们没有感觉到其直接影响，可我们工作和生活的许多方面都是由政治决定的。

今天，早上出发时间被罕见地改变了（在美国等西方国家，计划大都是提前很早就确定的，轻易不会改变），我们比计划时间早半个小时离开酒店，原因是加州新当选的众议员、加州众议院多数党"党鞭"、华裔美国人马世云女士有时间接见我们。

当我们向她问及做政治家的主要决定因素时，她认为一是要热爱与人打交道，二是要有本事筹资（她参选加州众议员就筹集了 100 多万美元），三是愿意帮助别人。她告诉我们，作为党鞭，要在议会讨论中协调各种观点。作为议员，除了早上起床和晚上睡觉，每天的活动都大不相同，要关注不同的社会问题，出席很多会议，与不同的社会群体进行沟通，还要就很多议题辩论和投票等。总之，这些议题涉及从政府预算到社会生活的各个方面。

政治学者基蒙西·基利凯利（Kimothy Killikelly）紧接着介绍了美国的政治体系，美国根据宪法基本实施的是联邦政府、州政府以及州以下地方政府两级三层的组织管理体系，联邦政府和州政府采用基本相同的三权分立体系，即立法（参议院和众议院）、司法（法院）和行政（总统、州长）三种权力分别独立，政府执行法律，两院制定法律，法院解释法律。三权分立的基本精神除了我们经常讲的权利相互制约，最重要的作用是维持一个稳定的政府，即权力的制衡对政策和政府管理的重要事项有极强的约束和稳定作用。

我们知道，现代社会快速多变，科技进步日新月异，全球化令各种关系错综复杂，也使得任何局部的小变化都可能引起世界巨大的波动，这就需要各国政府能根据局势迅速做出反应，以适时应变和控制局势。这种要求似乎与政府的相对稳定性互相矛盾，三权分立的相互制约是否会影响到政府的反应速度和应变能力？从管理的角度讲，这确实是一个严重的问题。为了提高组织的反应能力和敏锐性，组织必须扁平化和提高自己的反应速度，而反应速度来自组织内部的互动。但政府的应变能力是不是一定等于政府的不稳定性？从另一方面看，管理特别是管理体系过于灵活甚至失去相对的确定性，管理的效率和有序性也无从谈起（如政策、制度若朝令夕改将会失去价值），因此维持政府相对稳定性是管理效率和社会秩序的基础。所以，任何政府都需要考虑如何在维持政府稳定基础上提升反应速度和应变能力。

在权力制衡的基础上，快速反应的一个重要保证是对局势的准确判断和政策的全面分析。加州公共政策研究所特蕾西·戈登（Tracy Gordon）女士接着介绍了她们关于财政方面的政策研究。说老实话，她研究的话题很有实用意义，但研究的深度和实际价值还值得改进。不管怎样，加强社会和政策研究对提升决策的有效性和政府的应变能力大有裨益！

下午我们参观了德兰西街（Delancey St.）社区，这实际上是一个问题社会群体的教育学校，也是解决社会问题的一个缩影。许多吸毒、酗酒但有改造希望的人在这里进行学习改造，这里是一个独立的民间机构，靠捐赠和自身经营运行，但经过政府和法院的认可，类似于中国的未成年犯管教所和劳动教养所[①]，但最大的不同是这里主要是"自己教育自己"（Each one teach one）。他们将入住者叫作居民，住址位于居民区中，与周围居民住房没什么两样，也没有铁丝网和栅栏等设施，因此周围居民甚至都不知道这里居住了一些有问题的待学习改进的人。他们实行的是老居民教新居民的制度，自己盖房子、维护草地、打扫卫生、做饭、修车甚至承揽工程等，希望每个居民在这里都能学到生活能力，都能开始新生活，无论以后是继续留在这里当老师，还是走向社会。新居民一进来，首先在穿着上要像职业人士，西装革履，在外表上建立尊严；其次通过学习和劳动，从内心世界变成新人。其选拔制度是通过法院对可能判刑人员进行面试，然后由法院判决是入社区还是进监狱。所以进入社区的人会很珍视这一重新来过的机会。我们在参观中看到大家就像在一个公司工作一般，十分轻松愉快。

总之，一个社会的文明需要体制的保证，还需要体制制约和保证下的廉洁、高效和敏捷的政府，另外对社会出现的各种各样的问题有一套补充和处理的有效体系，如健全的社会保障体系，像德兰西街社区一样的制度安排等。上述三个方面的有效配合和互动，才可使美好的愿望变成现实。

美国的"产官学研资"一体化（2007年7月10日）

世界是平的，地球村的感觉越来越强烈，白热化的各种科技园建设、招商引资的活动在美国也是同样，地方政府都积极地通过各种政策促进经济发展。今天早上参观的加利福尼亚定量生物医学研究中心（California Institute for Quantitative Biomedical Research）就属于类似中国大学科技园一样的机构。该中心执行副主任道格拉斯·克芬福德（Douglas Crawford）引导我们参观了非常现代的大楼和相应的研究现场。

加州政府为了发展经济、创造就业机会，在加州大学洛杉矶分校建立了该研究所，目的是通过学校研究、工业参与、医院介入，加速医学研究成果尽快转化为造福于民的医药产品。所以政府出资资助、企业捐资、学校筹资共同建设现代化研究基地，学者、风险投资、企业介入，再加上旁边设有大工业基地和医院，形成了上下游互动的科技工业园区，加速了科研和科研成果的产业化过程。

另外，为了推动产业发展，当地还需要培养大量产业人才。随后社区大学洛

---

① 2013年12月，全国人大常委会已批准废止劳动教养制度。——编者注

杉矶城市学院数学与科学学院曹院长介绍了他们建立的专业培养中心对生物产业人才的培养状况。由此可见，健康的产业发展需要研究、资本、产业、人才、政府的推动并相互配合、积极协调。

值得我们学习的是美国的人才培养体系。随着经济全球化、知识经济的到来，传统的教育概念发生了重大变化，在美国70%以上的学生是"非传统"的，即年龄大于23岁，不需要父母的经济支持，需要有针对性的培养以进入产业界。在这种情况下，社区大学发挥着核心的作用。美国有研究型的大学，无论国立还是私立，大部分靠自己筹资和联邦政府支持；还有教学型的州立大学，以州政府的支持和筹资为主；再就是社区大学，其100%的预算来自州政府和学费等。美国有1 157所社区大学，加州就有109所，学生平均年龄为29岁。社区大学的使命是为年满18岁的本州公民提供受高等教育的机会，也就是说，原则上每个公民都有机会享受到高等教育或高等职业教育。因为用的是纳税人的钱，所以教育费用很低，算下来每个学分（unit）约20美元，外州学生和国际学生则需130美元或更多。由于入学非常容易，所以享受教育服务的人可以根据自己的需要选择课程，部分学生可能学习了一些课程后进入大学攻读更高学位，但大部分学生学习一定技能后就进入产业。学校为了培养学生的实践技能，还邀请了很多产业界人士做兼职教师。

与中国教育理念的重大差异在于，这种教育体系鼓励更多的学生根据人生需要、在政府资助下进入社区大学学习，然后进入产业就业，只有少数比较优秀的、有经济实力的学生才能进入教学型大学和研究型大学学习。中国的优秀大学则基本是公立大学，政府财政支持其发展，所以进入这类大学的花费平心而论很低。另外，中国父母和孩子的成功观念比较单一，高考基本上是万人争过独木桥，都竭力涌向优秀大学，而更接近产业需要的应用型人才培养学校反倒得到的政府支持较少。近些年来大量成立的独立学院本应肩负起这样的作用，但却因是民营机制，收费还高于高水平大学，这种倒置不仅不利于引导学生进行理性选择，增加产业人才的培养，还不利于缓解巨大的结构性就业困难。所以，面对未来世界的人才挑战，应鼓励学生根据需要或兴趣就学，而不是一味地攀比学历，应在知识更新日益快速的情况下鼓励继续教育。因此，应积极尝试建立社区大学，加强政府支持下的带有公益性质（政府投资和低收费）的职业教育和继续教育，使大部分学生进入这类学校学习，以培养大量产业人才；而对于高水平大学的教育，除继续加强研究投资外，在教育上只鼓励有潜质、有科学兴趣的学生进入（辅以奖学金制度），从而调整我国的高等教育结构。这样可以形成政府支持下的研究型大学、政府投资的社区大学、民营大学共存的教育体系。

下午，在加州大学伯克利分校，历史学家丽莎·鲁本斯（Lisa Rubens）分享了发生在19世纪60年代的加州大学伯克利分校的自由言论运动（The Free Speech Movement）的一段历史，并参观了校园。晚上在史蒂芬·约翰逊（Stephan Johnson）家举行了送行晚宴，参加者有洛杉矶城市学院的一些教授，我们全团及EWC陪同人员，以及一位华裔旧金山市大法官。大法官饭后还举行了非正式演讲，介绍了其法官经历和体验等。明天我们就要飞赴亚特兰大了，短短四天确实感受到了美国的政治和教育体系有值得我们学习的地方，但也看到了街头的流浪汉，关于伊拉克问题的政治争论，许多百姓对明年总统选举的期待，航空安检对恐怖分子的担忧，毒品、枪支问题，对二氧化碳排放和全球变暖等环境问题的关注，对社会问题和健康保险的担心，等等。

世界上一些国家已经进入发达状态，一些国家处于发展过程中，还有一些国家仍处于贫困窘境，国家之间应该学会相互学习和借鉴，积极尝试协作和支持，而不是动不动就制裁和武力干预！

亚特兰大

好人 = 对别人好 + 事业成功（2007年7月11日）

这几天一直陪同和接待我们的约翰逊先生，生于德国，曾在意大利生活，毕业于加州大学伯克利分校哲学系，他的太太是中国朝鲜族人。他的热情、好客、敬业给我们所有人留下了深刻印象。

从酒店第一天见面开始，只要我们在一起，他的嘴巴就没有停止过，从吃到行、从建筑风格到文化习俗、从政治到民俗、从历史到现在，走到哪儿讲到哪儿，给我们提供了大量信息，回答了我们各种各样的问题，比一般的导游讲解得还要到位，更不用说流露出的真诚了。另外，他的政治观点很明确，例如他坦率批评小布什的无能，认为随着选举的接近，噩梦即将结束。从他以及近几天接触到的大部分美国人身上，我们真切地感到美国百姓的友好和坦诚，有的甚至让人深受感动和感到可爱！如前文提到的拉姆勒教授曾是第二次世界大战时期国际法庭的同声传译人员，80多岁，活到老、学到老、干到老，令人尊敬。埃姆斯教授哲学思想上中西融通，聊天中讲他50岁时感到失落和悲哀，因为已经是一个年轻的老人；而60岁时又感到自信和开心，因为觉得自己是个老的年轻人，他的学识和智慧令人敬佩。约翰逊先生定义的好人等于对别人特好加上自己成功的事业，他说埃姆斯教授是个好人，但自己还不是，因为自己虽然对别人特好，但还可以更好，而且事业还不算很成功，还要再努力。再如团队里的凯蒂、切里恩等工作人员，他们虽然不是什么大学者，但却在各自的工作岗位上兢兢业业，令人感慨！

随着国际交流的增多，跨国、跨民族的婚姻也大大增多，民间有很多人认为这类婚姻会因为文化和习惯的差异产生很多婚后矛盾。带着这个问题我与约翰逊先生进行了讨论，他告诉我们，由于他在亚洲很多国家生活过，已经不是完全的美国观念和文化，经常会以亚洲视角看待世界；尽管他的太太在北京大学医学部念了大学，但她的生活中也不是纯粹的中国文化和习俗，所以他们两个人婚后并没有感到这种文化和习俗上的冲突，生活得很和谐美满。我们在他家参加晚宴时祥和热闹的氛围以及家庭布局可以证实这一点，从照片上看他们的儿子也很可爱，足见其家庭生活其乐融融。

已经走过的夏威夷和旧金山，前者位于太平洋中，那里有美丽的海洋、海滨和火山喷发遗留下来的绮丽山景，美不胜收；旧金山位于美国西海岸，巍然屹立于海边，著名的金门大桥横跨金门海峡，除了城市沿山地建设，地势起伏很大，街道错落有致，三个中国城占据很大地盘，18世纪的地震和大火以及19世纪下半叶的地震造就了大量新的建筑等特色外，总体景色与夏威夷变化不大。但我们今天晚上飞抵的位于美国东南部的佐治亚州亚特兰大市的景色则完全不同于前两个城市。从飞机上向下看，亚特兰大一马平川，被一望无边的树木覆盖，树丛中漏出点点别墅和建筑。远处的市中心二三十层以上的高楼屈指可数，约有一二十栋，这里曾举办过奥运会，是可口可乐、CNN等公司总部所在地，著名的佐治亚理工大学也位于该城。当然，亚特兰大并不会因为平坦而失去地势上的魅力，从市区开车一个多小时就可见山脉，三四个小时就可到海边。另外，该州还因盛产桃子被称为"桃子之州"，连汽车牌照也是以桃子为背景，这与夏威夷因常见彩虹其汽车牌照以彩虹为背景形成明显对照。另外，亚特兰大与夏威夷一样，也以干净卫生著称。

希望随后几天也能对亚特兰大及其代表的美国特色有更深入的了解和认识。

令人稍有不悦的是同行的两位教授下飞机后找不到行李，经查对还落在旧金山。记得我在第一次赴加拿大合作研究时，也发生过类似事情，但让人感到宽慰的是第二天早上我还没有醒来时，加拿大的航空公司已将行李送到了我的住处。

希望这次也如此,以体现发达国家管理虽然也有失误,但补救措施及其效率仍不失发达的水准!①

马丁·路德·金(2007年7月12日)

到了亚特兰大,我发现有一些熟悉的印象和记忆,可能是亚特兰大举办过奥运会的缘故。当时铺天盖地的报道,使人们对美国亚特兰大留下了深刻的印象。

我们上午参观的第一个地方是亚特兰大历史中心,其中很大一部分是关于奥运会的陈列,另外有美国内战、美国南部民间艺术等展区。使人印象进一步加强的仍是美国南北战争。为了统一和解决种族歧视,美国发生了南北战争,随后又进行了民权运动。美国南北战争时白人对黑人的歧视,以及男人对女人的歧视,使得黑人的民权运动、妇女的女权运动几乎没有停止过。直到20世纪50、60年代,马丁·路德·金(Martin Luther King, Jr.)率领民众进行了轰轰烈烈的反种族隔离运动。这在我们随后参观的马丁·路德·金国家历史纪念馆(Martin Luther King, Jr. National Historic Site)以及佐治亚州立大学历史学教授迈克尔·宾福德(Michael Binford)所做的"当代美国南方及其对美国政治的影响"的报告中得以充分佐证。而这里恰恰是马丁·路德·金的故乡。

或许我们可以说,只要人类生存,就会有歧视存在。我们已经进入21世纪,白人与黑人的种族歧视虽然已经缓解,男女已经比较平等,但新的歧视又会出现,如美国对亚裔及其他种族的不够友好,一般人对同性恋的歧视,脑力劳动与体力劳动者之间因观念差异产生的不够尊重,等等。种族歧视、民族矛盾、社会阶层隔阂等问题可能还会困扰人类很长时间,但我们可以深刻体会到,当这些矛盾体坐在一起,进行友好沟通和交流时,理解和尊重便会加强。因此,歧视、矛盾、隔阂可以通过交流和沟通得到缓解,人类和平共处并不必然需要战争、激烈的冲突等手段达到。马丁·路德·金在争取消除种族隔阂时,专门去印度向甘地学习过非暴力的运动方式,曾经获得过诺贝尔和平奖,但遗憾的是他最后还是被暴力所毁灭(被暗杀)。令人安慰的是,人们从这些牺牲者血淋淋的教训中不断学习和成长,逐步学习解决歧视、冲突、矛盾、隔阂的和平解决方式和艺术,例如广泛的沟通、交流与合作。

许多美国的大学和相关机构都成立了中国或亚洲研究中心等,其核心就是通

---

① 后来事实证明,行李的确送回来了,但效率没我那次高。

过研究相互了解；中国的许多大学和机构也成立了类似的美国、亚洲、日本、欧亚、世界等区域性研究中心，我们此行就有复旦大学美国研究中心的教授、云南大学湄公河区域研究中心的教授，以及众多研究国际关系的专家。晚上，莫瑟尔大学（Mercer University）中国研究中心、管理与经济学教授佩妮洛普·B.普赖姆（Penelope B. Prime）博士邀请了亚特兰大数所大学教授（如佐治亚州立大学、肯尼索州立大学、道尔顿州立学院等）和企业人士与我们一行进行晚餐攀谈会。其间大家交流热烈，不仅相互介绍了各自的研究兴趣，对互相关心和不熟悉的问题进行了探讨，还商议了今后可能的合作和交流问题。这种讨论和沟通对于隔阂和误解的消除肯定具有积极的意义。

21世纪，交通和通信日益便利，交流和沟通的技术障碍越来越小，世界不仅逐步全球化，而且越来越平，人类纠纷、矛盾、冲突、隔阂等问题的根源除部分利益原因外主要在于观念和心理，加强相互间的交流与合作可以缓解或消除观念和心理上的障碍。我坚信，人类会逐步长大，尽管我们还要交很多学费，但这些学费和时间会让人类越来越聪明地学会相互尊重、和平相处与合作！

与"自然威胁"的战争（2007年7月13日）

1998年，我有机会在淡江大学为管理博士班授课，当时恰逢猪口蹄疫肆虐，人们谈疫色变，好似一场人和猪的战争，到处在屠杀被感染和没有被感染的猪，因屠杀太多而尸体又很难处理，掩埋尸体就成了大问题。

这令人恐怖的一幕没谢多久，紧接着世界上多种疾病造成的恐慌纷纷上演，几年前的SARS，就是一场人与看不见的敌人的厮杀，紧接着的是令全球恐慌的禽流感等。这些对人类有影响的传染疾病不仅造成一国（地区）人民害怕，而且随着全球化和各国（地区）贸易、旅游的频繁，每次都会演变成世界恐慌。世界卫生组织和各国（地区）政府不得不加强对人类有重大威胁的各种疾病的研究和防治。

今天上午，我们首先参观了美国疾病控制与预防中心（Centers for Disease Control and Prevention，CDC），听取了健康沟通与政策专家克丽丝滕·麦考尔（Kristen McCall）女士关于中心的介绍，战略与创新官员艾莉森·凯莉（Alison Kelly）女士关于"新生儿缺陷研究与干预"的中美合作情况的通报，公共健康教育者明迪·弗罗斯特（Mindy Frost）女士关于健康信息与服务协作中心的介绍，以及全球疾病监测运作中心主任雷·阿瑟（Ray Arthur）博士关于全球健康协作办公室的介绍。随后参观了其紧急运作指挥中心（Emergency Operations Center），该中心配备了非常先进的群体决策支持系统（Group Decision Support System，GDSS）和群体支持系统（Group Support System，GSS），60多个座席均配备先进的计算机及网络和沟通设备，电子显示屏可以直观地看到与紧急事件相关的各种信息。从他们投屏在墙上的处理过的紧急事件列表，就可以体会到该中心可处理包括传染病、飓风、地震等灾害引起的各类紧急抢险问题。其主要运作模式是准备、监测、研究与处置、恢复。美国国立卫生研究院（National Institute of Health，NIH）当年总预算为285亿美元，说明其对疾病防治和健康服务的重视。

我们紧接着又参观了卡特中心。也许人们已经忘记了卡特曾是美国总统，因为他在任时并没有给人留下深刻的记忆，反而是其卸任后在全球范围内积极从事社会活动让人印象更加深刻，且因此获得过诺贝尔和平奖。该中心由卡特和妻子于1982年建立，是一家非营利机构，目的是在全球范围推动和平和提升健康水平。该中心年预算近5 000万美元，通过解决冲突、增强民主和人权、预防疾病、减轻精神问题、教育农民增加收成等活动改进了至少65个国家（地区）人民的生活。中心除了管理机构，还设有图书馆和博物馆等，展示其收藏和主要活动记录。该中心的活动主题是和平、疾病、健康、希望。从其主旨也可以体会到，在发达国家（地区）已经进入更高的生活水准、不断提升其生活质量的同时，许多欠发达国家（地区）和发展中国家（地区）还被许多自然灾害、疾病、社会问题等所困扰。世界各地如何通过相互理解、和平相处与友好合作达到共同发展，仍是摆在人类面前的重要话题。晚上我们与当地中美友好协会十多位老人聚餐和交谈，其间也深深体会到了民间相互了解的热切愿望。例如，当我们问及他们到中国工作和旅游时哪些方面最令他们不舒服时，他们脱口而出的是环境污染，另外还有当地人盯着外国人看，即使像西安这种境外游客很多的城市也还有此类现象。

研究表明，所谓发展，至少包括以下核心价值（Todaro，1985）：① 生活必需品——满足生活基本需求的能力；② 自尊——成为一个人；③ 摆脱奴役——能够选择。因此，发展有三个目标：① 增加基本的生存必需品，如粮食、房屋、医疗和保护，并不断扩大范围；② 提高生活水平，除了更高的收入，还包括更多的工作岗位、更好的教育、更重视文化和人道主义价值；③ 使个人和国家摆脱奴役和依赖（不管是他国或他人造成的，还是物质和人类的灾难导致的），扩大他们的经济与社会的选择范围。而缩小世界贫富差距，一般有三条发展思路，分别是地理因素决定论、国际贸易影响论、制度（强调所有权和法规）作用论。Rodrik et al.（2002）通过回归分析证明：① 制度的作用是压倒一切的；② 制度相同，地理因素对收入影响甚微，但若是通过影响制度并借助制度，它可以产生有力的间接影响；③ 制度相同，贸易对收入也没有直接的正面影响，尽管它对制度也有很大影响。斯蒂格里茨认为，除了物质资本、人力资本和知识，另一种资本是社会和组织资本，变革的速度和模式取决于这种资本的形成，国力的增长也取决于这种社会和组织资本。美国艺术与科学院院士罗伯特·库特认为，所有国家，若能发展出高生产力的组织，就会摆脱贫困。一个好的法律框架可以使高生产力的组织在竞争中自然发展。美国及世界一些发达国家（地区）的实践已经证明了这些论点。

从这些研究结论我们可以清楚看到，解决了一个民族的基本生存问题只是发展的第一步，真正的发展需要人们之间的尊重和人类自身的驾驭力，即摆脱奴役，发展最重要的途径是选择正确的体制和制度。

华盛顿

细节决定感受（2007年7月15日）

补记：在亚特兰大的两点感受。

其一，昨天去商场购物时最大的感受是舒服，尽管购物人流不如中国那么多，但依然不少。当你进入商场，除了一声招呼，并没有在国内商场经常遇到的那些极力推销的购物压力。在这里的商场你可以尽情欣赏里边的商品，甚至试用。据说很多人饿了可以在商场里直接品尝，女士可以在商场里补妆、喷香水。我们其中有几位开玩笑地在商场里左手、右手、身上各喷上不同品牌的高档香水，美其名曰"尝试一下资本主义的自由和奢侈"。特别是在苹果公司的 iPod 商店里，你可以自由上网和体验固定在台面上的各种新产品，没人过问或提醒你操作不当。这种参与性可能会给很多非购物者提供搭便车机会，如免费上网等，但却是很好的宣传商品和传播企业文化的机会，许多免费玩家最后可能成为忠实客户。再如我们去了一家号称体育用品销售权威的商场，琳琅满目的各类体育用品，不仅细分到各种专业活动，而且几乎全部可在商场试用。在中国我们经常担心陈列品是否会损坏（实际上在这里也会损坏），但有可能会因害怕少量损坏而失去不少感兴趣的潜在客户。不一样的还有酒店结账，在国内酒店出店时经常要等很长时间，而这里根本无须等待服务人员检查房间，只要告诉前台人员是否使用过房间小酒吧商品即可。即使出现差错，如你说没有用过，但每天打扫卫生时服务员记录你曾经使用过，最后也会以你的意见为准。当然这其中不乏忘记用过甚至用了故意不结账者，但酒店一般更多选择相信顾客，避免留下不信任顾客的印象。这样经营酒店也许会有一定损失，但长期形成的好客印象和声誉会迎来更多的忠诚客户。

其二，亚特兰大居民中黑人比例很高，这可能是由于原来位于南部的亚特兰大曾是黑奴制度的重要区域。另外，马丁·路德·金率领的反种族隔离运动成功后，许多黑人涌到这里建立新家园。从表面看，各类种族和平相处，但从深层次看种族歧视并没有完全消除。例如，我们此行的数十个报告人，没有一个黑人，这与黑人在美国人口中的比例是很不相称的。

经过一天的休整，今天我们从亚特兰大飞抵华盛顿。

下午3点多到达华盛顿，美国联邦政府所在地。从飞机上看，华盛顿与亚特兰大一样，被茂密的树林包围着，建筑好像成了装饰品。我们曾争论，这两个地方的森林覆盖率是否已经达到80%。这可能也是发达国家（地区）注意环境和高质量生活的一个重要标志。

从机场到市区，除了环境优美，楼房也比较简单整洁。特别是我们居住的区域，方方正正的大街非常洁净，建筑物建造水准较高，街上有黑人乐队的热烈表演（募资），但是购买生活日用品的便利店比较难找，这让我想到了北方城市的模样。但马上有人补充说等到了白宫、五角大楼、国会山等要地，印象会发生很大改变。但愿如此，我期待着之后几天与华盛顿、美国上层管理制度的亲密接触！

中国之谜（2007年7月16日）

作为学者，我们在华盛顿首先访问了美国国会图书馆（Library of Congress）。该图书馆藏品超1.3亿件，号称世界最大的图书馆，不仅给美国国会服务，也是美国国家图书馆，还给世界上有需要的人提供咨询服务。

美国国会图书馆已有一百多年历史，我最深的感受是它的富丽堂皇、雕梁画栋、穹顶、各类富有含义的雕塑使它看上去很像欧洲的宫殿。我的感觉是美国历史虽不长，文化上也不追求这种欧化的精细和唯美，但似乎要证明给欧洲人看，他们也能做出如此金碧辉煌的奢华建筑。我与同行的老教授拉姆勒谈起我的观感,他基本表示同意。

令人感到吃惊的除了海量的存书和优美的环境,就是建筑设计及富有各种科学和纪念意义的雕塑与绘画了。实际上我在研究中西方管理时已经了解到,西方的文化基石是科学、法律、宗教,今天在进门后穹顶重要部位看到的三组绘画就是以法律为中心、以科学和神学为两翼组成,且每组画的周围都有相关领域的重要级人物的大名,说明他们对此三方面的重视,也再次验证了人们关于西方文化研究的总结。另外,一进门两侧有一组不大但很有意思的雕塑,代表着不同洲际的人用手指指着地球上自己洲所在的位置,唯有美国人不是手指地球,而是随着手势遥望西方,意指胸怀世界、放眼西方。当然还有世界各种文化的组图以及很多有趣的故事和寓言。

拥有如此豪华的建筑、富有魅力的艺术、丰富多彩的思想寓意的地方不仅是供人看书学习,也是美国人教育下一代的地方,类似于中国各类学校的思想教育基地。经常有大批不同年级的学生和市民来此参观。这使我想到我们下午参观的位于华盛顿纪念碑与国会山之间的国家广场(National Mall),它类似于购物广场,比天安门广场大很多,两侧有许多非常漂亮的建筑,但这些高楼大厦不是被政府或一些有权力的机构所占领,而是用作供所有人免费参观的博物馆,如美国国家历史博物馆、美国国家自然历史博物馆、美国国立美洲印第安人博物馆、美国国家航空航天博物馆、艺术与工业大楼、美国国立非洲艺术博物馆等,还有很多雕塑园和花园。学生、市民以及游客在这里可以增进知识,学习尊重自然和各民族的文化,提高素养和情操等。我们参观时刚好博物馆走廊中间宽大的广场上正在搞民间艺术等方面的活动,搭起了各种各样的帐篷供游人参与,这类活动更彰显了自由参与的人文精神。

中午,我们与设在华盛顿的EWC的主任萨图·利马耶(Satu Limaye)先生及其几位搞研究的同事和报纸、杂志记者共进午餐,讨论了中美关系等问题,双方就自己关心的问题各抒己见。总体而言,美国现在很关注中国,虽然因为媒体自身需要,负面报道较多,但正如人们所言,"有消息比没消息好"。有负面消息说明他们在关注你,说你有威胁表明你已经成为他们的对手。由于面临总统选举,民主党和共和党的辩论日益激烈,其中许多涉及针对中国的政策,如移民问题、食物安全问题、社会问题、中国的转型问题等。为什么他们如此关注中国?基本逻辑是中国日益强大,在经济上可能超过美国,而且中国与世界联系越来越紧密,中国的任何变化不仅影响到中国,而且会影响到周边国家(地区),当然也会影响到美国以及世界。虽然日本也是经济强国，但日本和美国在观念和道路上比较接近，美国人一下子就可以看清楚。而中国走的是一条不同于美国的道路，加上世界环境日益复杂，美国人看不透中国，自然也很难决策应对。因此既害怕又难以捉摸，自然会对之好奇和关注。当然，主流的看法已发生漂移，从过去的战略关注逐步过渡到现在的贸易关注，如人民币对美元的汇率、贸易顺差、食品安全等，其基调是认为中国发展基本上是"正面"和"相对稳定"的。

当他们问及中国人如何看待美国时，部分教授认为许多中国人喜欢美国的管理系统，但不喜欢美国人的所作所为。并批评美国"站在凳子上看鼻子"，只知道自己高大，对世界了解和尊重甚少。对此，美国人也有所觉醒，认为他们需要改革教育制度，让学生多学习地理知识、科学、数学等，以增强自身的竞争力。当谈及50年后哪种语言会成为主流语言时，大家的基本共识是答案取决于其背后的实力和地位。但无论如何，在很长一段时间，美国仍然会是世界强国，无论经济还是教育。什么时候中国成为世界向往和关注的中心，才能说明中国真正强大起来，中文即使难以学习和掌握，那时也会成为世界的主流语言，现在世界上学习中文的人数迅速增加就是例证。

在谈到中国的问题时，我们承认中国仍需要改革和进步，特别是政治体制的改革。但我们认为，由于人口和历史等原因，中国的问题是非常复杂的，我们即使愿意照抄美国模式，如何有效实施也不是一个简单问题。因此，中国只能走自己的道路，尽管可以借鉴美国和世界上许多其他国家成功的经验，但必须面对现实进行探索和尝试。邓小平"摸着石头过河"和"黑猫白猫"的理论已经表明，中国已经确定了建设和谐社会的目标及走科学发展的道路，但具体怎么走还需探索，而不是简单拷贝美国模式！

世界关注中国，不仅说明中国逐步强大，也说明中国与世界的联系千丝万缕。他们惧怕中国强大而成为他们的对手，也同样担心中国出了问题世界将如何应对。所以，中国人如何走出一条既强大而又稳健的道路，不仅是中国人的福气，更是对世界人民的贡献！

美国国会及巧遇小布什总统（2007年7月17日）

我虽然不是全国人大代表，但曾被推荐为候选人，后因党派比例问题未能如愿，然而我做过陕西省政协委员，连续做了三届西安市人大代表，且连任两届常委，故此次访美我对美国议会多了一分好奇，期待能如愿到其中感受感受。

不幸的是，原计划中的国会山参观不知何故被取消，我们只能退而求其次与其议员见面聊聊。当我们如约赶到国会山时，发现那里戒备森严，连楼顶上都有荷枪实弹的军人在活动和瞭望。不一会儿，一对威风凛凛的摩托骑警驾到，等候在两旁。几分钟后，从国会山杀出一队由警卫车开路、救护车保驾的数辆高级轿车组成的车队，凝神一看，才发现小布什坐在其中，并向大家招手致意。尽管其坐守白宫的时间不会太久了，人们对其智商也充满怀疑，但见到其挥手时大部分人仍充满激动和好奇，连陪同我们的老教授也说从没有如此近距离地看到过小布什。我们也终于明白了安排好的国会山参观被取消的缘故。

我们随后如约在国会山与众议员尼尔·阿伯克伦比（Neil Abercrombie）会晤。他简单介绍了他的情况以及他对中美关系发展的重视和贡献，并就总统选举发表了自己的看法。

美国国会是拥有立法权力的机构，由议员组成，每个议员代表其选区内的选民，但是作为一个整体，国会由参议院和众议院组成。参议员由各州选民直接选出，每州2名，实行各州代表权平等原则。现有议员100名。当选参议员必须年满30岁，作为美国公民已满9年，当选时为选出州的居民，任期6年，每2年改选1/3，连选得连任。众议员数按各州人口比例分配，每州至少1名，总数固定为435名。众议员由直接选举产生，必须年满25岁，作为美国公民已满7年，当选时为选出州的居民，任期2年，连选得连任。两院议员长期连任现象极为普遍。议员不得兼任其他政府职务。美国国会行使立法权。议案一般经过提出、委员会审议、全院大会审议等程序。一院通过后，送交另一院，依次经过同样的程序。议案经两院通过后交总统签署；若总统不否决，或虽否决但经两院2/3议员重新通过，即正式成为法律。国会还拥有宪法所规定的其他权力，如对外宣战权、修改宪法权等。参众两院各自还拥有特殊权力，如总统与外国缔结的条约及总统任命的高级官员须经参议院"咨询和同意"，参议院还有权审判弹劾案，众议院有权提出财政案和弹劾案，等等。国会立法活动常受院外活动集团的影响。

国会两院在各自议长主持下工作。众议院议长由全院大会选举产生，而副总统是参议院的当然议长。两院均设有许多委员会，还设有由两院议员共同组成的联席委员会，国会工作大多在各委员会中进行。美国议员通过选举产生，因此他们必须为所代表的民众说话，否则将不会被选举连任。

我们随后在国会山"职工食堂"吃完饭后直奔美国国务院，与美国东亚暨太平洋事务局中国与蒙古部主任约翰·诺里斯（John Norris）先生座谈。此人在中国待过一段时间，曾是美国驻广州总领事馆总领事。但可能出于外交工作的职业训练，此人连语言也带着外交风格。他以几个字一顿、逻辑循环的、慢条斯理的方式开始了他的介绍,他认为中美关系是积极、合作、相互尊重的,中国在国际事务上发挥了积极的作用,如在朝鲜、苏丹、伊朗等问题上,并从经济、环境、政治、军事等方面简要地说明了中美关注的主要问题。等他介绍完,我们不少人都快要睡着了。是其天生口才如此,还是有意而为?他不是外交政策制定者,只是参与者和执行者,也许不便多言。特别是我们团队中研究美国国会和台湾地区问题的专家、复旦大学美国研究所的信强教授以台湾地区问题向其提问时,他很善变地说:"我知道你们会问台湾地区的问题,所以就有意没讲。"当指出美国在台湾地区问题上说一套做一套时,他也是模棱两可地搪塞。但总体感觉是,美国现在不得不认真对待中美关系,因为中国在日益强大。在中美关系中,还有许多令美国人头疼的问题,如中美贸易平衡问题、知识产权问题、环境和能源问题、军事的现代化问题、敏感国际事务问题等。

国际关系在世界各国联系日益紧密的情况下,是各国政府都需要妥善处理的大问题,特别是世界大国。中国的快速发展和壮大,会使中国从世界大国行列逐步跨入世界强国的行列,不可避免地在国际事务中扮演重要角色。中国人应该用自己的智慧让世界进一步认识中国,中国人民是友好的,中国政府是负责任的,中国人民是应该受到尊重的!

美国人眼中的中国问题(2007 年 7 月 18 日)

今天上午我们首先去美国联邦最高法院参观。联邦高院和州高院两级,按照宪法运转。主要受理的案件包括社会问题、商业问题、犯罪问题等。美国大法官由总统提名,国会通过。这些与中国的法院体系相近,只是法院的运作体系非常独立。

随后我们赴乔治敦大学(Georgetown University),听取该校法律中心詹姆斯·费纳曼(James Feinerman)教授关于中美关系中的法律问题的报告。因该教授在中国工作时间较长,对涉及中国的有关问题的理解还比较准确。他认为70%以上的美国人对中国的看法是正面的,并认为中国在世界舞台上有重要作用,扮演着一个负责任的角色。但中美之间仍有不少问题需要处理,例如知识产权的保护、中美贸易顺差、人民币对美元汇率、环境污染和能源问题,等等。当有教授与他争论:既然美国承认台湾地区问题是中国内部事务,为什么美国还要干预?他认为有些事情虽是中国内部事务但却有世界影响,所以会引起国际关注,例如大量的流动劳动力。但他认为,中国在香港地区问题上向世界讲述了一个好故事,打破了许多人当时的预言,即"中国收回香港,会很快毁了香港"。

然而 10 年过去了,香港地区不仅维持民主、透明的制度,而且发展得更好。

我们下午到达以美国前总统伍德罗·威尔逊命名的国际学者中心,在与在中国工作过并对中国有很多研究的珍妮弗·特纳(Jennifer Turner)女士和马克·莫尔(Mark Mohr)先生就环保问题进行的讨论中,在维护中国尊严时我们感到一丝力不从心。他们认为中国超过美国成为世界大气污染排放第一大国(这个统计数据是否可靠值得进一步考证),虽然在经济上取得了巨大成就,但考虑到环境污染和治理,这种增长可能是负增长。紧接着以环境污染为题对中国提出了很多批评,如空气污染、水污染、食品安全、能源问题等。当我们提出中国政府从上到下已经非常重视环保问题时,他们认为随着中国经济发展和改革,中央政府权力在逐步缩小,地方政府权力在增加,虽然中国有国家环保局和环保政策和评价体系,但执行不力。我们辩驳道:"中国政府已经提出和谐社会建设和科学发展观,现在全民重视环保,出现了绿色 GDP、绿色校园、绿色亚运和环保非政府组织等,我们的环境状况一定会改变!"然而他们并不乐观。

认真回顾中国的发展,我们确实有许多两难处境,是先摆脱困境,再进行环境治理?还是兼顾发展与环境,但可能长时期处于低发展水平,连温饱问题也无法解决?我们也知道发展的目标,但由于中国贫富差距、人口众多、结构复杂、国民素质参差不齐等,很难找到一条清晰的道路,不得不"摸着石头过河"!对于环保和整个社会文明及生活质量提高问题,可以说没有谁会反对,但问题是如何具体实现,这仍是摆在学者、政府、每位公民面前的一道难题。我因此曾向这二位专家发难:"你们不仅了解发达国家,也深知发展中国家的困境,而且是世界上重要的研究机构,也有大量研究成果和经验,你们能为中国的最高领导人提出什么具体的、能够有效执行的建议?再比如你们遇到中国的地方政府官员,你们又能拿出什么环保上的高招?"他们只能耸耸肩!

我们清楚,高谈阔论容易,要拿出切实可行的计划并付诸实施并不容易,即使发达的美国,他们在批评别人的同时,也没法解决好巨大汽车拥有量及其大排放量、一年四季 24 小时空调等习惯造成的空气污染问题。实际上,社会进步向来是围绕目标以设计和演化两条腿走路,最后达到一个新的发展状态。环境问题依然如此,政府和人民关注环境问题,在制定和严格执行相关政策和法规的同时,也需要社会的教育和每个人行为习惯的改善,这样才能逐步实现绿色校园、绿色产品、绿色行为和环保国家,才能真正拥有高质量的生活。而不是像马克给我们讲的段子那样,等到几十年后中国经济确实世界无敌,但因环境污染人们失去生存的条件了!

五角大楼的对垒（2007年7月19日）

怀着探秘的心情，我们上午抵达美国国防部所在地——著名的五角大楼。与美国其他政府部门和主要场所一样，安检同样严格，而且需要事先提供我们的护照及安排的详细信息。

美国国防部总法律顾问（General Counsel of the Department of Defense）威廉·J.海恩斯二世（William J. Haynes Ⅱ）先生接见了我们，因其另有公务，所以在与我们略做寒暄和合影留念后即离开。接下来的时间主要是与美国国防部有关官员、美国国防大学研究人员、美国国家战略研究所等机构研究人员进行交流和讨论。主要议题自然离不开国防、军事、国家安全、国家战略等问题。

因我们大家都不是这个领域的专家，所以交流是一般性的。虽然显得气氛活跃，但问题多，回答少，且显得保守，也许是由于问题大都比较敏感的缘故。例如，有教授问："此次我们在美国谈及军事问题时，大部分美国人都提到美国很关心中国的军事现代化，特别是透明度。你们这些军事专家如何看待这个问题？"他们认为，所谓透明度并不是想知道有关机密，而是了解中国的军事态度和思路。这是我第三次访美，我总体感觉是，由于美国是世界强国，也是许多人寻梦的地方，所以中国年轻一代对美国的了解要多于美国年轻一代对中国的了解。但这次到美后发现，出租车司机都清楚中国的许多问题，如独生子女政策、中国人口中的性别失衡问题等，也许是中国近些年经济快速发展、美国市场上充满中国制造的产品的缘故。于是问道："在全球化的趋势下，你们的学生（主要是军事官员）对中国的总体看法是什么？你们如何教育你们的年轻人不仅了解美国，而且放眼世界？作为军事学者，你们从'9·11'事件中学到了什么经验教训？"除认为因时代不同和中国的发展，美国人对中国的了解越来越多外，对其他问题的回答都含糊不清。当我们有教授提出："美国袭击伊拉克，在世界各地部署兵力和发展军事基地，卖给中国台湾地区军火，到处干预世界他国事务，却动不动就对中国说三道四，你们到底想要中国怎么样？怎么做才能符合你们美国人的要求？"面对这些挑战性的问题，回答依然是东拉西扯而不是直面问题。但总体感觉是，因中国的发展，西方将中国逐步看成竞争者、世界事务的参与者（Stakeholder）等，美国人对中国的关注和研究热情很高，一路所接触到的不少研究人员都有在中国学习的经历，不仅会说中文，而且有不少中国朋友。希望这种不断加深的研究和理解，能有利于双方的尊重和积极合作。

随后我们参观了这座神秘的大楼，该大楼如名称所示，为五边形。虽然不高，但面积巨大，据说是世界上面积最大的大楼。大楼内部结构有点像城市的环形道路设计，共有五层环形走廊，以A、B、C、D、E环来区分。其中有2万多名工作人员，进进出出的不少是着军装的军人，倒是与大楼属性相吻合。然而，除了门卫严格，内部似乎并不紧张，墙面上挂有各种照片和实物，像个军事博物馆，在楼里我们曾看到有关官员与美国军事将领的合影或活动照片。我们可以走到国防部部长、副部长的办公室等重要区域。当然，也去了"9·11"被飞机撞击的部位，在此次撞击中飞机上和地面房间内死亡近两百人，其中机上有一对中国大学教授也不幸遇难。房屋虽已修复和装饰，但留在人们心灵上的创伤可能很难在短时间内痊愈！

离开了这个巨大、隐藏了不知多少会影响世界的秘密的地方，我们来到了一间关注美国民生的私立研究机构"经济政策研究所"（Economic Policy Institute，EPI），其所长（President）拉里·米歇尔（Larry Mishel）博士和经济学家乔希·比文斯（Josh Bivens）给我们介绍了该机构及其所做的研究。他们关注许多民生问题，如最低收入问题、教育问题、能源和环境问题、政府服务问题等，目的是使人民生活得更好。因为其运转经费主要来自一些私立基金会、私人捐款，早期时也接受一些有关机构委托的研究项目，所以尽管想维持独立见解、成为一方面声音，但筹集足够经费也是他们经常必须面对的问题。在中国要建立这样的私立政策研究机构并保持健康运转，在经济上的难度要比美国大得多，然而未来社会的健康发展需要大量这种非营利性的机构，特别是这次访问中经常提到和遇到的非政府机构（Non-Governmental Organization，NGO）。

高教与高教管理（2007年7月20日）

上午，我们来到此次访问的最后一个机构——美国教育委员会（American Council on Education，ACE）。美国没有教育部，但有很多协会，比如大学校长联合会、各类学校联合会等，其目的是形成联盟，增大向政府和社会说话的声音。教育委员会与各协会相互独立，但通过经常举行的秘书长联席会等方式商议共同感兴趣的事宜，以形成比较统一的意见，一方面与政府沟通，另一方面也有利于指导高等教育的发展。

美国教育主管部门（Department of Education）对高等教育的投资是很大的，不过它们与大学的关系跟中国教育部与大学的关系不同：政府通过与教育委员会等机构磋商，明确教育资金投向；然后政府认定第三方评价机构，由评价机构对大学的各种资金申请进行评定；最后政府据此投入。

ACE 除了了解美国高等教育的运转体系，最重要的是了解美国高等教育的发展趋势，除了前边访问期间谈到的教育改革，即让学生更多了解世界、提升竞争力，最主要的是在全球化情境下高等教育如何国际化。他们就此已经有大量的研究，出版了成系列的研究成果，如构筑全面国际化的战略框架，专业的国际化，全面国际化过程中教育机构怎么做、学生学什么、校园如何进行国际化和全球化学习，如何应对全球化和多文化教育之间的问题，等等。

在全球化环境下，如何在全球范围内整合教育资源、构建适合全球化环境的教育架构、适应跨文化的交流和冲突、组织国际化的教育内容和方式等，是高等教育管理部门、高等教育机构以及从事高等教育的人员必须面对和思考的重要问题。在中国，现在大学除了各种中外合作教育项目，伴随中国加入 WTO 并承诺对外开放教育市场，还出现了国外大学在中国的分校（如宁波诺丁汉大学）、由中外高校合作成立的国际化大学（如西交利物浦大学）等形式的教育机构，但最难做的是如何使大量已有的各类高等教育机构走向国际，如师生国际化、教育内容国际化、教育活动国际化等。

随后，我们补了因小布什出行而未能参观国会山的课。因是议员安排，所以我们从参议院办公大楼底部经国会山的地下通道到达国会山，参观了众议院、参议院会议室，了解了基本的会议辩论方式等。最大的感受是所有政府办公环境都可以某种方式让市民进入参观，包括军事重地五角大楼，这种做法不仅增加了市民参观的场所，也提高了政府的透明度。

晚上，中国驻美大使馆教育处设筵宴请了大家，公使参赞尤少忠博士以及使馆教育处成员、华盛顿地区访美学者和有关人士参加了宴会，大家进行了友好交流。随后，21 天的美国之行在我们一位团员简单而富有情趣的生日聚会中圆满结束。

结束语

此行横跨美国，深入到美国政界（如国会、五角大楼、州议会和议员、部长等）、研究界（如夏威夷亚太安全研究中心、美国疾病控制与预防中心、卡特中心、经济研究所等）、大学、民间（如与中美友好协会老人的友好晚餐等），给中美双方组织人员和所有团员都留下了深刻印象。我们访问的使命是，通过各类活动，使双方学者和教育者加深相互了解，在各自的研究和教育工作中埋下友好的种子，通过大家的研究与教学活动，影响更多的人，从而提升双方的尊重，打造和谐关系。

访问已经结束，等待我们的是通过自己的工作和影响，为中国发展，为中国与美国及世界其他国家之间相互尊重与合作，为中国在世界上扮演更重要角色贡献自己的力量！

参考文献

TODARO M P. 1985. Economic development in the Third World [M]. 3rd edition. New York：Longman Inc.

RODRIK D, SUBRAMANIAN A, TREBBI F. 2002. Institutions rule：the primacy of institutions over geography and integration in economic development [R/OL]. (2002-10) [2022-03-28]. https：//drodrik. scholar. harvard. edu/files/dani-rodrik/files/institutions-rule. pdf?m=1435074029&msclkid=5cc1b9a2ae7311ec8c2f750c951e2742.

附文 6
五十感怀
(2007年8月9日)

转眼50岁了，静下心来写这些文字源于美国访问期间与世界著名哲学家鲁杰·埃姆斯教授的一席谈话。在他家晚宴后的聊天中，谈到年龄，他说："50岁时感到失落和悲哀，因为已经是一个年轻的老人；而60岁时又感到自信和开心，因为看着自己依然年轻和具有活力，是一个老的年轻人。"他还说他喜欢我的满头白发。我想有不同感受主要是由于心理的变化。

我的感觉虽然没有这么严重，但50岁确实给我一种冲击，言语中经常会不自觉地讲"老了"，特别是学生、同事们要给自己举行50岁生日活动时。组织我的学生聚会，本是检阅和交流，建立学生发展的互动平台，却被外界说成是过50岁大寿；学生们也认为我50岁生日是重大事项，私下偷偷地请画家以我的照片为蓝本画了油画作为纪念。虽然过了几次生日，但因为阴历、阳历原因，大家不知道我具体的生日。有一次生日恰逢《管理学家》杂志组织的全国公益性巡讲启动仪式，我到北京与中国企业家联合会及管理界名家为近500多位各界人士做报告，那次经历对我来说实际上是最好的生日纪念。当我准备赶赴浙江参加绍兴市政府举行的重要活动时，不知谁提醒当天是我的生日，杂志社30多位员工聚集在电梯口为我唱生日祝福歌，这是我没想到的，令我激动和记忆一生！我不禁想，我将以什么样的人生来感谢和回馈这些关注和祝福呢？

有人将人生分成三个三十年，即学习进步的三十年、创业的三十年和保命的三十年，认为人生是否成功取决于对人生醒悟早晚。中国先贤们总结道：三十而立，四十不惑，五十知天命，六十耳顺。朋友曾告知我一个段子：将人生分成十个十年：一十天天向上，二十摇摇晃晃，三十到处奔忙，四十创造辉煌，五十争取再上，六十告老还乡，七十到处逛逛，八十打打麻将，九十躺到床上，一百挂在墙上。无论怎样划分，在我看来，有正确的世界观、人生观和价值观以及自己的人生规划，拥有成功、快乐人生的可能性就大。尽管世界进步太快，变化巨大，人生需要的更多是应变，但对人生的期望却是相对稳定的，有之则有明确的奋斗方向，没有则可能一辈子患得患失；对自己人生认识清醒地越早，拥有的快乐、成功人生的价值越大。

我在40岁时曾作生日自画像，主要是反思和重新认识自己。由于与不少高人的大量接触和对人生认识的不断提升，我自己就像古人所云，40岁后已逐渐释然。因为我的人生愿景逐步明确，知道什么是成功、我需要什么生活，这样面对各种机会和诱惑时便清楚什么是自己所追求的、哪些是应该毫不犹豫地放弃的。学会放弃实际上是非常困难的，不少人虽知道自己应怎样生活和工作，但在各种各样的机会和诱惑面前仍会有困惑和摇摆，甚至使自己陷入痛苦。原因是一个人知道要做什么却不一定能做到，做到了也不一定能做好。真正要摆脱诱惑，按自己想要的方式工作和生活，需要修炼。小隐隐于林，大隐隐于市。真正的人生需要在杂芜多变的世界里修炼。我自认为经过修炼，我不仅知道要做什么，而且可以做到，只是要争取做得更好。例如院士评选，这是许多学者一生追求的最高境界，我已做到平静对待，因为我知道我的人生愿景是以自己的研究和人生对更多人和社会产生积极影响，当选院士虽然有助于这个愿景的实现，但不能当选也并不影响自己愿景的实现，因此不会为此费心劳神。评上不会飘飘然，因为知道自己有几两几斤；评不上也不会茫然沮丧，因为清楚这是少数人的游戏。

这次在美国遇到另一位哲学家史蒂芬·约翰逊先生，当聊起成功人生时，他认为应该是做个"好人"（good man/women），并定义"好人＝对别人好＋事业成功"。他说他自己对别人特好，以后还要更好；但事业不算很成功，还要努力，所以现在还不是个"good man"。我基本同意他的观点，也在努力做个好人！

我对人生价值是这样认识的：

人生价值＝ 做人的成功×做事的成功

＝（人格魅力＋某方面或多方面专家权威＋一定资源控制和利用能力）×（人生的丰富性×个人的影响力×影响的方向性①）

＝（人格魅力＋某方面或多方面专家权威＋一定资源控制和利用能力）×〔人生的丰富性×（影响的人数×影响的地域×影响的程度）×影响的方向性〕

从这个角度看，自己的人生价值还令人欣慰。做人成功方面可打80分，还需继续努力；人生不单调、丰富多彩、积极快乐、举重若轻；影响人数除了带研究生和给学生上课，每年有数千甚至上万的听众，还有学术文章的读者、《管理

---

① 指是积极影响还是消极影响。

学家》杂志的读者、自己管辖范围内的管理者和员工；影响力主要在中国，虽然学术交流和文章也有世界听众和读者，但在国际上的影响还不大；在影响程度上主要是通过改变人的思想和行为提升其工作和人生的价值，而且影响的大都是处在领导或管理岗位上的人，希望通过他们起到放大作用；影响的方向性上是正面的、积极的，我希望受我影响的人都能有积极、快乐、丰富、有效的人生！

随着经济全球化，世界日益一体化。我40岁生日自画像是在加拿大合作研究时作的，50岁生日感怀是在美国访问结束后写的，而人生活动主要在中国。这些年来，利用中外管理思想和理论，借助自己理科基础（物理学士）、系统思维训练（系统工程硕士）和对人文社会管理（管理博士）的关注和理解，对古代思想精髓的汲取和对现实管理的深刻体会及争取提升的极大热情，研究发展管理理论（如和谐管理理论）和教书育人、参与社会活动（如人大、政协、众多学术机构）和传播管理思想（各类讲座和办《管理学家》杂志），进行行政管理和企业管理实践。在今后的人生中，将不遗余力，围绕自己的愿景和使命，继续努力将东西方、理工文、古今结合起来，为管理理论研究、管理思想和理论传播、管理实践提升贡献力量！

第六章

扬帆起航　乘风破浪
(2008—2017)

　　成功、影响力和生活满意度不是你积累权力的结果,甚至不是别人认为你有多大权力的结果,而是你运用自己已拥有的权力为他人服务的结果。

——〔美〕德博拉·格林菲尔德

事业是一切,名号只是虚声。

——歌德

摄于 2011 年西浦五周年校庆,与纽比校长(右)和帕特里克(中)在一起

第六章 扬帆起航 乘风破浪

各项事业顺风顺水，个人发展左右逢源，我突然意识到已经迈入 50 岁门槛。俗话说"五十而知天命"，到了这个年龄，能做什么和不能做什么已了然于胸，故而做事不再强求结果，顺势而为。但我对这种民间智慧一半认同一半保留。认同的是此时人更清楚自己的内心所向，不愿再为那些虚名浪费生命；保留的是 50 岁可能因人生积淀足够丰富而恰恰是开创更伟大事业之时，应该抓住机遇、利用人生积累的资源、经验和智慧，再轰轰烈烈地奋斗一番，而不是满眼浮云，只求平平淡淡、安度余年。

我曾以"逆俗生存"命名管理之道系列丛书中的一本（席酉民，2016）。我虽有叛逆性格和挑战心理，但并非一味愤世嫉俗乃至作茧自缚。特别到了 50 岁，内心十分清楚世界的多样性，认为人们需要相互尊重和学习，更需要包容和欣赏。然而，对知识群体中那些浪费公共资源满足个人欲望，对他人和社会造成消极甚至破坏性影响的事或行为，还是无法坦然处之，忍不住要发声，若有机会改变还会付诸行动，这可能与自己的人生定位有关。

一、头衔与数字背后的个人选择

退出院士角逐

因资源配置机制的工程化和指标化，大学和研究机构深深陷入各种项目的角逐和数字的制造中。也因马太效应的存在，一旦某人戴上某顶人才帽子，资源便会不断向其聚集：前一天在校园里可能还是"无人理睬"的教授，第二天就会摇身一变成为"全能"专家，身价倍增，邀约不断，成为很多领域的规则制定者。按照过去的做法，院士可以"终身制"，所以很多人年纪轻轻就为当上院士而奋斗，甚至不惜扭曲自己。例如，我知道个别教授会放下本职工作，在十几年里陪院士及其夫人参与各种活动；有人身患疾病还不辞辛苦在全国飞来飞去，游说有投票权的院士；有整个机构或组织上马了"院士工程"，把成就向一个人身上倾斜，然后集体组织院士们进行相关"交流"活动，等等。有时申请者就像被组织"绑架"，不搞吧涉及组织利益，搞吧太痛苦。最近和另外一位朋友通电话，问他在忙什么，答曰拜访院士，上一轮增补时拜访了一半，似乎只有全部拜访才有可能，所以现在正在拜访另一半。个人以为，学术身份与成就有关，更关乎尊严，因此越了解内幕，抵制心理越强。

2008年，学校认为我有竞争院士的机会，鼓励我申请。当时虽没有现在这样强烈的抵触情绪，但也知道一些内幕和机制，曾以短文坦言："院士就是一小圈子人的游戏。"前学生和曾经的同事韩巍教授看到后对我说："你在和院士说拜拜。"考虑到院士头衔本身没错，自己也做了一些工作，而且当时的院士中不少人也很认同自己的贡献并积极支持，所以就参加了申报遴选。管理学部院士实行两级评审机制，即先要选择一个工程学部进行初评，然后再进入管理学部评审。而在相关工程学部，他们并不熟悉我的工作，所以院里及学校希望和院士们进行"必要"的汇报和沟通，但我个人并不情愿。院里领导甚至说："你提供建议，我们去跑。"我也不太支持，因为这不符合我的做事做人的原则。一次刚好与西安交大非常资深、儒雅、知名的陈仲琦教授（曾是学校研究生院院长，还拒绝过校长职位）同乘一架飞机，他听到我的态度后跟我说："咱打个赌，你这种态度和做法，一辈子也评不上院士。"我们这个领域也有一些有类似态度的人，例如钱学森的学生于景元教授。有一次，于教授、中科院科技政策与管理科学研究所徐伟宣教授和我在中国科技大学开会，晚饭后聊天开玩笑，刚好有位院士也在场，便聊起一些关于院士的"八卦"，于教授明确说"我们不愿和这样的院士为伍"。

可想而知，2008年我虽然顺利通过初选成为中国工程院的增选有效候选人，但落选是必然的。抵不住组织的压力，2013年再次申报，再次入围，但依然坚守自己的原则，不愿为世俗头衔折腰，再次"如期"落选。从此以后，我无意再申报，跟前面提到的对奖项的态度一样，不再主动参与申请。除非改变评审机制，如由院士和评委提名，坐在家里突然接到电话，通知获奖了或评上院士了，那我会很开心地接受。很多人不理解我的态度和做法，一位后来增选为中国工程院管理学部院士的教授，他知道我在管理方面的造诣和实践成果，曾试图动员我申请。记得那时他们院士在杭州开会，议论管理学部的未来发展，他们觉得需要增选一些管理领域的科学家。他打电话给我，问能不能到杭州一次，和大家聊聊，我回复说算了。他说："大家知道你清高，但你组织个活动，给院士介绍介绍你的研究和发展总可以吧。"还有一次，温家宝总理指示对三峡决策进行"后评估",因我参与三峡研究十多年,自然成为主要的参与者,在最后的总结会上,有很多院士在场,汪老师让我去参会,我也放弃了。我知道这很不合常规、很逆俗,只要有院士参加的活动,大都可以看到不少潜在申请者忙碌的身影,无论是跟前跟后,还是推杯换盏。我有时候真是很不识抬举,机会就在眼前,但因内心的抵制,也不会主动出击,甚至当院士给我敬酒时,方意识到即使不再参与增选,也应展现出必要的尊重。我当然对绝大部分认识的院士抱有崇敬的心情,但确实对某些熟悉其背景和实际工作成效的所谓"院士"难以心平气和,更不用说心悦诚服。

在国际舞台的博弈中,靠的是实力,而不是被扭曲的帽子。2021年5月28日上午,中国科学院第二十次院士大会、中国工程院第十五次院士大会和中国科学技术协会第十次全国代表大会在人民大会堂隆重召开,习近平总书记出席并发表重要讲话,强调"让院士称号进一步回归荣誉性、学术性""维护院士称号的纯洁性"。最高层的声音让人看到了改变的曙光。

回归初心、拒绝跟跑

在数字和网络技术高度发达的今天,人们却越来越远离"真理甚至常识"与真相。例如,科学研究追求真理,学术杂志便成为对真理进行阶段性确认的工具,杂志声誉依赖严密的逻辑、真实的数据(事实)、严谨的评审,尤其是长期的社会贡献和影响力。可人们将其简化为期刊等级、影响因子等符号资源,杂志、作者为了获得认同,编辑、审稿人、作者结成同盟,各显其能地制造"数字幻觉"以相互成就。另外,为了促进科研和教学,人们创设了各种学术头衔和奖励项目,例如×教授、×学者、×士和×奖等,其评选过程常依赖专家群体的投票机制。遗憾的是,真理经常在少数人手里,看起来"民主"的制度安排却经常产生谬误。加上社会广泛的寻租现象,"跑"和"跪"便成为学术评判(价)的一道"风景"。其间扭曲了多少人格,糟蹋了多少纳税人的钱财,对学术风气造成了何种败坏。原铁道部张曙光增选院士就是被曝光的典型案例。遗憾的是,政府和学术圈还特别重视这些简单的数字,如算 SCI 论文、数帽子和奖励个数等,导致学校和科研人员把大量的精力及资源花费在这些数字的制造上,大量投资纵然浇灌出了好看的数字或排名,却误导了学术偏离目标,造成了极大的智力和资源浪费。各界的抱怨和呼声,使教育部和科技部不得不联手于2020年2月发布了《关于规范高等学校 SCI 论文相关指标使用 树立正确评价导向的若干意见》。

此顽疾病因很多,但我国习惯的以各种"项目""工程"配置科教资源的体制是根本原因。这一体制使大学校园失去了应有的宁静，造成领导和教授很难静心于教学和研究，而是忙于各种数字的制造和花样翻新的"评价指标"的追逐中，诱致教育与科研活动的扭曲。因陷入这种竞赛中不能自拔，大量的大学领导和教授们在努力地"揣着明白装糊涂"，以荒谬应对荒谬，造成科技资源的巨大浪费。甚至连"以本为本""回归教育本质"等天经地义的事情都不得不由国家最高领导人、教育部来号召和推动，而且效果不佳。

我一直试图推动这种积重难返、近乎封闭状态的改变。在21世纪初，我专门承接了一个教育部重点项目，对中国高等教育体系提出了结构和管理体制机制调整建议。记得向时任教育部副部长赵沁平院士汇报时，他说这是中国教育未来发展的方向，只是当下难以做到。同时我又作为教育部科学技术委员会委员和管理学部常务副主任，组织中国管理问题研究中心（当时教育部四大战略研究基地之一），专门研究中国科教资源配置体系的改革，给教育部和国家科教领导小组撰写政策报告，建议国家及教育主管部门放弃以各种"项目"或"工程"配置资源的基本逻辑，而是针对研究型、教学型、职业教育等不同定位，根据大学类型、性质、规模等，形成比较科学、规范、透明的资源配置体系，并根据学校运行情况持续修订完善。遗憾的是，这种变革虽在不断进行，如国家也不再强调"211""985"等称谓，但却制造了新的"双一流"计划，资源配置机制并未有实质性改变。好在习近平总书记在2018年两院院士大会上明确指出："要通过改革，改变以静态评价结果给人才贴上'永久牌'标签的做法，改变片面将论文、专利、资金数量作为人才评价标准的做法，不能让繁文缛节把科学家的手脚捆死了，不能让无穷的报表和审批把科学家的精力耽误了！"

在呼吁的同时，我努力从自身做起，不申报院士和各种奖项，在西浦保护学术和教育净土，探索未来教育，于是提供西浦方案就成为自己的日常行动。在各种场合，当大家了解西浦的行动，经常会说："你们可以做，我们做不成，因为我们体制不同。"我对此并不完全认同，作为学者或科教工作者，关键是愿不愿意回归初心，有长远眼光，敢于大胆创新，做自己认为对的事情。我们当前的学术生态确实有不尽人意的地方，会助长浮躁，但放眼未来，如果我们真想拥有一个有意义、有价值、受人尊重的学术人生，在全球重塑教育的关键时刻，更要求我们力戒急功近利、围绕数字指标打转的习惯，遵从自己的内心，崇尚科学精神，回归教育本质，坚守学者原则，拥抱更有尊严的人生。这当然需要勇气，敢于独立思考、大胆突破，凭借智慧走出一些前人没有走过的路。

不期而遇的奖励

此时的我虽然不能说看破红尘，但确实已放弃那些给别人看的奖励或需要违背做人原则和耗费精力去申请的各种奖项和头衔，专注于教育探索、管理研究、管理和教育理论及"最优"实践的传播。我曾想50岁以后，特别是自己加盟西浦以后，就算是进入市场了，需要见证的是自己的生存智慧、创新能力和竞争力，而不是各种奖励和名誉，因此以为将告别这些世俗的标签。然而，不期间却迎来了一些认可和荣誉。

2009年，中共苏州市委宣传部、苏州市文明办、苏州市教育局、苏州日报社和广电总台，以"爱与责任"为主题，开展苏州教育十大年度人物评选活动。经过主办方初选、专家组商定、审核，以及逾百万社会公众投票，我因在筹办和管理西浦及探索高等教育新模式方面的突出贡献，入围2009年苏州教育十大年度人物。同年，因西浦在中国教育第一线的创新和日渐升腾的影响，还获得新浪中国教育年度盛典"2009年度十大影响力教育人物"奖项。

我以前在陕西时也获得过非学术成果型的奖励，如1991年陕西省教书育人先进个人、1992年陕西省第二届优秀青年科技工作者、1995年陕西省青年科技新星等。没想到的是，2012年我居然在苏州获得了全国五一劳动奖状、奖章。坦率地讲，有没有这个荣誉奖章，自己都会全身心追随既定的目标，但被别人认可毕竟是一件值得开心的事情。

2015年，江苏省举行"江苏高教30年重要影响人物"评选，第一轮是单位推荐和专家提名海选，第二轮是各高校票选海选，第三轮是网络投票海选以及三轮专家评审会评审，最后产生了10名当选人物和19名提名人物。对于我这个新江苏人，能够进入提名人物，也算作一个小小的惊喜。

为表彰对社会做出特殊贡献的人才，苏州市委、市政府专门设立了"苏州杰出人才奖"，每三年评选一次，每次在各领域选10位杰出人才予以奖励。2018年，在我成为新苏州人10周年之际，又荣幸地获得了第五届"苏州杰出人才奖"。

改革开放后的头30年，中国给年轻人设立过很多奖励和荣誉。对于曾经几乎获得过所有相关全国性奖项的我，这些认可似乎不值得一提，之所以记录于此，是因为它们的获得方式符合我的理念，是由他人选择和认可，无须自己花费精力和时间去争取的。

社会服务

由于西浦快速和高质量的发展受到高度关注,我个人又经常发表独特而新颖的观点,因此也经常被邀请参加一些相关的社会活动,例如经常受电视台邀请,对重要的时政话题发表评论,因一头白发很有识别度,故被当地人戏称"那位白头翁",甚至市长都和我开玩笑说:"你比我的上镜率还高。"我还被市政府邀请成为苏州市依法行政监督员、政府政策研究室特邀研究员,并当选苏州市第十五届(2012—2016)和十六届(2017—2021)人大代表,江苏省第十三届(2018—2022)人大代表。

二、掀起管理的深度反思

随着中国改革开放,经济发展和企业国际竞争力日益提高,学术界对中国管理和管理学问题的关注越来越多。我们发起和持续组织的"管理学在中国"学术年会就是我们的一种努力,意图对管理研究以及在中国应用和教育进行系统反思,从而促进管理在中国的健康发展。

为了进一步集中力量,提升中国管理研究水平,2017年9月29日,在美丽的苏州西浦校园,我和上海交通大学王方华教授召集了50位国内资深管理学者,发起组成了一个动态开放社群——中国管理50人,在第一次盛会上正式宣告成立。会后,这群自愿走到一起、愿为推动中国管理学的发展做出不懈努力的学界同道,发布了《金鸡湖告白》(中国管理50人,2018),向全社会展示了我们为实现理想目标而行动的责任心和企图。

我在会上做了《管理研究:信仰、逻辑和实践》的主题报告,从管理学界的焦虑和争论入手,通过比较东西方的文化、管理研究和实践,提出了管理研究首先要有信仰,其次得有逻辑,再回头看事实,尽管研究是从事实出发,得到逻辑,再强化或挑战信仰。并阐明这里的信仰是指,对世界的认知、自己与世界相处的使命,以及为践行使命而孜孜以求的努力。随后阐明了自己的管理世界观(见图6-1)。然后针对管理学术(科学范式+形式逻辑)与实践〔有效范式+审辨式思维(洞见)〕的逻辑悖论,指出了设计与演化并重的管理逻辑,因此领导者永远会面临两种逻辑融合的挑战,换句话说,领导者需要持续提升其耦合(融合)智慧。并进一步分析了和谐管理理论是一种集管理关键逻辑之大成的框架:

谐则对应设计逻辑，和则对应演化逻辑，和谐耦合对应耦合（融合）智慧，愿景和使命及其阶段性和谐主题体现了领导者及其组织的世界观、使命担当和对组织与环境互动关键点的敏锐性。最后阐明基于和谐管理理论框架的东西方智慧融合是管理研究和实践应对充满 UACC 的未来世界的出路。

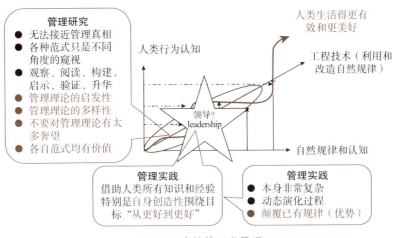

图 6-1　我的管理世界观

随后，应中国管理研究国际学会前主席、《管理视野》主编、华盛顿大学福斯特商学院陈晓萍教授邀请，我撰写了《管理学在中国突破的可能性》（席酉民，2018）一文，又应国家自然科学基金委员会管理学部主办的《管理科学学报》主编、天津大学张维教授邀请，撰写了《管理学在中国突破的可能性和途径：和谐管理的研究探索与担当》（席酉民、刘鹏，2019）一文，从理论上更深入地剖析了中国管理研究的方向和出路。

生态管理的基本逻辑是有限干预下的演化；相比一般生态系统，其独特性是它的演化具有目的性，即常说的愿景、使命、价值；其实现方式具备有组织性的特点，即根据目的营造共生系统（平台、生态）；其演化过程具有干预性，通常以治理（规则，包括法、伦理、世俗、文化等）、管理（包括权力，如资源配置、政策制定等；布局；共存规则，如信任、竞合、利他等；博弈策略；在线干预）等为手段，最终实现干预下的演化（动态平衡中的进化）与合目的性的发展。

三、执掌西浦

可以说，在我接受了董事会任命成为西浦执行校长后，就将主要精力转移到以西浦为平台进行的教育与管理两场实验。教育上主要是以西浦为支点，通过对未来教育的探索，撬动中国教育变革和影响未来教育发展。我曾形象地比喻我们不是想给教育航母上增添一架飞机，而是通过未来教育研究影响航母走向。在管理上主要是探索生态管理时代的网络化组织与新管理理论的建立。

肩负使命、战略布局

2008年8月6日，董事会的正式任命让我从体制内走进了市场，开启了我带领西浦走上快速和高质量发展的征程，自此我将全身心投入教育和西浦发展。关于西浦发展十多年的精彩历程，我在席酉民（2020）中已有详细记述，这里从个人发展角度再做一个提纲挈领的小结。

一是巧妙定位，形成相关利益者联盟。

我加盟利物浦大学和西浦是利物浦大学校长博恩爵士任上的决策，但甫一上任即开始转向与其继任者霍沃德·纽比（Howard Newby）爵士合作。刚开始时，董事会的习惯是西安交大和利物浦大学董事各坐一侧，当批准我的任命后，我即成为利物浦大学方董事。西安交大同事开玩笑地说："你现在可以坐到对面去。"利物浦大学的同事也玩笑道："这一下我们少了半拉董事。"因为，我还保留着西安交大教授的身份。不少人也对这种不合中外合作套路的人事安排感到奇怪。中国人常说"屁股决定脑袋"，大家感兴趣的是"你现在代表谁"。

其实我的心里定位非常清楚，我既不代表西安交大，也不代表利物浦大学，我只代表西浦。这是一种系统或整体思维，只有西浦健康发展了，才有利于所有利益相关方。另外，不站边也会形成中立的地位，有助于建立一种相关利益者联盟，以获得各方的持续支持。但这种定位依赖于较强的驾驭和平衡能力以及决策者的价值创造力，方能确保各方的认可和尊重。

我和西浦都得益于这种相关利益者联盟，特别是当遇到某种沟通障碍或挫折，或各方合作或治理力量失衡时，这种利益者联盟有利于我们回归稳定和相对平衡，以确保西浦长期可持续发展的战略目标。对于我个人来说，我信奉的是：你很难确保长期被所有人爱，但你一定要凭借你的工作让别人理解你的价值和贡献，即使因个性和行为差异有些人不喜欢你，你也要让他们深刻意识到放弃你对他们来说是一种损失！

二是确立更深层的信任。

按照我的管理经验和认知，我认为西浦董事会一年开一次即可，但考虑到学校预算和学年情况，可以召开两次。但霍沃德校长当时坚持一年开四次，并告诉我你刚刚到位，我们可以多开会、多研究。我心里知道，这其实是一个信任问题。我与霍沃德校长初次合作，他自然需要一个了解过程。因此，2008年8月初董事会开会任命我，9月底开会安排新学年，2009年2月再开会确定西浦发展战略。因我和董事长王建华教授共事多年，相互信任且配合默契，所以，在董事会里我主要面临和霍沃德校长的磨合，几个回合下来我如期赢得了他的信任。他在任上时给予了我充分的发展空间和信任，西浦也得到了高速健康发展。后来，西浦董事会稳定到每年两次，即2月左右一次网上会议，7月底一次线下会议（与毕业典礼和学位授予仪式相结合）。

另外，帕特里克·哈克特先生见证了西浦的筹建，后荣升利物浦大学首席运行官（COO）、西浦董事会成员，是利物浦大学一方西浦事务的主要决策者。霍沃德校长在任时，他又升为常务副校长（DVC）。可以说，我和他的合作和信任对西浦发展有决定性的影响。幸运的是，我们十多年的合作非常友好和协调。2018年7月他离开了利物浦，9月加盟曼彻斯特大学。在告知我他岗位变动的信中，还提到我给他讲和谐管理理论及在大学中的运用，说长期合作中他从我这里学到了很多，并将应用到他新的岗位中。当然，我从他那里也学到了很多，特别是对西方尤其英国大学管理、人事、校园政治以及文化特征的深层认知方面。

三是架构战略，开启教育与管理的双重实验。

我到岗后，西浦发展出现了很多不合常规的现象。例如，一般而言，招生录取分数线应随名额快速增加或学费增长而降低，但"西浦现象"是招生名额增加、学费增长，录取分数线也在同时提高。这让我们惊喜，但我的目标是通过在中国土地上办一所独特的大学来影响中国的教育改革和世界高等教育的发展，所以，需要迅速根据国内外高等教育发展的现状和挑战，分析未来社会的发展趋势和人才需求，形成西浦清晰的定位和发展战略。

作为经验丰富的战略研究专家，我轻车熟路，只邀请了当时的财务主管陈果（Victor Chen）配合支持。他是利物浦大学当年的合作伙伴劳瑞德教育集团通过猎头为西浦推荐的第二任财务总监，在我全职加盟西浦之前，劳瑞德曾邀请我参与他的面试。他在麻省理工学院接受过MBA教育，有一定工作经验，在他的帮助下，2008年下半年我们形成了西浦的定位、发展战略、阶段目标、各阶段关键任务和标志性成果等框架结构。2009年年初，董事会正式批准沿用至今的西浦发展愿景：研究导向、独具特色、世界认可的中国大学和中国土地上的国际大学。确立了西浦的使命：培养具有国际视野和竞争力的高级技术和管理人才；积极为经济和社会发展提供科技和管理服务；在人类面临严重生存挑战的领域有特色地开展研究;探索高等教育新模式,影响中国甚至世界的教育发展。

我清醒地意识到,在这个教育反思、教学重塑、大学再定义的时代,西浦遇到了千载难逢的与国际一流大学站在同一起跑线上一道探索未来教育的机会,而且具有后发优势,还拥有国际舞台和可以全球整合教育资源的有利条件,特别是可以借助当代中国在世界上的影响和地位快速提升的难得契机,所以大胆地确立了西浦的发展战略逻辑:不简单拷贝西方或中国教育模式,而是根据世界发展趋势和未来社会需求,研究能够应对未来世界挑战的人才特点,整合东西方文化和智慧及教育最优实践,大胆探索:适合未来趋势和人才需求的教育理念和办学模式;网络化和全球化背景下适合知识组织和知识工作者的大学运行方式、组织架构以及管理模式;现代环境下大学与社会的互动关系;如何利用以上探索影响中国教育改革和国际教育发展。

在有些人眼中,这种定位过于"异想天开",简直像是痴人说梦。我认为,探索之路虽然充满荆棘,但这才是我加盟西浦的初衷,并且相信自己能够驾驭。当然,只有决心和勇气是远远不够的,还需要研判并契合社会演化趋势和需求,顺应事物发展规律;进行恰当和准确的定位;选择运用正确的理论和运作方式;整合相应的资源;有能力和乐于坚守。我在教育和管理领域的长期浸淫和研究,使我在这些方面有较清晰的认知和推进套路。

首先,教育上我们真正坚守以学生为中心办学,把学生的健康发展作为办学的根本目的,视学生为年轻的成年人,培养他们的独立精神和责任意识,帮学生实现三个维度、九个方面的转变,即从孩子到年轻成人再到世界公民的转变,从被动学习到主动学习再到研究导向型学习的转变,从盲目学习到兴趣导向再到关注人生规划的转变。理论上讲,这样的实践一定会帮助学生构建相对竞争优势。与国内传统教育体系毕业的同伴比,西浦学生在独立精神、国际视野、综合能力、英文水平等方面更具竞争力;与国外同伴比,几年训练使其在独立精神、综合能力和英语水平上能与他们同台较量,但在中国文化、知识基础、勤奋努力方面更具有优势。十几届毕业生在国内外的杰出表现证明了我们的预想,社会对西浦教育探索刮目相看。可以说,在大学备受诟病的当代,西浦因顺应了社会回归大学本质的呼声,从而赢得了"真教育"的口碑。

其次,在大学管理体系方面,我决心改变我们长期面临的行政化和官僚体系的低效顽疾,用自己的理论探索和实践回应德鲁克先生曾指出的21世纪的管理挑战:如何改进知识组织和知识工作者的效率?我试图在西浦建立一种扁平化的网络式服务平台,支持师生自由和友好合作地开展学术活动。应该说挑战很大,因为我们主要领导和同事擅长科层式管理体系，非常在意清晰的层级领导关系和明确的岗位职责，他们大部分缺乏甚或不屑接受必要的管理学习或训练，基本上是按照自己的学习或从教体验甚或被管理的经验从事学术领导和管理工作。而我倡导的网络式组织强调个人角色及其主动性和创造性，重视根据愿景和使命灵活合作。为此，理论上我们需要探索恰当地将正式组织权力体系的效率和网络组织的灵活性、创造性有机结合的方式，实践上要突破传统的行为习惯和文化。我们通过理论分析、个案突破、员工培训、组织学习、文化塑造等，经过数年的纠结和努力，最终初步形成了一种扁平化的、网络式的组织架构和合作有效的运行模式，并建立了一套运行体系、管理方法、行为模式和文化体系等。

再次，在大学与社会互动合作方面，我认为大学是社会生态系统的一部分，大学应积极影响社会发展，如通过教育一代一代人影响社会进步，通过研发提升人类生存能力，通过提倡新文化影响社会文明进步，通过国际合作促进人类进步等。为此，大学必须在静心教育和加强研究的同时，融入社会生态和国际学术网络。具体到西浦，校园必须是开放的，以促进学校与国内外知识网络与社会共享和互动，从而建成西浦物理、知识和社会三个层级的生态系统。在物理层面，我们提倡生态绿色和可持续发展，校园采用了雨水回收、地暖采集系统、环保建筑等，孕育学生可持续发展的观念；在校园设计和建设层面，强调东西文化的尊重与融合，物理空间设计和布置成便于学术交流和思想碰撞的环境等；在知识生态营造层面，我们重视以丰富多彩的活动吸引校内外人员产生新知、分享知识、传播知识、促进思想碰撞和创新创造；在融入社会生态层面，我们努力以西浦智力资源和研究网络与社会各界互动和合作，营造和撬动各类社会创新生态，从而创造更大的价值和释放更深远的影响。

最后，为了影响中国教育改革和世界教育的发展，我们与国家教育行政学院合作，于2013年专门成立了"领导与教育前沿院"（ILEAD）。该学院旨在针对当前中国乃至世界教育面临的严重挑战，在领导力和教育领域开展有特色、高水平的研究，通过教育管理硕士和博士学位项目、学生学习研究与支持、教师转型与发展等，推动西浦在教育改革方面的探索和实践；并通过教育从业者专业能力和领导力研修、教育创新全球社群运作、教育变革与创新竞赛、未来大学探索学术活动等推动中国教育改革和世界教育发展。成立至今，ILEAD创建了"西浦全国大学教学创新大赛"品牌，成立了高校教师发展中心可持续发展联盟，发起了高等教育创新年会，每年组织近百场各类培训、研修班以及分布于不同地域和城市的教育活动，吸引数百万社会各界人士关注和参与，已经发展成为国内教育创新的重要推动者,影响力遍布全国,得到了教育部、"双一流"高校及其他教育界人士的高度关注。

四是转制度的不稳定性为创新发展的契机。

因利物浦大学需要授予西浦学生学位,所以对西浦的学术发展格外重视,还专门成立了由学校各主要部门组成的"联合协调小组"(Joint Liaison Group)负责双方有关教学、学位、认证等活动的协商。按照办学合同约定,西浦的学术副校长由利物浦大学推荐、董事会任命。学术副校长既是西浦学术活动的主要组织者,也是与利物浦大学在学术方面的日常协调员。所以利物浦大学对该人选非常重视,一般先在利物浦大学校内筛选,然后由执行校长与候选人面谈并提出意见,最后提交董事会任命。为确保其对利物浦大学的忠诚,每三年更换一次。这对我来说是一个巨大挑战,因为其熟悉西浦运行至少需要半年时间,且每个人个性特点、管理才能、学科背景都很不相同,我需要不断适应新的副校长并与之磨合;而且在利物浦大学校内选择,候选人终归有限,所以会给学校发展带来极大的不稳定性,这对一个新建立的学校来说影响尤为严重。西浦成立以来,和我一道工作过的学术副校长已有六位,他们分别是工学教授杰里米·史密斯(Jeremy Smith)、地理学教授戴维·萨德勒(David Sadler)、建筑设计教授安德烈·布朗(Andre Brown)、犯罪学教授巴里·戈弗雷(Barry Godfrey)、人文学教授戴维·古德曼(David Goodman)、语言学教授克里斯·哈里斯(Chris Harris)。我试图说服利物浦改变候选人选拔策略,例如提前选择有潜力人选,安排在一个有挑战的岗位参与利物浦大学和西浦发展,如果合适再推荐;再如,全球招聘,在利物浦大学和西浦各工作一段时间后视情况推荐;或者直接全球招聘西浦学术副校长。之所以没有实质性改变,我认为最主要的原因是利物浦大学担心外选人员的忠诚问题。其实,真正的忠诚来自治理结构的设计和事业发展的吸引力。可以说,这种频繁更替确实带来了一些问题,但也给我们提供了很多创新和变革的契机。我衷心感谢所有学术副校长为西浦发展所做出的贡献,我也从他们那里学到了很多东西!

五是确立西浦非营利组织地位。

按照《中华人民共和国中外合作办学条例》,中外合作办学可以获取适度回报,例如我们早期在合同中也提到双方大学的品牌费用、每年的教育资源占用费两部分。但在教育部审批过程中,因属于初期举办的中外合作独立法人实体大学,特别是第一所由两所世界名校强强合作的大学,为了慎重,教育部在批文中明确提及,合作双方同意放弃合法回报。但合同中仍记载着双方可以享受的品牌使用和教育资源占用两部分各占学校收入的比例。换句话说，从法理上，西浦仍属于可获得合法回报的学校。我非常清醒，要建立一所高水平的大学，需要长期持续的巨大投入，从中获利无从谈起。要把没有国家支持、靠学生学费生存的西浦建成世界高水平大学已经难上加难，更何况我们还给西浦强加了影响中国和世界教育这样宏大的愿景和使命。另外，如果西浦是一所营利性的大学，各办学主体从中谋利，还有谁愿意资助其发展？因此，必须在法理上确立西浦的非营利机构地位！但因合作双方的公立大学身份，无法直接投资办学，都借用其他机构注入筹办资金。要真正使西浦非营利组织合法化，必须修改章程。经过充分的沟通与协商，最后股东和董事会同意修订章程，从而以法定文件确立了西浦非营利组织的地位，而且明确西浦发展将严格遵从中国非营利组织相关法律法规。这意味着双方不能从西浦拿走一英镑的利润，而且如若西浦停办，所有资产将归社会教育事业所用，可以想象这个决策对他们的挑战性。应该说西浦很幸运，它拥有远见卓识的股东、董事会和学校领导，我们共同为西浦宏伟的发展蓝图奠定了基础。

智慧应对，加速发展

可以想见，在当时的经济社会环境下，要实现如此宏大的战略布局，一定困难重重。但既然愿意背水一战，就不能被迎面而来的挑战打趴下，而是需要以快速的发展穿越荆棘，以富有智慧的行动突破障碍。总结起来，我们主要做了以下六件事情。

第一件事是突破传统管理习惯，打造网络组织平台。

为了支持未来大学发展，释放知识工作者和组织的效率，我们坚定地探索和打造网络组织平台。西浦网络组织在形态上由学术、学生、信息和行政四个服务中心构成无缝连接的平台，支撑学校运转。这种网络化组织既利用了正式组织的效率，又利用了非正式组织的灵活，特别是每个员工的主动性和集体的创造性，以适应快速多变的环境和大学创新的特质。但是，其有效运转依赖于大家对其原理的理解和必要的员工训练，特别是需要整个组织生态文化的孕育。为此，我们需要那些信奉"科学管理"（层级与专业化分工）的同事升级大脑，形成对"新管理"的认同。还需要推行角色、合作关系、学校文化的变革，淡化正式的组织层级，强调每个岗位的角色，既确保按制度和程序完成日常和规范性的活动，又强调每个角色根据学校愿景和使命对面临的非常规或新涌现问题的创新性应对，包括主动的跨部门和层级的合作。于是，在西浦，面对一个问题，每个人都可能成为解决该问题的负责者,他们可以根据需要组织不同部门人员协商解决或临时组建团队完成任务。结束后,再组织例行案例研讨会,总结经验,寻找不足,对正式组织或制度中不完善的地方提出补充或改进意见,对未来类似事件提供预案或参考。

理想遭遇现实,打造网络组织平台的过程从一开始就阻力重重,受到传统层级文化和习惯的强烈阻挠。比较典型的一个例子是,学生副校长杨民助为了解决某个问题,邀请学术部门一位中层管理者参会研讨,后来学术副校长杰里米给了该中层管理者一个旷工的处分,理由是"在我不知道的情况下你去参加一个会议"。我也理解类似杰里米的反应,工程背景的训练和长期在西方大学工作的经历,使他们非常重视层级和上下级关系,只有帮助他们认识到现代环境下网络化工作的价值和可行性,再辅以恰当的沟通和不断的培训,网络化的管理习惯和文化才会在坚守中滋养。西浦这些年的实践,证明了网络组织的价值,我们研究团队也在发展相应的网络组织理论。

第二件事是构建西浦长期财务发展模型。

对于缺乏政府财政支持的西浦,很多人担心其是否能可持续发展。而我作为首席执行官,战略责任之一就是确保其有可持续发展的能力,其中比较直接的就是财务发展模型。一般人也会更多地从财务上考虑组织的可持续性,许多来访者都会关切地询问西浦的财务状况。一次,牛津大学负责发展和财务的副校长威廉·詹姆斯(William James)来访,在我的介绍过程中,他提了很多问题,包括这样的理念、模型或者说这样完备的体系是如何形成的,是从哪儿学的,还是自己搞出来的。我开玩笑地告诉他:"不要忘了,我是管理学教授,学过物理、系统工程和管理,这些训练让我以不一样的思维方式看待教育并可以落实在具体实践上。"听着西浦高远的理想、宏大的布局,他很怀疑西浦财务的可持续性,非常慎重地问我:"你们财务上如何持续?"我坦诚地告诉他:"我们有一个五根支柱的财务模型。"他紧接着问:"可否介绍一下这个财务模型?"我卖了一个关子说:"这是我们的秘密。"以后,每次我访问牛津大学,他都会抽出时间与我相见,聊聊西浦的发展,但总没有忘记问五个支柱的财务模型是什么!

尽管目前西浦的财务来源第一位的是学费,但为了保证更长期的财务安全,我们必须拓展其他财务来源,于是我们建立了西浦教育发展基金会作为第二来源,以争取捐资和通过资金运营为学校发展构建长期支持机制。第三,我们加强科研及与各界合作,为学校研究和研究生教育积极争取资源。第四,我们持续扩大与地方政府合作、支持地方经济布局,以赢得更多发展资源。第五,我们还积极促进政策环境的改善,以得到更公平的对待和政府支持,如争取获得生均拨款、各种人才政策支持、公共平台建设等。

其实,决定一个组织长期持续发展的因素很多,在我看来,除财务模型以外,更重要的还有未来的"商业模式"、合理的治理结构和完善的管理体系、有效的领导和管理团队、必要的资源、长期的战略布局和短期有效推进的部署、先进的组织文化,再加上长期的坚守等。

第三件事是孕育适应未来的复杂心智。

可持续发展机制是组织长期健康生存的基础,组织成员拥有适应未来的心智是保证。展望日益全球化的世界,人类将深陷一个日益 UACC 的世界,大量涌现的颠覆性技术正以一种令人惶恐的姿态席卷全球,冲击着人们已有的认知模式,要适应生活、工作和社会的种种范式革命,都需要一场心智模式(mindset)的转型,即从我们原来熟悉的相对简单、适应稳定时代的心智模式转换到能在 UACC 环境下生存的新的心智模式,或称"复杂心智"(complexity mindset)。可以说,心智模式的不断升级和完善是我们更好地生存与发展的保证。

西浦从建校伊始就意识到这一点,决心在全球特别是这个教育重塑的时代,根据未来发展、整合人类智慧和东西方"最优"实践,探索未来的教育体系,培育具有复杂心智的世界公民,从而适应和引领未来世界发展。尽管准确把握复杂心智很难,但如果我们能将西方重制度、逻辑、科学的心智特点,与东方擅长艺术及处理模糊和不确定性的优势相结合,并能针对未来世界趋势加以融合和再造,那么无论我们走到哪里或与什么样的人竞争与合作,都会具有相对优势。特别是在西浦开启其 2.0 模式之际,我根据和谐管理理论勾勒出了复杂心智的一种模型——"和谐心智",以帮助人们更好地赢得未来。

第四件事是以特立独行的精气神寻求创新和突破。

没人能逃离现实世界的约束,但要引领未来,一定会面临世俗的羁绊和当下环境的包围,只有敢于特立独行,才有可能实现突破性创新。

西浦在一种多元文化环境下运行,我们奉行有规则的多元文化相互尊重与共处,自然也可从不同文化中汲取有价值的东西。例如,我从同事那里看到了西方人身上那种较强的职业精神,也喜欢他们比较直接简单的交流文化等。我试图在西浦营造一种借鉴不同文化优点的国际化校园文化,如尽量减少不必要的陪同,不开不必要的会议且尽可能提高会议效率,尽量减少迎来送往,不准备和赠送贵重礼品,等等。我知道这些简单的改变都会与我们很多约定俗成的传统习惯格格不入,甚至会遭遇误解,但我初衷不改,努力推行。例如,上海市教委副主任带

管理何为：一个"理想主义"践行者的人生告白

领几个大学校长到西浦交流，结束后恰逢午餐时间，我们外部联络官按惯例在隔壁国际会议中心专门安排午饭，我得知后，立即让其取消，改为汉堡、三明治、咖啡等工作简餐，并在会议室边吃边聊。还有一次，海南省政府秘书长、教育厅厅长、海南大学校长等一行访问西浦，寻求国际合作办学的经验和可行性，而且是通过教育部国际司介绍过来的。交流结束，教育部介绍人员寻问西浦可否安排午饭。我请我们外部联络官客气地告诉他："非常遗憾，西浦没有这笔预算。"为了缓和气氛，我让联络官打电话给海南大学校长，告诉他我中午以朋友身份私人请他吃饭。在关系社会里，这样做似乎不近人情，但我觉得一个好的组织氛围和发展战略的落实就需要从这些细节上改变。包括教育部前副部长王湛先生带领国务院参事室专家和教育部官员对西浦调研，我也坚持这种做法。这种事情看起来不大，但在当时能坚持下来并不容易。

要实现创新和突破，独立思考，不唯上、不媚上，敢于坚守己见也很重要。记得2016年，还是那次教育部前副部长王湛先生带领由国务院参事室专家、相关部门领导、一些院士和大学校长组成的国家教育综合改革考察团到西浦进行调研。在听了我关于西浦近10年发展的汇报后，大家甚为激动，惊喜于在中国土地上还有这样的探索，都感觉看到了希望。有些院士和资深专家对我说："你们在干教育家应做的事情。"当大家热烈反响和讨论后，作为团长的王部长缓缓地说："席校长，你可否进一步反思一下你们教育目标的公民定位，我们要培养红色接班人，公民提法是否恰当？"热议中的大家立即安静下来，我回应道："公民应该是一个法律范畴的概念，有国家就有宪法，就有宪法保护下的公民，他们既有公民的权利，更应有公民的意识和责任。所以，我们希望西浦学生有能力、有意识肩负起公民的责任。虽然公民有国家属性，但世界日益互联，人们将生存于同一个世界里，作为有责任和担当的公民，应维护自己的生存空间，推动世界的进步和文明。所以西浦还希望自己的毕业生在扮演好中华人民共和国公民的同时，在全球范围内也有公民意识和责任，为人类命运共同体的推进做出贡献，成为世界公民。"① 王部长看我比较坚持，说这是个理论问题，我们有机会再深入探讨。

---

① "世界公民"概念源于古希腊斯多亚学派哲学家，意即每一个人既是城邦的公民，又是平等的世界公民。20世纪90年代以来，随着信息网络技术迅速发展，全球化趋势不断加强，世界日益成为"地球村"，个人的活动跨越民族和国家，行为日以世界化，"世界公民"的概念得以强化。要让我们生存的世界更好，每一个人都应有超越民族和国界的公民意识，换句话说，要将爱国主义和促进世界文明进步相融合。我们倡导的世界公民素养，主要是指：首先，作为中国人，要实现自己的强国梦，需要能够以全球视野审视自身，追求世界健康发展的趋势和道路。其次，能够更加积极地融入世界，为促进人类命运共同体发展展现自己的担当和作为。最后，要坚持、珍视国家独立和主权平等，树立民族自信心，能够相互尊重和帮助。

第五件事是培育东西融合的校园文化。

校园不只是教育与研究的硬件条件，更是大学精神、哲学和文化的载体。基础设施水准、校园环境、文化氛围直接关系到人才培养的质量、学术探索的水准、学校战略的实现。特别是西浦想实现从老师主导的大学到以学生为中心的大学的转型，实现从"教知识"到"培养人"的升级，校园及文化建设更为重要，而校园及文化的建设离不开软硬件的互动融合。

很遗憾，西浦校园不是一次性统一设计、分步建设，而是随学校发展分批设计和建设的，因此在一定程度上有失完整性。尽管如此，我们依然试图体现西浦的办学理念和教育追求，例如国际化、开放、东西文化对话和融合、生态和可持续、科学社区等。因西浦试图构建物理、知识、社会三级生态系统，因此校园设计和建设要充分体现绿色和可持续发展，体现知识的传播、探索、碰撞、创新、共享与社会的互动与共生。而这些思想也应体现在校园布局、建筑风格、景观小品和校园风景里。

西浦建校十周年之际，西浦南校园大部分正式投入使用，我们在南北校园通道的南口的花坛上，设置了一个用锡铸成的西浦校园艺术模型，并安置一铭牌，概括了西浦校园东西对话和融合的文化追求。

西交利物浦大学校园：东西文化的对话

校园是大学精神、哲学和文化的载体。西浦以东西方对话、融合与创新的氛围拥抱你。

方正规范的北区，以严谨规则的西方文化簇拥着你，基础楼前东西方古圣先贤欢迎你；委婉圆润的南区，以灵活包容的东方文化滋润着你，寓意五星育人模式的中心湖诱导您融入与共享，研究楼旁不同肤色的"师生员工"在这里创造历史，一旁的荣誉广场记载着他们的足迹；南北通道以代表东方文化的青砖和西方大学的红砖形成梦幻走廊，任学生凭借文化的碰撞放飞创意。

自然、知识和社会生态在这里茁壮孕育，滋养着博学明道、笃行任事的西浦人，放飞着他们在中国创建国际大学的梦想，造就着一代代具有国际竞争力的世界公民。

第六件事是设计了校徽和校训。

完整的大学体系，还需要一个能体现大学精神的校徽（logo）。西浦成立之初，所使用的校徽是由西安交大校徽、西浦中英文名字和利物浦校徽组合而成。

随着西浦的快速发展，我觉得独立设计西浦校徽的时机已经成熟。我在西安交大时，曾经设计了管理学院和后勤企业康桥集团的 logo，参与设计了西安交大南洋大酒店和西安交大城市学院的 logo，等等。基于这些经验，我自然而然地直接主持了校徽的设计。在听取各方意见的基础上，我提出了西浦 logo 设计创意和基本原理，并指导品牌与市场部的同事逐步形成了现在使用的西浦 logo，并于 2009 年 11 月 14 日在西浦举行了新版校徽启用仪式暨新闻发布会。

（旧 logo）

（新 logo）

新版校徽中，盾形是国际流行的大学校徽形状，以代表西浦的国际化特征；利物浦城市象征利物鸟，代表母校利物浦大学与利物浦城市的悠久传统；中心嵌入西安交大校徽，整体布局表明西浦是由西安交大和利物浦大学在中国设立，示意"工程教育、工读并重"的西安交大齿轮状校徽，不仅寓意西浦将继承作为中国一流大学的西安交大母校的百年历史和理工特色，而且西浦也是以理工管起步立校；中心齿轮以打开的书籍支撑，继承了利物浦校徽中的书籍因素，传承了"知识照亮道路"的含义，打开的书让人联想到大写的英文字体 M，也寓意管理（management），既象征其创立学科除了齿轮代表的理工，还包括管理，更预示好的管理是大学创立和发展的基础，以及西浦在高等教育管理上的探索和追求；校徽标准色借用利物浦校徽专用的蓝色，即利物浦蓝，同时蓝色也象征理性，代表科技，寓意深远，面向未来。

当西浦步入第八个年头，虽然还很稚嫩，但日渐成熟，我认为已经到了可以总结和提炼出自己校训的时候了。经过多年酝酿、研讨和网上公开征集，2014年12月12日，在西浦一年一度盛大的圣诞晚会上，西浦公布了自己的校训——博学明道，笃行任事。这个校训也是在融合西安交大和利物浦大学校训精华基础上提炼出来的。利物浦的校训是"Fiat Lux"（拉丁语），英文可译为"Let there be light"，意指教育消除无知（Education "shedding light" on knowledge）；西安交大的校训则是"精勤求学、敦笃励志、果毅力行、忠恕任事"。西浦校训传承了利物浦"知识照亮道路"的意境，借鉴了西交大"精勤求学、敦笃励志、果毅力行、忠恕任事"的精神；既向《论语·雍也》中"君子博学于文，约之以礼"、《礼记·中庸》中"博学之，审问之，慎思之，明辨之，笃行之"的中国传统文化致敬，又强调"知行合一""勇于担当"，提倡行动的坚守、从当下点滴做起的恒心与魄力；还呼应了西浦"开心生活、成功事业"（Happy life and successful career）的核心理念。西浦校训的英文版是"Light and Wings"，意即"光明有利于我们高瞻远瞩"（Light to see）和"翅膀有利于我们高飞远翔"（Wings to fly），学习使人明道，教育帮人展翅，西浦帮助学子高飞逐梦。西浦校训的拉丁文版是"Aethera ac lucem petimus"，意即"学习新知，展翅翱翔"。对应英文版，我曾经还提出过一个简化的中文版校训——明道笃行。

我深知，再好看的设计和优美的文字都无法替代文字背后本质的意义和追求，也只有学校提倡的教育哲学、理念、模式深入人心，变成师生的行为和习惯，受到社会的认可和关注，并逐步升华成这个大学的文化，校徽和校训才会站起来、活生生，才能真正实现其价值。

坦然应对如期而至的挑战

任何事业的发展，都有潜在的战略风险，如商业模式过时，核心技术被替代，治理结构失衡，遇到了很不称职的领导者，关键人事变动，社会环境剧变，等等。好的运气和管理机制可以防止或延后这些风险，但几乎无法完全排除这些风险。

西浦诞生一年后遇到过类似的战略风险，也给了我全职加盟西浦的机会。快速发展十年之后，这样的风险又在重要人事变动和西浦成功发展导致各方平衡（包括心态）被打破后涌现。

首先，西浦的董事会经历了一次再平衡的过程。

2014年，西浦的创始人、董事长、西安交大党委书记王建华教授离职，西安交大新任校长王树国教授出任西浦新一届董事长。与此同时，利物浦方霍沃德校长到了退休年龄，由珍妮特·比尔（Janet Beer）校长接班出任西浦董事会副董事长。理论上讲，关键人物的改变一定会影响到组织的发展思路和方式，特别是两个关键校领导同时变更，一定会引致西浦运行的波动。

第一，因重大人事变动，有许多问题需要磋商，董事会从常规的 7 月底拖至 9 月举行。我先与他们分别介绍了西浦历史、发展状况、董事会流程、习惯做法等，并介绍双方相识。除对我的考评外，其他都如以往一样，董事会顺利举行。我在任六年间，因很快赢得双方信任，所以我的年度考评常由正副董事长代表股东在董事会前半个小时举行，然后在董事会上宣布并决定我的薪酬调整方案。我连年获得"杰出"（outstanding）的评价，有一两年还得到"extra outstanding"（卓越）。但这次考评，珍妮特提出了新的要求：一是事先提交年度总结报告，二是提供下一年度的工作目标清单。另外，汇报过程更加关注细节，董事会上也不再通报评估结果，而是会后经由董事会秘书沟通获得一个协商结果。最具体的变化是在未征求我的意见的情况下改变了奖励机制，大大降低了我的薪酬奖励比例。我给珍妮特发邮件询问变化的依据，但尚未得到回复。我并不是为了报酬接受这份任务，事实上，迄今我每年依然会获得"杰出"的评估结果。我视西浦为人生重要平台，所以坦然面对，并未计较，但这种苗头让我意识到后续工作方式和风格有可能也会遇到更大调整。

第二，西浦和利物浦大学关系有了微妙变化。西浦属于中外合作办学的独立法人实体，很多类似学校的运行似乎受外方合作者控制。西浦虽一直强调自己的独立地位，但因利物浦大学需给西浦学生授予学位，所以相对西安交大，利物浦大学一直以来从学术上对西浦运行的影响和控制较大，利物浦大学有些高层也因此在心理上并未完全以独立实体看待西浦。2015 年 7 月，珍妮特到任后第一次到西浦校园参加董事会和毕业典礼。在我们俩私人会面时，她提到了"两校关系"，我发现她在心里已将西浦看成"合作伙伴"，基于这个设定来商讨两校和我们俩的合作关系，我对此暗喜的同时也清醒地意识到，我将需要逐步适应她的领导风格，甚至是西浦发展战略也有可能要作出调整。

第三，帮利物浦大学同事理解西安交大。2015 年 7 月，董事长因要事临时通知无法前来参加董事会，这让利物浦大学方很难理解：半年前确定的重要活动，为什么说不来就不来？再加上西安交大方董事有数人经常缺席或者在视频会时出席一会儿就失踪了，所以给利物浦大学的同事留下了西安交大领导对西浦不重视或不够投入的感觉，甚至会觉得他们没有得到应有的尊重。作为一线操作人员，又是英方推荐人选，我自然需要让利物浦同事不要因此产生误解。我无法告诉他们在中国文化背景下领导换届后有战略调整的习惯，只能解释说西安交大新领导将主要精力放在西部科技创新港的建设等重大发展事务上。而且开玩笑地说："他们不投入、不关注或不干预不是给了你们更大的干预和决策空间吗？"不幸被我言中，也许是新领导的个性使然，也许是战略上的考量，利物浦大学对西浦发展的关心变得更多也更具体。一方退让会助推另一方无节制地深入，从而有可能导致西浦治理结构的失衡，甚至挤压西浦探索的空间，这让我意识到西浦发展的治理风险已经显现。

随即，西浦果真出现了一场治理风波。

此时，摆在我面前的有两种选择：一是为了自己方便和位子，完全服从利物浦大学意愿，亦即"归顺"，这样西浦发展则会失去机会、沦为平庸；二是坚守自己对西浦发展的理念，这样可能导致与自己老板较上劲，不仅位子难保，也有可能"壮志未酬身先死"！正在这个艰难选择的节骨眼上，某高薪聘请来的教授因岗位调整不满，给利物浦大学写了关于我和西浦的投诉报告，使我的处境雪上加霜。这事如发生在以前，因大家相互信任，不会有太大影响。但在新领导刚上任且又有很多疑惑的当头，立即引起利物浦大学的重视，决定聘请外部教授对西浦进行独立治理审查。珍妮特先是与我私下沟通（其实是正式通知我），我告知她这样的决定必须通过董事会决策作出。于是，她写信给时任董事长，很顺利地得到首肯。于是，2016年2月，对西浦治理的独立审查正式启动。我心里明白，其核心思想是设法进一步强化利物浦大学对西浦的控制，把西浦变成利物浦大学的一部分或在其控制下发展。

西浦在规模快速增长的同时保持了高质量的发展，为实现其远大使命，自然会很关注治理和管理体系的构建及其不断创新、改进和提升，所以，独立治理审查虽然很认真，从上到下，反反复复，提出了审查意见和改进建议，并在2016、2017两年的董事会上汇报结果和行动进展，但本质上并没有什么战略性改变，只是引起了校园一些疑惑和骚动，大家不知道到底发生了什么。

按计划，学术副校长安德烈·布朗2017年8月1日应该离职，2016年下半年起，利物浦大学已经启动了寻找接替人的程序，最后犯罪学教授贝里·戈弗雷成为候选人。我在与他深谈后，建议提请董事会任命。2017年7月底，贝里到岗，并很快进入工作状态。我在董事会和毕业典礼成功结束后，去了北海道休假。当我在北海道凉爽的天气和优美的环境里爬山时，突然接到帕特里克的电话，说贝里决定辞职。这很奇怪，他如此认真地做出如此严肃的决策，为什么会在正式上任不到一周就做出这样草率的决策呢？我询问原因，他说他不知道。我清楚，按规矩他需要提前三个月告知，也就是说，留给我应对这一变化还有两个多月的时间。我告诉帕特里克，我会回去和他认真谈一次，看是否能让他留下来，否则，为了平稳运行，只能临时从西浦选一位过渡一下了，给我们一年时间来改进学术副校长选拔机制，最好是全球招聘。然而，没想到这个发展过程中的小小涟漪，却酿成了后续严重的问题。

回校后，我先找到贝里了解情况，他告诉我是个人原因，并承诺在剩下的两个多月时间里会继续努力工作，保持平稳过渡和交接。我也开始约谈有潜力的教授，请他们有所准备。为了解决副校长的更替，2017年9月帕特里克如约到访西浦。我跟他谈了建议的人选和下一步全球遴选的思路，但我敏感地发现，他的态度似乎发生了改变，与我在日本和他电话商谈时明显不同，有点像钦差大臣驾到一般，他准备从上到下地召开一系列各级干部和教师会，而且要把我排除在外，形成解决方案后再和我商议并向全校通报，这其实就是在大家不明就里的情况下动员"群众"找问题。这给西浦稳定发展的格局蒙上了厚厚的阴影，校园一时间山雨欲来。

为了减少对学校正常运行的影响，我坚持提出以"西浦十年发展回顾及未来十年战略规划"为主题组织相关会议，将他的到访定位为"外部有实际操控经验的顾问"角色。然后，在会上，我做了西浦未来发展的战略构思，请大家出谋划策，从而使会议向着进言献策的方向进行，以控制负面影响。

两天会议后，帕特里克向我通报，他改变了我们原来讨论过的方案，建议由中国研究系的戴维·古德曼教授出任学术副校长，过渡期一年。对于这一变化，我并未介意并表示支持，因为戴维可以胜任。他又建议，由戴维负责，开启对西浦运行发展的调研（operation development review），共分七个组，几乎要动员西浦主要人员开展为期一年的研讨，并要我明确支持这个计划。我是一个在战略和原则上很坚持的人，但在一些对方向和使命影响不大的问题上会很包容和有足够的灵活性。当意识到我无法改变其决定，便坦然允诺。但我仍然不解，他为什么改变了原来的约定？是什么导致他的态度和做法发生如此重大的变化？

在公开宣布之前，帕特里克与我向高管团队通报情况，并邀请戴维与会。因对西浦前途和命运的关切，以及对帕特里克此行很多做法的不满，我的情绪在这样的小场合爆发了，这也是我到西浦十年来第一次在同事面前发火。我指责利物浦大学和帕特里克的做法不合法，包括利物浦大学单方面发起的治理结构审查、帕特里克钦差大臣式的到访和组织全校上下提意见等。当时会场气氛紧张，超出了帕特里克预料,他看起来很是不悦,但也没说什么。我是有意识地让帕特里克知道我对这些事情的看法,即使我十分清楚这样对我在西浦的地位很不利,但对真正关注西浦发展的人来讲,自身的利益是次要的。

我隐隐约约地感受到,贝里的突然辞职让利物浦大学特别是珍妮特极其不爽,并将其归咎于西浦,或者具体讲归咎于我。在和一些人的交谈中,我了解到珍妮特并不喜欢我的领导风格,这也验证了我第一次与其谈话时的感受。随着戴维的任命,我要退出执行校长的传言在校园里不胫而走,引起了一些躁动。

为完善股权结构,西浦也历经了一波三折。

在王树国校长担任董事长后,我专门与他和西安交大张迈曾书记畅谈过西浦发展与两校合作。王校长以其在政府、大学长期工作的丰富经验,建议我考虑是否把苏州工业园区或市政府拉入,成为股东和治理结构的一部分,以降低双方领导重要变化可能产生的风险,以利于西浦治理结构的稳定。他还认为,在中国办学,政府的介入会有根本的保障作用。理论上讲,这不无道理,但也有一定风险,即政府的介入会在一定程度上影响办学自主权。在2016年西浦成立十周年大庆时,王校长直接向时任苏州市长正式提及此事,后来他告诉珍妮特,他已建议苏州政府入股西浦。珍妮特不了解背景和来龙去脉,所以并未表态。我后来给她介绍了来龙去脉,并建议在恰当时候可以启动,但当下最好维持现状。同年10月左右,工业园区时任副主任丁立新带领一干人来到西浦,调研政府入股事宜,最后同意以后择机再议这一重大问题。

然而,因西安交大西部创新港建设如火如荼,发展资金紧缺,一位兼任西浦董事的西安交大领导想到利用西浦股权为西安交大谋取一些建设资金。这实际上有违王校长改进西浦长期治理结构的初衷。不过后因未找到恰当的变现途径,只好作罢。

随后不久,全国各地特别是深圳对中外合作办学支持力度越来越大,新任工业园区党工委书记的徐惠民先生很看好西浦,但他意识到,如果西浦因别的地方给予更强大的支持而搬离工业园区,工业园区也没有任何办法阻止西浦外迁,所以他也想通过地方政府入股的方式来确保西浦在苏州发展,成为真正的当地学校、工业园区的大学。

根据形势的发展,为防止极端情况下西浦治理失衡,我认为政府入股可以作为改善西浦治理的一种手段,于是我们在2018年年初正式提交了筹划政府股权介入的议案,并形成了双方工作小组,探索在不影响学术自由和过分行政干预情况下的政府入股方案。2018年上半年,时任苏州市委常委、副市长吴庆文先生履新工业园区党工委书记，我听说他似乎对此持反对意见。当我向他解释了此项议题多年来一波三折的历史和前因后果，特别是恰当时实施西浦股权变革有利于西浦治理结构完善和长期稳定发展后，他说可按照校方的意见继续推进该业务。2020年12月18日，在西浦与工业园区协调会上，丁立新主任正式确认了工业园区的意见。2021年1月，西浦第34届董事会原则同意启动与工业园区进行操作性的磋商和资产评估工作。2021年7月，董事会同意了西浦三方治理方案，西浦治理结构升级进入操作程序。

经过之前的波折，西浦的治理日渐稳定。

其实，西浦在经过十年奇迹般的高速发展之后，遇到一些波折实属正常。无论是双方关键人物的更替、各自工作重心的转移，还是对西浦理解和期待的变化，或者文化的差异，都可能导致某种干扰。个人反思认为，在西浦教育事业的长期快速推进过程中，我给利物浦人留下了强势的印象，从西浦到利物浦多种渠道传递的模糊信息，加上我并未采纳方大庆教授勤去利物浦汇报的建议，造成了一些误解或理解上的差异。如他们总认为西浦的透明度不够，强调上上下下、反反复复的"透明"讨论，而我则坚持按治理和管理程序进行必要沟通后的快速行动。自从珍妮特上任后，这些文化和处事行为上的张力在增大，也演变出了后来的种种治理挑战。据了解中西文化且辗转世界各地的戴维·古德曼教授的观点，这些张力更深层的原因是心智模式的冲突。如果治理结构完善，这种因个人因素产生的不利影响可能会得到遏制。

在西浦发展十周年后，帕特里克多次和我讨论西浦领导结构的调整问题。鉴于西浦发展暂时还离不开我，他曾建议，陶文铨校长退休后由我转任校长，再设置常务副校长岗位，重新调整校长和常务副校长职责，使校长岗位更实，负责战略问题，常务副校长则负责日常运营问题，这样既减少了我的执行权力，又可以一定程度上利用我的价值和影响力。并且，他希望这一安排尽可能在2018年年初董事会上通过，争取在2018—2019年度实施。明面上的理由是，在英国通常没有校长（Vice Chancellor，VC）任期超过10年。这也许就是校园里传说我要退出执行校长岗位的背景或源头。

理论上，对于成熟学校，两届后校长更替有利于学校吸收新鲜血液，有助于持续创新。但新创建的学校，特别是正处于成型期和爬坡期的新创学校，关键领导的相对稳定会有利于其发展。对于西浦，多方利益相关者都非常清楚这一点。帕特里克也曾多次问我："你能干多久？会不会到其他大学就职？"我曾告诉他："西浦是我精心打造的想影响中国和世界教育的平台，这可能是我毕生的事业，只要董事会认为我还可以给西浦发展创造价值，即使别人给我更好的条件，我也不会离开。"事实上，这个时期也确实有英国、澳大利亚、韩国、马来西亚的很多学校通过猎头找我，均被我婉拒了。我心里也清楚，我对治理结构的影响有限，也无法预计下一个西安交大或利物浦大学校长（包括联系西浦的关键人物）是谁、是什么样的风格，我们唯一能做的是促进治理的完善，利用自身智慧和学校持续成功争取尽可能友好的发展环境。

西浦创办时是我建议采取 50∶50 的治理结构，基本逻辑是办大学需要所有股东真正投入和达成共识，是一个不断深入沟通和协调的过程，而不是可以用简单的投票机制票决的事业。但这几年的治理失衡让我从理论上意识到，治理除股权结构和权力制衡外，还必须倚重其中的关键人！具体到西浦，其治理的完善至少有以下途径：一是说服西安交大对西浦发展提高重视，安排有精力并能与英方对等交流的人选进入董事会；二是推进苏州市政府入股西浦，将西浦 50∶50 结构改造为三方治理，原则是要做到政府不介入西浦的学术自治；三是引入外部独立董事。

恰在此时，上述策略中的前两条都转换成机遇。根据中央新的规定，王校长不能再担任西浦董事长，西安交大必须推荐新的董事长人选。经多方协商，西安交大最后推荐前副校长宋小平教授接替王树国校长兼任西浦董事长。另外，苏州市政府入股也提上了议事日程。

2017 年年底，利物浦大学为了继续推进其调整西浦领导层的方案，并改进与新董事长间的个人关系，帕特里克在我陪同下飞抵西安。帕特里克坚持让我给他和董事长安排私人会面时间，以争取宋教授对其建议的支持。自然，在宋教授到任后，我已充分与他交流了西浦现状、目前的挑战和应采取的策略。他们俩会面后，我从双方获知了他们的对话及其共识，应该说，英方的建议被"西浦发展健康，现在无须大的变化"为由而推后。我也趁机与帕特里克在西安进行了深入的非正式交流，更多地和他分享了在中国情境下中外合作办学面临的挑战，介绍了中国民主集中制的优缺点、干部选拔的合理性及风险性等问题，当然也深入剖析了西浦目前的状况和生命力、未来战略规划和在业界的领导地位等，使他更深刻地认识到西浦的现状和未来发展空间。可以说，这次交流，包括他和宋董事长的私人会议，对帕特里克有新的触动，成为这场纷纷扬扬的领导格局变革的一个重要转折点。换句话说，西浦治理暂时达到了新的均衡。工业园区政府入股西浦和引入独立董事措施暂不那么紧迫。

从上述过程，可以看出帕特里克在西浦治理中扮演了重要角色。然而，2018

年7月，我收到他的微信，得知他决定离开利物浦大学，将于9月以教务长（Registra）、秘书长（Secretary）和首席运行官的身份加盟曼彻斯特大学。随后，珍妮特正式通知我他的离职消息，以及将由利物浦大学教学副校长加文·布朗（Gavin Brown）教授接替他进入西浦董事会，并且为了加强西浦工作，利物浦大学将成立一个机构，任命一位院长（Dean）专门处理西浦事宜，以利于其作为西浦学术副校长的后备人选熟悉西浦业务。

总而言之，西浦治理重归稳定，其快速发展特别是太仓校区创业家学院的建设在利物浦大学那里备受关注，从珍妮特到西浦新任董事加文，再到各校院领导，都希望了解新进展和更多细节，从言谈中可以看出他们对西浦大胆探索和可期未来的热切。我也希望西浦再获得一段更加辉煌的发展。

用持续创新和升级赢得长期发展

作为一线领导，我清醒地认识到，西浦的持续发展还会遇到新的挑战，也必须考虑新旧领导班子的平稳过渡。我经常开玩笑地讲一个非常严肃的理论问题：好的治理结构不是能保证选到优秀的领导，而是能够及时淘汰不合格的领导。好领导是稀缺资源，虽然对事业发展有着举足轻重的作用，特别是在创业期或不稳定期，然而遇到好领导有很大的偶然性。事业的长期发展，不能简单寄希望于遇到好领导，而必须有强大的可持续发展模型。

基于西浦实践，我提出了一种事业可持续发展模式，它包括六个方面：

第一，保证长期可持续发展的核心是有未来价值空间的"商业模式"。此时，如果治理稳定和领导强大，事业容易蒸蒸日上、蓬勃发展。即使治理不稳、领导和管理不到位，发展虽然会受损，但好的"商业模式"依然会延缓组织衰败。

第二，有清晰、共享的愿景和使命。在这种情况下，即使领导和管理软弱，但因方向明确、目标一致，大家也会通过自组织，支撑事业前行。

第三，有合理的治理结构和资源基础。这样，如果领导有问题或对组织发展有危害，好的治理便会启动弹劾程序或及时更换新的领导。

第四，建立起一套完善的制度和政策体系，即使领导和管理团队有权变革有关制度和政策，但不合商业模式和愿景使命的制度和政策一定会引起大家的不满。假如领导和管理团队无视大家的反应，一意孤行，达到了影响组织愿景和使命实现的程度，上述第三条治理机制便会启动。

第五，有一支训练有素的团队和职工队伍。如果领导有问题，大家为了保护组织和自身利益，也会形成抗衡，如果冲突严重，上述治理机制便会启动。

第六，形成一种健康的组织文化。如果运气不好碰到了不好的领导，组织文化也会有调整和抗衡作用，文化冲突的加剧一定会导致员工不满、运行受阻，进而引致治理机制启动。

总之，遇到一个好领导靠运气，机会、资源或关系等也都可能会导致一次成功，但事业的长期可持续发展则需要这六个方面的"合作"护航。

另外，对于愿景型领导，在运营上要防止常见的管理错误，即所谓的礁石现象，涨潮时没有问题，退潮后问题百出。一般在事业蓬勃发展时，最容易解决问题、消除隐患，但此时人们经常会无视问题的存在。等到发展处于逆境，几乎所有问题都会暴露出来，而此时既缺乏解决问题的资源，又容易失去人心，已经错过了解决问题的最佳时机。因此，作为组织的主要领导者，在事业推动过程中，要注意在顺境中以小察大，提早发现和消除隐患；在逆境中，要沉着冷静，把准方向，快速突围；在日常运作中，要善于捕捉机会，以更有远见的事业谋划，创造新的架构，回避低层次的问题，赢得更大的发展空间。

在可持续发展机制中，我置"商业模式"于核心地位。就西浦来讲，我非常重视因技术涌现和快速迭代引致的教育重塑机会，它可以使西浦带着后发优势，与世界一流大学站在同一起跑线上开展教育探索。在西浦收获了第一个快速发展的十年之后，我们没有沉浸在赞美声中，而是坚信西浦在教育创新上可以、也应该走得更远和更高。

事实证明，我们用持续创新为西浦赢得了更大的发展空间。

针对网络化、数字化和人工智能对未来产业和社会的冲击，我们进一步讨论如何与企业和政府深度合作，探索未来的复合式教育，并准备与江阴市政府和海澜之家合作在江阴新桥镇建设新型大学社区，并从管理理论、教育发展、未来价值和影响、办学可行性等方面与西安交大和利物浦大学沟通。董事长王树国校长表示全力支持，并告诉我应抓住机会。我趁2016年董事会之机，邀请珍妮特和帕特里克访问江阴和海澜之家，以使他们有现场感受。在争取到了董事会有条件的支持后，2016年下半年借英国科技与教育部长乔·约翰逊（Jo Johnson）带领英国大学校长代表团访问西浦之际，在其见证下，西浦与江阴市政府和海澜之家正式签约。虽然，后因海澜之家投资出了问题，也因江阴市非苏州市领地，在后期教育厅和教育部审批上可能会出现异地办学的嫌疑，该计划暂时搁浅，但期间与江苏省教育厅和教育部领导的沟通使我对这种教育探索充满信心。

随后，我们决定先在校内尝试这种复合式教育的构思。2017年，我们正式命名其为融合式教育（syntegrative education），分为三种模式：工业与企业定制式教育（Industry and Enterprise Tailored Education，IETE）、创业家学院（Entrepreneur College，EC）、创新与创业家社区（Innovation and Entrepreneur Community，IEC）。当年，西浦与四家企业签约，正式启动了IETE项目，招收了第一批IETE学生，使西浦现行的国际化专业精英教育的学生可以利用IETE得到更前沿的行业背景知识和训练支持，从而有利于他们的专业发展。与此同时，我们全面提倡研究导向型教育，改变网络和数字化时代的教育策略。西浦以学生为中心、研究导向型教育在中国声名鹊起，社会影响日益广泛。

天佑西浦，或者说机会总是眷顾有准备之人。在此关键时机，太仓市时任市委书记沈觅先生一行访问西浦，他们试图与德国大学搞中外合作办学。后经分析和建议，他们改变初衷，倾向于与西浦合作在太仓创办创业家学院（CE），即西浦融合式教育的第二种模式。2017年年底，项目签约；2018年4月，举行了西浦融合式教育的发布会。随后经过一番努力，陆陆续续有很多国内外著名企业积极响应。5月，我们与十多家著名企业签署了备忘录，计划举办六个行业学院和建设六大平台。8月2日，趁西浦董事会和毕业典礼之机，西浦创业家学院成立和合作伙伴签约仪式成功举办，擘画出将以西浦创业家学院（太仓）为基地，探索新教育、新大学、新校园的蓝图，为未来教育提供方案和样板。我坚信，这个计划如果得以成功实施，必将使西浦处于未来教育探索的领导地位，使其具有更深远的影响和更大的发展空间。

与此同时，我们与国家开发银行、苏州市政府签约成立了西浦新时代发展研究院，启动了西浦融合式教育第三种模式，通过创新生态建设进行社会创新实验。

因这一系列冲击眼球的运作，2018年关于西浦发展的重大报道不断：西浦融合式教育全面启动，太仓教育基地签约，与国家开发银行成立西浦新时代发展研究院，与企业在太仓基地共建行业学院，计划设立行业学位，全面提倡以学生为中心和研究导向型教育，更多企业签约IETE项目，西浦全国教育创新大赛一届更比一届好，ILEAD校内外各类培训项目受到其他大学热捧，等等。不仅上了中央电视台《新闻联播》、今日头条等各大媒体，我还应邀在《泰晤士高等教育》（*Times Higher Education*）上撰文介绍西浦发展1.0总结和2.0规划。西浦的教育探索不仅有深度，而且影响波及面越来越大，坦率地讲，西浦品牌和影响力直线上升。

与此同时我们并未因西浦2.0的开启而止步，又开始站在更高的位置开始更长远的思考，以布局未来。例如，我和同事在探讨，十年以后，如没有重大变故，西浦苏州工业园区校园的国际化专业精英教育模式会因更加国际化、更重视素养教育、强化行业背景和训练、全新的教育策略、生态化校园环境得到进一步的完善；西浦创业家学院（太仓）2019年开始招生，2022年具有冲击力的校园正式启用，随着被学生、家长、同行以及社会的逐步理解，必将迎来追捧，十年以后亦即2030年趋于成型，将可能成为未来大学、校园和教育的一个方案和样板。那么，西浦下下一个十年又该以何种姿态立于创新潮头呢？

根据社会日益生态化的特点，我的计划是，在未来社会，西浦可以充分利用大学的独特性扮演一种"黏合剂"（glue）的作用，撬动社会资源，建设更多集教育与产业创新为一体的新型社会生态，然后再发挥"催化剂"（catalyst）的作用，释放生态中各要素的潜力，形成生态效应（symbiosis），最后收获生态红利（eco-dividends），以实践西浦融合式教育的第三种模式（IEC），为未来的以兴趣为导向的终生学习和创新创业提供支持，同时促进大学与企业和社会的有机合作，提升产业创新能力和技术升级，帮助人类增强生存能力，促进科技进步，提升社会文明。这样，西浦便会以一种创新者和创业者的姿态屹立于世界！

当西浦步入高阶稳定发展后，我有更多的时间思考，仰望苍穹，与自己和天空对话，静思西浦未来。网上有一段采访我的文字，可以说比较准确地记录了我此时的心情和状态，尽管作者写的是十年前的我：

> 2005年，属鸡的席酉民迎来了自己48岁的本命年，纵观他这48年的奋斗，可以说，他一直在向他的人生目标前进。假如人生到此停顿，也将不失为一个圆满的结局。但席酉民不这么看，正如他在其《人生能有几个波》一文中所言："无论做人还是做事，想要长盛不衰是不容易的，顶峰总是与衰退相伴随，就像爬山一样，到顶后就没有再往上爬的地方了，只有下山。要想摆脱这一命运，最好的办法就是不要让人或事发展到最高峰。只有这样人为地破坏生命周期，才能使你或你的事业之树常青。就科学研究来说，在某一领域达到顶峰难以前进时，应适时进行转向或拓宽领域开展新的探索，否则就会止步不前，沦为落后。"所以，今天席酉民选择的绝对不会是夕阳无限好的下坡，一定是追寻另一座高峰的兴奋和执着。

从文中不难看出，人生和事业发展都有生命周期，但要想长盛不衰，需要及时升级，以步入新的发展循环。我50岁走出公立体系、选择西浦是一次跳跃，

60 岁开启西浦新布局又是一次重大升级!

西浦走过了辉煌的第一个 10 年,成为规模最大的国际合作大学,被誉为中外合作大学的典范、中国高等教育改革的先锋。展望未来,西浦的下一个波或下下一个波又是什么?或者说西浦发展的 2.0、3.0 版本又是什么?

作为西浦的开创者和现任领导,虽不能主宰西浦的未来,但至少要为未来做出必要的谋划。根据我对西浦发展现状的分析和未来世界的预期,如无外部环境或世界局势灾难性的巨变,可以比较确定的是,西浦将为未来世界的教育做出以下的贡献:第一,提供一种创新型的国际化、专业化精英教育模式;第二,创造一种融合式教育的新模式,成为教育探索的领导者;第三,为未来教育提供一种大学、教育、校园的新概念和样本;第四,通过针对未来社会发展的关键命题开展若干社会实验,从而使西浦超越传统大学概念,更融入社会,成为经济和社会发展、文明层次提升的黏合剂与催化平台;第五,借助西浦的教育探索,把西浦建设成为国内外有影响的先进教育理念和实践的传播平台。

西浦 1.0 大胆创新升级了传统的以专业精英为目标的教育模式,探索建立了一种网络化的知识组织运营体系,形成了开放式校园和新型的大学与社会互动关系,创建了影响中国教育改革和世界教育发展的研究与传播平台。

西浦 2.0 针对网络化、数字化、人工智能和机器人的新挑战,创建一种旨在培养未来的行业精英和业界领袖的融合式教育模式,通过与地方政府和企业界合作建设西浦创业家学院(太仓)及未来大学和校园的新模版,以大学及其国际知识网络撬动社会资源形成一系列有主题的产业创新生态,进一步强化和升级西浦影响未来教育发展的研究与传播平台。

现在,西浦 2.0 正在有序地推进中。按理讲,当下思考西浦 3.0 似乎不是时候,但人无远虑,必有近忧。何况我们生活于一个急需重塑的社会,充满了快速的结构性变革,它迫使我们跑得要比变化快。作为西浦的领导者,必须展望十年、二十年后的发展和挑战,才可能使西浦立于世界竞争和创新的潮头!因此在西浦 2.0 轰轰烈烈前行的过程中,我的思绪已进入西浦 3.0 的布局。

遐想西浦 3.0,除了两种不同的教育模式日渐成熟、一种全新的大学概念和模式融入世界教育版图,西浦还应更深入地融入社会,通过"学校驱动、政府支持、产业联盟、市场运行"机制,根据不同区域和产业形态,在合适的地域建设有主题的实验基地或示范区,并将西浦融合式教育与这些实验基地或示范区再融合,使终身学习和创新创业成为其基本功能之一,从而使每个主题社区成为一种面向社会的、开放式的、个性化的、兴趣驱动的、终身学习和创新创业支撑平台，构建一种全新的教育生态，以探索新时代教育和大学与社会共生的新机制。图 6-2 显示了我们对大学发展阶段和未来大学概念和形态的理解。

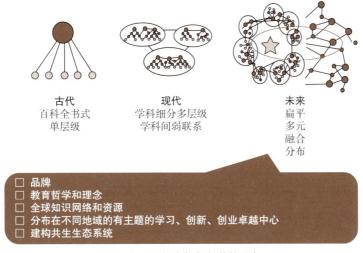

图 6-2　西浦对未来大学的设想

实际上，以教育变革为使命的西浦，在其探索蓝图里，还有基础教育及除专业和行业两类精英以外的其他类人才的高等教育。西浦已于 2015 年通过收购，成立了西浦附属学校（苏州），2020 年又主导建设西浦附属实验学校（太仓），旨在探索困扰着中国家长和社会的基础教育问题的解决方案，并在 ILEAD 成立了基础教育中心，提升基础教育领导力和促进其变革。对于占绝大多数的成人高等教育，按照我的理念，在未来会真正形成开环教育：基础教育阶段，人们已经获得生存的必要知识和学习能力；到达高等教育年龄，每个人可根据自己的兴趣爱好进行学习安排，可进入高校或某种学习与创新创业中心，有针对性地选学有关课程，并在相应的创新工场或创业港进行试验或寻求指导与帮助，既实现了自己的追求，还可能把兴趣发展到极致、拓展出自己的一份事业，不仅自己可以按兴趣幸福地生活，还造福于社会。西浦的创业家学院和学习超市就是按照这种概念设计的，以后西浦两个校区可以为这种新时代的学习提供场所和环境，同时西浦在一些地方发展起来的创新实验区或 3.0 示范区也会成为不同主题的学习与创新创业社区，从而构筑出西浦网络化、分布式的大学新形态。另外，西浦也许会通过与业内领袖企业合作，参与一些职业性大学的改造与运营，建立更多的支持兴趣驱动和终生学习的学校或中心，进而发展出这类教育的样板。

西浦 3.0 似乎很遥远，但我们已经在路上！

管理何为：一个"理想主义"践行者的人生告白

西浦的快速发展，一方面得益于世界经济全球化对于高等教育改革与创新的必然要求及所赋予的机遇，另一方面也源自西浦自身对于未来教育发展的准确定位和全新的大学管理理念。

2018年，我受邀在江苏省教育厅党组"习近平教育思想与江苏教育现代化"系列学习座谈会上做了题为"敢于成为领导者：新时代中外合作办学的使命"的发言。我在发言中提出：

> 全球化、构建人类命运共同体的概念被频繁提及、不断深化，一方面是全球经济社会发展的必然趋势，另一方面也是中国对全球人类共命运的深入思考。但在全球动荡的大背景下，中国如何通过深化改革提升自身能力，在复杂多变的世界格局中发挥大国作用？习近平总书记选用了"中国梦"来破题，并以此构建了中国改革发展的"两个百年"的战略目标，即中国共产党建党一百年时，全面建成小康社会；中华人民共和国成立一百年时，全面建成富强、民主、文明、和谐的社会主义现代化国家。在这种大格局和背景下，肩负着人才培养、研究、社会服务和新文化引领的高教领域的一分子，如何扮演好自己的角色？如何促进中国的崛起和大国作用的发挥？如何成为国际玩家和世界教育事业的领导者？

> 西浦应运诞生于这个伟大、不安的时代，决心抓住机遇，结合东西方"最优"教育实践，取其精华去其糟粕，顺应未来趋势，直面各种挑战，大胆创新，希望为未来的教育提供一种方案，并影响中国和世界的教育发展。

> 为实现此目标，我们2013年成立了领导与教育前沿研究院，即ILEAD。经2018年的重组加强，ILEAD已发展成为集学位项目提供、学生学习研究与支持、教师发展支持、教育从业者专业能力和领导力研修、教育创新全球社群运作与未来大学研究为一体的综合性教育机构，成为中国土地上最国际化、最大、最全面的教育研究和传播基地，换句话说，"教育界的黄埔"。简单概括，ILEAD目前共有七个方面的业务：一是开展前沿的领导与教育研究。二是打造教育创新的全球化社群，包括全国高校教师发展中心联盟、西浦全国教学创新大赛、高等教育创新年会、分布在全国各地每年若干场的西浦教育论坛、西浦学生研究导向型学习大赛等探讨和促进高教改革创新的生态平台。三是通过各类研修与咨询提升教育从业者的专业性和领导力，ILEAD及其PGcert（Postgraduate Certificate）项目是国际高等教育学会（HEA）在中国认证的唯一的机构和教师职业资格证书项目，西浦已拥有一批HEA会士（fellow）和高级会士（senior fellow），并将逐步向其他大学老师

开放该项目。构建了"以学生和学习为中心"的育人体系，开展了10余项教育从业者培训项目。四是通过评估促进教育机构和个人的认知和发展，如"以学生为中心"的高校育人质量评估，中小学校长领导力评估体系等。五是促进学生的研究导向型学习，帮助学生尽快转变学习行为，并建立终身的自主学习能力。六是开展西浦教育管理学位项目，包括西浦融合式教育的工业与企业定制培养项目（IETE）、全球教育和语言教育硕士项目、教育管理的博士学位项目等。七是提供互联网时代智能化学习解决方案，以及支持教师把这些技术融入他们的教学中。

2013年成立至2018年7月，共有超过300所院校的4 000多人深度参与ILEAD各类培训项目；为40多所高校定制管理团队和教职员工培训项目；连续8年举办教育领导力卓越计划，共有87所高校的231名管理者参与。值得一提的是，一些高校书记和校长带队，把其十九大精神学习或领导干部和骨干教师培训办到了西浦。在社群类活动方面，西浦全国大学教学创新大赛已成为高等教育界民间大赛品牌，每年活动有百万多社会各界人士关注和参与；高等教育创新年会以及各类研讨会每年都在全国3—5个城市举办；发起成立的高校教师发展中心可持续发展联盟，将会形成推进各校教学改革的平台。研究方面，ILEAD双一流高校教学质量排名在2018年首次发布，引发广泛讨论，得到教育部、各双一流高校及高教界人士的关注。

在大量探索、实践、传播活动的同时，我们还及时进行理论总结，例如，在西浦建校五周年时，我们以故事为主线介绍了西浦的教育探索，推出了专著《探路新大学：西交利物浦大学的故事》（席酉民等，2012）。在西浦十周年庆典时，我们进一步进行理论概括，出版了《我的大学我做主：西交利物浦大学的故事》（席酉民、张晓军等，2016）。在西浦发展到十五周年之际，我们总结提炼出了西浦的和谐教育模型，出版了《特立独行：和谐教育之路》（席酉民，2021），撰写了大学变革指导性著作《大学转型：从教师主导到学生为中心》（张晓军、席酉民，2021），推出了帮助教育转型的策略《研究导向型学习与审辩式思维：学术英语教学实践》（席酉民、李程程，2021）。还专门编辑出版了研究导向型学习的案例集（张晓军等，2017）、中外合作办学的总结和对比（席酉民、张晓军，2020）等著作。实现教育探索有理论依据，教育变革和实践有理论指导。

形象地说，西浦的尝试是新时代全球化和网络化背景下中国高教羊群中的一只"狼"，它的诞生、发展、探索既彰显了其挑战世俗的个性，也显示出中国对于当今全球化发展的勇气与信心,国家的快速崛起给予其改革创新的基础和实力,充满想象空间的未来社会赋予其大胆创造的空间。

四、世界舞台上的碰撞

筹建西浦,特别是带领西浦发展,不仅给予了我领导一个国际化团队打造一个独特的国际化大学的特殊体验,而且将我推向一个更大的国际舞台。

牛津的特殊礼遇

在筹建西浦伊始,西安交大王建华书记和我曾带领西浦筹备团队访问利物浦大学和英国有关高校,剑桥大学和牛津大学自然是我们的重要目标学校。特别是在牛津大学,会见了校领导、华人工学教授、最古老学院的汉学家院长等。留下的印象是校园很古老,大学结构很复杂,几乎没人能彻底讲清楚。更深的印象是与汉学家女院长的会见,她说她先生对她很有意见,因为一周只回家一趟。她们学院为了构筑精英教育环境,要求教授们居住在学校附近,方便与学生见面,因此她只有周末才能回家。她带领我们到学院教堂参观,指着教堂墙上的一个石碑开玩笑地告诉我们:"我之所以这样努力工作,就是为了离任后我的名字会刻到这块石碑上。"

当我全职加盟西浦后曾多次到访牛津大学,除因牛津大学是名校外,还因为与几位牛津大学教授成为好朋友,另外利物浦大学前校长博恩爵士后来成了牛津大学贝利奥尔(Balliol)学院的院长和副校长。

其中一次访问很特别,我在网上发现牛津大学校长安德鲁·汉密尔顿(Andrew Hamilton)教授的一个视频,他是英国人,在美国生活28年,曾就职过很多名校,然后再回到牛津大学当校长。就职后的这个演讲主要谈美英名校的比较。因我对西浦未来发展寄予厚望,所以很想见见汉密尔顿校长。恰好教育部组织欧洲校长论坛,在结束后我先飞往牛津大学,再去利物浦大学。有趣的是,因预约时间短,校长只有10点半到11点可以与我会面,我一人在荷兰阿姆斯特丹,必须赶早班飞机,一直担心早上睡过头,结果几乎彻夜未眠。所以,我以一种很疲惫的状态到达牛津大学。先是与汉密尔顿校长会面,谈话很愉快,半小时转瞬而逝,因其他活动人员在等待,工作人员不断提醒校长,但校长似乎谈兴正浓,所以我们一直聊了一个小时。站起来告别时,他握着我的手说:"席校长,你很幸运,有一张白纸好绘宏图,而我必须在夹缝中艰难挣扎。"然后,博恩院长给我介绍了贝利奥尔学院并陪我参观学院的设施。

午餐后,我做了关于教育变革及西浦探索的演讲,20多位各领域资深教授出席,大家对西浦很感兴趣,特别是对我们的探索思路和实践给予赞赏。从出席者的背景和提问,特别是带有个性的长发或装扮,我对传说中牛津大学教授的"学术自由"和"擅长哲学思考"有了直观的感受。演讲和讨论后的接待会出乎我的意料,他们专门邀请了一位老者在一旁演唱和弹奏,大家喝酒漫聊。再后来,博恩院长陪我出席学校另一个接待会,并把我介绍给了其他几位副校长。朋友后来告诉我,给我在牛津大学这样的安排是很高的礼遇!

更令我常回忆起的是晚上牛津范儿的晚宴,博恩院长做东,几位资深教授一起吃饭喝酒畅聊,从教育到哲学再到社会,好几个小时。我深刻体会到很多学问或思想可能就是孕育于这样的场景,难怪牛津到处都是酒吧,这其中不乏大学的文化和学术的延伸,包括我后来参加的牛津大学非常有名的公开论坛等。这些经历也启示我对大学有了更丰富的认识,大学学习不只是上课,学生在大学走一遭,是大学的氛围熏陶和教育支持造就了他们,使他们认知世界、形成梦想、铸就追梦的翅膀。所以,大学氛围和文化,以及各种支持师生学习、研究、生活的活动安排和条件,对实现大学价值不可或缺。当一些家长抱怨学生社团太多、影响学习时,我就问他们:"什么是学习?"有些家长说是上课。我告诉他们,如果狭义地理解学习,将会影响学生在大学的真正成长!

后来,汉密尔顿校长和其他副校长也多次到访西浦,我们间的交流与合作一直在延续。2017年,汉密尔顿校长从牛津大学离任,回到美国担任纽约大学的校长。但牛津大学在苏州工业园区研究中心的合作在博恩院长和副校长的力促下、在汉密尔顿校长的支持下,经过数年努力,依然在艰难的跋涉中。我个人认为,一是因为其内部复杂的决策程序和制衡关系,二是其"商业模式"的可持续性很值得反思!

欧洲校长论坛的明星与国际舞台上的自信

在西浦发展取得重大进展后,我有意识地主动参加了教育部组织的一些国际校长论坛,以进一步了解国际教育形势,学习他人经验,反哺西浦发展。

印象比较深的有几次,一次是2010年4月在西班牙,中西校长论坛是胡锦涛总书记访问西班牙的预热活动之一,有六七十位校长与会,我有幸受邀做大会报告。因为管理学训练和中外合作办学的大胆试验,我的演讲备受欢迎。下场后被众多西班牙校长围着,被询问各种问题或合作可能性。与我同行的校长们开玩

管理何为：一个"理想主义"践行者的人生告白

笑说："你今天成了明星！"其实，我以前在西安交大当校领导时，也参加一些重要的国际学术活动，有时也会受到关注或被委以重任。例如，前面所讲的受美国政府邀请，我曾以团长身份带领中国人文政治教授代表团访美。但当我以西浦校长身份参加这次活动时，我的名字永远是排在最后几个，因为前边副部级大学领导很多。我之所以能冒出来，可能是沿途闲聊时流露出来的犀利观点和西浦的独特身份使然。更出乎意料的是，当我们访问快结束时，因冰岛火山喷发，火山灰阻滞了航线，我们无法按时回国，也不知道什么时候可以起飞。因该代表团重要人物较多，据说教育部、人事部专门交代大使馆好好接待和安排。所以，我们白天有机会参观西班牙世界文化遗产，晚上应邀赴大使官邸吃饭。有趣的是，当时的大使是曾为外交部著名发言人的朱邦造先生。当我们抵达后，大使在门口迎接。因个性使然，我平时较少关注官场礼节，便很随意地就走到了前边，和朱大使聊了起来。他得知我从西安交大来，马上说他舅舅曾是西安交大副校长，原来是我很熟悉的戴景宸副校长（后来受邀出任汕头大学创校校长）。因而，我们相谈甚欢，等第二天照片出来后，看着我和朱大使大摇大摆地行走在前边，随后隔一定距离走着一群名校包括副部级的大学领导，我突然意识到：在中国政治社会和文化环境下，我确实有些太出"格"了！

另一次是2011年在荷兰阿姆斯特丹举行的中荷校长论坛，双方共有近百人参会，我受邀做大会发言，同样非常成功，引起了关注和热议。中间茶歇时，几位荷兰校长过来和我交流。他们问我："在中国有多少校长像你这样思考？"我答曰："不多！"他们又问："有多少学校真的行动起来了？"我说："更少！"于是，我反问："荷兰的情况如何？"他们说："荷兰100所左右的大学，学术和应用型大体各半。面对世界快速变化的趋势和新要求，积极思考和应对的学校很少。"听到这样的回答，我一半遗憾，一半窃喜。我们在全球教育重塑的关键时刻，真有可能发挥引领作用，至少是动起来了、跑在了前面！

从这些交流中，我收获的不只是对西方教育更深入的理解，也有对我们探索的自信。特别是后来当英国科技与教育部长带领英国大学校长代表团访问西浦，并为我们融合式教育合作签约见证时，我陪他们参观校园并分享了我对英国教育的看法，除了肯定他们严密的质量控制体系，还提到我怀疑其过分强调学术权威设计的教育哲学在当今世界的恰当性，以及其烦琐的体系不利创新，部长不动声色地告诉我，他有同感！

再后来，我受教育部邀请，成为中国与欧盟合作的调优研究（Tuning Study）工商管理领域的首席教授，这使我有机会深入欧洲的大学，了解其从大纲设计到教学过程优化的各种实践，对欧洲教育及国际教育实践有了更真切的感受。调优研究是在"欧洲博洛尼亚进程"（Bologna Process）基础上对教育更深入的优化。欧洲各国教育体系复杂，差异不小，博洛尼亚进程试图通过教育体系的相对规范化来促进各国之间的交流与合作，增加学生的流动性。随着该进程的深入，一些教育者进一步审视教育目标和教学过程，启动了调优研究计划，即从未来趋势、市场需求、学术规律、教育体系等多维度深入分析人才的素养体系，进而形成从幼儿园、小学、中学、大学等不同层级教育的培养目标及其素养架构（qualification framework），包括基本素养、技能和知识体系等，然后从教育产出入手，重新梳理培养目标、教学大纲、教育过程等，以改进现有教育体系。中国教育部与欧盟合作，选择了工商管理、土木工程和教育管理三个专业进行调优研究试点，分别由西安交大、西浦、同济大学和北京师范大学牵头。我很荣幸被邀请作为工商管理学科中方首席教授，并选择了理工科大学、财经类大学、综合大学和中外合作大学等五所不同类型大学的管理学院参与，通过雇主、毕业生、教授、社会、学生、家长等不同群体的抽样调查，形成了该专业培养目标的一般性素养体系和专业性素养体系，然后通过统计分析和归类，形成了各自的培养目标，并以教育产出为导向（outcome oriented）优化和修订现行教育过程。在这一历时近两年的研究中，我有机会和被称为"调优研究之父"的罗伯特·瓦格纳尔（Robert Wagenaar）教授和"调优研究之母"的朱莉娅·冈萨雷斯（Julia González）教授以及欧方若干大学教授深度合作，特别是有一次在西班牙毕尔巴鄂考察时，大家一起在晚宴时闲叙，我根据当时的话题，进一步介绍了西浦的探索和实践，罗伯特听后对着朱莉娅说："看来我们在中国有竞争对手了！"我从中读出的"画外音"是：与先进的正在北美、非洲、亚洲国家推广的调优研究相较，西浦的发展在理论上也可与之媲美，甚至在一些方面还有独特性和更贴近当代趋势的优点。

从上述一系列成功的国际交流与合作中，我不仅了解了国际最新进展、学到了经验，更重要的是进一步增强了自信，体会到我们行进在正确的道路上。

小荷渐露尖尖角

除了上述国际交流与合作的趣事，我还受邀赴哈佛做了两场交流，一次是关于国际合作，一次是受福特基金会赞助邀请参加哈佛教育学院组织的国际教育论坛。每次作完报告后，都引起与会者极大兴趣，以及对西浦探索的赞赏。但我深知，在初期大家感兴趣之余，还在观望，看看你们到底能做些什么？特别是那些了解中国教育及其环境的教育家，因其对中国教育环境的担忧，也对我们的探索持有怀疑，后边我会提及一些例子。

然而，随着西浦快速发展和成功实践，许多人从感兴趣、怀疑逐步转变为关注和追踪。例如，2011年，吸引全球众多教育领导者的"走向世界"（going global）国际教育年会在香港举行，有上千教育领导者与会，我有幸受邀在会上介绍西浦的探索和发展。到了2016年，该论坛在南非举行，西浦中外合作办学的模式进一步受到关注，有两个论坛（session）邀请利物浦大学校长珍妮特爵士和我分享西浦案例，讨论跨国合作办学和人才全球流动等话题。特别是到了2017年，欧洲教育论坛在利物浦大学举行，数千人与会，我和珍妮特爵士再次应邀出席，分享了国际教育合作和交流的体验。有趣的是，碰到不少世界各地的校长或教育官员或会议组织者都走过来说："你们学校的名字XJTLU好难记，但这次我们终于记住了，因为我们在筹办中或会议资料里可以反复看到。"还有一位教授风趣地对我说："你们校名跟英国名车Jaguar很像。"因为那个品牌有一款车的标志是XJL，而西浦的英文缩写是XJTLU。

从这些趣闻轶事中可以体会到，西浦这所可以说还是婴儿时期的大学已逐渐进入国际视野，并日益受到关注和追捧。若用数字说话，2018年，共有1 000多名来自70多个国家的学生进入西浦学习。

与大教育家的碰撞

在西浦发展初期，我接待了联合国教科文组织安排的美国波士顿学院著名教育专家菲利普·G.阿特巴赫（Phillip G. Altbach）教授访问西浦，了解中外合作办学情况。当时我们刚刚形成西浦的愿景和战略部署，在我介绍之后，教授对我们的思路很是赞赏，但满腹狐疑：一是在中国能做到吗？二是有足够的资源吗？三是作为中外合作办学，缺乏规范和持续资源支持，如何维持长期健康发展？我以商业模式、独特运作思维对其疑惑一一作出解答，虽然他觉得也有理，但仍未心服口服，最后我说让我们拭目以待。

巧合的是，当五年后我受福特基金会邀请赴哈佛大学参加某教育论坛时再次遇到阿特巴赫教授。会上，我除了做大会报告，阐述我们所理解的教育发展趋势、教育理念变革，以及西浦探索和实践，还作为论坛嘉宾（panelist）参加了讨论，阿特巴赫教授恰恰是主持人（facilitator）。在听了我的报告和讨论发言后，他知晓了西浦的新进展，回想起五年前他在西浦访问时的情景和疑惑，他不得不承认西浦的发展事实,但只是淡淡地说了句:"西浦是个特例。"我接着问:"作为世界教育专家,在中国社会全面发展备受世界瞩目的大形势下,你如何看待中国教育的未来?"他直言说并不看好!看着我好奇的眼神,他接着说:"我关注中国教育28年,发现中国教育生存环境未有根本性改变,尽管中国经济社会发生了巨变,但我对中国教育在未来大的或革命性变化持悲观态度。"坦率地讲,我知道西方对东方特别是中国教育的兴起和对西方的挑战有乐观派和消极派两个阵营,前者以伦敦大学教育学院西蒙·马金森(Simon Marginson)教授和耶鲁大学前校长理查德·C.莱文(Richard C. Levin)为代表,后者则是以阿特巴赫教授为首。所以对其反应我有心理准备,当我进入西浦释放出想变革中国教育之理想,不少熟悉我的朋友、同事就坦言:"你若想改变中国的教育,先要改变中国的家长。"但我深知,中国家长的改变又取决于整个社会环境、文化、制度的改变,我们每个人都是环境一分子,我们既是问题的受害者,又是问题的制造者。尽管从内心我并不想接受他的判断,但也担心改变环境的信心在各种挫败中会不断受到蚕食。尽管如此,我们并没有放弃,而是更加努力,试图通过我们的实验、呼唤、坚守、出击,希望更多人加入变革的行列,让这位悲观派教育家的预判失灵!

与俄罗斯教育科技部长的争执

在西浦发展早期,一次科技部万钢部长陪同俄罗斯教育科技部部长访问西浦,像往常一样,我向客人介绍西浦的发展历史、现状,特别是西浦进行教育变革和创新大学管理体系以影响未来教育的理想。俄罗斯部长显然并未怀疑我们规划的合理性,但却对中外合作办学实现这些目标的可行性持怀疑态度。按照他的思路,履行这样伟大的使命需要很多资源,一所中外合作大学很难肩负起这样的重任。所以他先问我:"有没有政府的财政支持?"我说没有。接着他问:"有无双方持续的大量投入?"我同样回答没有。他说:"那你怎么实现这样的远大理想?"我讲述了我们的"商业模式"、运行思路,他打断我说:"席校长,您能不能不要给我讲官话?"其实,我是一个非常反感讲官话和套话的人,喜欢直来直去,紧扣重点,直逼要害。我所讲的和对问题的回答非常坦诚,没有任何套话和官话,那为什么他会觉得我在说官话呢?我反思后认为,在当时那种社会情况下以及他理解的中外合作办学的私立性质,可能觉得我们的规划超越现实,有点儿异想天开。但他忽视了要实现突破,必须大胆冲破世俗,而逆俗往往不为大众所理解,甚或让人们觉得要么幼稚无知,要么不知天高地厚。但人所共知,所有突破性发展都无法逃离这样的宿命,如果当事人能够有足够的管理智慧和能力冲破重重阻力,这种异想天开就有可能为人们和社会展现出一番新的天地。我们最后用行动和结果证明,我当时所言充其量算是有点狂妄,但绝非在说官话、套话!

全球视野、本土理解、国际化行动

当西浦发展逐步吸引同行和社会关注的时候,我也有更多机会走向世界,去践行我对时下流行的"全球视野、本土行动"(Think globally, act locally)改造后的理念"全球视野、本土理解、国际化行动"(Think globally, understand locally, act internationally),在世界舞台上做有未来影响力的事业,即从管理和教育两个领域为人类应对未来挑战提供理论和西浦方案。

我曾受世界教育创新峰会(World Innovation Summit for Education, WISE)邀请,在2012年峰会(卡塔尔)上以西浦发展为案例做中心(spotlight)报告;受国际大学协会(International Association of Universities, IAU)邀请(IAU 2019)(墨西哥),以西浦探索为例,就"未来高等教育转型"做报告和参与专题讨论。多次应邀在英国文化协会(British Council)组织的著名的"走向世界"国际教育年会上(2011、2016等)分享我们对跨国教育和未来教育的探索和实践。多次受欧洲国际教育协会(European Association for International Education, EAIE)邀请,就教育转型与国际合作交流做报告和参与专题讨论。受澳大利亚国际教育协会(Australian Association of International Education, AAIE)邀请,就国际合作中的文化和教育理念比较等问题进行专题报告和交流。多次应世界教育日(World Education Day)大会邀请做报告,并有幸与三名来自不同领域的诺贝尔奖获得者同台讨论教育之于人的价值及如何实现。我还长期担任中国教育国际交流协会中外合作办学专业委员会副理事长和理事长(2014年至今),几乎每年出席中国国际教育年会,分享和交流教育国际合作的探索和经验。应邀出席受福特基金会支持的国际教育项目交流(南非),以及在波士顿由哈佛教育学院组织的国际教育论坛,等等。这些机会让我可以频繁与世界级教育大师现场交流和私下请教。

比较有意思的是,2014年我接待了英国BBP大学主席理查德·西蒙斯(Richard Simmons)爵士,他说是受李克强总理邀请在京参加会议,之后经人介绍来到西浦。交流后他大为感叹:"真是名不虚传!"西浦的前瞻、创新、开放令他耳目一新,与他前面访问的公立大学感受完全不同。他告诉我:"你是我见到的最与众不同的校长!"我问:"怎么讲?"他说:"到访的几所一流的中国大学,校长或书记有点像官员,讲排场,言谈宏大而不具体。而你亲和、敏锐,直奔教育发展挑战和探索主题,而且很有洞见。"他觉得我完全改写了他对中国大学的印象。并约定,下次我去英国,一定要事先通知他,他将把英国那些教育改革人士请过来,专门安排一次闭门会议。我下一年访英,结果时间没把握好,他请我再次访英前至少提前半年通知,因为他要请的人都很忙。2016年9月12日,酝酿了两年的会议终于实现。当我到达他们的俱乐部时,发现有近20位重要人物到场,除了西蒙斯爵士,还有剑桥之星教育(Cambridge Star Education Ltd.)的创始人迈克尔·布兰德(Michael Bland)、著名作家、剧作家和广播人约翰·凯恩(John Caine)、英国特许人事发展协会(Chartered Institute of Personnel and Development)首席执行官彼得·奇斯(Peter Cheese)、国际贸易部(Department for International Trade)教育部门负责人克雷格·克劳瑟(Craig Crowther)、高等教育政策研究所(High Education Policy Institute)主任尼克·希尔曼(Nick Hillman)、《泰晤士报》教育编辑格雷戈·赫斯特(Greg Hurst)、旅游城(Touriocity)(一家个人定制旅游服务公司)的业务发展和法律主管詹姆斯·金斯顿(James Kingston)、Politeia智库主任希拉·劳勒博士(Dr. Sheila Lawlor)、上议院教育国务秘书(1992—1994)帕特恩勋爵(Rt Hon Lord Patten)、政策交流教育组(Education Unit, Policy Exchange)主任乔纳森·西蒙斯(Jonathan Simmons)、BPP大学校长卡尔·莱戈(Carl Lygo),以及BPP大学相关院长和Politeia智库相关人员。我做主题报告后,大家展开了两个多小时的热烈讨论,应该说我们在西浦的实践让他们眼前一亮,主持人开玩笑地说:"今晚我们二十几个聪明的脑袋挑战你一个。"第二天我到达利物浦大学,国际贸易部教育部门负责人克劳瑟先生还写邮件给我:"我回来后与同事分享了你的演讲,他们很感兴趣,你能不能今天再到我们部里来给我同事讲讲?"我遗憾地告诉他已经离开伦敦,只能下次再约。这种高端对话,加上不少各具特色的国际大学的访问,不断深化着我对世界教育的认识,持续丰富、充实和升级我们的探索思路和方案。

还有一次,我应邀赴剑桥访问(2015),88创赢(88 Initiative)主管、麦肯锡高级合伙人理查德·海盖特(Richard Heygate)爵士,剑桥大学贾奇(Judge)商学院创办人保罗·贾奇(Paul Judge)爵士,剑桥大学贾奇商学院白瑞(Alan Barrell)教授,资深创业家、天使投资人彼得·考利(Peter Cowley),剑桥大学贾奇商学院乔安娜·米尔斯(Joanna Mills)博士接待和作陪,见了剑桥大学圣凯瑟琳学院（St Catharine's College，Cambridge）的让·托马斯（Jean Thomas）教授和汉斯·范登文（Hans Van Den Ven）教授，还与剑桥大学中国近代史专业的教授进行了交流。《剑桥现象：全球影响》（*The Cambridge Phenomenon：Global Impact*）作者查尔斯·科顿（Charles Cotton）赠送了自己的书作为剑桥大学和西交利物浦大学之间友好的象征。之后，我又见了剑桥创新资本（Cambridge Innovation Capital，CIC）主席爱德华·本特霍尔（Edward Benthall），在其陪同下参观了剑桥大学三一学院和圣约翰创新中心。访问、参观、签约、高桌（high table）宴请、赠书等一系列活动，加上众多爵士、大腕出席，如此礼遇使我受宠若惊。但是这之前与英国创新企业家的一场聚会让这次原本令人激动的旅程蒙上了一点点阴影。在我给这些企业家介绍中国机会时，他们说："我们国际发展会首选美国、新加坡，因为那里的市场规范、与我们的文化接近。"我心头一震：创新企业家都是这样的想法，更不用说其他企业家了，但愿他们只是例外。我立即回应道："如果等市场成熟、文化融合，那里早没有你们的机会了。"这使我想起来在英国科技与教育部前部长乔·约翰逊，也就是现任首相鲍里斯·约翰逊（Boris Johnson）的弟弟，率领大学校长代表团到访西浦校园时，我请他见证我们融合式教育签约，他问我："你们的融合式教育合作伙伴中有哪些英国公司？"他不问我倒没注意这个问题，问了以后我才恍然大悟，我们的确有美国、法国、德国等国家的公司，唯独缺英国公司，是不是他们的长期优越感无视天下的理念束缚了他们在当今闯荡世界的手脚？

* * *

我以这样的节奏快速走过50岁后的10年。其间，我深切地感受到中国的前瞻、包容，人类命运共同体理念的难能可贵，也更有信心以东西方融合的智慧，努力发挥黏合剂和催化剂的作用，孕育国际化教育生态，并利用我们的生态管理智慧，创造和享受未来世界的生态红利。

参考文献

王方华，席酉民. 2020. 逆势突围：56位管理学家建言［M］. 北京：中国人民大学出版社.
席酉民. 2016. 逆俗生存：管理之道（蔷薇集）［M］. 北京：清华大学出版社.
席酉民. 2018. 管理学在中国突破的可能性［EB/OL］.［2022-03-30］. https：//www.docin.com/p-2831927994.html.

席酉民. 2020. 和谐心智：鲜为人知的西浦管理故事［M］. 北京：清华大学出版社.

席酉民. 2021. 特立独行：和谐教育之路［M］. 北京：清华大学出版社.

席酉民，等. 2012. 探路新大学：西交利物浦大学的故事［M］. 北京：科学出版社.

席酉民，李程程. 2021. 研究导向型学习与审辩式思维：学术英语教学实践［M］. 北京：外语教学与研究出版社.

席酉民，刘鹏. 2019. 管理学在中国突破的可能性和途径：和谐管理的研究探索与担当［J］. 管理科学学报，22（9）：1-11.

席酉民，张晓军. 2020. 中外合作办学：高等教育的新探索［M］. 北京：中国人民大学出版社.

席酉民，张晓军，等. 2016. 我的大学我做主：西交利物浦大学的故事［M］. 北京：清华大学出版社.

张晓军，席酉民，赵璐. 2017. 研究导向型教育：以学生为中心的教学创新及案例［M］. 北京：机械工业出版社.

中国管理50人. 2018. 金鸡湖告白［EB/OL］.（2018-04-27）［2022-03-31］. https：//mp. weixin. qq. com/s/LVz6aI3jEN3KUfXl7XtZVQ.

张晓军，席酉民. 2021. 大学转型：从教师主导到以学生为中心［M］. 北京：清华大学出版社.

附文 7

"点亮"未来教育的灯塔

在网络技术颠覆一切的时代,传统的大学教育系统面临一场巨大的挑战,由于治理结构都已固化,阻力很大,老牌大学实践探索的步子迈得都很小。而西交利物浦大学则如同一张白纸,可以在上面绘制一个新的世界。从某种意义上说,作为西交利物浦大学的校长,席酉民是无比幸运的,因为他有机会"点亮"未来教育的灯塔。

见到席酉民是一件很难的事情,他总是飞来飞去,马不停蹄地奔赴各种论坛发表演讲,他的演讲涉及的领域也极为广泛,管理学、教育理念、企业家精神,也包括人生的态度。与其他学者风格不同的是,他更接地气,更具实战意义。

"一个人背着包,满世界跑。"平时出差,席酉民总是一个人独来独往,不愿意麻烦他人,也不喜欢前呼后拥,更喜欢自由自在。2018年春节,他回长安老家依然喜欢与老乡、过去的"乡党""谝闲传",如同一个普通的农民一样,和大家讨论粮食的收成、蔬菜的价格等日常的生活。从某种意义上来说,他可能是国内活得最为洒脱的大学校长,"我的价值观是对社会产生尽可能大的积极影响,写文章也好、做演讲也好,都会产生影响。去做演讲会很辛苦,但还是会跑一趟,主要也是实践这种理想吧。"

席酉民的确是一个理想主义者,"我们的人生的价值是什么?价值是你对这个世界的影响,你对这个世界的影响力波及越广、越深,你生存的意义也就越大。""不同的人有不同的追求,有的人选中仕途,有的人喜欢做生意,我的价值观有所不同,我认为,作为一个人,存在的最大意义是对世界的积极影响力。那么,你就会寻求能够帮你实现积极影响力的道路。"席酉民说当初选择并不被看好的西浦,就是基于这种价值观的判断。

在讲述席酉民的职业生涯时,似乎总绕不开他的多重身份,大学校长、企业家、管理学家,现在又增加了一个教育家,这些身份都在他身上留下了深刻的印记。在席酉民看来,这几者并不冲突,而是一个有机的整体,"教育和管理是有某种天然的联系。因为管理是想要改进人们生存的效率和质量，而教育恰恰是提供这种素质和能力，帮助人拥有这样一种幸福生活和成功事业的管理能力和素养。而企业家精神更是让这两者放大的东西。企业家精神就是通过创新突破去形成一种新的价值创造。"

或许正是因为席酉民身上的天然属性——他并非一个纯粹的体制中人，也不是一个彻底的反叛者。所以，当西交利物浦大学这个中外合作办学项目，需要找一个中间人时，席酉民无疑是不二人选。更为重要的是，他对未来教育的理念与办学构想，无不让听者为之鼓舞与激动。

"我们的目的是什么呢，要在中国土地上办一所国际化大学，为全球教育重塑特别是人工智能和机器人时代的世界教育提供一种方案。这种方案从教育、大学概念、校园形态、教育管理以及社会互动形成一套完整体系，为未来的教育至少提供一个西浦的方案。"席酉民说，他希望西浦成为未来世界的一所国际化大学。

逆俗生存

假如席酉民要做一份求职简历的话，那将是一张超级华丽的履历表。27岁获得西安交大系统工程（管理）硕士学位，30岁成为中国第一个管理工程博士，31岁破格晋升为副教授，35岁破格晋升为教授，享受国务院政府特殊津贴，36岁又成为中国管理工程领域最年轻的博士生导师，遍访美英加澳名校，40岁出任西安交大副校长……

即便如此，他没有选择在世俗眼光的成功道路上狂奔。

"因为我的人生愿景逐步明确，知道什么是成功、我需要什么样的生活，这样面对各种机会或诱惑时，我清楚自己追求的是什么，哪些是应该毫不犹豫放弃的。然而，真正要摆脱诱惑，按自己想要的方式工作和生活，任何人都需要修炼。小隐隐于林，大隐隐于市。真正的人生需要在杂芜多变的世界里修炼。我自认为经过修炼，我不仅知道要做什么，而且可以做到，只是要争取做得更好。"在一篇文章中，席酉民如此解释。

谈及自己为何一直没能当选为院士，席酉民说："对于院士的头衔，我已做到平静对待，因为我知道我的人生愿景是以自己的研究和人生对更多人和社会产生积极影响，当选院士虽然有助于这个愿景的实现，不能当选并不影响自己愿景的实现，因此不会为此费心劳神，扭曲自己，因为清楚这是少数人的游戏，所以早已放弃了申请的愿望。其实，对于各种名利，已泰然处之，评上不会飘飘然，评不上也不会茫然沮丧,对那些自己不认同的事务,也不去关注。"

而两次拒绝升迁的机会则是出于一种清醒的认识。

2000年,他有机会在陕西一所知名高校担任校长,他拒绝了;6年后,他又有机会去另外一所规模更大、知名度更高的高校担任校长,更具吸引力的是,这个职务在行政级别上属于副部级,在很多人看来,这是一个通往仕途的康庄之路,但席酉民仍然毫不犹豫地拒绝了。

"很多人不能理解,其实这种选择是基于我自己对这个世界的理解,这个机会和我自己的期待能不能保持一致。如果不一致,我宁愿不做,我还有更多的事情可以去做。"在他看来,两所大学的问题类似,充满了传统大学的弊病和桎梏,而且受地理位置、周边环境的制约,自身发展缺乏活力,从战略上讲很难扭转其颓势。"我这个人做事时首先有一个战略性的分析,假如我去,的确可以止住它现在的颓势,我相信我自己有这个能力,但是我无法挽救它衰败的命运。"在国内教育系统工作多年,席酉民很清楚这里面存在的问题及改革需要应对的挑战。

"你后悔当初做出的决定吗?"记者问。

"这条道路世俗认为是很荣耀、很辉煌的,但它无法成就你本身价值观的实现,所以不存在后悔,没有后悔,从来不后悔,也没有羡慕过别人,特别是近七八年更不羡慕了,因为我有了更大的空间。"如同一个信徒,席酉民对某种价值观的万分笃定令他能永远保持初心。

两年后,他毅然挑起了领导西交利物浦大学发展的重任。这是一个可以完全施展他理想与才华的地方。"西浦这个学校当时虽然很小,但是它又是很独特的。国际化的办学方式,拥有国际化的资源和平台,更重要的是,当网络技术颠覆教学方式和传统的教育体系时,全世界都在反思教育,重塑教学,再定义大学,西浦应运而生,就有可能让我们在这个巨变的时代里,站在和世界一流大学同样的起跑线上,做出一个完全不一样的学校来。"

我的大学我做主

开放式校园、英式的长廊阶梯,与一群悠闲散步的灰天鹅——这里的确不像中国的大学。

位于中国经济最富活力的长三角地区,坐班车去苏州市中心需30—45分钟。对那些来自海外的老师而言,这里是个好去处——便于体会和研究中国正在蓬勃发展的经济,而且,与长三角几个更核心的城市相比,这个被誉为"江南水乡"的城市空气质量良好。

自 2008 年走马上任以来，陕西人席酉民早已习惯了苏州的温婉与柔美。"刚来时，教师不过 100 人，学生几百人，大部分人都不看好这个学校，政府也持怀疑态度。到底做到什么程度心里都没底。"在此之前，席酉民在西安交大做了 10 年的副校长。

2001 年，中国加入 WTO 后对外承诺开放教育市场，很快《中华人民共和国中外合作办学条例》出台，该条例鼓励在高等教育、职业教育领域开展中外合作办学。英国利物浦大学想进一步国际化；西安交大希望通过苏州的地理条件，进行一场国际化的教育探索；而苏州也希望西安交大以分校或中外合作办学促进工业园区的发展。三方都有需求点，于是一拍即合。

西交利物浦大学的校长应该是英方推荐、董事会聘任，所以在席酉民来西浦之前，作为西安交大方负责筹办和领导西交利物浦大学发展的校领导，他在董事会会议上习惯坐在西安交大一侧，2008 年 8 月得到正式任命后，大家开玩笑他应该坐到会议桌的另一侧，成为英国利物浦大学的董事。对这一改变，席酉民说："首先是要得到利物浦大学的认可和信任，因为按合同这个岗位是利物浦大学提名和推荐的。我的情况非常特殊，相当于利物浦大学把他的合作伙伴方的人请过来，做他们的董事会的成员和执行领导，这在中外合作中比较少见。"在当时的中国，虽然已经有了很多中外合作型的高等教育项目，但具有独立法人资格、独立校园、强强合作、以理工管起步的中外合作大学，西交利物浦大学算是第一个。

中外合作开办大学在中国是一个新生事物，完全没有先例可循，但作为一个管理学专家，席酉民充分发挥了他在管理方面的才能，提出了"双重理性"与和谐领导的概念。

"所谓'双重理性'，一种是全球普遍接受的一些基本的规则和逻辑，如果你没有这些东西，那在国际上是难以通行的；但在中国情境下，简单按照这些规则常常也是行不通的。因此，还有一种情境理性，即你所在国的具体情况，如在中国，你必须适合中国的法律、制度、文化和社会习惯，然而不应是简单顺从，要做长久的事业，必须有道德底线和原则。只有善于并用这两者的人，才可能在中国目前这种还不成熟甚或局部扭曲的社会运行环境下，做成一份有长远未来的事业。"

简单来说，在全球化的时代，要做一份大的事业，就要既符合中国的情境，也要顺从国际的规则。"更高层面上，我总结提出了'和谐领导'。长期来讲，你先得有清晰的愿景和使命；短期来说，你得有核心的目标和关键任务。接下来是

'双重理性'行动，然后再是围绕目标'耦合'和调整，以有效践行使命，逼近愿景。这是'和谐领导'的几个方面，其实是一个围绕愿景、使命和目标的双重理性耦合的动态优化过程。所以，愿景、使命、和谐主题（阶段目标）加上双重理性再加上动态优化，这对人生也好、对家庭也好、对办学和国家来讲，都是通用的，所以我们讲'和谐领导'一定是一种未来可以普遍适用的领导模式。"

席酉民介绍了作为一个校长所接触到的英国大学管理制度的核心——组织治理体系。它的优点是责任权力界定得非常清楚。比如，董事会重点做的几件事情，一是战略分析，二是高管团队的任命，三是财务的预算。在内部组织管理方面，其长期积累形成的官僚层级运行体系虽责权利界限清楚，但僵化、保守，不利于合作和创新，反应速度和效率很低。西浦学习了该体系长期重视程序规范的优点，继承了董事会治理体系，但注意突破其局限，创造性地构建了网络化组织运行体系，增强了组织的柔性、快速反应能力及创新机制。

"在我们这里，只要战略上有价值、风险可控就可以开始行动。比如我们现在做的好几件事情，如果按照西方或英式观念，需要三五年的酝酿，但我们大胆推动，可能一年就干起来了。例如，我们2006年筹办那会儿，我还没到西浦任职，那时候我是西安交大的董事，代表西安交大来领导这个学校，在得到教育部的口头批准后，董事会开会研究要不要当年招生，我当时坚决主张当年招生，利物浦大学坚决反对，后来在我的坚持下西浦当年就招了首批学生。2006年5月底教育部批复，6月高考，7月招生，经过努力当年招了160多名学生。到了9月，我们再开董事会的时候，英国人认为招生非常成功，说'席教授你是对的'。"

在席酉民看来，英国的体系和习惯有很多值得学习的地方，但在中国办学，我们必须关注中国国情，有些是有用的，而有些在很多时候是无用的，甚至是需要回避的。"比如说制度体系、质量控制体系是有用的，但是在中国情境下，能捕捉住机会则更为重要。"

绘制一个新世界

在西浦，学生和校长的沟通可以通过学校发达的邮件系统，在那个系统里，学生可以找到任何教师的电子邮箱，给他们发电子邮件——这些电子邮件，可能是发给某个教师，对他的讲课方式提出改进建议；也可能发给某个领导，表示对学校某项政策的不赞同。除此之外，微信、一站式服务中心、师生联络委员会、各种委员会中的学生代表等形成了全校非常有效的沟通网络。

"席校长，学校能不能给我们提供专项资金，让我们去参加校外的一个极限飞盘比赛?"席酉民带记者参观校园时,被一名学生拦下。席酉民则耐心地询问了事情的原委,最后说:"你们参赛是好事,获得荣誉更好,但学校不会因为可能的荣誉去影响学校正常的学习。学校鼓励学生参与各种活动的目的是整合你们所学知识、提升你们的各种能力,如果学校支持你们的参赛费用不足时,你们应该靠自己的能力和智慧筹集资金,如尝试找赞助商,这样对你们也是一种锻炼和提高。"在席酉民看来,学校并不能为了某份荣誉而失去原则甚或破坏正常学习秩序,他鼓励学生主动解决问题,通过自己的努力达成目的,这样对学生成长和日后实现个人价值更有意义。

"过去,学校一直是教授知识的地方,我现在经常告诉学生和家长大学不是简单教授知识的地方,而是帮助学生成长的地方。学习知识只是一个过程,在这个过程中你如果没有收获成长就是失败的。"西浦以学生为中心,将学生成长真正放在学校各种事务关注的中心。这是西浦教育最为核心的部分。

"过去10年,可以说是西浦教育实践的1.0时代,我们整合美国教育的灵活性、英国教育质量控制体系和中国教育重基础的特点,形成了我们自己的国际化教育体系,探索出了一种非常独特的基于网络的大学运行体系和组织架构,构建了一种大学和社会的互动关系,创建了一种开放式校园和社会共生的互动机制。作为教育的实践和传播者,我们成立了领导力与教育前沿院来专门传播西浦的影响力。"席酉民这样介绍西浦教育探索1.0时代所做的事情。

"你担心这些先进的教育理念被其他大学复制吗?"记者问。

"不仅不担心,而且还积极主动通过各种方式传播。那么,别人学了以后你怎么领先?你必须再创新,这就是所谓的企业家精神,就是持续创新。我们十分清醒,十年以后,如果我们止步于此,西浦目前在教育方面的这种优势就会减弱,发展空间也会相对变小,我们之所以根本不在乎,就在于我们已经更大胆地启动了另一轮创新。"席酉民回答。

按照席酉民所说,现在,西浦教育实践已经进入2.0时代,思考和构建人工智能和机器人时代之后的教育方案。在他的构想里,除了国际化的专业精英教育,还要探索国际化的行业精英教育,称之为"融合式教育",按照这个新概念,将投入数十亿在太仓建设一个全新的教育基地,尝试未来的新大学。到那时,会形成真正的开放校园、终身学习、大学和社会、企业的高度融合,不再是简单地利用大学去加强和企业、社会的合作。另外,未来的社会日益老龄化和社群化,社会治理以及绿色可持续发展问题凸显,大学如何利用自己的知识生态和国际资源网络促进社会进步和文明?为此,我们将和国家开发银行联合成立"新时代发展研究院",在有关政府的支持下,做几个落地的社会实验,如支持人类命运共同体探索的"国际共同市场区"实验、支持创新生态探索的"国际创新生态港"实验、支持未来社会治理探索的"现代化绿色社会"实验等。

"比如,除了将苏州工业园区作为创新生态和现代化社会治理样本,我们在西安正在筹划建设一个实验区,具体做法是新时代发展研究院及其战略合作伙伴'国际企业与金融联盟'通过市场机制,将在高新区建设'汇湖国际创新生态港'。"席酉民希望,未来十年,西浦将在继续深化专业精英教育模式的基础上,大胆探索行业精英教育和大学新概念,还将通过大学的研究和资源网络,扮演一种"酵素"作用,去撬动社会资源,通过市场机制进行几场大的社会实验。

尽管在不少人看来,席酉民的教育理念与构想有点像"痴人说梦",充满了理想主义色彩,但在席酉民看来,他从事的是一项伟大的事业。在一个网络技术和人工智能颠覆一切的时代,传统的大学教育系统面临一场巨大的挑战,"哈佛大学克里斯滕森教授在 2014 年就说,未来十五年以内,如果美国大学不变革,有一半会面临破产。"然而,老牌大学实践探索的步子迈得都很小,因为治理结构都已经固化,阻力很大,而西浦则如同一张白纸,可以在上面绘制一个新的世界,而且西浦十年经营,已初步令世界惊奇。从某种意义上说,作为西交利物浦大学的校长,席酉民是无比幸运的,因为他有机会点亮未来教育的灯塔。

(作者马川、钟一,刊于《时代人物》2018 年第 4 期)

附文 8

五星生活
——六十遐想

在奔六的最后一年，有好事者将我约十年前写的《五十感怀》重新发在网上，引来不少评论和感言，也使我突然意识到，六十岁了，又该反思和前瞻了！

在五十岁时，当别人规划如何过好老年生活，我却重新起步，离开了熟悉的公立大学体系和生我养我的沃土——陕西，南迁江南苏州，创建和运营一所非常独特且极具挑战的国际大学——西交利物浦大学！

我的朋友雒三桂专门以杜牧诗句"清时有味是无能，闲爱孤云静爱僧。欲把一麾江海去，乐游原上望昭陵"书写条幅赠予我，以纪念这一对我人生来说重要的时刻。我自己也要求董事会将我的合同日期由任命日期推后两天，以非常具有纪念意义的 2008 年 8 月 8 日（北京奥运会开幕日）作为我这段人生的起点。

我四十岁生日自画像作于加拿大，主要反思和重新认识自己。因曾参与国家能源战略和三峡攻关研究，以及国家综合交通战略研究和莺歌海天然气田开发论证等工作的缘故，我有机会与不少高人接触或一道工作，从而使自己对人生的认识不断提升，四十岁后已臻释然和宁静。五十岁感怀写于访美之后，无论理论研究还是管理实践都有不少收获，认为人生主要价值是对社会产生积极影响，当时感叹，自己的影响主要在中国，虽然学术交流和文章也有世界听众和读者，但在全球化和网络化背景下，自己在国际上的影响还不大。幸运的是，当我跨过五十岁门槛，天赐良机，让我有机会组建和运营一个国际团队，在全球范围内整合资源，筹建一所国际大学，并很快使之在国际舞台上亮相和发声。

其间，我的朋友到访苏州，看到我敞亮的办公室，感叹不已，问如何命名。我说："你了解我，可帮我名之。"我的朋友随口曰："日新堂。"因为个性的"叛逆"，我似乎永远不满足现实，总是设法日益求新。正如我对管理的解释是"一个从好到更好的旅行"。不久，我的朋友从北京寄来了他为日新堂撰写的《日新堂记》。

日新堂记

席公酉民执政西交利物浦大学之六年，余至吴下，游于西浦校园，睹楼宇人文之盛而有感焉。席公告余曰：西浦之建，不足十年，然规模既广，宏图亦远。导向鲜明，特色独具，世界向慕，立足中国而影响世界，吾之愿焉。复指其办公之堂曰：高而敞，明而亮，英贤往来，熙熙济济，其乐无穷。其何以名之？

余闻而告之曰：吾之识公，廿余年矣，甚知公之日求其新而登攀不辍也。始也余与公同侪耳。及分别数载，公腾骧奋迅，一日千里，成就卓然，誉满海内，吾惟望公之尘而不可得见，嗒然丧焉，知余之不足以及公也。公之所至，必维其新，不循故常。西浦初创，百事待举，公既至，如有成竹在胸，指麾分布，无不如意。而其所规模图画，皆出今日中国大学寻常想望之外，而天下瞩目焉。虽日理万机，而公之学术德业亦日日维新，无有底止。余因知公之日新，盖出于天性也。新之为道，何其大也！如日月之辉光，敷散宇宙，日新常新而不故。故先圣名德，亦日新其求也。伊尹之训太甲曰："终始惟一，时乃日新。"殷汤作《盘铭》曰："苟日新，日日新，又日新。"非惟一日新，而当日日益新，恒常日新也。《易·恒》之德，利有攸往；终则有始，惟有常者能之。《书·仲虺之告》曰："德日新，万邦惟怀。"《诗》曰："周虽旧邦，其命维新。"是故君子无所不用其极，日新其德，不有余也。可名之曰"日新堂"。席公曰"善"，因作文以纪之。

癸巳秋月，三桂纪并书之于琴音堂

"日新"并非叛逆或简单的愤青，而是像我微信个性签名所说的那样："活在理想中，浸淫在世俗里，行在从世俗到理想的路上。"去年，作为近几年工作和思考的总结，曾出版三本小书：《理性"狂"言：教育之道》汇集了我对当下颇受诟病的中国教育的思考和探索（席酉民，2016a）；《逆俗生存：管理之道》记录了我对管理和生活的反思和感悟（席酉民，2016b）；《我的大学我做主：西交利物浦大学的故事》总结了我们在中国土地上创建一所国际大学的理论总结和心路历程（席酉民等，2016）。这三本书的序言较好地诠释"日新"之于我的意义和价值，分享于此，作为自己"日新"探索路上的三块垫脚石，后边还会有延伸到远方的更多基石，尽管生理年龄已经六十岁！

理性狂言

芸芸众生中，我们很多人为没有实现人生梦想而后悔，但大部分人不是没有能力，可能是过早或一开始就从心理上放弃了追梦。

之所以用"狂言"来命名，其实并非真狂，而是敢言，作为学者，敢于不看别人眼色和社会潮流地表达自己的观点；并且是直言，不拐弯抹角，坦率表达自己的意愿；更重要的是负责任的言，有点担当和使命感，想为社会进步发挥一个有责任感的公民的义务。当下，不少人因顾及太多不敢说，还有很多人不愿说或不得不说时不直说，更有不少人违心地顺着潮流地说或不过脑子地乱说，还有大量的"心理放弃"或"心理沉睡"或"麻木"者，在这种情况下，愿言、敢言、敢直言者往往会被视为"狂"，狂人之言也会被当成"狂"言。与其被当成狂言，不如自己承认"狂"言。为使"狂"言不狂，前边加上了修饰词"理性"，也即这些大胆之言并非想当然地乱说，而是经过理性思考甚或研究所得，并且是负责任的表达，希冀能对"心理放弃"严重或"心理沉睡""麻木"的业态有所冲击，如同一位美国教育专家将信息技术发展和颠覆性（disruptive）教学技术的涌现描绘为给教育界的一个叫醒服务（wake up call）。就我对中国教育（包括基础教育）的观察，不少人已经醒来，但起身的不多，起身后能真正动起来的也很少，有资源问题，但更有认识问题以及观念和习惯问题。我自己希望加入这批已经起身的教育实践家行列，用自己的真诚呐喊、实践感悟、经验总结、研究心得，求教于同行，如能像扔进水池中的"小石头"弄起一点涟漪，或者羊群中的"一只狼"掀起一点儿躁动，再或者晨跑中的"号子声"唤起更多人起床，我就心满意足了！

逆俗生存

"世俗"是指民间流行的气习或平常、凡庸的人。世俗是人类生活秩序的来源之一，正所谓约定俗成；世俗也是低成本生活的一种选择，如阿时趋俗。人们的生活既受世俗影响，如习俗移性，也以自己的行为不断为世俗的发展做出贡献。世俗处在一个不断的演化过程中，所谓时移俗易。世俗是人类社会的必需品，但不可其极，俗到极点，会由世俗走向卑鄙、无耻、市侩。

你们可选择世俗，也可以选择超凡脱俗。顺势从俗容易，而且成本低，有市场；但超凡脱俗则可能别有风景，甚至引领风气，占据未来制高点。若想这边风景独好，不妨试试"逆俗"生活。

逆俗，不是反俗，只是跳出常规思维或行为惯性，前瞻性地探索新的思维和行为模式，甚至常常反向思维。逆俗者非常清醒时下的俗和势，但更看重未来的势和生存力，也许会以眼下的困难甚至损失换取未来或更长期的发展。

逆俗，不是无视今日之利，而是更关注未来趋势，更看重明日之利，更珍视可持续发展的事业模式，特别是在意未来的发展空间。

逆俗，常会逆潮流，乐意改变，推动革新。所以，逆俗者容易创新，因为真正的创造大都是对原有模式的背离，对社会适应的突破，对民众习惯的挑战。

逆俗不只体现在日常工作和生活中，对于大事业更需逆俗，因为只有逆俗，才可能发现新大陆，创造新机会，获得新空间，也许引领未来趋势，甚或成就一番新大业！时下中国和未来世界，要想成就些事，常需要逆俗！

然而，逆俗不易，既要挑战自我，还要挑战世俗。第一，逆俗者离不开独立思想，自由意志，敢于孤独，不因害怕被误解而放弃行动，不会停下脚步去等待理解。所以，可能成为鹤立鸡群，特立独行，不仅孤独，可能还会受到歧视或挤压。第二，逆俗者需要见识，更需要胆识和智慧，甚至需要一定的资源和条件准备。第三，要真正逆俗，还需要远大的抱负和执着追求，有高瞻远瞩、看清浮云背后真相的眼力。第四，要做到逆俗，行为上需要坚守底线与基本规则，能力上要有一定的底气和足够的准备。第五，对年轻人来说，要逆俗，更要戒除浮躁、抵制短期利益诱惑，看重未来趋势和潜在机会，甚至还需要点理性分析基础上的年少轻狂！

我的大学我做主

西交利物浦大学（以下简称西浦）创建于全球反思教育、重塑教学、再定义大学的时代，这给了西浦与国际一流大学站在同一起跑线进行办学探索的机会。首先，西浦具有站在前人经验和知识积累的肩膀上、没有历史包袱、一张白纸好绘宏图的后发优势。其次，西浦在中国中外合作办学中起步早，就教育探索和国际化来说，又有相对的先发优势。再次，西浦站在世界平台上整合资源和探索办学模式，起点高，这给了西浦在办学和教育上超越的机会。最后，在中国有望成为世界强国、影响世界发展的关口，西浦诞生于中国,特别是被称为世界经济发动机的长三角地区、素有地上天堂的美丽苏州、国家对外开放综合实验区的苏州工业园区,天时、地理、人和为西浦敢梦和追梦奠定了坚实的基础。因此,战略上西浦不是简单办一所学校,而是试图实现四个方面的跨越:一是根据世界未来发展趋势和需求,探索新的办学和教育模式;二是探索适合知识工作者和知识组织的新型大学组织管理模式;三是探索全球化背景下和网络时代新型的大学与社会互动关系;四是影响中国高等教育改革和世界教育发展。

在西浦五周年庆典时,我们基于西浦的探索实践,编写了《探路新大学:西浦的故事》一书。在书的扉页,我写道:"这是一个重新思考和定位大学的时代,西浦不仅仅要回归大学精神,更要借鉴中西文化与教育精华,整合全球资源,建设一所符合世界未来发展趋势的新大学。"(席酉民等,2012)当时,短短五年的实践,西浦在多方面已取得了令人刮目相看的发展,同时社会和同行也有了很多疑问:在同样的土壤和文化背景下,西浦为什么能在教育上有所突破?利用五周年庆典,为了让大家全面了解西浦和一窥西浦快速发展的秘诀,我们用素描的方式,请西浦发展过程的参与者们如学生、老师、管理者、家长、相关支持者等从他们的角度娓娓道出他们的体验和感悟,以各类发生在校园的故事来呈现西浦的五年发展历程。正像我在该书序言中描述的那样:

虽不是字字珠玑,但记录了西浦人探索的心路历程。

尽管视角不同,然展现了一个共同的主题:如何造就或成长为有国际竞争力的人,在世界驰骋。

我们看重的不是所学知识和得到文凭两张,而是在学习中健康地成长,素养和能力不断提升,以实现"快乐生活,事业成功"的传承。

在不到六年时间里,一所逐步受到广泛赞誉和认同的独特的国际化大学在教育普遍受到责问、令世界惊奇且具神秘色彩的中国土地上诞生。

是什么让一个长期被呵护、一直被照顾、似乎除了考试什么都不懂的孩子,在入学后迅速转变为一个"大人",自信、独立、主动、责任、真诚?

是什么使不少按高考成绩充其量只能进一个好二本大学的年轻人在四年后可与世界任何一所一流大学毕业生同台竞争,甚至优胜?

是什么使那些没有经过专门训练和挑选、来自大学一二年级甚至文科专业、按兴趣组合的有点业余的西浦学子,在享有盛名的美国数学建模比赛中与许多名校"专业队"同场较量且屡获佳绩,稚气中流露出不屈的韧性?

管理何为： 一个"理想主义"践行者的人生告白

是什么征服了世界名校，让它们给予西浦学子以特殊的待遇，为他们打开大门，连向来挑剔的英国帝国理工的 EEE 也在研究生招生说明中明确指出，只接受中国九校（C9）、985 大学和西交利物浦大学的申请？

是什么帮助这些入学时很稚嫩的孩子在毕业时能同时受到世界 Top10 大学和世界 500 强企业的青睐，使他们体验到痛并快乐的选择？

是什么吸引众多国际级科学家落户苏州和一个稚嫩的大学，利用其经验和学识，开启极具挑战和刺激的新的教育和研究探索旅程？

是什么刺激这帮教育领域的探索者独辟蹊径、大胆探索，使得数年之中校园新生事物层出不穷，师生纷纷将国际级大奖斩于囊中？

是什么使新的教育理念、办学模式、育人方式、大学文化、学习行为、学教互动等在这里涌现和受到好评？

……

您心中也许还有很多困惑或疑问，从这些故事中您也许会自己找到答案，并给出您自己的回应。

六年的探索非几句话能说清楚，但在我们心中，是世界发展趋势、社会需要、环境挑战以及师生和各方支持者与我们一道创造了高等教育领域里这道亮丽的风景。

把握世界发展趋势及其对人才之需求、吸收东西方教育之智慧、整合国际教育之资源、探索高教新模式、影响中国高等教育改革甚至世界高教之发展是我们的使命。

"以学生健康成长为目标、以兴趣为导向、以学习为中心"，帮助学生认识自我、明确目标，调动和释放其内在动力及潜能，是我们的基本育人理念和憧憬。

营造"多元、规则、自由、创新、信任"的国际化大学氛围和文化，让师生们浸润在思想和智慧中而不断升华和茁壮发展是大学的基本功能。

培育学术共同体和科学社区，搭建交流和共享平台，打造全球互动与合作的网络环境，营造思想的"自由市场"，是我们的重要活动。

通过自省、互动、指导、服务，帮助学生成长，促进老师创造，强化学校社会互动，以引领和服务社会，是我们永恒的责任和履行使命的途径。

现在，西浦 10 岁了！西浦在中国土地上的崛起，已备受学生、家长、社会以及国内外同行的关注和热爱，西浦也专门成立了"领导与教育前沿研究院"，通过理论文章、政策建议、学术论坛、各类培训班在业界开始了广泛的教育理论和经验传播，以践行其影响中国教育改革和世界教育发展的使命。为了更全面地展现西浦十年探索，为各界提供一个可资研究和探讨的深度案例，我们放弃了五周年时编辑《探路新大学：西浦的故事》的思路，不再简单讲述各自的故事，而是根据大学活动的方方面面，构建了一个大学发展和管理的理论体系，包括大学治理、管理、组织架构、教育模式、教学活动、学生工作等，将西浦的探索上升到理论层面，但又不是简单的理论分析，而是在研究和构建理论的同时，以西浦探索实践和各类故事、事件、文件作为支撑，使理论与实践相互印证，这又使内容更加翔实和丰富多彩，具有可读性和趣味性。

在书名的选择上，我们曾纠结是选一个比较理论的名字，还是一个通俗的名字。最后考虑到读者对象的广泛性——所有关心教育的人，我们倾向于以通俗的语言命名。我最初提出的名字是《"我们"的大学》，这里"我们"指的是所有跟这所大学有关的参与者，其寓意是大学本是一个学术共同体，是一个很长时段大量参与者合作开展各类活动的体验和演化过程，是一个寄生于社会并与之不断互动和共生的生态系统，换言之是由所有这些参与人共同缔造的，所以应该由他们讲出他们的故事、认知和努力，从而构成一本关于大学构建、律动的交响曲，有思想、有主题、有系统、有理论、有实践、有丰富多彩的感悟和故事。然而，同事们在编著的过程中觉得这个名字不过瘾，不够直白，于是有了现在的版本——《我的大学我做主：西交利物浦大学的故事》。虽然这个名字很通俗，书中故事和资料也非常草根、接地气和丰富有趣，但实际上应该说这是一本很理论的书，是通过理论与实践的相互呼应呈现一个大学发展与管理的理论体系，感悟和故事等利于理论对接现实，引发人们进行超越理论的反思和深入思考。

……

可以说，西浦是高教领域的一只麻雀，通过这样的解剖试图有利于同行与我们一道更深入地探索未来的办学，改进我国当下备受诟病的高等教育，帮助中国孩子更健康的成长，促进社会的发展、进步和文明。有人也将西浦比喻为中国高等教育的一匹"狼"，以搅动似乎陷入一张无形的网中不能动弹的中国高等教育，刺激或促进正在试图变革的体系更上一个台阶！我们的力量很小，但所有关心教育的人都行动起来，我们的力量就会很大，就有可能使中国学生成为未来世界的真正"国际玩家"，驰骋世界！就有可能让中国教育有能力和底气支持中国实现强国梦，屹立于世界，扮演好大国角色！

回想自己的人生,"日新"似乎是我生命基因的一部分,试图不断创新和突破,但理科生的理性思维、研究生的系统工程训练、博士时期的管理和人文熏陶,使自己懂得如何以鲁棒的方案和模式在重围中实现突破,也自觉不自觉地在很多场所用五星总结和概括自己的理论、模型甚或生活定位、感悟等,如我的人生幸福模型、事业成功模型以及成功创业模型(见第八章)。

五星是一个高大上的象征,巧合到自己的人生,给予了我理论工具,也鞭策了我不停下脚步。当步入六十岁这个传统的老年时光之时,我却将开启西浦应对人工智能和机器人革命挑战的融合式教育的新探索,蠢蠢欲动地酝酿生命的新篇章!

(席酉民写于2016,修改于2017年5月23日西浦校园)

参考文献

席酉民. 2016a. 理性"狂"言:教育之道[M]. 北京:中国人民大学出版社.

席酉民. 2016b. 逆俗生存:管理之道(蔷薇集)[M]. 北京:清华大学出版社.

席酉民,等. 2012. 探路新大学:西交利物浦大学的故事[M]. 北京:科学出版社.

席酉民,张晓军,等. 2016. 我的大学我做主:西交利物浦大学的故事[M]. 北京:清华大学出版社.

第七章
开疆拓土　步步深入
(2018—2028)

　　人生就是一场场演出,我们在其中扮演着不同的角色,无论主角还是配角,都要承担起自己的责任,努力让角色出彩,就一定会收获成功的事业和幸福的人生!

——席酉民

　　人只有献身于社会,才能找出那短暂而有风险的生命的意义。

——爱因斯坦

有上万人参加的别具一格的 2018 年西浦开学典礼

第七章 开疆拓土 步步深入

六十甲子或六十花甲子,是中国人的一个古老的发明创造,用来纪年、纪月、纪日、纪时。60年一个周期纪年,5年一个周期纪月,60天一个周期纪日,5天一个周期纪时。因而"花甲"也成为60岁以上老人的称谓,60岁又叫作"花甲之年"。

我一不小心进入花甲,当别人开始筹划和享受其退休生活时,我却正在进行人生和西浦发展的更大布局。

一、西浦3.0全面启动

在西浦15周年庆典之际,2021年《泰晤士高等教育》亚洲大学排名发布,大家惊叹于中国高校的发展成就,不仅连续两届稳居前两名,又有15所中国高校跻身前50名,31所高校名列前100名,数量远超其他国家或地区。与此同时,西浦也"躺枪",因名列其2021亚洲大学排名第122名、中国区排名第35名而被称为"黑马"。其实在这之前,5月11日,《泰晤士高等教育》发布了2021年度中国学科评级,西浦总共有21个学科榜上有名,其中新闻传播学、材料科学与工程、动力工程及工程热物理、电气工程、电子科学与技术、土木工程、环境科学与工程七个学科被评为A级。这些成绩,对于年轻的西浦自然可喜可贺。事实上,我自己并不太在意这些排名,而是更看重其发展定位、模式、理念、体系和文化等,因为这些基本的东西有了,再加上扎实的实施过程,就一定会结出好的果实。

2021年5月22日,在西浦举办的"第六届高等教育创新年会暨西浦15周年教育探索"分享活动中,作为西浦3.0模式旗舰项目的西浦未来教育学院、影视与创意科技学院正式成立,西浦学习超市面向全球隆重开放,这标志着西浦教育探索再度升级,西浦3.0模式全面启动。

西浦3.0的幼苗:西浦新时代发展研究院

大学要走进社会,必须构建合适的平台。放眼望去,国家开发银行(以下简称"国开行")因其独特的资源和定位,对我们而言是最恰当的合作伙伴。经过我和时任董事长的深入沟通,共同认为西浦这个创意与国开行的使命相呼应,于是决定西浦与国开行、苏州市政府合作创建"西浦新时代发展研究院"。2018年5月2日上午,三家在独墅湖会议中心举办签约仪式,国开行时任董事长、首席经济学家,苏州市市长、常务副市长,苏州工业园区党工委书记,以及我们西浦的高层管理人员出席,共同见证了三方合作协议的签署。

研究院旨在利用国开行、苏州和西浦三方的研究、政策、实践和行业优势,携手国际产业及金融联盟,为构建人类命运共同体、打造国际创新生态、建设现代化绿色社会、推动中国经济社会转型升级提供政策建议和实施方案。我在致辞时进一步阐明了研究院的背景和使命:在以全球化、互联化、多元文化及不确定性、模糊性、复杂性、多变性为特征的新时代,中国在实现强国梦的道路上,面临着四大方面的问题,包括人类命运共同体的构建及其治理,国际化创新生态的孕育,现代化绿色社会的建设,以及区域经济社会的转型升级,而这正是西浦新时代发展研究院所诞生的时代背景。"国开行肩负着促进国家发展战略实施的使命,苏州是中国经济社会发展具有标杆意义的城市,西浦作为国际合作办学的标杆,通过三方合作伙伴关系,将实现需求对接和优势整合,把研究院打造成一个国际化的新型智库。"而且"研究院不止于理论研究、政策分析和智库建议,会更进一步,与有关地方政府合作开展几场社会实验,以通过落地的实践丰富研究成果和推广实践经验,从而更有效地促进社会进步和经济发展"。瞄准中国社会未来发展的关键领域,研究院将成立"人类命运共同体""国际创新生态""现代化绿色社会"及"区域经济社会转型"四大研究部,并采用"大学驱动、政府支持、产业联盟、市场运作"的运行机制,拟开展"国际共同市场区""国际创新生态港"和"现代化绿色社会示范区"三大实验产品,服务于国家战略实施和区域经济社会转型。然后我们紧锣密鼓地在西安和粤港澳大湾区开始布局。

西浦创教院(西安)的探路

为了让西浦3.0真正落地,在新时代发展研究院成立的同时,我们首先在西浦校园建立了西浦智库,以其为平台,整合西浦内外部网络资源,为经济社会发展提供分析建议。与此同时,考虑到西安在西部发展中的独特地位以及我在西安的影响,我们谋划首先在西安落地第一个创新创业生态港,打造新时代绿色社会试验区。于是,我们和当时西安市委书记王永康沟通协商,立即得到响应,规划建设"西浦国际创新西安港",成立西浦创教院(西安)〔The College of Innovation and Education（Xi'an），简称西安港〕。西安港将建设：① 西浦创业家学院；② 全球创新工场；③ 全球研发群落；④ 全球创业园；⑤ 全球产业与社会联盟。其目标是促进西安经济社会创新生态的形成，探索新时代绿色社会的发展。所以，西安港在形态上会分为5个层级：① 以西浦的融合教育、研究、培训和智库为主的创新核心区；② 与当地产业和引进新产业对接的数个可共享的创新工场，包括研发设施、平台、基础研究人员等；③ 以创新工场为共享平台构建和融入的国内外企业、机构研发中心形成的国际研发群落和生态；④ 以研发群落与产业、基金孕育的创新创业社区和全球创业园；⑤ 以未来社会需求驱动的、围绕创新港构筑的新兴产业园及其国内外产业联盟。

经过多轮磋商，西安市政府决定将西安港放在高新区协同发展，先在高新区的咖啡街区提供10 000多平方米的空间作为起步区，在软件园安排100多亩地作为核心区，然后视发展情况再在其他地方布局拓展区。我们也积极组织企业联盟，建立支撑公司。经过积极筹办，一年后起步区开业，海尔、奥朗等公司入驻；核心区规划和设计完成，开始寻求地方政府落实政策和供地。

这种与政府密切合作的项目最大的不确定性是政府领导的更替。正在我们紧锣密鼓地发展和筹划建设阶段，国开行原党委书记、董事长胡怀邦涉嫌严重违纪违法接受中央纪委国家监委纪律审查和监察调查（2019年7月），新时代发展研究院的主要合作方国开行因此停滞不前。但我们成立新时代发展研究院并非完全依赖合作伙伴，而是着眼于未来社会的需要和国家的发展部署，所以仍继续积极推进。然而在这个节骨眼上，王永康书记也调离陕西（2019年2月）。西安港在立项时，王书记指示将其作为市政府重点项目，亲自督办，要求市政府领导每个月给其报告一次项目进展情况。遗憾的是，越是督办，项目发展越需要个人的介入，这也是我当时对西安市工作的担忧，整个部署和大项目大多依赖于书记的干预，本应是发展主体的市政府沦落为辅助体系，这种过分集中于领导而非依赖一个体系的发展模式，因领导的不确定性暗含巨大的潜在风险。西安港就是一例，他的调离直接影响到项目的后续推进，也没有说不干了，但就是没人跟进和推动。

西浦创教院（大湾区）的落地

考虑到粤港澳大湾区（Guangdong-Hong Kong-Macao Greater Bay Area，GBA）在未来中国甚至世界发展中的战略地位，作为一所志在影响中国和世界未来教育的大学，西浦应该在大湾区有所介入。我在2019年年末和2020年年初，两次前往 GBA 调研,与 GBA 四个未来发展前沿城市(区)(广州的南沙、深圳的前海、珠海的横琴及香港)的地方政府和知名企业高级管理人员分享了西浦 1.0—3.0 的教育思想和发展规划,以及涉足 GBA 的愿望,具体讲就是如果地方政府给予足够支持,西浦可以在 GBA 建设其 3.0 展示区。西浦 1.0 在苏州工业园区的成功发展,西浦 2.0 在太仓部署的融合式教育,西浦 3.0 对西浦创教院(西安)的谋划都给这些领导和企业高管留下了深刻的印象。他们认为,仅用了短短的 10 余年,西浦能取得如此的发展成就,在全球教育史上也属独一无二。因双方碰撞出的积极信号,我们负责 GBA 开拓的高镇光(Tony Chun Kwong Koo)博士收到了许多来自大学、工业界和政府的潜在合作伙伴的邀请,商议与西浦在 GBA 合作开发建设西浦 3.0 示范项目,例如广州市南沙区政府、前海深港现代服务业合作区管理局、平安集团、华侨城集团、IPwe、香港管理专业协会(Hong Kong Management Association,HKMA)、AMT(上海企源科技股份有限公司)等。2020 年 5 月 12 日,广州市南沙区政府副区长阮晓红女士一行专访西浦,双方就西浦 3.0 创新创业与终身学习生态社区落地大湾区项目初步方案和合作可能性进行了深入交流和沟通。南沙区商务局、南沙金控集团、南沙开发建设集团、霍英东集团、南沙绿色科技创新服务公司、香港管理专业协会等政府、企业及行业协会代表参加了座谈。7 月下旬,经过大量的内部讨论,南沙区政府向我们提出了三个阶段的西浦 3.0 模式示范区合作开发方案。2021 年 1 月,我应南沙区委书记的邀请,赴南沙会面,最后敲定合作方案。西浦同时也与华侨城集团签约,在深圳东部华侨城建设教育创新基地,与 IPwe、广东外语外贸大学、香港管理专业协会等合作落地项目。学校将成立西浦创教院(GBA)主导大湾区发展,学校教育基金会全资公司——西利集团也与当地伙伴合作成立了西利大湾区公司,以支撑西浦在 GBA 的事业。

2021 年 3 月底,为了配合西浦在 GBA 的行动,ILEAD 专门将全国高校教师发展中心可持续发展联盟第四次季度会议放在南沙举行。与此同时,还召开了新建及转设本科院校发展战略研讨会,就再发起这类院校战略联盟征求意见,以帮其实现转型和持续发展。我专门到场做了"未来教育与西浦探索"的报告。并应深圳福田区的邀请,做了题为"未来、人才与教育——挑战与探索"的公益演讲(福田国际教育公开课第二十一期)。次日,我们在东部华侨城与华侨城深东集团、普林斯顿国际教育集团签约,将建设推动教育发展的西浦 3.0 深圳基地。3 月 30 日,正式与南沙区政府签约,将在大湾区的中心建设西浦 3.0 示范区。

5月31日，西浦创教院（大湾区）〔The College of Innovation and Education（GBA）〕暨西浦3.0大湾区示范园（南沙）在广州成立。西浦创教院（大湾区）由西浦与广州南沙经济技术开发区管理委员会共建，将整合大学、政府、企业资源，构建学习超市、技术中心、导师中心、大师群落、创客/极客乐园和产业集群六大生态平台，致力于营造一个兴趣驱动、终身学习、企业研发和行业升级、高度融合的教育与创新生态，助力粤港澳大湾区建设成为国际科技创新中心。在西浦创教院（大湾区）这个平台上，首期建设的西浦未来教育学院（大湾区）、西浦和谐创新生态研究院（大湾区）、西浦现代产业研究院（大湾区）、西浦-IPwe知识产权研究院（大湾区）也同时正式成立，它们将发挥各自资源优势，整合与粤港澳大湾区产业重点相契合的企业和科研平台，引入创新孵化器，提供知识产权、人才培训、政策咨询等专业服务，推动科技成果转化，共同构建"教研产社融合"的生态圈。

西浦慧湖药学院的诞生

西浦诞生于苏州，其3.0建设自然要与苏州的未来发展紧密挂钩。生物医药是当今世界最具成长性的新兴战略产业之一。苏州提出，要将生物医药作为"一号产业"来打造，力争十年内集聚企业超万家、产业规模破万亿。作为苏州发展生物医药产业的高地，苏州工业园区已集聚相关企业1 400多家，形成了以新药研发和产业化为主，高端医疗器械、生物技术及新型疗法等领域加速发展的格局，2019年实现产值900亿元，并已连续多年保持20%以上的增幅，与北京中关村、上海张江同列中国生物医药园区第一方阵。

机会千载难逢，西浦3.0恰好可以自己的人才、基础研究、非营利性质和国际网络助推苏州一号产业蓝图的实现。我2020年5月与苏州工业园区管委会丁立新主任提出创建新型药学院的动议，他积极响应，吴庆文书记也大力支持。于是我们加紧策划，并试图将该学院建成西浦3.0的一个有象征意义的引领项目，即大学走进社会，撬动社会资源，形成未来产业创新生态和新的社会运行模式。为了突破学校边界，我甚至愿意放弃西浦的名字，将其命名为苏州慧湖药学院，以示意其开放性。但丁主任认为，为了长期健康发展，需要有大学主导，最后我们确定了"西浦慧湖药学院"（XJTLU-Huihu Academy of Pharmacy）这一名称。丁忆民副校长、生物系王牧主任、韩国霞教授、研究院徐德昌教授等组成筹备小组，于2020年7月形成初步方案。为了加快进度，我以7月底董事会为时间点，敦促苏州工业园区快速决策，经过吴书记、丁主任分别两次在西浦的专项研究，丁立新主任于7月下旬召开工业园区有关部门会议听取西浦汇报，并当场决定加速建设，同意了新学院名称，决定由园区、未来的国家生物医药技术创新中心、企业联盟和西浦共建，园区先期在用房[①]、财务上以项目推动，成熟一个支持一个，同时加大引进人才的力度等。7月底，西浦董事会正式批准该项目，筹备工作立即紧锣密鼓地展开，除内部的不断深化设计，主要是争取资源和外部合作。首先我们选定中科院院士蒋华良，希望他能担任院长。8月中，蒋院士访问西浦，我介绍了西浦的理想和慧湖药学院的未来宏图，蒋院士很认同，欣然同意接受了邀请。紧接着我们开始了全球招聘执行院长，与各大药企商议合作，向科教创新区争取空间等，准备10月正式成立药学院。

2020年11月11日，西浦慧湖药学院成立仪式暨首届苏州生物医药"慧"论坛在西浦举行。苏州市委常委、苏州工业园区党工委书记吴庆文，苏州市副市长曹后灵，苏州工业园区党工委副书记、管委会副主任、组织部部长林小明，中国科学院院士、西浦慧湖药学院院长蒋华良，中科院苏州纳米技术与纳米仿生研究所党委书记、副所长邓强，以及北京大学药学院、浙江大学药学院、复旦大学药学院等全国十余所药学院院长，多家本地科研院所代表，长三角60余家生物医药龙头企业高管，共200余位嘉宾出席了成立仪式。英国利物浦大学校长珍妮特·比尔女爵以视频方式发来祝贺，英国药理学会会长穆尼尔·皮尔穆罕默德爵士（Sir Munir Pirmohamed）以及英国利物浦大学药理学和治疗学系主任安娜·阿尔菲尔维奇（Ana Alfirevic）发来贺信。苏州市副市长曹后灵在致辞中表示："西浦是一所开放创新、充满魅力的大学，西浦慧湖药学院是一所充满希望的学院。能够在短短几月内筹办成立一所药学院，西浦的效率和办学机制值得学习。"在成立仪式上，西浦慧湖药学院发布了作为战略合作伙伴的22家企业和科研院所名单，其中包括恒瑞医药、信达生物、君实生物、亚盛医药、基石药业、博瑞生物等知名药企。

西浦慧湖药学院规划了药物科学系、药学系、生物技术药系三个系，以及药物化学、药物分析、生物技术药等9个专业。学院于2021年录取首届学生，首届即覆盖本科、硕士和博士三个学历阶段，并逐年增加招生计划，计划到2026年实现在校学生总数2 000人以上。架构设计如图7-1所示。

---

① 南京大学在园区现有大楼腾出部分空间给新学院使用，其旁边的二十多亩空地用来建设学院大楼。在进一步发展后，可在桑田岛国际名校区再建设新大楼。

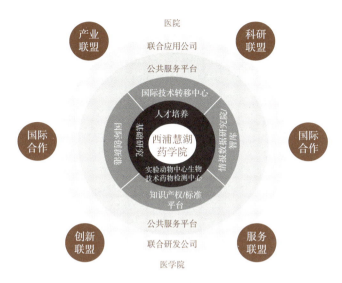

图 7-1 西浦慧湖药学院的架构

除了在人才培养上紧密结合生物医药产业的发展需求，学院在科研方面也注重与苏州生物医药产业的研发诉求相呼应。结合自身科研积累和跨学科优势，学院计划在新型治疗药物与方法、人工智能在医药领域中的应用、临床药学三大方向开展基础研究，包括抗体和核酸药物、基因和细胞治疗等内容。将积极与不同细分领域、不同发展阶段、不同规模的生物医药企业建立战略合作伙伴关系，并牵头建设生物技术药物检测中心、实验动物中心，承担对内服务药学院核心功能、对外服务生态要素的双向职能。学院还发起"亮"基金、生物医药生态促进基金、生物医药产业基金，旨在引导资本精准服务生物医药生态发展，以覆盖人才培养、基础科研、公共平台建设和科研成果转化等全生态要素。另外，利用西浦国际网络，还将合作成立西浦—利物浦大学药理研究中心、西浦新兴技术离岸创新中心（英国），以最大程度地发挥大学的专业资源和国际化优势。

西浦扬州项目的探索

在西浦创业家学院（太仓）的文化科技学院合作的探讨中，有朋友介绍光线传媒在扬州的中国电影世界项目（China Movie World，一个类似好莱坞的项目），我觉得这是一个很值得研究的机会。于是，2020年4月份，我邀请该项目有决策权的领导访问西浦，介绍情况和商讨合作。因其十分符合西浦的战略布局，我们当场决定合作，起草备忘录：在扬州建立西浦融合式教育基地，参照太仓模式，把西浦影视学院业务扩展到扬州。具体来说，一是建立西浦光线电影学院（小规模精英教育),二是与光线传媒合作进行艺术行业职业教育的探索,三是利用西浦资源支持地方教育变革和升级。随后光线传媒再度来访,我们继续深化了合作内容,我特别提议利用当地的教育资源和学校执照,合作创建或重组一所艺术职业学院,这样有利于完善西浦进行数智时代职业教育探索的布局,双方对此一致认同。7月份,扬州市领导和光线传媒再次到校,确认了上述各种合作的可行性,我们愈加坚信合作的意义和未来价值。8月26日,西浦与扬州市江都区人民政府、光线传媒签署战略合作框架协议,各方将合作探索融合式教育,培养能够利用现代技术引领未来影视艺术行业发展的创新型、复合型人才。扬州市政协主席陈扬等当地干部和光线传媒有限公司总裁王长田等高管出席签约活动并致辞。我在介绍西浦融合式教育理念后,展望了西浦扬州教育基地的发展蓝图:"通过此次合作,研究围绕产业发展孕育新城市的社会发展新模式,并为之提供理论和实践指导;合作建设西浦·光线电影学院,补充升级西浦已有的影视与创意产业精英教育;与光线传媒合作探索数智时代的影视艺术职业人才的培养;指导和支持扬州当地的教育创新和发展。"新闻一出,正反评价都有,有的人欢呼,有的人因为不明确我们在扬州到底想干什么而怀疑西浦是否将战线拉得太长。实际上,我心里很踏实,因为非常清楚这项合作之于西浦发展战略的意义。

西浦—集萃学院的创建

西浦3.0主张大学走进社会,发挥黏合剂和催化剂作用,撬动各方资源,营造教育、研究、创新、创业的产业生态,构建未来大学扁平化、多元化、网络化、分布式的新形态。江苏省产业技术研究院(简称产研院)作为江苏省科技体制改革的"试验田",始终坚持以改革为立院之本,探索实施了联合培养、项目经理制、合同科研、院企合作等一系列新机制、新举措,吸引集聚了一大批高层次人才,产出了一批标志性科技成果,拥有高水平集萃专业研究所58个,衍生孵化企业760余家,累积服务企业超过10 000家。产研院与130多家龙头企业建立了企业联合创新中心。因此二者的合作——西浦—集萃学院(大学下设学院),有利于充分发挥双方优势,强强联合,如能形成学、研、训、创、产深度融合的创新型产业学院,培养适应和引领现代产业发展的应用型、复合型、创新型人才,打造价值提升与创造的产教创新生态,定会成为中国产学研融合的新航标。

我于2020年12月8日向江苏省产研院刘庆院长发出邀约,提出合作创建西浦—集萃学院(Academy of XJTLU-JITRI Advanced Technology)的建议,得到了他积极响应。经过紧锣密鼓的筹备,学院于2021年4月9日正式成立,并明确了如下使命:通过产学研融合,培养具备专业知识、行业造诣、融合创新、创业引领的行业精英；打造国际化的创新平台、重点科研合作项目、协同实验室等，助力科研成果转化、行业影响力提升与价值创造；为产业技术和协同创新提供人才及技术成果支撑，推动产业界人才与创新生态的持续迭代和升级。图7-2是西浦—集萃学院的架构示意图。

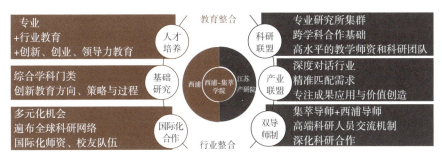

图7-2 西浦—集萃学院架构

西浦影视与创意科技学院的再造

西浦曾与金诚集团合作，建设了西浦影视艺术学院（School of Film and TV Arts，SoFTA），但金城集团后来出了事，我们解除了合作契约。在新的情况下，如何促进影视学院的发展就成为一个问题。在太仓行业学院的建设中，中国文化传媒集团（China Cultural Media Group Co., Ltd，CCMG）愿意与西浦合作，建设西浦文化科技学院，并乐意介入西浦影视艺术学院的发展，以促进两院的互动与合作，于是我们合作成立了两院的理事会，2020年9月任命了两院院长。就在这一过程中，光线传媒在扬州的电影世界项目及其与西浦的合作意向，让我们看到了加强两个学院发展的新机会，一是合作伙伴更接地气和直接，二是可以使西浦在面向数智时代和老龄化社会的创意和娱乐产业中更具有发展空间。于是，经过充分的协商，我们计划建设西浦光线电影学院，并考虑到三个学院的资源共享与互动发展，将这三个学院整合起来，形成西浦影视与创意科技学院（Academy of Film and Creative Technology），也即西浦的第三个Academy[①]。

西浦未来教育学院成立

西浦为了实现其影响教育变革和发展的使命，于2013年创立了领导与教育前沿院即ILEAD（Insititute of Leadership and Advanced Education），随后短短几年时间其在中国教育界的影响力快速提升。为了强化该平台，我们于2019年重组

---

① 关于Academy，265页有解释。——编者注

ILEAD，把原来的教育发展部（Educational Development Unit，EDU）和教育技术支持团队（Edu-Tech）并入 ILEAD，使其功能扩展为研究、教学、内部教育支持和外部教育传播四大方面，同时以一个特殊学院对待。应该说，尽管重组过程曾遇到过很多文化和管理上的冲突，但重组后的 ILEAD 如虎添翼，各类活动蓬勃开展起来。但遗憾的是，学术副校长戴维·古德曼并不认可 ILEAD 张晓军院长的领导力，甚至在很多问题的处理上变得剑拔弩张。碰巧 2020 年年初疫情袭来，初期我主张将课程全面转为线上，但学术副校长认为不可能。我们请技术团队加大基础设施改进，ILEAD 在 2 月份用一门课程作为引导和尝试，获得了成功，加上随后形势日趋严重，西浦所有课程全面上网。这时并入 ILEAD 的 EDU 和 Edu-Tech 两部分作用变得关键，但因学术副校长对张院长领导力的不认同，在未与我商议的情况下决意将这两部分再度移出 ILEAD。在疫情和新老学术副校长交接的关键时期，为了避免正面冲突，我灵机一动建议成立学习超市（Learning Mall，LM）工作组，并将这两部分并入，且暂不做组织上的正式调整。这样一个缓冲既可以避免戴维食言和我撤销他决策的难堪，又消除了 ILEAD 内部的负面影响。后又因利物浦大学不同意新任学术副校长在与现任学术副校长并行工作期间拿薪酬的主张，造成新学术副校长既需要承担一些学术副校长工作，又无法获得相应报酬的困境。我原来计划的是，用一年时间筹建 LM，然后等新学术副校长上任后，把西浦所有与教育有关的资源整合成一个教育学院。可是在新学术副校长的工资问题和现任学术副校长强烈要求 LM 主任比尔·博兰（Bill Boland）立即辞职（我在后边会详述这段管理故事）的双重困境下，我再次发挥了东方文化的灵活性，决定提前筹备西浦教育学院，委派新学术副校长为筹备院长，既加速学院筹建，又解决其待遇问题，还把比尔置于新学术副校长旗下，回避他与现任学术副校长的直接冲突。经过这些复杂的运作过程，我们于 2021 年 5 月 22 日，正式成立了涵盖 ILEAD、EDU、Edu-Tech、LM 等部门的未来教育学院（Academy of Future Education），也是西浦的第四个 Academy。

西浦引领未来教育的整体布局

作为教育的探索者，西浦的教育实验覆盖了教育的全链条。

在基础教育领域，西浦于 2005 年通过收购建立了西交利物浦大学附属学校（苏州），开始了基础教育实验，重点探索中国传统基础教育如何升级和借鉴国际教育经验。2020 年，太仓市西浦附属实验学校动工建设，2021 年开始招生，偏重于探索国际化的基础教育如何融入中国情景和文化。同时，我们在大学成立了基础教育指导委员会，在 ILEAD（现在的未来教育学院）内成立基础教育提升中心，重点通过培养教师和教育管理者影响中国基础教育的发展。未来的发展重点是不断深化研究和实验，进一步扩展影响面，如与不同地域资源对接，建设分布在不同地区的基础教育提升与传播中心，如 2021 年已与华侨城集团合作在深圳建设教育基地，2021 年 5 月又成立了西浦未来教育学院（GBA），创建粤港澳大湾区教育研究、提升与传播中心。

在高等教育领域，西浦 1.0 的专业精英教育将围绕西浦苏州工业园区校园展开；西浦 2.0 的行业精英教育将以位于太仓的西浦创业家学院拓展，并部分延展至苏州工业园区校园；西浦 3.0 的教育创新生态将根据产业布局围绕相应主题在不同地域展开，如在苏州的西浦慧湖药学院、GBA 的西浦创教院，等等。为加速 3.0 的实现，西浦还会根据市场需要，在不同地域布局西浦创教院，成立更多的与社会相融合的学院。

细心的读者可能会发现，在西浦有四种学院：传统的校内学院（School），太仓的行业学院（Industry School），基于西浦校园延伸向社会产业创新生态的产业学院（Academy），以及走进市场中心的创教院（College）。西浦 1.0 的实施主体主要是 Schools。西浦 2.0 有两种：SE-IETE 项目，目的是通过行业企业定制项目，帮专业精英教育学生获得行业背景和体验，以促进专业学习的精深；太仓通过几个行业学院培养未来行业精英。西浦 3.0，也有两种，3.1 即是数个 Academies，3.2 是 Colleges，如 GBA 的创教院等。为了加速西浦 3.0 发展，2021 年我们还成立了几个如上所述的西浦 3.1 Academies，即未来教育学院、影视与创意科技学院、西浦—集萃学院。

西浦之所以要在扬州继续布局，除了与影视文化领域龙头企业光线传媒合作成立电影学院，以利用其在扬州的中国电影世界设施和资源支持西浦影视与创意科技教育，最主要的还是完善西浦教育的"战略布局"。在数字化和人工智能，特别是机器人高度发展的未来社会，大量的传统职业会被机器人取代或改造，能够利用或与智能机器人合作的未来职业人才该如何培养？这是一个迫在眉睫的问题。在我看来，这类教育一定要走出泛化的技能培养模式，因为就一般性的技能而言，人一定不是机器人的对手。所以这类人才培养一定要考虑三个基本要素：行业背景，数字化和智能机器人，以及素养教育和持续学习能力。在此基础上探索新的办学模式和教育体系有战略意义。但考虑到这类人才与西浦品牌定位不一致，但却与西浦重塑和影响教育的使命相吻合，所以我们决定采取西浦主导、与政府和行业合作、建设新型职业教育学院的模式发展，以扬州"扬州影视艺术职业学院"为例，名称中虽无西浦二字，但西浦通过学院运行公司设计和主导育人方案、教学、培养体系。所以，布局扬州的战略意义在于，通过建设和控制新型职业院校的发展，实现西浦对不同阶段、不同类型教育探索的全覆盖。类似于西浦的基础教育布局，我们也会视机会和合作伙伴，合作建设和发展不同类产业背景的新型职业教育模式（院校）。

至此，西浦作为教育的重塑者和未来教育的引领者，战略布局基本完成，见图7-3。但为了更有效地支持这样的宏大布局，西浦还需要建设能够支持未来学习的学习超市和强大的支撑未来分布式大学生态的运营系统。

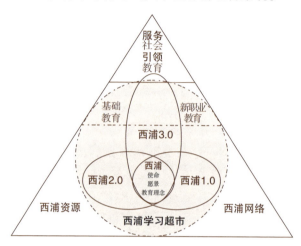

西浦教育

西浦1.0：创新和升级传统教育，探索国际化专业精英教育模式。
西浦2.0：联姻企业领袖，整合社会资源，创建国际化行业精英的融合式教育（SE）模式。
　　□ 西浦2.1：西浦创业家学院（太仓）（EC）
　　□ 西浦2.2：行业企业定制化教育项目（IETE）
西浦3.0：大学融入社会，撬动各方资源，营造教育、科研、创新创业生态（包括基础教育和新型职业教育）。
　　□ 西浦3.1：西浦融合型产业学院
　　□ 西浦3.2：西浦创教生态院，如西浦创教院（GBA）

图7-3　西浦教育整体布局

二、面向未来的教育创新生态和生态管理理论

为了支持西浦教育整体布局的有效实施，我们必须构建未来教育的支持系统、大学运行支撑体系、学生健康成长指导与服务体系、相应的教育理论体系和管理支撑体系。

西浦学习超市的创意和发展（教育生态）

在20世纪90年代，我带企业家访学团访问加拿大阿尔贝塔大学时，专门造

访了当时世界上最大的购物中心西埃德蒙顿购物中心（West Edmonton Mall），其副董事长陪同访问时介绍了购物中心的建设逻辑——用无所不包的服务和良好的环境给比较分散的西方人提供一种社区生活中心。当时的我被这一理念和其中丰富多样的设施及服务深深震撼。随着改革开放，中国也效仿建设了很多购物中心，但互联网的发展和网上购物及各种服务的兴起，使这些购物中心的商业模式受到严重挑战。近些年，为了生存，大家逐步将购物中心转型为社区生活中心，特别是开展线下的各种群体活动，以克服网络时代的"孤独症"。因此，在西浦2.0筹划时，受购物中心这种社区生活理念的启发，我提出了西浦学习超市的概念，并在西浦太仓校园建设物理上的学习超市，依据西浦开放式、个性化和终生学习的教育理念，配合西浦与社会融合的行业教育校园，为未来教育提供线上线下混合的教育支持平台。

2020年，突如其来的新冠肺炎疫情迫使教学全面上网，尽管网络教育特别是慕课已经发展多年，但事实上此时才发现，从技术、教师教学、学生学习、质量保证体系、家长和社会心理等很多方面看，人们都未做好全面网络教育的准备。在疫情初期，我决定快速推进网课，但我们的学术副校长觉得不可能，可我们没有退路，只能前行。好在西浦从建校伊始就开发了自己的网上教育支持系统，建立了数字资源实验室，所以经过迅速扩容，从技术上为全面网课做好了准备。我又请ILEAD以国际数字公民行为课程作为网课实验项目，取得了意想不到的好效果。虽然在初期，学生和家长因有一些不适应而产生了不少怨言，但迅速跟进的信息基础设施升级，师生培训，网络教育考核办法、质量监控体系和相应管理办法的完善，24小时（因西浦师生散布于全球）全天候的技术支持和服务等，使全面网络教育很快步入正轨。甚至利物浦大学方面也开始寻求我们的支持，我们快速的创新行动也得到了国际同行的关注和赞扬。学期结束时，学生的积极评估和反馈更坚定了我们的信心，也使我们认识到，网络教育绝不是疫情期间的应急之举，而应是未来教育的不可或缺的重要部分。

因此，疫情的确给我们带来了巨大的挑战，但对西浦来说，却令我们加速了促进教育变革、影响教育重塑、引领未来发展的步伐。我们在太仓校区学习超市概念的基础上，加大了网络教育作用，将其上升为一种未来开放的教育平台，于2020年5月22日举行了西浦学习超市全球启动仪式，将通过全新概念将学习超市打造成线上线下融合的创新型教育生态。

西浦学习超市将引入世界范围内优质的在线教育资源和外部教育品牌及研究成果，并与西浦有特色的实体校园相结合，探索线上线下相融合的未来大学新形态，以支持符合未来社会发展需要的兴趣驱动、个性化、终身学习及创新创业的生活方式。启动仪式上，麦格劳-希尔集团、阿里云、沪江教育、刺猬教育、新道科技、西利企源等首批合作伙伴签署了入驻学习超市的合作谅解备忘录，Skillshare、Talespin 等合作伙伴也出席了活动。

西浦学习超市于 2020 年 11 月正式在内部投入使用，支持校内日常教学。2021 年 5 月，正式向全球开放，为西浦学子、社会公众、合作伙伴、大学机构、政府企业以及全球社群等六大人群打造了应用场景。在外部资源整合上，学习超市将全球优质教育资源、品牌和研究成果整合到自有平台上（图 7-4 显示了筹建期已加盟的合作伙伴），致力于成为聚合国内外优质教学资源的综合门户平台，不断拓宽与高等院校、教育出版机构、社会教育服务机构、产业界头部企业的合作渠道，广泛覆盖包括研究型、职业型在内的不同定位的教育及学科领域，以适应多层次和不同阶段学习者的个性化学习路径，为未来教育实验提供包含"最优"教育资源的一站式解决方案，打造高质量、高效率的国际化教育资源群落。在内部管理上，学习超市从国际化、开源示范、深度定制、软件生态、兼容性与扩展能力、学习与教学过程设计与管理、学习评价与分析等多方面积累了不同于国内一般技术平台的独特优势，而且在技术研发、资源建设、权限管理、教学追踪上做到了安全可控。在教学支持上，学习超市实现了线上教学活动的记录与追踪，对课堂教学可实时播放或录播回放，以利于学生更灵活的学习，方便教育监管部门评估教学质量。在学习支持上，学习超市提供了线上、线下或两者结合的教育，而且还通过学校和网络资源为学习者提供个性化的教育设计（导学）和发展导师；教育创新者或资源提供者还可以在这个独特的学习平台上"开店"；创新者、创业者、发明家和研究人员也将入驻其中，在思维碰撞中创造出更多独特的教育产品、新的技术和发展模式，甚至创新性产品和企业；学习者还有机会在这里获得创业公司导师的指导，找到实习或就业的信息和机会。

图 7-4　西浦学习超市筹建初期（截至 2021 年 5 月）已加盟的合作伙伴

尽管世界相互理解与合作应该是大势所趋，但在可预期的未来，国家间的矛盾和冲突难以消除，作为一家面向未来的教育机构，我们一方面要通过人才培养和研究为促进世界命运共同体的形成做出贡献，另一方面也要为未来无障碍的国际学习和交流创造条件。西浦学习超市可通过线上线下融合、世界范围内合作伙伴关系、终生学习和发展支持，克服国际化学习和交流的障碍，提供柔性留学的模式。例如，假如你是一个美国学生，想了解中国文化或在中国学习，而这个时段恰恰因疫情防控等原因有交通管制。你就可以在学习超市注册后，根据导学的建议，进行学习规划，先通过网课学习相关课程。如果确有需要现场学习的内容，你可在西浦的美方或其他你所喜欢的国家的合作伙伴那里实地学习；等交通管制解除后，再来中国进一步学习和体验。

国际化、融合式的大学运营服务平台

西浦十五年办学历程还凝练了一套面向未来、开放共享的国际化教育生态治理理念，构建了一套全链条、全模块、高度灵活的国际大学运营服务平台，部署了一套线上线下相结合、校园与社群相结合、引领未来教育场景的教育创新平台，培养了一大批具备国际思维和国际工作能力的平台实施团队。这有助于西浦与其他教育机构或高教试验区共享大学运营服务体系。

西浦"融合式"大学运营管理平台以网络化运营理念为基础，以信息化系统群落为载体，全方位覆盖大学运营与服务职能，具备以下特点与优势：

一是坚持顶层设计、系统规划，契合校地共融和多主体联合办学需求。我们摒弃了传统高校以学院为单位的信息化建设思路，坚持统一规划、统一建设、统一管理和统一服务，构建了包括基础设施、业务中台/数据中台、应用层和统一门户在内的四层运营服务体系（详见图7-5），可以提供区域集中化和院校个性化服务，如作为一个试验区或联合大学平台可以根据集中功能规划，定制提供集中服务和支持平台，比如统一身份认证、统一邮件服务、统一师生一站式服务、统一报表中心、统一云盘、统一自助打印、统一数据管理等服务，为校地或大学平台与独立机构合作奠定信息技术基础。另外，平台还可支持实验区或联合大学平台上各办学主体根据自身业务需求快速定制各自的业务系统，比如院校的人事管理系统、教务管理系统及排课系统、实验室管理平台，等等。还能顺畅对接办学母体学校的应用系统，保障办学主体与母体学校的业务衔接，更能快速回应各办学主体的国际化需求和事业推进效率。

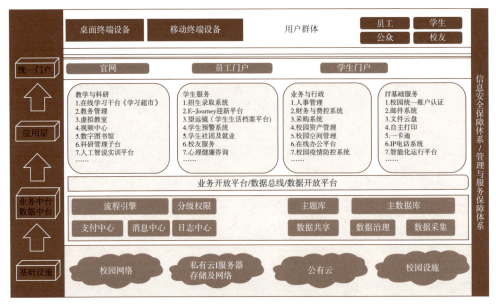

图 7-5 西交利物浦大学"融合式"运营服务平台架构图

二是对标国际办学运营板块,形成了成熟的一站式服务方案。根据国际化办学实践,西浦积累开发了近百个应用系统,覆盖 IT 基础服务、教学与科研、学生服务和业务行政等主要板块,打造了全生命周期的信息化服务,极大促进了业务效率和教学科研产出。特别是,西浦将"以学生为中心,以网络化管理促效率"的理念,深度植入了运营平台建设,定制化开发了很多应用系统,如西浦自建的大数据分析平台 Ant x,通过对学生全生命周期的系统数据进行采集、清洗、分析和挖掘,完整勾勒出学生在校的行为轨迹、学习状态及风险情况。若监测到了相关风险,会及时向辅导员推送风险预警,将传统的被动管理转化为高效精准的事前预判和主动服务,更好地陪伴学生成长,大大降低了学校的安全隐患。

三是夯实架构建设,保障了扩展潜力和稳定性。西浦运营体系重视整体架构的灵活性、简易性、安全性、连续性,为未来根据用户需求、新增不同功能奠定了基础。此外,业务中台和数据中台的配置,可以极大缩短产品开发周期,更好地支撑业务场景,消除数据孤岛,统一数据标准,为多主体联合办学提供安全可靠的数据支撑和运营支持。例如为了支持海南建设国际教育创新岛的战略,我在访问海南陵水黎安国际教育创新试验区时,与其主管领导建议利用西浦运行和学习超市两大体系,合作建设多主体联合办学的支撑平台,以实现"试验区(联合大学)—院校—学生"三位一体的协同发展与支持服务。

和谐教育的提出

"德国教育之父"威廉·冯·洪堡（Wilhelm von Humboldt）曾指出，教育是个人状况全面和谐的发展，是人的个性、特性的一种整体发展。教育是一个人一辈子都不可能结束的过程，教育是人的自身目的，也是人的最高价值体现。乌克兰卓越教育家、思想家、作家苏霍姆林斯基也提出，真正的人是具有和谐的、多方面精神生活的人。然而，一个人要真正成为"和谐之人"，需要从小踏上学习、成长和为人的旅程，然后尽其一生的努力。换句话说，生命的过程就是学习、成长和为人。我在回顾自己成长旅程时深有感悟地写道："学习要回应心灵的呼唤，教育要支持生命的意义！"为了克服当前社会"学习意识"浅薄、"成长意识"浮躁、"为人意识"功利酿成的种种教育问题，应对 UACC 和互联、数字、智能时代的种种教育挑战，西浦教育必须探索如何支持"和谐人生"之路。

针对眼花缭乱的颠覆性技术的涌现和 UACC 的挑战，教育探索和转型在全球蓬勃发展，世界一流大学纷纷行动，如斯坦福大学发布 2025 计划，创立"开环大学"；牛津大学专门建立团队，梳理百年发展，以寻求变革之策；麻省理工学院重视创新创业教育生态营造；成立于 2012 年的美国密涅瓦大学（Minerva University）尝试游学式教学，强调"全球化的体验"，提供终身教育支持；等等。西浦虽然年轻，但从建校伊始就踏上了探索的旅程。

教育绝不是帮学生获得不同阶段的各种证书和学位，教育的目的是帮助孩子健康成长，支持人们实现人生的意义和价值，因此应贯穿整个人生过程，不同阶段的那些学历和证书只是人们在学习、成长和为人过程中追求人生意义和价值的副产品，充其量是人生道路上的一些带有标示意义的里程碑或痕迹而已。

人生从学习开始，先是继承和构建基本的知识体系，经过训练得到生存和终生学习能力；进而获得持续的成长，即形成或不断升级自己的理想，并按兴趣和理想持续努力地提升自身的造诣；最终就可以拥有尊严和影响，活出有意义和价值的人生。为了响应心灵的呼唤，实现更有价值的人生，学习和教育的核心是支持人们心智不断升级，从而能帮助人们在 UACC 的环境中应对挑战和危机。

经过 15 年研究、探索和实践，基于构建主义等教育理论及和谐管理理论，我们将上述学习模型与人生观、教育观以及和谐心智的构建进行整合，提出了支持人生发展的和谐教育模型（席酉民，2021），如图 7-6 所示。

- □ 学习，继承和构建基本的知识体系，训练生存和终生学习能力
- □ 成长，按理想和兴趣形成造诣
- □ 为人，不断升级心智，活出有意义和价值的人生
- □ 和谐学习模型:人生学习、成长和发展的架构

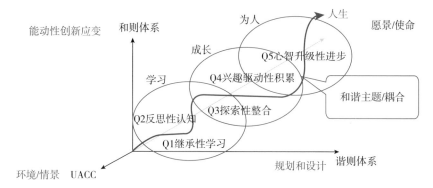

Q1：已有知识的"继承性学习"（显性知识）（谐则）

Q2：现实世界的"反思性认知"（隐性知识）（审辩式思维）（和则）

Q3：问题导向型的"探索性整合"（系统化、经验学习、融合提升）
（研究导向型学习）（和谐耦合）

Q4：理想引导的"兴趣驱动性积累"（主题导向）（某领域有造诣）
（和谐主题）

Q5：世界公民的"心智升级性进步"（世界公民）（和谐心智）

图 7-6 西浦和谐教育示意图

为了让人生在 UACC 世界更有意义和价值，我们需要有清晰的愿景和使命，并形成每个人生阶段的和谐主题；然后根据愿景和使命，围绕每个阶段的和谐主题，利用谐则做好人生规划和设计；利用和则进行能动性创新和应变；再有效地将二者相耦合，实现每个人生阶段的"最优"生活和事业发展。而这一切的基础，是获得成功的教育，即学习、成长和为人。这种贯穿于终生的教育包含 5 阶学习，即 Q1：继承性学习；Q2：反思性认知；Q3：探索性整合；Q4：兴趣驱动性积累；Q5：心智升级性进步。这 5 阶学习有机耦合，构成一种螺旋式循环上升模式。其中：

Q1：对应于谐则体系。也就是说，为了有效地设计和规划人生，人们需要"继承性学习"，即学习和掌握人类已积累的科学技术和知识，它们大都是显性知识。

Q2：对应于和则体系。为了融入复杂的现实世界，特别是应对各种突如其来的不确定性、复杂性和模糊性，人们需要相机行事、能动致变，因而需要"反思性认知"，通过审辩式思维（Xi and Li，2021）了解真相，通过反思性学习获得

大量隐性知识，并不断强化自身主动性、敏锐性、应变力。

Q3：对应于和谐耦合。强调在 Q1 和 Q2 必要的显性知识和隐性知识的学习积累的基础上，真正的成长还依赖于根据面临的问题、现象和疑惑，通过"研究导向型教育"（Xi and Li，2021），进行"探索性整合"，从而形成对世界和面临问题或挑战的更系统化的认知，也不断提升自身知识积累、思维能力、心智模式。

Q4：对应于和谐主题。面对浩瀚无垠的知识世界、无尽的人类经验总结、令人眼花缭乱的技术和工具，再优秀的学习也难以穷尽这些宝藏。因此，有效的人类学习是根据理想和各阶段和谐主题，有选择地进行学习和持续性积累，即"兴趣驱动性积累"，从而实现在某个领域的深厚造诣。

Q5：对应于和谐心智。如前所述，所有学习和经验都会汇集于心智的改变，积极有效的学习和教育会帮助人们不断升级心智，使人在成长和为人上不断进步，也即"心智升级性进步"。

在图 7-6 中，Q1—Q4 呈现一种螺旋式上升的演进形态，推动着心智模式不断升级。其基本逻辑是：瞄着人生定位（愿景和使命），围绕着人生各阶段的和谐主题，慢慢延展人生旅程，逐步呈现出人生演进和发展的轨迹。当人们年幼时，当然无从谈起人生愿景和使命，但随着成长和意识增强，便会产生兴趣和追求，此时的学习和成长受家庭、社会、教育体系和身边人的影响，换句话说，教育环境、自身努力、路线选择既影响心智的形成也受心智的影响，进而支持愿景和使命以及个阶段和谐主题的确定，最终造就了人生演进方向和路线，使人走上不同的道路，呈现出多样人生。无疑，在成长过程中，正确、良好的学习和教育环境会使人们更准确地认知自我和世界，从而会孕育强大的心智模式和形成更合适的人生兴趣、理想、定位。

全方位学生健康成长支持系统的创建

为了实现西浦的和谐教育，大学一定要从教师主导转型到以学生为中心（张晓军、席酉民，2021）。西浦坚持以学生健康成长为目标，通过兴趣驱动、研究导向型的教育，帮助学生学会学习，承担其自身的责任，为自己和社会创造价值。而要做到这一点，学生需要转型，教学需要升级，因此强大的学生支持系统成为教育理念和价值实现的关键。基于多年的探索和实践，西浦形成了图 7-7 所示的学生成长支持体系。

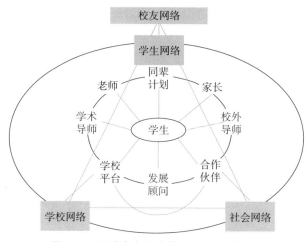

图 7-7　西浦全方位的学生成长支持体系

现代大学，由于技术的涌现和高速迭代，社会经济环境日益复杂快变，人类还在调整和适应新世界的路上，加上青少年在成长期受到各方的过度呵护，学生会面临很多成长和学习上的新挑战，包括不少身心健康问题。西浦学生工作的原则是强调成人的责任意识和自治，但同时我们也不断完善和升级对学生的服务与指导，在现实环境下，这种支持在某种意义上成为教学目标能否有效实现的关键构成部分。西浦在这方面做了大量研究和探索，开展了极富成效的实践，受到各方的高度认同和赞扬。

为了应对学生心理健康方面的问题，西浦专门建立了强大的心理教育与咨询中心，工作内容主要包括普及心理健康知识，帮助学生树立心理健康意识，识别心理异常，掌握心理保健常识和自我调节技能，促进学生整体积极心理水平的提升和自我管理能力的加强，并视其为大学生思政课程的重要内容之一。为了有效帮助学生快速转型升级，我们加强了这方面的研究，依据学生需求，挑选教学内容，设计相关活动，让理论与实践交融、互相补充，相得益彰。还为部分特殊群体提供多元的心理咨询与实践活动，如为帮国际生更好地融入西浦、当地及中国文化环境，我们为国际生设立了更有亲和力的文化适应活动，包括文化冲击工作坊、讲座及体验等；为学习和成长遇到困难的学生专门设计开发了回归项目（Bounce Back Program，BBP），帮助他们提升自我效能感和自我管理能力，重建他们的自信与自尊。通过群体互助例会、小组活动、周挑战等活动，帮助同学们在一个安全开放的群体中完成自我剖析，互相扶助、共同成长。与此同时，我们还基于大数据的精准管理系统（Ant X），依托完整的在线教学系统，通过学生课上课下教学数据、校内空间活跃数据及在校生活服务资源数据等，研究教与学的改进策略和政策，多维度地评估学生行为风险。比如，如果有学生不开邮箱、不去图书馆、不去上课，那么相关数据就可能低于评估平均基线，此时 AntX 系统会自动发出信号，并将收集到的数据推送给运维组，经人工审核后发给辅导员，让辅导员重点关注该学生。对于其他未满足重点关注条件、达到临界点的群体，系统也能够及时发现，并有针对性地实现风险提醒，做到防患于未然。

以和谐管理促进西浦发展和生态管理

在探索教育的同时，我也深深意识到大学运营和当代管理的快速转型。在数字化和网络化的驱动下，组织和社会日益生态化，这势必引致管理的很大变化。科学管理时代强调的优化控制机制被侵蚀，演化机制或有干预的演化机制迅速增强。即使有大数据和人工智能助力，在局部可借助数据挖掘和深度学习了解互动的相关性和演化机制，从而增强了局部的控制能力，但从整体上看，不确定性、模糊性和复杂性导致的演化性会更强。所以，我把管理描写为如图 7-8 所示的谱带，强调网络和生态时代管理的演化特性，以及演化机制作用不断加强和两种机制互动的特点。可以说，未来的管理或领导的重大挑战是如何营造生态以及影响或干预生态的演化，最终创造和获取生态红利，这将成为未来管理的关键。而发源于科学范式的传统管理很难适应这种以演化为特征的需要，传统管理的基本概念需要调整甚或重新定义，因此原有的不少理论也需要被重塑。

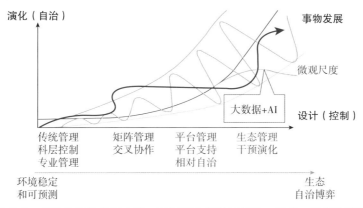

图 7-8　管理的演化机制上升：重视演化机制下领导、战略、组织的研究

和谐管理理论诞生于 UACC 特征萌发的时代，而现在的世界已高度 UACC，所以和谐管理理论有助于实现这种管理范式的转移，而且会日益彰显其价值。因此，我们于 2019 年 1 月 6 日正式成立西浦和谐管理研究中心，旨在通过融合东方与西方智慧、连接历史与未来发展、弥补理论与实践隔阂等，孕育数智时代的

创新和相应的复杂心智，助力管理理论的转型升级，同时为新时代的教育、社会和经济发展做出贡献。

为此，我们确定了如下发展重点：一是在和谐管理重点课题的基础上，集合大家智慧，在几个重要方面深化和谐管理理论，特别是用它来探讨生态管理的理论、方法。二是深化和推广和谐管理理论的应用，结合相关的研究与现实需求，发展和提供基于和谐管理理论的独到见解及相应的解决方案等。三是通过应用案例（如西浦的故事），让和谐管理的普及契合实践者的理解方式和行为，以多种方式帮更多的人理解和运用和谐管理理论，形成和谐管理社群，进而促进和谐管理研究氛围（热情），提升研究质量，催化不同学科之间的交流、碰撞，促进产学研的融合，以扩大西浦探索与和谐管理理论的社会影响。四是服务支持每一个真诚参与和谐管理研究和应用的伙伴，帮助他们更好地创造价值、做出更大的贡献、获得更幸福的人生。

为了推动管理研究转型和深化生态管理研究，作为中国管理现代化研究会轮值理事长，我于2019年11月1—3日在西浦主持承办了第十四届中国管理学年会，1 115位来自全国各高等院校、研究机构的专家学者以及各行业关注中国管理研究与实践的业界人士参会，聚焦前沿理念、最佳实践和最新成果，探讨管理学热点背后的本质和规律，为中国管理学创新提供理论、树立标杆和典范。我在大会上做了《数字智能时代与组织生态管理——和谐管理的启示》的主题报告，进一步阐述了因社会日益紧密互联，共处和共生成为常态，在这样的背景下，演化机制的作用日益显著，设计和控制机制减弱，生态管理时代到来。我分析指出，生态系统演化的适应性（adaptive）、介入性（interventional）和进化机制（evolution）对生态管理有根本性启示。生态组织管理的基本逻辑是有限干预下的演化，但相比一般生态系统，其独特性是人们希望有人介入的生态系统的演化有目的性，即常以愿景、使命、价值为指代；其实现方式有组织性，即根据目的营造共生系统（平台、生态）；其演化过程有干预性，通常通过治理（规则，包括法、伦理、世俗、文化）、管理（权力，如资源配置、政策制定）、布局、共存规则（信任、竞合、利他等）、博弈策略、在线干预等为手段；以实现干预下的演化（进化+动态平衡）与合目的性的发展。因此，生态组织管理应该重视研究共生机理、博弈、演化干预手段和策略、动态平衡、局部与全局的互动关系等。因环境和背后运行机理的巨变，在生态管理背景下，传统管理的核心概念都需要重新定义，领导已成为融入生态的成员，难以再居高临下地设计和指挥，而是设法进行合目的性的主题干预与生态系统演化调控；管理已不再是追求效率和效果，而是创造和获取生态红利；战略也更偏重不断选择和变换主题，引导围绕它的共生状态实现；规划重点在布局、筹划演化主题和博弈策略；组织则会从传统的以韦伯的层级和泰勒的专业化分工为基础的科层组织转向网络组织和网络化平台支撑的生态系统；等等。

因为大学是典型的知识组织，因此更适合生态组织管理。所以，我还以西浦为案例，进行了知识组织管理的实验，以回应德鲁克先生在20世纪指出的"21世纪人们面临的管理挑战是如何提升知识组织和知识工作者的效率"，并以和谐管理理论为方法论框架，在西浦开展网络组织和生态管理实验，与此同时，还对未来教育进行全方位的探索，为未来管理和教育提供理论依据和西浦方案。

深度的反思不仅要创建"顶天"的理论，还需支持"立地"的实践，因此我们很关注现实管理世界的困惑、问题和挑战，并研究相应的对策。比如在新冠肺炎疫情袭来之时，中国管理50人积极行动，推出了《逆势突围——56位管理学家建言》（王方华、席酉民，2020）。

三、变危机为契机

突发的新冠肺炎疫情搅乱了人心，打乱了社会发展节奏，给人类带来了无尽焦虑。习近平主席曾感言："世界怎么了、我们怎么办？"（习近平，2017）著名管理学家亨利·明兹伯格形象地描述人们"像地震前焦虑不安的狗"，并指出："我们所处的世界已经严重失衡并且我们需要根本的革新。人们必须行动起来。不是他们，是你和我，各自而又一起行动。"危机往往是新发展的契机，关键是我们能否机智地抓住！

疫情带给国际化大学的独特压力

在西浦发展步入健康发展的轨道、中外合作办学开展得有声有色之际，世界局势突变，英国脱欧，"特朗普"式的扰动和中美贸易摩擦，民粹主义、逆全球化势头日渐强大，国际政治经济形势起起伏伏。在此关键时刻，雪上加霜的是新冠肺炎疫情又在全球暴发，让人们深刻地感受到了全球自由流动引发的困境，也更担心疫情后逆全球化的实质走势。

坦率讲，国际合作和相互依赖的现实，以及数字化和互联网技术构建的支持世界紧密连接的技术基础，可能使国际化趋势无人能够阻挡。但短期的世界政治经济格局无可避免地会遭遇一段时间的调整甚至重塑。对于全面依赖国际合作的中外合作办学事业来说，必然会面临一系列的挑战甚或危机。具体来讲，像西浦这样的国际化大学,如果全球疫情难以在短期内控制、甚或成为新常态的情况下,就会遇到一系列直接的难题或挑战,比如,为了开放式办学,西浦坚持校园不设围墙,但这对疫情的防范以及日后类似公共卫生事件的应对带来很大的挑战。不管是疫情期间迫不得已的全面网课,还是日后较长时期的网上与校园教育的结合,都会给中外合作大学带来特殊的挑战,如师生分布全球[①],不仅存在时差,而且各地的网络技术发达程度差异很大,给直播等方面带来很大限制。师生的国际性不仅在技术上给网络授课带来困难,而且给教师队伍的稳定性和更大发展带来挑战。最直接的表现是交通限制和有关国际出行政策,会使大量师生处于两难境地。例如,当下不少老师和学生无法进入正常工作状态,有的甚至被滞留于第三国,进退两难。有了这样的体验,虽然非常喜欢中国,但以后还来不来中国学习和工作?对于中国的学生和家庭,是回国发展还是留在海外?是留学,还是在国内接受教育?等等。

疫情虽然是暂时的,但因疫情导致的排华、歧视等加剧了弥漫在人类社会的逆全球化、单边主义和民粹主义的阴霾,使国际合作关系更加复杂化,具体表现在签证、交通、贸易、交流等方面的不确定性增加,这种影响是长远的,对国际合作办学构成严重威胁,具体来说直接涉及师资队伍的稳定性和招聘、留学生的招生、科研的国际合作、学术的国际交流等。在未来模糊不确定的国际环境下,中外合作大学如何继续生存和发展?除危机情况下稳定和支持师资的服务体系、站在师生需求方面提供帮他们度过危机的各种支持外,更重要的是中外合作大学急需通过长期事业创新和发展,以其独特价值吸引国际学者和学生,提振他们的信心和坚守的信念,并通过技术环境(如学习超市)增强国际教育的柔性,帮学校进一步提升国际品牌和吸引力。

危机虽然不幸,但如能积极面对,就会成为一个难得的反思机会和一种宝贵的教育资源。例如,西浦利用这一特殊时期,积极推进教育创新、稳步加速教育变革,一方面推出两周的"世界公民素养"线上课程,将防疫作为一场实战演练,帮助西浦学子提升应对危机的能力和世界公民的责任,同时也作为新型网络课程与学习观的一次尝试。另一方面,这次危机也加速了西浦网络教育的进程和布局未来教育的新模式,如全球独特的西浦学习超市的建设,不仅为未来教育和人生提供了新的生态,还会使未来全球合作和教育更加方便和灵活。西浦3.0的全面启动不仅可以为未来教育提供方案,也有助于西浦在这些方面成为未来教育

[①] 目前,西浦师生来自全球一百多个国家和地区,教师百分百全球招聘,外籍教师占70%左右。

的领导者，自然也会吸引更多全球教育资源加盟，保证其长期可持续发展和国际生存空间。

别具一格的 2020 毕业典礼

西浦的毕业典礼特别注重仪式感，目的是使学生对美好的校园生活留下终生记忆。毕业生们也都希望有一个值得回味的、圆满的仪式。因疫情，学生们在家里度过了一个难忘的学期，毕业生们如何回学校打理他们的行囊？要为他们办一个什么样的毕业典礼？我们必须做出艰难决策。按照政府的安排，最好不要有现场毕业典礼，行李设法整理后寄给学生。但我还是要努力创造一个机会，让他们回到校园，参与一个难以忘怀的毕业典礼，收获一个圆满的校园生活。

经与政府多轮慎重的沟通，安全起见，政府管理部门依然不允许大规模集会。我们曾试图安排在室外操场举行，因天气炎热，遂计划晚上七点左右开始全校仪式，然后分散到各院再举行各具特色的活动。传统的由我正冠拨穗、西浦和利物浦大学校长恭贺的环节以某种集体动作代替。但是，这个计划仍然无法满足政府管理部门的室外不能超过 2 000 人的条件。另外，天气预报估计那几天可能有暴雨，所以风险很大。于是我们再次考虑室内举行，但按规定不能超过 500 人。于是，我提出两套方案：一是学生室内，家长室外看直播；二是学生在北校区室内，家长在南校区室内看直播。但政府管理部门对此依然有不同意见，恰好在这个时间，北京、新疆、辽宁等地再次暴发疫情，我们不得不制定新的更保守的方案，即只有学生到场，每场不超过 400 人，家长网上看直播。正冠拨穗和恭贺环节也改成学生自助式进行，即主持人宣布某专业、某学生圆满完成学业准予其毕业，然后学生起立，自己将学/硕/博士帽的吊穗从一侧拨向另一侧，然后大屏幕上显示该学生名字和基本信息。

7 月 27 日早上，首场 2020 届毕业典礼暨学位授予仪式如期在校园正式举行。尽管如此，一些学生和家长还是有怨言，因为没有了校长单独拨穗的环节，家长也无法现场见证和祝贺，但说实在的，能做到这一点我们已经费了九牛二虎之力了。在第一场后，我建议屏幕信息可增加学生照片，这样可以让学生得到更大关注和尊重。但工作人员告诉我，因肖像权（这在重视个人权利和法治的西浦校园很敏感）原因，获取学生照片需要学生同意，临时增加来不及。随后，我们酝酿出了一个回避肖像权的新方案，即对学生拨穗环节进行现场直播：当宣布学生毕业，学生起身拨穗，摄像机立即捕捉这个精彩瞬间（据说现场直播不涉及肖像权），这一方案挑战着现场数名摄影师的敏捷性。于是，就有个别学生在镜头前别出心裁，如做一些独特的动作，或者邀请邻座同学相互拨穗，典礼结束后还将其精彩镜头剪辑，在社会媒体上分享，等等。这样，历时 4 天共 7 场学位授予仪式，2 899 名本科生、519 位硕士研究生以及 34 位博士研究生顺利从西浦毕业。

尽管疫情影响严重，以往有特色的西浦毕业典礼换为"简化版"，但依然独具风格，风靡网络，广受社会关注和赞赏。我也借百年不遇的疫情和未有之大变局之机，做了"启程，找个支点重塑世界"的毕业典礼致辞，指出"越处在巨变和重塑的时代，越有机会去改写这个世界，在人类踌躇何去何从的十字路口点亮一束光。志在培养世界公民的西浦，希望你们有格局，无论将来从事什么工作，记住找到一个事业的支点，以你们的责任和担当做杠杆，用你们的智慧去重塑世界。"我号召大家重塑心智："未来已来。人类社会已经进入第四次产业革命（The 4th industrial revolution，4IR）或第二机器时代（The 2nd machine age，2MA），无论是主动投入还是被动卷入，要改变世界，首先需要适应颠覆性技术引发的学习、工作、生活和社会的种种新范式，并趁机突破或创造，重塑世界。在你们即将启程之际，请带上我给你们的锦囊：迅速从原来熟悉的相对稳定时代的心智模式转换到能闯荡于未来世界的'复杂心智'（complexity mindset）。"

迎难而上的 2020 开学典礼

2020 年 9 月，校园终于可以开放，我们迎来 5 000 多名新生。尽管当时疫情在中国得到了有效控制，但世界疫情似乎日益严重。与毕业典礼类似，如何延续西浦开学典礼素有的独特性和影响力，成为又一个挑战。

我担任西浦执行校长后，发现西浦的教育理念与社会流行观念、学生习惯、家长认知差异颇大，每向前走一步，似乎都困难重重。正如有朋友警告我的那样："你想改变中国教育，先要改变中国的家长。"看到每年浩浩荡荡送孩子入学的家长队伍，既然劝不住，何不利用他们送上门来的机会，让他们理解西浦的育人理念，改变他们的教育认知，帮助学生更健康地成长？于是，从 2009 年开始，我就和我们学生中心团队商议，搞出西浦独具特色的开学典礼。一方面请学生参与组织和主持开学典礼，另一方面邀请前来送行的家长和亲戚朋友出席开学典礼。同时，坚持开学典礼用语是英文，为了便于家长和新生理解，屏幕上配中文字幕。前面半小时，请西浦学生通过表演展现他们的风采，也让家长看到西浦学生入学后的快速成长。然后，留有 10 多分钟时间，给新生机会，看谁敢在几千人面前冲上台跳支舞、唱首歌、发表段演讲或喊上几嗓子，主要目的是释放一个信号——在西浦只要你主动，就有无限可能。然后是正式演讲环节，我、老师、毕业生、甚至家长、新生讲话，一般控制在 40 多分钟。之后，是最有特色的公开提问环节，所有到场者都可以问自己感兴趣的任何问题。记得第一次，全场共分发了10个麦克风，我带领高管团队站在体育馆中央，但只听到"席校长我提问题""席校长我在这里"的声音，却无法判断提问人在哪边舞台上。次年，我们将麦克风编上号，沿顺时针方向分布到体育馆四周，提问者要先说明拿的是几号麦克风。再后来，我们把麦克风竖立在体育馆四周看台上，想提问的人到麦克风后边排队，然后我按顺序回答他们的问题。可以说，前几年问题比较简单，关于升学、生活、安全、交通、住宿和出国类较多。但随着西浦知名度提高，问题也越来越深刻，如教育理念、模式、方向等。当然也有很奇葩的，有一年出现了两个高年级同学，似乎是来砸场子的，直接挑战学校的一些关于电信服务的做法（后来才知道是某公司买通学生实施报复，据说一个问题2 000块）。也有家长以人大代表和政协委员身份施压的。独墅湖高教区体育中心最多能容纳8 000人，因人数增长，我们后来不得不分两场举办。到了2019年，工业园区奥体中心建成，容量大了，但问题也来了：第一是租用成本太高，我们只好和园区政府申请做适度减免；第二是如何把上万人运送过去，当时我们租用100多辆大巴，警察制定交通方案，浩浩荡荡，成为一景；第三是安全，警察只允许我们进场12 000人，但最后计数器是15 000多人参加，我们受到了警告批评；第四，如此规模和没有约束的公开提问，政府还怕涉及敏感问题，我说我有自信能回答所有问题，但他们担心直接曝光到社会媒体上，因此要求实名到场。所有提问通过网络直接投影到体育馆顶部的大屏上，我和高管团队站在体育馆中心，无法看到问题，只能靠站在看台上部的工作人员随机给我读取，我一一作答，自然有不少风趣、玩笑和挑战类的话题。

因疫情，2020年很难再组织那种极具挑战的开学典礼，但我们又不想改变西浦的创新风格和开学典礼的重要性，于是决定线上线下结合、全球直播。4 408名本科生、1 083名研究生抓阄获得现场参与资格。9月15日晚，西浦2020级新生开学典礼隆重举行。来自国内外的学生、家长、教职员工和各界朋友线上线下共相聚，据统计，有近100万人观看了这场独特的开学典礼。

开学典礼的主题是"从孩子到年轻的成人再到世界公民"。我以"宝剑锋从磨砺出"为题致辞，以自己1977年高考经历与2020年疫情间格外漫长而艰难的高考相呼应，感言道："我们虽然境遇不同，但都经历了曲折与漫长的高考，且拥有一个共同点，就是没有选择怨天尤人，而是被心中摇曳的理想火光引领着，学会了快速适应和逆境坚守，在危机中搜寻甚或创造机会。"并指出："中国与世界的未来，注定不会一帆风顺。希望兼具家国情怀与世界公民担当的你们，在西浦快速成长，找一个支点，用你们的智慧和双手重塑世界，让未来社会变得更好一些。"同时希望学生："学会把家长变成同盟""学会把老师变成引路人""学会利用学校生态孕育你们的事业""学会用现代技术扩增你们的能力",以及"学会以不断升级的心智探索无限的空间"。

校长怨言系列

危机是面镜子,它让人看到光怪陆离的现实,关注常被忽视的事情。危机也是一块磨刀石,可以磨炼人、改变人,甚至改变社会和世界。面对百年不遇的新冠肺炎疫情,世事百态尽显眼前。本是最需要团结和协作之时,世界却充斥着歧视、相互攻击、隔离与封锁。应对疫情的"最佳"策略是做好各自该做的事,让协作顺畅,但不专业的、缺乏信息的、跨界的谩骂和指责无处不在。作为管理学者,我也曾忍不住思考了一些大事,如国家治理和危机应对机制、企业的危机管理、中国管理研究的出路、教育变革等,撰写了相关意见。然而,作为教育从业者,特别是想利用全球重塑教育之机,倾毕生精力推动教育变革和探索未来教育发展的教育实践者,我有更多的话想说。

我从20世纪最贫穷的农村走出来,成为"文化大革命"之后经过高考的首届大学生,除了期间短暂的从商和在国家高层机关"帮工"研究经历,一直没有离开教育一线,有幸创建过三所不同机制的大学,有数十年体制内和体制外大学领导工作的体验,还曾领导、收购重组和创建过基础教育项目,这些经历不可谓不丰富,足以让我以平常心看待任何困难。但是,领导的国际化大学遭遇逆全球化负面影响、各方面挑战迎面扑来之际,还是感受颇多。

现在是一个抱怨容易干事难的时代。每个人都可以随意上网抱怨一番,而且很方便"拉帮结派"(如建微信群),相互刺激之下让怨气不断升级,甚至广播那些没过脑子、根据道听途说和点滴信息形成的、可能是一知半解的信息或评论。但做事者的处境却完全不同。在这个复杂、不确定、充满危机的时代,要做成一件事,不只要面对各种挑战,应对突发危机,解决千奇百怪的难题,还要在纷繁的批评和抱怨声中保持清醒、长期坚守与努力。当然,批评和抱怨也是进步的一种推动力、改进的触发器和思维变革的引信。

理论上讲,校长没有权力抱怨,只能在各种怨言中背负责任、默默前行。但我借疫情这个特殊时期,也蹭个热度趁机释放了一番。我没搞什么"日记",而是摘取了教育中的几个关键利益相关者,如家长、学生、老师、学校、技术等,以校长岗位上的实际体验,发自内心地、认认真真地"抱怨"了一番,搞了个校长"怨言系列"。其实就是关于这几个重要的利益相关者如何在教育重塑时期及时调整自身理念、行为、心理的系统分析和建议。

具体讲,针对学生过分依赖他人或被过分关心和照顾的情况,我以"空间被挤压，是你们做得还不够好"为题批评了学生身上一些值得改进的行为，给出了他们如何与父母和社会相处、争取更大发展空间的建议。针对教育重塑对老师的更高要求，指出了老师"比学生更需要转型"，而且因内在动力不足更难转型，具体分析了应改变的方面和转型的方向，还具体论述了转型的策略。针对家长视孩子为私有财产、过分溺爱或越界关爱，甚至替代学生做很多他们自己应该做的事情的情况，指出这是对学生生存和发展空间的一种剥夺，也大大制约了他们的成长，造成很多学生不愿与家长交心沟通，甚或严重逆反，劝告家长"不是不爱您，是您可能越界太多"，并给出了家长改变观念、与学生和谐相处、支持学生教育和成长等的策略。现在教育系统本身和从业者遇到的另一严重挑战是大量颠覆性技术快速涌现，冲击着充满惰性的教育组织和从业者既有的行为模式，更因技术无限的可能性和社会更高的期待而备受诟病。因此，我针对技术本身带来的挑战和影响，给出了"在眼花缭乱技术浪潮的裹挟中守住教育的初心"的建议。最后，我还剖析了教育组织和机构存在的问题，分析了其在教育转型浪潮中突破的紧迫性，以及制约其变革的无形网络，指出了学校如何跳出限制其发展甚或将其拖入衰落的窠臼的方向和策略，大声疾呼所有教育机构需要"冲破羁绊与时代共舞"。这个怨言系列的详细内容收录在西浦15周年纪念著作中（席酉民，2021）。

亲身体验隔离

疫情期间各种奇奇怪怪的事情不断涌现，2020年在疫情有效控制后，沉寂了一段时间的各种学术活动和会议、演讲邀请在国庆节后纷至沓来。2020年11月13日，我应邀参加上海"全国行动学习年会"并做演讲，当时浦东有突发案例，去之前曾担心会影响行程，但后经风险分析，还是决定前往。当天上午报告完，下午飞成都参加"亚洲教育论坛"；第二天上午大会报告，中午接受搜狐教育采访，下午主持分论坛，临走之前又接受新华社记者采访，然后直飞大连。本来担心的旅程总体还比较顺利，只是在进入"亚洲教育论坛"报告厅时，因测体温、注册成都行程和健康码耽误了一些时间。谁曾料在东北财经大学出席"管理学在中国"第13届年会期间，收到成都朋友的信息：一则无症状病例在广州隔离14天后入住酒店，但在例行检查时发现复阳，当晚全酒店客人深夜紧急做核酸检测，酒店封闭，大家留守酒店。因对情况了解不多，我还庆幸自己早走一天，逃过了封闭。中午报告完即经无锡硕放机场回家，因不知情况严重程度，我当晚在家一直戴着口罩，并思考要不要第二天（周一）去学校。但好消息不断从成都传来——所有会议代表的检测结果均是阴性，其他客人也是阴性，因此陆续放行。因考虑到大家都已放行，于是我周一去了办公室工作，全程戴口罩，尽量减少与其他人员交流。就这样忙碌了三天，周三下午突然接到校办电话，说我被通知算是"密接"（紧密接触者），要隔离。我通过校办向他们了解情况，询问他们密接的定义。因为我的情况并非密接，而且当时出席会议的其他代表在检查是阴性后也已经回家。但他们坚持我必须按密接处理。

在我接受现实、准备安排车子去隔离酒店时，又接到通知，防疫部门先要在电话中给我做流行病调查，然后晚上社区会派负压救护车接人。电话调查内容即我的详细行程以及接触的各类人员和场景。我建议救护车不要进入居住区，以免引起不必要的惊慌。他们接受了我的建议，晚上8点多，车子停在距门口50米的地方，不闪灯和鸣笛。车子先带我去医院拍胸片，再全程闭环送我至隔离酒店，酒店周围封闭，门口警卫严格值守。进门由全副武装的护士接待，分发相关物品，从地下室专门通道进入电梯间，整个路道、电梯间、楼道到处湿漉漉的，弥漫着消毒液的味道，加之又是晚上，所以十分阴森、令人不适。出了电梯，又有医生等候，签署入驻文件，交代生活起居和自我检测要求，并警告我不要出来随意走动，因为隔离区有确诊病人。我心里想：如果真有事，我这一圈又是主持会议，又是大会报告，还在校园工作了三天，已经在无意识的情况下影响了一大片。鉴于成都、北京、上海等与会者都已经被放行，我请校办向主管部门说明情况，但仍于事无补。我从11月18日晚、在"逍遥法外"四天后，开始亲身体验隔离生活，也算是疫情阴霾下给自己的一个特殊的经历了。园区吴庆文书记得知情况后，发微信给我："听说您有幸成为密接啦！"我因清楚知道自己的轨迹，并且把这作为大疫的一个纪念，所以对此心态还平衡、安之若素！

一入住，包括医生、护士、防疫管理人员等数个人在内的微信群立即建立。按要求，早晚我要自测体温通过微信上报。第二天早上，按事先安排，医生准时出现在门口做检测，抽血、咽拭、肛拭。然后门铃又响起，打开门一看，没有人，但门外多了一个小凳子，上面放着塑料袋，打开是早餐，吃完将残渣打包再放回门外凳子上，这样你和送餐人无须直接见面。室内也放足了矿泉水、每日消毒液、各种日用品等。中午又有门铃响，开门后发现是一箱科教创新区徐文清书记送的慰问水果，心里十分感谢领导和朋友的关怀。理论上，检查结果应该当天出来，但通知迟迟不到，询问后被告知检查结果要经过一套严格的管理程序方可到达被测者手上。所以，我到了晚上快十一点钟，方被告知检查结果——阴性。我一点也不感觉释然，因为我知道不会有问题，大部分的紧张情绪都是大疫下人们的过激反应，包括很多没必要的监控措施。

20 日早上，我给园区吴书记发微信，挑战他们给我做的"过分"的密接定位。书记说已经在与市里防疫部门及有关领导协商，争取给我居家隔离的优待。经过一番努力，我终于获得了居家办公一周（因已经过去了一周）的权利。近两天的隔离体验使我体验到大疫的影响，也倍感人类的渺小和无奈，特别是在特殊情况下，行止于小屋，尽管吃喝无虑，可以通过网络了解世界、正常工作和生活，但仿若尝到了失去自由、只能从窗户看天空的别样生活滋味。

我回家依然要用负压救护车"护送"，但与来时大不相同，等了半天说还没有安排，我告诉他们我可以自己安排车子，但按要求司机必须穿防护服，全副武装，然后还要把车子开回防疫站，进行专业消毒。2020 年 11 月 21 日，我开始居家隔离，社区工作人员告诉我会派人到居住地封门，我说："你们怎么对人没有基本信任？"她说将安装的是电子门禁，即门可以开启，但实时计次计时。我顿时为无孔不入的现代技术而感叹。我们虽然可以出门，但为了别人的安全，还是老老实实地在家待满一周。最后一天，我的司机又全副武装地送我去防疫站做核酸检测，结果自然还是阴性。疫情期间虽见惯了社会上的隔离，但这 14 天的亲身经历确实让我感受到了更真实的疫情，也产生了很多不一样的对未来社会和生活的思考。

在家隔离时，我作为会议主席，本应主持和参加中国管理现代化研究会组织与战略专业委员会在中国人民大学召开的学术年会，但只好给朋友们致歉无法到场，只能线上主持。我和副主任委员、清华大学罗家德教授商议，确定会议主题为日益凸显的生态管理问题，大家热烈讨论了生态管理的演化特性、网络结构对行为的影响、耦合与解耦的平衡、演化的推动力、网络的稳定性与鲁棒性，等等。这些学术研讨不仅加深了我对疫情和后疫情时代管理特性的认识和思考，也呼应了西浦发展中的一些有趣故事，特别是西浦教育探索的演化与干预。

四、学校治理和管理的再次升级

这些年在管理理论研究上我之所以日益关注管理的生态化，或者具体地说是更关注演化机制的不断强化和组织日益网络化，主要是基于网络和数字技术的驱动、对大量社会和企业管理现象的观察，特别是西浦发展的实践感悟。西浦发展就是一个典型的演化升级和迭代过程，刚开始大家有契机和意愿，于是西浦诞生了；但如何发展，一开始谁也说不清；经过初步探索，在我接任执行校长后，有了清晰愿景和使命，尝试网络化和生态化发展，但其发展规模、多元模式也是逐步拓展和演化的，走的是内因驱动与外因适宜的演进路线。

管理何为：一个"理想主义"践行者的人生告白

办学规模的延展

西浦在拿到正式开办执照时，教育部核定的总规模是 8 000 名学生，当时我们规划和建设的也只有政府垫资代建的北校区。但在我提出且经董事会批准的愿景和战略里，影响中国甚至世界教育成为我们的使命。为践行这一使命，西浦的建设与发展发生了一系列的重要演化。

比如，预留的南校区要不要建设？此时，政府已不再支持垫资代建，如要建设，西浦必须自主投资，这在中国已有的中外合作办学机构中尚无先例。坦率地讲，如果到此停止，缩在北校区，办一个小而精的学校，从我们管理者的角度来说可以活得很舒服。但我坚决主张建设，首先是因为若要影响世界，必须是一个在世界上被认可的、有着合理规模的大学，即 1.5 万名到 2.5 万名学生，否则别人会说："如果我们像你那么小，也可以搞好。"其次，对于没有政府财政支持的学校，只靠短期特殊政策或项目支持，是很难长期生存的。作为领导者，我必须考虑在失去政府不算稳定的支持以后西浦的持续健康发展问题，从财务上看，只有具备足够规模方可维持学校的可持续发展。最后，经过充分财务运作，我们可以实现自主建设。我的极力主张和严密分析最后得到了董事会的支持，教育部也批准了西浦扩容到 18 000 名学生。2017 年后，为了进一步适应数字化和智能化的未来，我们提出探索融合式教育模式，经过艰难的沟通和各方协调终于获准，并在太仓建起了西浦创业家学院。除探索新的教育模式外，我们还想为未来大学新概念和校园新模式提供样板或方案，于是第二次向教育部提出扩容（25 000 名学生）申请，并获得支持。但近两年来，大学与社会互动的加强，特别是西浦 3.0 的布局，使得我们认识到必须再次突破现有规模。经过充分论证，得到董事会批准后，我们于 2021 年向教育部再次申请扩容，并计划本科生、硕士研究生和博士研究生的招生计划从 2022 学年起相应逐步增加，办学规模预计在 2030 年至 2035 年达到 35 000 名在籍学生（本科生 26 250 名，占 75%；硕士研究生 7 000 名，占 20%；博士研究生 1 750 名，占 5%）。由此可见，西浦规模扩展完全是一种使命驱动下不断探索和发展的演化过程。

西浦学术副校长选择机制的改变

前面提到，为了确保学术副校长对利物浦大学的忠诚和熟悉，利物浦大学一直采取内部选拔和推荐制度。从西浦长期可持续发展角度讲，这不太利于学校运行的稳定性。所以在多年以前，我一直和珍妮特与帕特里克探讨调整学术副校长的选拔机制问题。2018年，利物浦大学同意进行探索。为了加强两校工作衔接，在利物浦大学专门设置一个"Dean of XJTLU"（西浦院长）的职位，负责日常沟通和协作。在人事调整时，如果这个院长有机会担任学术副校长，那将大大有利于西浦发展和两校合作。随后，杰弗里·布莱克福德（Jeffery Blackford）教授受聘为首任院长。因戴维任期于2021年9月结束，我希望候选副校长与现任副校长有一年的衔接期，所以2020年9月前我们必须选出下一届副校长。所以在2019年7月董事会时，我专门把学术副校长选拔一事提到会上，得到了认同和关注。在2020年年初的董事会上，我又敦促尽快开始选拔工作。但遗憾的是全球疫情愈演愈烈，利物浦大学认为在这样的情况下全球招聘的时机尚不成熟，但同意在利物浦大学和西浦两校公开选拔，这其实也算一个很大的进步了。

2020年6月，利物浦大学与西浦双方在校园发布了招聘广告，我还有意识地动员了几位有潜力的西浦教授申请，以防没有合适候选人时耽误工作，同时也从心里认为若能由西浦教授担任学术副校长，特别是在西浦快速发展的这个特殊时期，可以充分利用他们熟悉情况和理解中国的优势。7月中旬，由利物浦大学在两个校园组织了过程规范而严谨的面试，包括双方教授与候选人谈话、珍妮特和我与候选人谈话，后来确定4人（西浦3人，利物浦大学1人）进入最后面试环节。面试委员会由11人组成，最后集中在两个候选人身上，利物浦大学的杰弗里和西浦的克里斯·哈里斯（Chris Harris）。因他们的得票很接近，杰弗里5票，克里斯6票，主持人便让我先表态。基于疫情期间候选人顺利能够留在中国，且了解西浦正在推动的多个大项目，我认为克里斯更合适。但利物浦大学的核心领导人珍妮特和加文希望西浦院长杰弗里上任。在僵持了一段时间后，珍妮特问我支持的理由，我讲了三点：一是西浦正处于发展的关键时期，一系列新项目也位于关键时刻，一定需要一个了解西浦、拥有全面领导能力的人平稳过渡；二是希望候选人熟悉中国文化和环境，且能够快速融入；三是在目前疫情隔断交通、全球化受阻情况下，候选人能够尽快来到中国并坚守一线。克里斯有在利物浦大学工作的经历，又已加入西浦一年多，熟悉双边情况，而且现在就在校园。另外他还在多个国际大学工作过，从多方面考虑，他任职可能会更有利于西浦发展。会场沉寂一会，珍妮特又问我："你觉得在确定候选人时最为重要的考虑因素是什么？"我回答："能够形成一种支持力量，释放西浦所有人的积极性和能动性，而不是形成强权控制一切或简单推动日常事务处理。在这一方面克里斯似乎更强，在答辩中他充分强调自己的领导风格是一种partnership behavior（伙伴关系），善于成为facilitator（促进者）和supporter（支持者）。"在这关键时刻，珍妮特又问加文:"你怎么看?"加文虽然表明他倾向杰弗里的立场,但说因为学术副校长要在西浦工作,还是应该尊重西浦特别是我的意见。最后,珍妮特决定向董事会提名克里斯作为下届学术副校长。7月24日下午,董事会正式任命克里斯为西浦候任学术副校长。应该说,这在西浦发展史上具有里程碑意义,因为这是通过公开选拔体系、正式从西浦选中的第一位学术副校长。

按习惯和事先约定,学术副校长须和利物浦大学签订协议,然后再委派到西浦。但此次候任者已在西浦工作,利物浦大学同时改变了像戴维那样更换合同主体的做法,同意无须再与利物浦大学重新签约,而是由西浦直接调整合同。这个变化看起来似乎是件小事,但在西浦学术副校长的任命史上开了先河。戴维后来感叹:"不容易啊,你取得了巨大胜利,恭喜你!"因为在他看来,这是一个"constitutional change"(根本大法意义上的突破)。

再到后来,鉴于候任者需投入精力进入角色,我主张候任副校长在两人并行工作期间应享受副校长待遇。利物浦大学一方则坚持认为不妥,两个人干一个岗位的工作会形成不好的先例,但他们也支持戴维一直抱怨工作任务重的说辞。我个人考虑的是工作量和积极性,特别是以一定成本确保两人在相互学习和工作上的无缝衔接,而利物浦大学考虑更多的是规矩。最后形成折中意见:从2020年新学期开始,候任副校长跟随现任副校长一道工作,从2021年新学期开始享受副校长薪酬。但考虑到候任副校长的薪酬和公平性,另外根据工作需要,我请克里斯筹备未来教育学院,并以筹备院长的身份在2021年3月份之前给他一定补贴。

三方治理结构的探索

西浦依据《中华人民共和国中外合作办学条例》,由西安交大与利物浦大学合作建校,双方各占50%股权,分别推荐4人作为董事,外加作为法人代表的中方校长,构成9人董事会。在教育部审批时,西浦双方股东配合教育部的意向承诺放弃合理回报,后来董事会又通过章程修订,正式确立西浦非营利组织的性质。尽管双方没有经济上的追求,但可通过西浦的成功发展探索教育的转型、提升品牌的国际影响力,进而对未来教育变革产生影响。当然,西浦的健康发展高度依赖于这种治理结构的平衡水平。在前十年,通过我的有效沟通,西浦在治理上顺风顺水。但在双方关键领导更替时,因发展理念、个性特点及各自战略的调整,在对待西浦发展上可能会有所变化,因而会引发西浦治理上的不稳定因素。在西浦第二个十年发展初期,我们就曾经历过一段波动,后经与各方协调、沟通、部署,重新恢复了相对稳定。但要保持长期可持续发展,西浦现行治理结构还需进一步改进，以防任何一方或双方重大人事变动、观念调整对学校持续发展产生冲击。

其实，在西浦刚步入健康发展的轨道时，教育部前副部长章新胜到访西浦，作为当时教育部中外合作办学工作的负责领导，可以说是他见证和助生了西浦。他很赞赏西浦发展，对我说："你在这里我就放心了。"并建议我考虑引入第三方独立董事，以增强对西浦的战略指导。我当时回应道："从长远来看，确实需要，但短期过于庞大和复杂的董事会则可能影响发展布局和决策效率。"在2014年西安交大新党委书记和校长上任后，我在拜访时任西浦董事长的西安交大王树国校长时，他也曾向我建议，大学长期稳定发展必须得到地方政府支持，另外政府作为第三方介入，也可缓解其他任何两方出现的不稳定因素，我同意他的观点。在2016年西浦建校10周年庆典后，他向苏州时任市长曲福田直接建议，苏州市政府或工业园区管委会应入股西浦。随后，工业园区经历数任领导，这项工作虽走走停停，但双方一直未改初衷。直至2021年年初，董事会上我们正式提出政府入股议案，开始了治理结构完善的具体推动工作。

在西浦建校初期，根据与苏州工业园区管委会达成的共识，管委会下属国资公司为西浦代建北校区教学楼。北校区建筑面积210 348平方米，可满足8 000—9 000名学生的教学科研需求，为建校后10年内的发展奠定了坚实的设施基础。按当时的协议，建成后前三年学校免费使用，三年后学校可以用成本价回购，否则须支付租金。但后来因学校发展需要和双方重新议定，学校暂不购买和支付租金，代建教学楼以融资租赁的方式进行财务记账。截止到2020年11月，北校区融资租赁负债为22.48亿元、其中原值13.20亿元、利息9.28亿元，这直接导致西浦整体的资产负债率较高，并间接导致两所母校合并报表中的资产负债率较高。此次议案建议，苏州工业园区以北校区建设成本入股西浦，一方面可以改变西浦资产负债率较高的现状，同时优化两所母校合并报表中的资产负债率，还可以解决国资公司目前面临的操作上的问题。另外，政府入股还可以改进西浦治理结构。根据初始估值，如苏州工业园区入股，其持股比例预计为15%—20%，两所母校的持股比例将相应减少7.5%—10%；苏州工业园区实际持股比例必须经过独立、专业的评估后三方确认。苏州工业园区已承诺保证西浦的学术自主权，当然最后的股东协议需通过三方协商约定。

在推进中我们研究发现，根据《中华人民共和国中外合作办学条例》和《中华人民共和国中外合作办学条例实施办法》，中外合作办学者是中国教育机构和外国教育机构，因此苏州工业园区管委会无法成为西浦的"办学者"。相应地，如果苏州工业园区管委会加入西浦的共建机制，也不会变更西安交大和利物浦大学各占50%的出资比例。参考同类中外合作办学具体实践，可考虑建立一种三方共建机制的方案，即苏州工业园区管委会以垫资代建校园的方式支持西浦发展，其参与方式可体现为委派代表担任西浦董事，参与大学决策，席位数量可参考北校区资产占西浦总资产估值20%这一比例（以第三方独立审计结果为准），即可考虑增补2名苏州工业园区管委会委派的董事，西浦董事会董事人数相应变更为11位，其中：西安交大委派4位，利物浦大学委派4位，苏州工业园区管委会委派2位，还有1位是经公开选拔、董事会任命的西浦校长。

治理机制涉及主要合作方，2021年7月初，工业园区管委会新任主任林小明一行到访西浦，最后确认支持三方治理的推进，基本思路是西浦从工业园区资产公司购买北校区土地和资产，然后工业园区以等价资金返回学校支持西浦发展，并委派两名董事进入西浦董事会，由西浦和工业园区资产公司准备执行方案。万事俱备，就待西浦7月26日第35次董事会对该方案进行批准。很遗憾，西安交大方面认为方案不够具体，建议细化后报下一次董事会批准，并提出了北校区政府所有、学校无偿使用的新思路。

因治理结构本身很重要，各方审慎对待本在情理之中，但董事会没有顺利批准议案是西浦有史以来第一次。过去，会前经过我沟通，任何提案只要上会，一般会很顺利地通过。这次的审批受挫让我意识到，随着西浦事业拓展，其治理也日益复杂。此次会上，利物浦大学方提出，考虑到三方治理的复杂性，为了便于其董事会批准一些事宜，请求其董事会秘书作为观察员列席未来的西浦董事会。这倒不是什么大事，但问题是各方背后的协调本应是董事们的责任。另外，因政策限制，西安交大现任董事并非其主要领导，他们身为董事，但并未有决策权，每次董事会前要向主要领导或常委会汇报议案，得到决策后再传达到董事会，而决策者并不一定了解有关议题背景和动议，所以致使一些关键决策变向或迟滞。针对这些新现象，我不能停留在与各方领导的宏观交流和董事们的认真沟通上，而要强化与利物浦大学方的董事会预备会制度，并力争参加西安交大董事会前给领导或常委会汇报的环节。路还很长，这些治理的新问题挑战着我的智慧和耐力。

五、大学运营和管理中的再感悟

西浦发展过程虽谈不上波澜壮阔，但确实有不少精彩的故事，和许多值得反思的管理案例，我已就西浦前13年发展中的管理故事作了详细介绍和反思（席酉民，2020），这里摘几个最新片段，一斑窥豹。

第七章 开疆拓土 步步深入

西浦"川普"

关键领导的更迭总会掀起一点波澜。在学术副校长选拔和交接期间，尽管我有充分的心理准备，但还是上演了一些出乎预料的甚至有几分惊心动魄的花絮。

作为学术副校长，戴维在西浦做了大量的工作，但因其个性和工作方式，也导致了数次人事麻烦，引发了不少积怨。例如，早期他与西浦国际商学院院长陈靖涵教授的严重矛盾迫使后者离职，与数学系主任陈歌迈教授出现激烈冲突并强迫后者离职，与人力资源办公室主任不合并导致后者离职，还有与生物系主任和 ILEAD 院长的冲突等，而且在 2020 年的职称评审中也引起较多不满。长期积怨总会寻机爆发，在我们开始招聘学术副校长和疫情暴发后的第二个学期开学之际，有人散发匿名邮件要求解除他的职务。该邮件说我们大学目前处在非常危险的境地，呼吁解除戴维的学术副校长职务，并列举了如下理由：① 残酷对待员工，② 黑箱提拔，③ 不公平招聘，④ 违反《中华人民共和国教育法》，⑤ 一手遮天。其中列举了不少事例，自然有捕风捉影或张冠李戴的嫌疑，但有些方面确实也能和戴维的特点挂上点儿钩。最有意思的是，也许发信者知道戴维对 ILEAD 院长张晓军教授有看法，或者猜测张院长对戴维有怨言，所以邮件的落款用了张晓军的名字。

在西浦，从规则上我们不会正式受理匿名申诉或处理匿名邮件，但我个人会对匿名邮件或信函所谈论的事情的真伪做出判断，给予关注或引以为戒。在该邮件之前，我也收到过一些教授关于某些晋升决定的指责，如理学院院长没有学术成就但被升为高级副教授，而有些长期默默奉献的老师没有得到相应的晋升。我还收到生物科学系一位副教授的申诉，觉得评审不公，想找第三方独立评审和重新评定。其实，判定一个人的学术水平，不能简单地"数论文"。我在处理申诉的时候会坚守两条原则：一是评审程序是否有误，即保证过程的公平性；二是有无证据证明你的业绩未得到恰当关注（如管理人员没充分提供资料给评审人），没有则驳回申诉。因为评审过程很难回避主观性，评审者恰恰是通过透明的程序和公正的规则在利用主观评判进行决策。另外，在用人上也有不少员工指责学术副校长，说他偏爱那些"经常与他一起喝咖啡的人"（"Coffee Buddy"），甚至有人开玩笑说他有一个"Girl Club"，其决策常会受其影响或偏爱小圈子里的成员。在拜登和川普为权力交接闹得全世界不安时，有同事开玩笑说我们也有类似故事，并根据其管理与决策的特点，把他戏称为西浦的"川普"。

然而，作为管理教授的我，一般不轻易就一个人的个性特点和管理行为简单地给其贴上标签,也并不认为那些大家不喜欢的行为一定是"管理的恶"。依据我的人生哲学和领导观,管理的实践需要智慧和艺术,没有定式,很难说哪种好、哪种不好,一定要视管理情境、组织发展阶段、相关人员特点、文化背景等来判断。具体到戴维,他做了大量对西浦发展非常有益的工作,但其行为或管理实践上确实有一些做法不太明智,具体体现在以下四个方面。

一是对自己极端个性和丰富经验的任性使用。

坦率地讲,戴维是一位非常有造诣的学者,有丰富的国际阅历和大学管理经验,又足够勤奋,每天只睡几个小时,剩下的全是工作和研究,这和许多西方管理者非工作时间不处理事务或休假时彻底消失的行为特点形成明显对照。可能也正是他丰富的阅历、经验和学识,会使他看待事情和人时更加自信。我经常讲自信向前一小步可能就是自负,就会有一种居高临下看待一切和处理一切的嫌疑,也会因此关闭了双向沟通的渠道,让很多人觉得无法与之沟通——在你还没说或没有说完时,他可能已经根据他所判断的你将要说的话做出了回答。其实,他的猜想有时候是错误的,并非你想要说的。更严重的是,他会依据自己的好恶和判断形成很固执的看法,这样就使一些因某种特殊原因给他留下不良印象的人失去以后的机会,而对那些与之比较合拍的人或其内心完全接受的人,则可能会得到不相称的重视或重用。最大的不利影响还在于,这种风格会按照自己的判断强调自上而下的设计和管控,这有违于当代管理需要营造平台和生态的基本原理,也与西浦网络化组织与和谐管理不符,难以让每一个人充分释放其创造性和潜能。我们试图让创新从每个角落里冒出来,而他的行为会将组织文化引向一种媚上和专断的控制。在共事的过程中,我一直在设法利用其阅历、经验、学识和勤奋的同时,努力减少其给组织文化方面带来的负面影响。

二是其经常性的"低熔点"的情绪爆发。

戴维如果内心对某人有看法,会很容易因一件小事而爆发情绪。比如,因其不认可商学院陈靖涵院长的领导才能,所以怎么看其行为都不顺眼,多次和我谈起换院长的想法。虽然我们在聘任陈院长时已觉察其领导力可能需要提升,但她是一名海外学者,并且对中国十分熟悉,还是女性领导,有可能帮西浦国际商学院融入中国市场,所以我决定给其一定时间,帮她引领学院发展。但不知何故(各有自己的说辞),戴维和她在商学院大厅产生了激烈的冲突,因在公开场合,造成了很负面的影响。而且陈院长当时用手机录了音。学术副校长建议我立即辞退院长,院长申诉学术副校长霸凌,并诉至利物浦大学,甚至要诉诸法律。根据录音,这应该是职场上很严重的冲突,甚至可以定义为霸凌,若要辞退双方,对工作肯定有严重影响。利物浦大学考虑到如同意辞退大学副校长,也需要重新找寻接替者,所以也比较慎重,因此交由我直接面对和拿出方案。我采取了先缓和矛盾,然后设法消除冲突,再视情况找出彻底解决问题的办法。在一段时间你来我往的磋商和调节后,陈院长找到了澳门大学工商管理学院院长一职,也无心恋战。对于学校来讲,这也是一个解决问题的途径,于是这场令多方尴尬的冲突暂告平息。

但时隔不久,另一场冲突爆发。一天,我在办公室听到有吵闹声由室内移向了楼道。后来,戴维冲进我的办公室,怒气冲天,捶着桌子,吼叫着:"要么他立即辞职,要么我马上离开!"我让他先冷静下来,说明情况后才知道他与数学系主任陈歌迈教授在办公室发生了激烈的冲突,就差动手了。他给我诉说了过程和缘由,说:"陈教授说我独裁!"第二天,陈教授给我还原了整个过程,包括形象地描述了双方的肢体语言。当然,双方各执一词,但坦率地讲,以我对戴维的了解,我更相信后者的描述。如果立即解除陈教授系主任的职务,学校肯定会舆论哗然;如果陈教授不离开系主任岗位,戴维不会答应,而我又无权单方面决定其去留,因为其任命在于利物浦大学的推荐和董事会的批准。而就当下西浦发展来看,他虽然屡屡制造麻烦,但其经验和非常努力的工作对学校整体发展还是有积极推动作用的。所以,如果能够缓解或消除冲突,站在学校角度还是有益的。所以我决定通过恰当沟通,缓解矛盾。于是我请来了斯图亚特·佩林(Stuart Perrin)教授,他与戴维关系不错,又是西方人,文化上和个性上知道如何更有效地疏通矛盾。在进一步了解了情况和商谈可能后果的情况下,他说他可以和戴维非正式地交流一下看法,以缓和情绪。但没想到事情又爆发了,第二天一早,戴维冲进我的办公室,面部似乎都被情绪所扭曲,愤怒地捶着桌子,第一次在我面前口出脏话,要立即回澳大利亚。然后又大吼,他在人事部门找不到人,没人帮他办理离校手续。对此,我可以简单地就坡下驴,立即同意他离职,这虽然会带来短期的动荡,但也许是一个改变的机会。但从学校发展上和我自己的管理理念上,我认为应把大局置于个人情绪之上。于是,我只是平静地看着他,等他怒火稍息。原来他发怒是因为他觉得我应该直接和他谈,"而不是请你的马仔佩林与我沟通"!我终于意识到他愤怒的原因,也许他们俩平时与我的沟通以及合作,特别是佩林乐意出面协商给了我一个错误的印象,这种迂回的策略并非一个恰当的选择。在我解释了这样做的背景和我的考虑后,他似乎有所理解。我请他先回去,并相约改日再谈。

第二天,他再来我办公室时已平静很多,我开玩笑地和他说:"你居然用脏话对我吼!"这时他一笑,说:"真的吗?不会吧!"为了不影响工作,我决定把要成立理学院的构想提前,成立理学院筹备小组,因数学系是理学院的一部分,数学系日常工作先由筹备组统一协调,这样也无须明确陈教授系主任一职的任免,戴维也能接受暂时恢复平静工作。有朋友曾猜疑地跟我说,也许他青少年时代受过创伤,才会在某种氛围下爆发情绪。这些事件虽然暂时平复,但潜在的因管理者个人情绪和性格导致的不稳定性的病根还在那里,需要设法消除。

三是其经常在不稳定情绪下作出非理性决策。

疫情的暴发,迫使学校全面开启网上教学模式。一开始,我主张立即动手,戴维对此充满怀疑,但后来他也骄傲地认为我们把不可能变成了可能。

全面启动网上教育,首当其冲的是网络等基础设施和技术需迅速扩容和加强,学生和老师的培训及支持也需要改进和升级。在这之前,为了强化对教育的支持,我们重组了 ILEAD,把原来位于学术中心的 EDU 和 Edu-Tech 整合进了 ILEAD,以使 ILEAD 充分发挥教育研究、支持和传播功能。但因戴维始终看低张晓军院长的领导力,一直对其管理有一些微词,特别是在被整合过去的团队中有个别人不断给戴维通报一些信息,令二者的沟通与合作雪上加霜,一度使年轻的张院长无法与他进行正常的汇报和沟通。

一日,有人从别的渠道转发邮件给我,说戴维要把 EDU 和 Edu-Tech 转回学术中心,问我是否知晓。我感到很惊讶,在日常工作中,任何涉及该我知道的学校变化,他都会事先与我沟通,甚至那些没必要向我汇报的事情他也会听取我的意见,但这样的组织调整在没与我沟通前做出变化甚为罕见,但我从邮件中确实看到他们已进行了相关操作,我估计这又是在某种情绪或事件刺激下的一种异常反应。于是,我以非正式的方式让他知道我关注此事,紧接着我得到了他的解释和歉意。我在管理上有围绕目标的坚定性和实现手段上的较大的柔性,尽管他对此事的处理方式已超越了我的管理底线,但为了不使整个团队认为高管层在此事上"翻烧饼"而收到不利信号,我没有坚持让他们改变行动。而是决定利用西浦学习超市建设之机,立即成立学习超市行动小组,将这两个办公室纳入学习超市行动组,并明确一年之内行动小组协同各方力量建设学习超市和支持学校运转,而不做组织上的任何归属安排,一年以后再重新确定学习超市及相关部门的组织归属。就这样,我以学校整体发展布局暂缓了那个有点随意的组织调整决策,化解了尴尬,同时促进了新的行动。因为正处在新旧交替之际,我不希望原有领导为后继者锁定一切,而且还叫停了他们计划的学术中心重组,给新学术副校长留有余地,并计划在探索一年后,等新班子到位时再次重组 ILEAD,将学习超市融入,成立西浦未来教育学院。这样,届时会形成一个更强大的教育研究、支持与传播的平台。

四是他的专断与任人唯亲。

管理者个性和能力强大本是好事,但不恰当使用有时候会阻碍组织发展。如过分专断,会扼杀员工的能动性和创造性,甚至影响大家的归属感,对于依赖创新的知识组织危害更大,更不适应网络社会互动创新合作的趋势。如果不仅专断,还有意识或无意识地任人唯亲,如前面提到的"Coffee Buddy"和"Girl Club",则会雪上加霜,瓦解领导的亲和力和组织的创新动力。

戴维在以上两方面都有些瓜田李下。我也迫切地想利用学术副校长的更替,解决这一问题,升级西浦管理,进而加速西浦布局,帮西浦进入一个新的发展阶段。

正在我觉得西浦新一届学术副校长可以顺利交接时,无风起浪。在2020年疫情导致的不确定和挑战此起彼伏的时候,11月初,戴维又与继任学术副校长克里斯爆发了激烈的冲突,戴维再次直接冲到我的办公室,喊叫着要立即走人,又说找不到人事的人,让他无法办理离校手续。经了解,其冲突主要源于克里斯什么时间正式行使学术副校长职权,以及由谁来主导语言学院院长的选择问题。他认为克里斯对他使用了不当语言,并在后来的邮件中数落了其大量不是和问题。就我对克里斯的了解,我觉得不会,但发生在各自办公室里的事,无法获得真相。不过有一点,此次事件对西浦发展的风险在降低,虽然领导吵架在教师中会造成负面影响,但无论戴维何时离任,工作的延续性不会受到影响。

其实,我原来计划两个学术副校长并行一年,第一学期以戴维为主,第二学期以克里斯为主。后因利物浦大学担心没人具体负责,坚持从第二学期Chris开始"影子计划",戴维依然是主要负责人。对此我们已经形成共识,并安排第一学期克里斯跟随观察,作为未来教育学院筹备院长开始工作。但他们之间突然爆发了激烈的冲突,戴维坚决地对我说他决定年底提前退休,在离开前不与克里斯有任何交集,还讲了克里斯一大堆问题。因双方都是副校长人选,戴维又是利物浦大学提名,于是我及时向英方通报情况,并表示会妥善处理,他们两位也都在与利物浦大学沟通。在经过一定的疏通后,我建议他们俩冷静下来,相互道歉。我在和珍妮特校长几番交流后,迅速提出以下方案:戴维2021年农历春节后退休,因其学术造诣学校聘他为人文学院Ameritus教授;克里斯3月1日正式上任;在离任前戴维继续负责面试和选择语言学院院长,但须听取克里斯和院里老师的意见;在戴维进行计划的学院访问时,克里斯作为观察员身份参加。双方终于冷静下来,重新开始工作。校园一些角落的躁动也逐步冷却下来,我在努力把两个副校长的争执带来的负面影响降到最低。

管理何为：一个"理想主义"践行者的人生告白

以和谐管理理论应对复杂和不确定性挑战

我到西浦后，针对大学知识组织的特点以及现代 UACC 的环境，就计划以和谐管理理论为西浦发展的哲学和方法论，开展教育与管理两场实验。为此，利用福特基金会 40 万美金的支持，在不花学校资源（我本意上不想花学生学费来做这件事情）的情况下创立了西浦领导力与教育前沿研究院（ILEAD）（E1）（E 代表事件，后边数字为事件编号），以支持西浦影响中国甚或世界教育使命的实现。在 ILEAD 迅速发展的情况下，为进一步加强其作用和扩大其影响，我决定进一步整合全校资源，加强该平台的力量，所以于 2019 年把位于学术中心的 EDU 和 Edu-Tech 两个办公室并入 ILEAD（E2），并且我自己放弃 ILEAD 负责人的身份，只作为其首席教授，由原来的执行院长张晓军博士直接任院长（E3），一是让其放开手脚大干一番，二是进一步锻炼、提升其领导力。从理论上讲，这种整合在组织层面上是有利于学校使命实现的安排，但在人员特点和关系上会产生新问题。比如有人与学术副副校长有紧密的私人沟通关系（强链接），又不太满意 ILEAD 现任领导，于是产生了工作协调上的一系列问题，最后导致学术副校长对 ILEAD 领导有非常负面的看法，甚至形成张博士与学术副校长沟通上的为难心理，无法顺畅地讨论问题。而我又对 ILEAD 有很高期待，也信任张博士的领导力，认为其间一定有很多误解和不恰当沟通，于是有意识地采取一些措施保护张博士，并建议其加强与学术副校长和其他人的沟通以消除误解或不公正对待，还设置了一些机制让其工作可以继续开展，例如建议其在给学术副校长提出自己想法和工作设想时，在邮件中以首席教授身份抄送我，这样我有机会在学术副校长未发声前先表明态度（桥的作用）（E4），以避免一些不合理的质疑甚或责难。问题虽然没有彻底解决，但工作可以继续运行。然而当疫情袭来，全校开始准备网上授课之时，尽管一开始学术副校长连续喊叫根本不可能，但除此外没有别的选择。我让 ILEAD 在 2 月份先行用国际数字公民行为课程结合疫情危机进行网课尝试（E5），近十几位老师和 2 000 名学生参与，取得了意想不到的好结果，后来技术团队也急速升级了系统和软件，准备将近 500 门课程全部移至网上。在这一过程中，我突然得知 VPAA 要把 EDU 和 Edu-Tech 两个部门移回学术中心（E5），且尚未和我说过，这是一个不正常也很不合适的决策，因为至少程序上这是要通过我和高管团队才能做出的决定。为了避免冲突，恰逢我们计划扩大和升级太仓（TC）校园原来设计的学习超市，也招聘了主任 Bill，于是我提议成立学习超市工作小组，将这两个部门纳入其中（E6），这样既避免了一个错误决策成为现实,又加速和强化了学习超市的筹建。然而,在学习超市工作小组刚运作不久,Bill 发现很难开展工作,除了其从公司进入学校对于大学文化和工作行为需要熟悉外,就是他与 Edu-Tech 等部门的合作关系,进而导致学术副校长对其很有意见,认为他根本没有领导力(E7)。我对学术副校长说,你总要给人家一段时间来适应和研究,特别是像学习超市这样从来没有人干过的工作。后来在试用期结束时,他勉强同意让比尔留任,但心里认为比尔充其量可以做一些技术或管理工作,对其未来作为学习超市的领导根本不认同。遗憾的是,不知什么原因,有一天他突然建议我让比尔立即退出学习超市领导岗位(E8)。此时,要么我和他形成正面冲突,要么采用新的解决方案回避这些因观念、认知和人际关系导致的冲突。于是,我又采取了新的策略,将原计划等他退休后建设的未来教育学院提前筹建,将 ILEAD、EDU、Edu-Tech、LM 以及教育系集成,构建更强大的西浦教育研究和传播平台——未来教育学院(AoFE),并建议由候任副校长克里斯作为筹备院长(Preparatory Dean),把学习超市主任如何安排交由筹备院长处理(解耦)(E9),这样既利用该角色的津贴解决了利物浦大学不同意在双副校长并行期间给克里斯津贴的问题,也消除了面临的无法回避的矛盾,还创造机会短期缓解几方的认识与合作问题,更可用筹备期各种主体互动赢得创新性设计,同时也是锻炼和检验候任学术副校长能力的好机会。可以说一石几鸟!从管理理论上讲,这就是利用一个互动演化过程探索创新性合作秩序!

随着 AoFE 筹备进程,为了进一步捋顺合作关系和强化 AoFE 未来发展的功能,也考虑到 Edu-Tech 与管理信息技术与系统办公室(MITS)的合作和重叠问题,以及潜在的一些人际冲突,决定把 Edu-Tech 并入 MITS 的教育技术组(E10)。至此,通过一系列组织、人际、管理的操作,使学习超市的建设走上发展的快车道,并于 2020 年 2 月初进行了软发布(Soft Launching),也意味着 AoFE 筹建正式启动。然而,天有不测风云,正在此时,两位学术副校长的爆发式冲突像黑天鹅一样飞来(E11),好在没有对 AoFE 有太大影响。也正是在这个节骨眼上,比尔也正式提出辞呈,决定 3 月初离职。这个突如其来的消息原在预料之中,但依然给我制造了一个需要快速作出应对的麻烦。其实,在布局网课之初,我一直让信息与知识中心(CIK)主任毕新扮演一个重要角色,包括让他融入学习超市的策划筹建过程之中,培养一个潜在的负责人。考虑到这个岗位十分重要,我让他提前与比尔并行,并果断决策不再招聘学习超市主任,而是让毕新兼任(E12),并将其分管的图书馆(他同时兼任图书馆馆长)进行改造,纳入学习超市体系统一部署,例如培训和升级现在的图书管理员为未来学习超市的导学,同时加强 MITS 对平台和基础设施的建设,与 ILEAD 和其他学院合作进行内容建设,与外部伙伴和政府合作、解决学习超市运营的合法性和建设更强大资源网络，增强学习超市功能和形成更多场景化应用，在 15 周年校庆时正式向全球开放 LM（E13）。

这段故事很好地注释了和谐管理中耦合和解耦的平衡、桥、构建和演化、关键人与组织、设计与演化等网络和生态组织的概念在现实中的鲜活性。借助图 7-8 的设计与演化架构，以及和谐管理的围绕和谐主题和则与谐则互动耦合的框架，我们可以用图 7-9 描绘西浦上述这个复杂的发展片段，以故事生动地说明围绕发展目标和主题的演化与干预的互动过程。

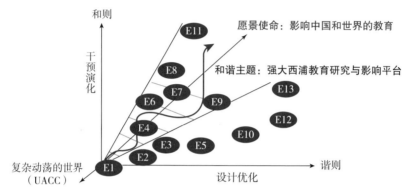

图 7-9 以西浦教育传播平台发展片段看和谐管理理论的指导作用

西浦学院管理的升级

为了探索如何释放知识工作者和知识型组织效率，以回应德鲁克先生指出的这一（21）世纪挑战，我在西浦坚持扁平化和网络化组织的建设，一直不愿用学院制，而是强调学系和加强学系合作的学科群（Cluster）体系。但接受传统观念熏陶的学者总认为出去交流时人家不明白 Cluster 的含义，所以一直想重启学院制度。我也觉得经过十多年发展，西浦可以重新梳理学科体系和组织方式，刚好借用 2017 年学术副校长非正常更迭风波中由帕特里克建议、戴维负责的西浦运行发展的调研（Operation Development Review），认真梳理西浦的学术结构。

在此过程中，大家对学科群的问题与传统学院的好处进行了不少讨论，但从组织机理上，我觉得学科群并无致命硬伤，而且可以防止组织壁垒，只是不便沟通，因此也需要完善。从心理上，我的性格自然会支持我继续使用学科群概念，并且改组了工业设计、土木工程、建筑和城市规划学科群，以它们为试点探索如何完善升级。但似乎绝大多数人包括戴维更喜欢学院制度，并提出了学院体系的重构方案。随着学校规模扩大、新探索任务增多，我们确实需要更多学术领导加入探索行列，我并未坚决反对，但依然坚持两级管理，即将学科任务分布到系和院身上，系主任和院长担负不同责任，例如院主要承担共享、协作部分的任务，学系则主要体现在执行层面，双方都直接面对学校，为此专门用具体的文件来定义各自的行动空间。在取得共识后，我们于2020年将学科群体系调整为学院体系。

新体系投入运行后，一方面要清晰界定各自的责权利，但更大的挑战是大家都要学习、理解和适应新体系下的工作方式。如何在系、院、学校形式上的三级组织实现两级管理？怎样保证网络组织运行的有效性和灵活性？我专门请先进技术学院进行探索，包括分享、协作机制，相关软件平台的开发，学生和老师行为的改变等，并请ILEAD张晓军院长主动与之合作，从理论和实践上总结这种体系的治理、组织、运行经验，以利于推广。并专门组织院长管理论坛进行研讨，邀请相关人员在全校领导力论坛上现身说法。

随着西浦3.0的推进，西浦的网络化体系更为复杂，如前文所述，我们有形式上比较传统但运行机制升级过的系、院（School）体系，有太仓的行业学院（Industry School）体系，还有从大学延伸向社会的产业学院（Academy）体系，以及走进社会形成的校社融合生态的创教院（College）体系。所以，西浦复杂的学院体系管理的探索还在路上，并引发了多校园管理的新挑战。

西浦多校园管理的探索

大学多校园管理并非新话题，如美国的加利福尼亚大学（University of California，UC，简称加州大学），由10所公立大学组成，是世界上最具影响力的公立大学系统之一，也是最大的大学联邦体，这些分校彼此独立又紧密联系。在中国，特别是改革开放后，许多大学掀起了新校园建设高潮，因而大学多校园管理问题凸显，运行成本增加，教学和研究秩序和质量受到影响，大学管理者不得不为此寻找理论和实践答案。

实际上，西浦母校之一西安交大在20世纪50年代就曾遇到这样的挑战。当交通大学主体遵照国家决策于1956年从上海迁至西安时，交通大学事实上有西安和上海两个校园，两年后因交通和运行困难分设成西安交通大学与上海交通大学。现在，不少大学在异地建设分校园，虽然现代交通和通信条件与当年不可同日而语，但依然面临不少挑战，国家也在极力控制这种异地建校的行动。

分校园管理在学理上的主要问题是，无论按专业还是按年级安排学生在不同校园学习，都会破坏大学学科门类齐全的学术熏陶环境；在管理上自然会导致资源的重复建设和攀高的运行成本，还会形成无教授校园（上完课老师都回到主校区）。有研究表明，某个著名大学建设分校园后，教授有效工作（教学与科研）

时间每周减少一到两天。所以，作为教育探索者的西浦，自身也在建设多校园，必须对这一问题有合理的解决方案。

通过观察和研究不难发现，很多学校在新校园发展上常犯的错误是从建设伊始就缺乏清醒的办学模式规划，如为什么建新校园？新校园运行的"商业模式"是什么？如何保证高质量可持续发展？等等。建设动因无外乎：① 校园空间不够，需要扩展，但对扩大后怎么有效运转考虑不周；② 跟风建校园，似乎不搞就落后了，这自然缺乏对后续有效运行的筹划；③ 地方政府投入的诱惑，现在不少政府因人才需求甚或政绩追求，热衷于建校园、引大学，但没有长期投入支持一所高水平大学的充分准备，有时候也无须准备，因为校园可能还没有建成，领导就已高升他地。而大学面对大片无须投资的土地和美丽校舍的诱饵，纷纷上钩，忽视了教育规律和后续潜在高运行成本的压力。反思这些建设成因，不难理解多校园管理的问题和困难。

为了探索教育，西浦在基础教育领域已有两个以附属学校方式运转的校园，还会有多地的合作伙伴和教育基地；在高等教育领域，西浦有苏州工业园区专业精英教育校园和太仓行业精英教育校园，而且随着西浦 3.0 的发展，会在大湾区、扬州等更多地域开展创教院创新生态示范和基地建设；西浦还会支持一些新职业教育学院或大学的发展。为了保证多校园有效运转，西浦首先明确了每个校园在实现学校愿景和使命中的价值，即有非常清晰的建设定位。其次，有清醒的长期可持续发展的"商业模式"，如类似于加州大学，西浦校园基本上会以四种方式相对独立运转和存在：① 自主独立运行。如苏州工业园区校园和太仓校园，自身具有通过严谨分析和论证过的发展模式和财务谋划。② 附属。如两个附属学校，西浦在学术上有指导委员会，业务上有帮助，财务上有出资，但由职业团队独立运行。③ 支持。对于未来合作的新职业教育实验，西浦以教育资源投入，支持和指导独立专业团队运营。④ 西浦理念加市场机制。对于异地示范区或实验基地，西浦以自身资源和发展谋划赢得政府支持，构建平台，市场化运作，吸引各类资源和企业加盟，形成创新生态，在各方收获生态红利的同时，践行西浦使命和促进经济社会发展。再次，西浦开发了一整套国际化的大学运行和教育支持体系，为多校园管理、协同和资源共享提供了技术基础。最后，西浦对未来教育理念的探索，特别是教育创新生态的营造，以及网络化环境下初步成功的办学实践，为网络化和分布式教育提供了理论支持、技术平台、管理经验、人才准备。我们很清醒，不是所有学校都需要或适合多校园办学，但对真需要和有能力的学校，我们可以从理论和实践上为其背书。

六、我对教育和社会管理的焦虑

即将搁笔之际，中国有两件事情在网上大火，一是国家开启"双减"（减轻义务教育阶段学生作业负担、减轻校外培训负担），校外培训机构纷纷转型，引起剧烈的连锁反应和铺天盖地的热议，为什么如此大动干戈？是否管用？另一件事是一波三折的东京奥运会开幕，杨倩为中国夺得首金，在大家欢呼余音未尽时，却因其在微博上"晒"过耐克鞋遭到网暴。网络评论为什么会如此极端？舆论燃点为什么会如此之低？两大事件恰好发生在我终生奋斗的教育和管理战线上，触发了我深深的思考和隐隐的忧虑。

教育隐忧

教育之于一个人、家庭、集体、国家甚或世界的重要性无须多言，因此在多种相关利益群体行为被扭曲的环境下，大家几乎都陷入焦虑，似乎以个人努力和突破无法走出僵局。为了破局，国家这几年教育上的大动作迭出，国家考试指导委员会委员、北京师范大学顾明远教授评论新高考改革时曾说："目前，全国上下从幼升小到高考正在深入进行的一系列重大历史性教改，都是中央顶层设计的结果。"大家也被各种口号和概念包围，如"回归初心""减负""重视兴趣、特长培养""淘汰应试教育""改变一考定终身""重塑素质教育和职业生涯教育""把高考指挥棒指向素质教育""以本为本""四个回归"等，紧接着各种各样的落实措施接连不断，如"降低中高考难度""校额到校""取消一二三本分层""体育进中高考""双一流大学""拔尖人才计划""一流学科""金课"以及各种"新×建设"等。在这样的背景下，为了义务教育阶段"双减"政策落地，2021年6月，教育部成立校外教育培训监管司，7月，中共中央办公厅、国务院办公厅印发了《关于进一步减轻义务教育阶段学生作业负担和校外培训负担的意见》，明确校外培训机构不得占用国家法定节假日、休息日及寒暑假期组织学科类培训。因这一举措涉及每个孩子和家庭，以及培训机构的切身利益，一时间有关争论满城风雨。

为什么国家要如此大力整顿学科类培训？是因为培训机构不规范吗？是为了避免资本的无序扩张吗？那为什么不叫停电商呢？是防止垄断吗？肯定不是，教育培训机构多如牛毛，竞争十分激烈。那是担心民生领域不受资本控制吗？可为什么不叫停各类辅助的医疗机构？是为家庭减负、鼓励"三孩"的举措吗？整顿会波及哪些领域？等等。尽管很热闹，但这些疑问基本上还是从供需冲突和产业发展角度提出的，**而未从教育本身深究**。

这些校外教育培训机构不断翻新花样，前赴后继，只不过是一种供给和形式问题。真的要规范，一定要釜底抽薪，从需求上解决问题，否则一定会换个"马甲"重新冒出来，或者更加隐秘，直接进入家庭。因这个世界日益 UACC，人们担心孩子的未来，焦虑还在不断积累，对教育的需求也在持续增长。在这样的情况下，教育确实需要很多变革和新的措施，在新技术环境下，丰富课堂，提升质量，舒缓家长焦虑。但若无对教育认知和应试教育的根本改变，各种涉及供给层的举措其效果都会打折扣。然而，需求层的调整却依赖于人们对未来社会竞争的认识，对孩子在未来怎样才能拥有幸福和成功的理解，以及什么样的教育才能帮助孩子有可能实现真正的幸福生活和事业成功。也只有这些认知升级到位，才能真正降低对那些扭曲的教育供给的需求。而这种改变又涉及个人价值观、伦理观和世界观，受制于社会思潮、心智模式，换句话说，这些方面的调整尽管会比那些动手术式的"关停"更管用，却是一个漫长和艰难的过程。但要解决教育的根本问题，真正回归初心，我们不能因这种治本过程艰难漫长而轻视它，只专注于各种治标的手段上。

我之所以对深爱的教育事业有所忧虑，是因为知道治本之道是成功不必在我的"百年大计"，但从努力治标到重视治本转移的阻力重重，道路艰难而漫长，前者会受流行思潮、社会习惯和政绩的影响，而后者则常常因远水解不了近渴而不被重视甚或忽视。但有效的解决问题之道一定是以治本为基、治标为辅，二者互动，相辅相成。具体到当下的教育，我认为各级政府在推动教育变革和落实相应措施的同时，**应该有气魄地、有组织地在更广泛的利益相关者间掀起关于未来、人才、幸福、成功、教育的"社会大讨论"，帮社会思潮和人们心智模式转向符合未来趋势和需求的方向**，再辅以持续改进的教育，不断强化和促进，帮教育早日走出应试的泥潭，逐步转向素养教育和兴趣导向，社会教育焦虑才会慢慢消退。哈耶克曾言："只有观念才能战胜观念。"社会大讨论会加速大众观念的演变、升级。何况社会实践中已不乏新观念下冒出的杰出人才及其成就的伟业。

鉴于此和赋予自己的使命担当，我立即行动，募集资金，发起"寻找'新时代中国杰出教育家'"的行动，通过对话增进共识，追随榜样促进变革，让勇敢不再无谓，让坚守不再孤独，让教育不再只是竞争、淘汰和分流的工具，让教育变成个人自我发现、不断成长的阶梯，让教育回归本质！我们于 2021 年 11 月 11 日在西浦正式开启寻找行动，并于每年 11 月 11 日发布寻找结果。找出几位杰出教育家不是目的，目的是通过这一行动，引起社会的深刻讨论，理解教育的真谛。教育，关乎民生幸福，寄托国家希望，每一步真诚艰辛的求索都蕴含我们最深切的期待。是妥协、无奈、抱怨、徘徊，接受教育之种种难堪？还是敢于独特、勇敢坚守，绽放思想之光，点燃实践之火？我们都有选择，我们可以选择，呼唤更多人选择成为新时代中国教育家，以实现我们的理想："**寻找灯塔，为中国教育之大计；簇拥火把，为天下苍生之福祉！**"

通过更多人的参与、观念的转换和榜样力量的接力推动，我们希望这个转型过程不要拖延太久！哈耶克的后半句话是"学者的使命是纠正错误的观念"，自诩为管理学者和践行者的我、我们，重任在肩。

无法回避的人群圈层、贫富差距、社会撕裂的治理难题

2021 年 7 月 24 日，在姗姗来迟的东京奥运会朝霞射击场上，中国选手杨倩凭借冷静稳定的发挥夺得女子 10 米气步枪冠军，收获了此次奥运会首金，举国上下为之欢呼雀跃。然而，因网友翻出其社交媒体账号上"晒"耐克鞋的旧照片，她立即又被贴上"跪族女孩""卖国贼"等刺耳的标签，遭到恶意污蔑，甚至有人叫嚣让这位奥运冠军"滚出中国"，刹那间围观者群情激奋，不仅当事人精神上受到严重伤害，而且令不少公众困惑不已：这社会怎么了？难道就是因为她是奥运冠军、公众人物，她个人非违法违规的爱好就该遭受网络暴力？就可以被无底线地炒作？

无独有偶，杨倩的队友王璐瑶因在比赛中发挥不佳，原本实力更佳却错失了金牌。赛后，她在微博上发了一张自拍照，并配文："各位抱歉，很遗憾，我承认我怂了，三年后再见吧！"这段道出博主失落和遗憾的平常话语，立即遭到网络暴力的攻击，被指缺乏进取心，质疑"想红"，等等。

在数字和互联时代，现代技术给人类带来了方便，但也因似是而非的知识、真真假假的信息、隐私和私人信息的恶意窃取、各种信息或产品的智能推送、没有底线的恶意攻击、非理性地"仇权""仇富""仇名（人）"、不讲道理的非议等，给正常社会活动造成严重困扰，甚至通过"网闹"压制理性声音，影响公正判决，"绑架"合理决策。例如，在世纪之交，中国通过市场机制以非国家财政性经费举办了数百所独立院校，为了配合教育改革和应用型人才培养，一些省份决定将独立院校与高职院校合并转设。这一符合未来发展需要的动议，因为影响到一些当事人的利益，以及公众在认知上的误读，结果导致线上线下互动地"闹"。为了平息喧嚣的舆论，江苏、浙江等省份快速"投降"，发文件暂停转设工作。网络的便捷性还更容易"拉帮结派"或形成"圈层"，成为"键盘侠"或

"闲士"的阵地，有时候传播不再是揭示真相，而是博得眼球，会给一些剑走偏锋的边缘创新者（edge innovator）、逆俗变革者、传统颠覆者造成困扰或无形压力，使本来需要突破的社会创新受阻，使日益分化和阶层化的社会更加复杂，再加上更发达的人工智能会加剧未来的贫富差距，社会撕裂将更加严重。

未来社会，我们在享受数字、互联、智能技术带来的各种便利和价值的同时，如何回避其潜在的问题，如无脑的网暴、网络恐怖、隐私侵犯、无休止的智能骚扰甚或欺诈，以及因此引致的上述许多社会问题？对此，人类将面临太多需要深入研究的问题，例如：怎样通过教育提高网络公民素质？如何通过社会文明消减贫富差距？如何通过更有效的沟通增强人群圈层的共识、阶层间的相互理解、社会撕裂的有效弥合？如何通过数字、网络和智能技术促进数字治理、网络治理、社群治理进而社会治理？

我深知这些问题的挑战性，作为教育工作者和管理学者，顿觉任重道远！

* * *

至此，在教育上，可以说我已经完成了西浦发展或至少说未来十到二十年发展的重大布局，我相信假以时日，一幅波澜壮阔的发展图景一定会显现出来。在管理研究上，社会环境会助推和谐管理理论的不断深化和更广泛的运用，西浦的成功实践和社会影响也会助力和谐管理的发展，和谐教育与和谐生态管理会逐步进入人们的生活。对我个人而言，西浦是我知天命和步入花甲之年的主要作品，我当然会倾心陪伴其前行，直到哪一天董事会觉得不再需要我。即使如此，我对西浦依然有信心，因为我已经为其发展建立了包含愿景使命、治理体系、发展模式、战略部署、资源联盟、制度体系、组织文化、管理团队八方面互为一体的长期可持续发展的保证机制。当然，我对我离开西浦的个人生活也有考虑，只要身体无大恙，我坚信我依然会有一个充实、繁忙、有意义的晚年！当然，我的眼光不会离开我亲自打造的西浦！

参考文献

XI Y, LI C. 2021. Research-led learning and critical thinking-EAP practice ［M］. Beijing：Foreign Language Teaching and Research Press.
席酉民. 2020. 和谐心智：鲜为人知的西浦管理故事 ［M］. 北京：清华大学出版社.
席酉民. 2021. 特立独行：和谐教育之路 ［M］. 北京：清华大学出版社.
张晓军，席酉民. 2021. 大学转型：从教师主导到以学生为中心 ［M］. 北京：清华大学出版社.
习近平. 2017. 共同构建人类命运共同体：在联合国日内瓦总部的演讲 ［EB/OL］. (2017-01-20) ［2022-04-25］. http：//jhsjk.people.cn/article/29037658.

附文 9
"我要建一所未来世界的国际化大学"
对话席酉民

《时代人物》：您在学术上的成就是比较大的，但目前还没有进入国家院士行列，这是怎么一回事？

席酉民：院士之前我也申请过两次，而且也都入围。尽管学校鼓励，还有院士推荐和督促，但我后来决意放弃申请，有多重原因。院士制度本身是个好东西，是对一个人最终的学术成就和成果的认可，但是现在的申请制度会导致很多人为了追求院士这样一个头衔，扭曲自己以满足院士评选的那些规则。再加上十八大之前存在很多不正之风，所以申评院士本身变成了一个"工程"，甚至演化为一个单位甚或行业的整体行动，这就与我个人的追求和原则不一致了。

《时代人物》：您对这类评选制度有什么看法？

席酉民：当社会不够成熟的时候，很多好东西都存在一个循环。一个东西开始很好，然后逐渐变热、变火，再变坏、变烂，烂透之后又会重新开启一个循环，逐步改善起来。这里可以对照的有中国的博士制度。最早的时候考博士很难，我是中国管理工程专业的第一个博士，当时都不知道如何去答辩，我那个答辩会有上百人参加，论文发给全国几十个专家进行评审。随后，攻读博士慢慢开始变热，而且越来越热，后来就开始"烂"，名不副实的博士就多得不得了，"烂"完以后就开始回归，慢慢又变得严格。教授评选也是，从热到烂再到最后慢慢走向回归。我想，院士制度同样如此。当然，按理说能够评选上的都很有水平，但不少院士带有包装的特点。那么院士制度的回归是什么时候，我觉得现在还不是一个回归的阶段，也许还要过一阵子。我这一辈子可能已和院士无缘了。

《时代人物》：您觉得如何改变这种状况？

席酉民：我本人比较喜欢诺贝尔奖的评选方式。中国还有一个奖叫作复旦管理学奖，初轮采用的是提名制，但后边还有申请、答辩等环节。我曾对当时的评奖委员会主任成思危副委员长提议，可否参考诺贝尔奖的评选制度评这个奖，因为这是一个研究领域的事情,如果这个领域的专家提名你,然后通过专家委员会审核,最后你突然接到通知,说这一年你得到了这个奖,那将是一件很值得开心的事情。而不要让已经很忙碌的专家整天想着填表、答辩,逐渐变得浮躁不堪。后来成思危先生说这个现在还不成熟,我之后也跟基金会的秘书长提议过,但还是没有改变。所以说中国很多知识分子很忙,有很多任务在身,然而社会又非常关注和爱比较这些头衔和奖项,就使得不少有才华的人在这些名利和头衔的追求过程中浪费了大量精力和生命,失去了创新或创造的机会,我觉得这是对中国社会资源的极大浪费。

也会有人说,你这是酸葡萄心理,你是达不到那个标准才说这个话。不管达到达不到,我都不愿意去花费时间精力做这个事情,更不愿意违背我个人做人做事的原则去申请这些东西。每到这种评选期都会有人找我谈话,说这不是你个人的事情,是涉及单位或学校发展的大事,还有相关院士联系我,说我们知道你清高,但大家都觉得你有实力,应该主动一些,但我已不愿意受这个过程的折磨。

时代人物:您教育生涯中有两次很重要的任命,我们先不说升不升官,最起码可以独立地主掌自己的教育思路了,您为什么要放弃呢?

席酉民:我这个人做事要有一个战略性的分析,我接受任命,虽可以止住它现在的颓势,我相信我自己有这个能力,但是我无法挽救它衰败的命运。后来我决定去西交利物浦大学,主要是围绕我对这个世界、对这个岗位的一个判断,就是你能不能在这个位置实现你更大的价值。

时代人物:官本位的意识在中国根深蒂固,您做出现在这样的决定之后,曾后悔吗?

席酉民:没什么后悔的。我记得曾经和陕西省前省长程安东聊过一个话题——一个人的影响到底是什么。你们可能注意到我近几十年写过的东西里面,有不少涉及人生及其价值的话题。在我看来,人生价值是你对这个世界的积极影响,你对这个世界的影响力波及越广、越深,你生存的意义也就越大。有的人有权力、有地位,他容易产生影响。我曾经开玩笑,是一个省领导的影响力大,还是一个大教授的影响力更大?其实这两者的影响是不一样的。但我更看重后者的影响,这是自己的价值观决定的,不存在什么后悔。人生中,不同的人有不同的追求,我试图努力做一个对世界有积极影响力的人,那么你就会选择那些利于实现你的积极影响力的道路。换句话说,这条道路对你来说也是最合适的,尽管另一条道路是世俗认为的很荣耀、很辉煌的,但它无法成就你本身价值观的实现。

所以,人生一定要有自己的价值观和世界观,然后在选择的时候就体现了这种世界观和价值观，你会选择最佳的战略和最合适的道路。你把这些东西做了、做好了，你才会觉得满意，才会感到幸福。这样你就不会与别人去简单比较，更不在乎别人如何被人前呼后拥、而自己却一直一个人背着包全世界跑了。别人有别人的追求，你有你的追求，你可以拥有一个你自己欣赏的、不一样的人生。

时代人物：您更看重管理学家的身份还是教育家的身份？你觉得作为一个教育家，你在教育方面的建树对未来中国的影响力会有多大？

席酉民：我觉得我的所有身份都是衔接在一起的。回过头来看，我还是比较幸运的，因为我的价值观是想要产生影响，写文章也好，做演讲也好，都会产生影响。有时候去一些地方做演讲会很辛苦，但还是会跑一趟，主要也是践行这种理想吧。作为管理专家，我很庆幸入了这一行，因为管理学的好处是它可以影响到所有方面，因为不管哪里都会涉及管理。你看有的人只能在一个领域、一个点上去做事情，而我们学管理的却可以做更多，比如小可以影响家庭，我写了很多小文章有很多人读，可能会对他们的人生和家庭生活产生影响；大可以影响企业、地域和国家，所以它的影响力是很全面的，刚好符合我实现影响世界的目标。

关于教育这一块，现在不少人会认为，在中国我对教育看得透、看得深，很多人就会认为我对教育家这个标签看得更重。我也很庆幸，在人生比较成熟的阶段，有西交利物浦大学这样一个国际化的教育平台，让我有机会通过教育理念的传播、新教育实践和经验的分享、建设大学的研究和实践，把影响无穷放大。例如，国家教育行政学院组织了一批校长学员到我们学校来考察。我们几乎每周都有类似的对外的各种各样的培训，实际上我们正在通过西交利物浦大学的探索对整个教育施加影响。

那么，作为企业家这一块，除了过去的大量实践，我们有些大的计划还没有对外公布，我们试图通过几场大手笔的社会实验，影响中国社会的进步和文明，这都需要企业家精神和创新能力以及相应的驾驭力。

时代人物：在中国目前的几所中外合作办学的大学里面，在未来十年，西交利物浦大学能不能达到NO.1？

席酉民：这是现在一个很有趣的现象，就是大家成天都在注意排名，其实排名要比较各种指标，所以也有各种各样的第一。作为中外合作办学的一家大学，西交利物浦大学经常名列榜首，但就我个人来讲，我并不看重排名。作为一个新兴的大学，我们更讲求创新和独特性，就是要在全球反思和重塑教育之际，抓住教育的本质，做出我们独特的价值来。当我们是有价值且独特的时候，那一定是全球第一的。

时代人物：西安交大和利物浦大学是两种完全不同的教育体系和理念，却在西交利物浦大学实现了融合。在融合过程中出现过哪些问题？是如何解决的？

席酉民：追求教育的新理念是很难的，因为在传统的教育中，关注的是你学了多少知识、获得了多少证书，所以教育主要是以内容为导向的、被动的、以老师为主导的灌输型学习，人们更看重的是学历、学位。但面对国际竞争和未来教育的趋势，我们更注重学生的全面发展，也就是让学生学会学习，学会应对未来复杂多变的世界，这样的话，他们以后在现实中的生存能力会更强。要让这种教育理念落到实处去，我们需要挑战很多，包括社会观念、人才的选拔制度和方向，应该讲挑战很大。

时代人物：融合过程中最大的成功之处是什么？

席酉民：我觉得西交利物浦大学最大的成功，一是把学生真正当成中心，就是关注学生的成长。但是我们也考虑到了中国学生的独特性，比如说中国学生生理年龄成熟了，心理年龄和社会年龄还普遍不成熟，为了帮学生进行这样一个转变，我们专门建立了四种导师体系。帮助学生从过去的孩子变成一个年轻的成人，再让他变成一个世界公民。在学习行为方面，帮助他们从被动学习变成主动学习，再变成研究导向型的学习。帮他们认知自我和世界，找到自身兴趣，从过去的盲目学习转为以兴趣为导向的学习，再让他们关注自己的人生规划。如果学生能在西交利物浦大学这种环境下，完成了这三个维度、九个方面的转变，这些学生一般都会有很好的未来。实际上，西交利物浦大学从一开始就在努力改变学生，让他们主动起来，学会探索问题，关注真实的世界，从真实世界中发现新现象、找到问题，然后再通过老师引导下的自主学习，尝试去解决问题。学生实际上在这样一种过程中，就会得到一个很大的提高，通过发现问题、收集信息、解决问题来提升能力。与此同时，还有非常重要的一个方面就是，我们学校给学生创造尽可能多的机会和条件，并且支持学生开展一系列的学习和活动。大家知道，学知识最重要的不是简单地记住知识，而是通过学知识改变自己。所以大学最主要的就是能不能给学生提供这样一种环境，让学生在这种环境中得到改变和提升。

时代人物：这对我们中国的教育改革有哪些深远影响？

席酉民：从全世界看，中国人担任大学校长、副校长的人有一些，但不多。我自己在英国利物浦大学兼任一个副校长，实际上更多的还是为了把西交利物浦大学做得更好一些。通过这十年，我和世界其他大学的校领导有不少接触，我发现像我们这样既对教育有整体的想法,又有实施的方案,还可以付诸实践的,在世界范围内还是特别少的。特别是经过了十年,我们有八届毕业生在全球表现优异,备受认同和喜爱,这在全球也是不多的。换句话说,在中国土地上,是可以做出好的教育来,我觉得这个案例及其启示和影响是无价的!

时代人物:未来中国的教育能被改变吗?

席酉民:中国教育正在面临改变吧,国家的很多投入都试图让中国的教育尽快改变,但是目前效果还未显现。因为大家的注意力还是更多地放在了那些指标上,放在了那些大的工程项目的追逐上,没有把更多精力放在学生上。真正的教育应该是让学生立起来,给世界培养更多能够闯荡全球的、能够在国际上发声、有竞争力的人,这才是教育的根本目的。

时代人物:您认为就业率是评判一个学校好坏的重要指标吗?

席酉民:就业率也是一个非常有趣的话题。教育部等很多地方都在以就业率来判断一个大学的好坏。实际上,单看就业率不见得那么准确。西交利物浦大学的就业率也非常好,每年都会做一个就业分析报告。大家如果关注的话,可以看一下西交利物浦大学2014—2017年的报告,若论就业率在全国是无可比拟的。但是我们依然觉得,要真正把学生培养出来,让学生在各个地方和不同行业都能够有杰出的表现,在全世界能够受人欢迎,这才是最重要的。

时代人物:您在太仓建立新的教育基地,进行新的大学和教育探索,遇到了哪些方面的挑战?

席酉民:这次在太仓建设教育基地的消息一出来,我就写了一篇文章,在微信上也能搜索到。这其实是一个探索,对未来教育的探索,对未来大学的探索,当大家一看到探索的时候,你必须说清楚探索的逻辑如何,这个探索是不是真的有意义,既要说服专家,还要说服各种利益相关者,更要解决家长和社会的疑问。完了以后还要和投资者商量,因为光建校园基础设施就要投资28亿元,还不算周围配套的一千亩地的建设。所以,要把这个事情做成,相关利益者有很多层:将来学生愿意选择你,家长愿意支持你,老师愿意加盟你,投资人愿意投资你,企业愿意与你合作,专家团队和董事会愿意批准你这么做,政府愿意为你提供支持等。任何一项都很难推进,重新建设一个完全没有过的大学更难。

时代人物:在您成功的背后会不会有一些因素的存在,比如说性格上你有很大的优势?

席酉民:我觉得真正和我个性有关系的,一是我是一个很急性子的人,一想到一件事情就恨不得立即把它变成现实。但我注重思考、注重反思、注重学习,随着年龄和阅历的提升，比较注意有意识地控制自己的行为。

二是我具有极强的反叛精神。我写那本《逆俗生存：管理之道》，是因为我知道世俗是最容易跟从的，跟着世俗走是最舒服的，别人也不会去说你什么，但是世俗中一定有很多已经落后的东西，一定会扼杀很多进步的东西，只有敢于逆俗，才可能拥有新天地。你再看看我朋友给我办公室起的名字——"日新堂"，我每天都会想，如何去否定昨天而拥有更好的明天。反叛，不落俗套，设法"日新"，我觉得这是我人生中很重要的一点。

三是我比较积极阳光，当别人看到一片黑暗的时候，或者大家都很无奈的时候，我永远是积极地看问题，总能沐浴光明、发现机会。

时代人物：用最简单的一句话来提炼，在您的后半生想要把西交利物浦大学打造成怎样的国际化学校？

席酉民：最简单的一句话就是，我们要让西交利物浦大学成为未来世界的一所国际化大学。换句话说，我们在创造一个属于未来的国际大学。教育成果的收获大都有十到二十年的延迟，你看我们一直都在聊未来，教育和办学必须面向未来！

（作者马川、钟一，刊于《时代人物》2018年第4期）

附文 10
当代创业逻辑与实践
我的教育与管理实验

一、做有实践的理论，做有理论的实践

今天，非常高兴有机会和大家聊聊，在演讲前，我想先和大家聊三件小事。

第一件事是应陈明哲教授邀请，6月底我在其中国管理学者交流营上作题为"我心中的管理：信仰、理论与实践"的主旨演讲，其间接受采访，后成文为《世界需要来自中国的管理智慧》。对于文章观点，网友有支持也有保留，但我还是坚持自己的观点。

第二件事是最近美国出了一部电影《美国工厂》，我觉得这也是我们去思考东西文化碰撞和融合的一个好题材。

第三件事是我最近看了吴晓波《再也不会有德鲁克了》的文章，在对德鲁克先生伟大贡献充分肯定后，他认为我们后来者再也无法成为德鲁克。

我最近应《管理科学学报》的邀请写了一篇文章，主题为"中国管理学突破的可能性和途径"，其核心思想源于我原来写的一篇通俗文章，讲述在当代环境下中国管理学有可能获得突破，只是更学术地分析了在目前情况下中国管理学获得突破的可能性，并指出了突破的途径。

我之所以对中国管理有信心，最主要的是跟管理的独特性有关系。管理是致用之学，一定需要理论和实践的互动，当一个国家的管理能成为世界有影响的实践之时，这个国家的管理理论一定也会逐步受到世界的关注，自然其理论发展也会与成功实践相得益彰，我相信这一天一定会到来，实际上正在到来。

就我个人而言，虽然从事了一辈子的管理研究，但我更多地把自己看作一个实践者，或者是一个有理论修养的实践者。所以，我今天以一个从事教育管理的实践者身份和大家谈谈近些年来我在进行的教育和管理实验。

管理实践非常独特，因为要创造市场，所以常常会别出心裁。当一个管理实践家拓展一个新的事业时，可能周围充满了不解甚或反对之声，但主人公如果明白自己部署的逻辑，不为所动，坚守坚守再坚守，最后把一个看似不可能的事情变成了可能，届时人们回头来看十有八九会感叹："啊，多么伟大的管理实践！"理论家也会跟上来进行总结，结果还可能据此提出新的管理理论。

所以，管理的理论和实践具有极强的构建特色，伟大的实践往往特立独行，常常要超越世俗，超越传统，突破原有模式，因为只有这样才可能有更大的创造性，才会拓展出更广、更远的发展空间。但这种超越和突破绝非"瞎大胆儿"，而要有宏大的视野、深厚的造诣、坚实的理论修养与破旧立新的能力。

因此，我自己在研究和实践的过程中，始终强调：做有实践的理论，做有理论的实践。

现实中，我的实践不一定是百分百地按照理论去做，但一定是有理论支撑的；我的理论也不一定是简单源自实践，但一定是有很强和深厚的实践启示及体验支持的。

二、互联、数字、智能时代创业的基本逻辑

下面，基于我的实践和理论研究，聊聊我对未来创业的五点认识。

第一，向未来而生。当我们做管理的时候，特别是创业的时候，一定要瞄准未来，而不是一味地根据现有的实践、成功的经验，进行模仿或复制。因为只有从未来那里才可以挖掘出你事业的价值，寻求你人生的发展空间。

第二，精一和独特。在日益数字化和全球互联的时代，信息不对称在快速消减，市场趋于统一。你懂什么、会做什么，并不保证你可以创造价值，只有把自己感兴趣的甚或非常独特的事情做到极致，成为绝招，不论大小，你才有可能在满足自己快乐的同时为社会创造价值。即使很小的事情，也可以通过互联网传播到全世界的市场，从而成为大事业。所以，这个世界的竞争逻辑是敢于独特、坚守精一。

第三，边缘和融合。在这个全球竞争白热化的世界，大家都在努力独特和精一，潜在的价值和发展空间到底在哪里？其实在于融合，在于边缘。其逻辑很明显，在多样、成熟的社会，交叉地带往往潜藏更多薄弱环节或空白，边缘地带更利新生事物成长，因此善于通过边缘创新、长于资源和行业融合者，往往会有更大的发展空间。

第四，持续创新和升级。边缘突破、持续创新几乎成为这个世界的代名词，成功的实践会迅速传遍世界，价值空间会快速降低甚至被新技术所颠覆。生活在这个世界很精彩，但在这个世界创业也很无奈。要使基业长青，必须擅长持续创新，不断突破自我，包括思维方式、成功模式、先进经验，特别要注意升级自己的心智模式，不仅要站在现在想未来，而且要学会站在未来想现在。

第五，全球化视野、本土化理解、国际化行动。现在流行的说法是全球化思维、本土化行动。但我个人对此有不同的理解，因为全球互联，全球化思维和视野的重要性毋庸置疑，自然也要脚踏实地、理解本土的文化和需求，但不是简单地按照本土的习惯行动，因为你的事业面对的是全球化的市场，所以一定要在本土化理解的基础上国际化行动，这样才能保证发展出具有本土特色的国际化产品或服务。

下面，我想用自己的实践来阐释一下我的这些创业逻辑。

三、大学是破产还是颠覆性创新

哈佛大学商学院教授克莱顿·克里斯坦森（Clayton Christensen）在 2014 年接受采访时说，在未来 15 年内如果美国的大学不进行变革会有一半面临破产。

这个断言引起了很多争议，有的人认为是哗众取宠，也有人认为这是给教育工作者提了个醒。

我最近看到另外一篇文章，专门分析了美国近年来大学破产的速度。2013—2014 年，美国四年制大学为 3 122 所，2017—2018 年降至 2 902 所。所有关闭的院校都是四年制营利性学校，数量从 2013 年的 769 所降至 2017 年的 499 所。

我们正是在这种情况下，在苏州创建的西交利物浦大学。那么，如何建设这所学校？有两种逻辑可循：一种是简单地去复制现有国内外大学，另一种是对现有教育进行颠覆，从而让自己升级。

作为中外合作办学，西浦最简单的建设途径自然是复制大家认为比较先进的外国大学办学模式。目前中国仅有的十所左右的具有法人地位的国际合作大学，90%走的是这一条路。对此，我是有不同看法的，因为在当前环境下，全世界的大学都已经落后了，即使我们认为的世界一流大学也落后于时代和技术对他们的需求。

所以，我们创建西浦的基本逻辑是，根据未来世界趋势和需求，整合东西方文化和中外最优实践，探索适应未来的教育和办学模式。当然，我们谁都未到过未来，如何理解未来？这是我们需要非常关注和研究的。

在这样的逻辑下，我们深入想象和研究未来，并根据我们对未来的理解去探索四件事情：

第一，未来的教育模式是什么？什么样的教育能够在未来生存？

第二，目前中外大学内部的运行机制、组织架构基本上还是层级化的官僚体系，效率很低，不利于知识工作者和知识组织的效率释放。作为管理教授，我们试图探索一种新型的基于网络的现代大学支撑体系。

第三，现在或未来大学和社会的互动关系应该是什么？

第四，通过前三个方面的探索，我们能不能去做一件事情，就是影响中国的教育改革甚或世界的教育发展？

十多年前，当我提出这四个发展定位的时候，很多人觉得我们太狂妄，认为是痴人说梦，但十多年后，我们在这四个方面都取得了一些小小的成就，受到了学生、家长、社会、同行和管理部门的逐步认可和尊重。

从上述实践中，不难发现我们一直在践行着上述的创业逻辑：

（1）**向未来而生**。在这个全球重塑教育的时代，我们遇到了与世界一流大学站在同一起跑线上探索未来教育的千载难逢的机会，而且作为后来者没有历史包袱、一张白纸好绘宏图，具有后发优势，所以大胆地瞄准未来、开拓创新。

（2）**精一和独特**。教育重塑的时点给了我们可以特立独行的机会，我们瞄准中国甚至世界教育的问题和面临的挑战，通过我们的学习和创新，走出了一条独特的道路，而且始终坚持育人为本，把帮学生成长作为我们的核心目标，而且我们会坚持把这条路走下去。

（3）**边缘创新和融合**。我们把东西教育的优势结合起来，不去简单复制现有模式，而是根据未来趋势和需要，融合全球最优实践，面向未来大胆创新。例如，我们在教育模式上试图把美式教育的灵活性、英式教育的质量保证体系、中国和俄罗斯教育重基础的特点融合起来，形成我们自己的"以学生成长为目标、以兴趣为驱动、以学习为中心的研究导向型教育模式"。

四、持续创新和升级

我们用了十年时间完成了四件事情。

第一，对传统的专业导向的精英教育模式进行了创新。我们提倡研究导向型的教育，把教学生知识转为改变学生、帮学生成长，并形成了一套较为完善的体系。

第二，我们营造了一种支持现代大学运行的扁平化的网络组织。不强调层级和级别，而重视网络中每一个角色的能量释放和作用发挥。

第三，形成了一种开放的校园环境和友好的社会合作关系。西浦开放的不只是没有围墙的校园，更重要的是张开怀抱形成与社会各界的资源共享、互动与合作。

第四，形成了一种先进教育理念和最优实践的传播平台。我们成立了ILEAD，收集全世界的最优实践，总结我们的探索经验，研究前沿的教育理论，然后通过竞赛、联盟、培训、打造共同体等途径，推动中国的教育变革和世界的教育发展。

我们把这些发展看成西浦1.0。

如果我们停留在这个蓬勃发展的阶段，短期内虽然不会遇到颠覆性挑战，但作为教育的探索者和长期可持续发展的需要，我们一定要重视前述第四个创业逻辑，即持续创新和升级。

目前，全球教育的基本模式依然是专业化，不管学生将来干什么，进入学校必须选学一个专业。但是当学生走向世界的时候，社会永远在抱怨学生的社会适应能力。为了扩大学生的知识面和强化学生的适应力，不少学校开始探索跨专业教育，如给学生提供更多模块化的学习机会，或者开设主修与辅修专业等。即使这样，学生仍然缺乏人生中必需的创业精神以及领导、沟通、创新、合作等能力的训练。然而，要帮学生获得上述多方面的学习和训练，需要发展一种既有专业教育又有行业教育，以及跨专业的各种能力的训练，目前在全球很难找到一种这样有效的教育模式。

另外，随着人工智能和机器人的发展，人才会向两极转移，要么更加专业，要么更加融合。对于前者，改进目前的教育模式即可培养出更有造诣的专业精英；但对于后者，则需创造一种新的能满足上述需求的育人模式，这就是我们正在做的融合式的教育。这正是第四种创业逻辑在我们实践中的体现，即持续创新和升级。

无论开展哪一种教育，素养教育的需求在未来都会越来越强。因为人工智能和机器人在取代工具性和技能型人才的同时，会大力提升人的能力。但人的素养较低，即使有很强大的机器人助理，也难以释放其潜能（见图A10-1）。

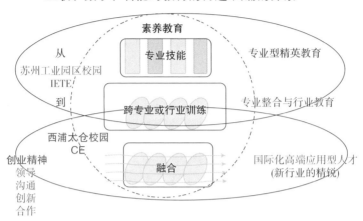

图 A10-1　未来人才的两极转移和素养教育的强化

因此，西浦在 10 年探索的基础上，在苏州工业园区校园进一步强化素养教育和行业熏陶，重点培养国际化的有造诣的专业精英。另外，还在太仓新建一个校区，用一种全新的融合式教育培养未来能够利用人工智能和机器人引领新产业的行业精英人才，同时探索未来的大学概念和校园模式，为未来教育提供西浦方案（A10-2）。换句话说，就是要用太仓这个全新的校园做三场教育实验：一是如何培养能够运用人工智能引领未来行业的人，二是未来的大学概念是什么，三是这样的大学其校园形态应该是什么样的。我们计划用 10 年初步完成这些探索，形成西浦 2.0。

图 A10-2　西浦创业家学院（太仓）的学院设置及逻辑

其实，当我们 2017 年启动西浦 2.0 后，在一步一步推进的同时，已经开始思考更长远的发展，谋划西浦 3.0。例如，再过 10 年、20 年，人们将如何生活？那时的学习应该是什么样子的？未来，人们可能不再用 4 年念个大学给自己贴一个学士的标签,或者学习 6 到 7 年再贴一个硕士的标签,或者用 10 到 12 年贴一个博士的标签。未来,人类可能会在中小学就掌握了生存所需的基础知识,而且学会了学习,等到了读大学的年龄,将是围绕着自己的兴趣,利用网络和大学的新环境,开启围绕兴趣的终身学习、创新、创业和生活。

假如这种学习和生活场景得以实现,我认为未来的大学需要更进一步地融入社会,形成开放式的、线上与线下结合的、能够支持终身学习、研究、创新、创业和生活的生态环境,以及分布在需求中心的一些有主题的卓越中心。那么,这样的大学将会呈现出什么样一种具体的形态呢?(见图 A10-3)。

图 A10-3 中左侧是古代的大学,类似一部百科全书,单层级,核心任务是传播知识;中间是现代大学,大学学科在横向和纵向极度细分,形成层级式的体系,学科之间弱链接;最右侧是我想象的未来大学,多元的、融合式的、扁平的、分布式的。其核心框架包括五个方面:一是受人认同和喜欢的品牌;二是品牌背后的教育哲学和理念;三是一个能在全球整合教育资源的网络;四是分布在不同地域的、有主题的、可满足终身按兴趣学习、创新、创业和生活的卓越中心;五是围绕这个大学核心功能和资源形成的一系列的生态群落,共同构成一个共生的生态环境。我们将以此构想布局西浦 3.0。

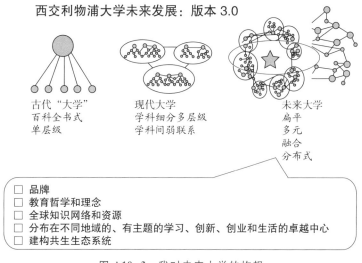

图 A10-3 我对未来大学的构想

我们试图通过这场教育实验,在西浦形成这样一种图景:整个学校会营造一种融合式的学习、研究和发展环境,全面提倡研究导向型教育,打造专业化精英和行业化精英两种教育模式,跟社会合作形成数个围绕特定主题的分布在不同地域的卓越中心，最后以西浦为平台构建一个世界级的教育变革与传播体系。通过这场实验，西浦在教育上可以做出五个方面的贡献：一是对当下的国际化专业精英教育模式进行大胆创新；二是创造一种全新的培养行业精英的融合教育模式；三是对未来大学概念和校园提供一种示范；四是形成一系列分布式的、开放的、共享的、可支持终身学习、创新、创业和生活的卓越中心；五是打造一个国际化的先进教育理念和实践的传播体系。

五、一场和谐管理理论的实验

作为管理教授，在进行上述教育探索的同时，我们还在做一场管理的实验，即呼应德鲁克先生提出的 21 世纪的管理挑战——如何改进知识组织和知识工作者的效率。

大学是典型的知识组织，大学的利益相关者大都是知识工作者，如何提升其效率是我们实验的目标。我在 20 世纪 80 年代提出了应对不确定环境下复杂管理问题的和谐管理理论，在当下日益不确定、模糊、复杂、多变的世界背景下，该理论日益展现出其强大的解释力和对管理实践的指导作用，因此该实验的理论基础即和谐管理理论。

第一，我们放弃了全世界比较流行的大学科层式官僚组织体系，构建了扁平化的网络组织，如图 A10-4 所示。我们强调网络节点上每个角色及其之间的互通互联，鼓励各自的能动性和创造性，而整体则强调愿景和使命导向下的协同与融合。

图 A10-4　在西浦的和谐管理理论应用实验

第二，我们进行了和谐领导力的实验，知识和网络时代，每个人都是领导者，组织需要研究和处理领导与领导的互动与合作问题，和谐领导力既要能够让每个节点上的角色释放其领导力，又能够整合各节点上的碎片知识和领导力成为组织的领导智慧。我们利用和谐管理的愿景和使命导向下围绕战略与和谐主题的谐则与和则耦合机制，孕育和谐领导力及其分布融合的有效实践，最后形成了西浦自然、知识、社会三级生态系统（见图 A10-5）。

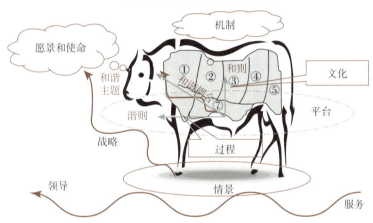

图 A10-5　知识组织和谐领导力的实现

第三，随着数字化、物联网、智能化的普及，管理日益生态化（见图 A10-6）。当管理演化到平台管理进而步入生态管理时代，演化机制的作用日益加强，科学管理时代强调的设计机制必须学会与演化机制合作。

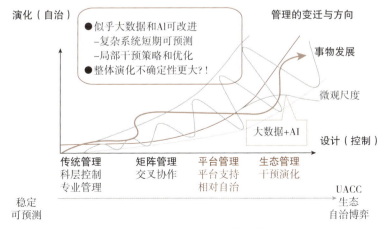

图 A10-6　生态管理时代的到来

尽管大数据、人工智能分析可以帮助人们更深入地理解人、组织和社会背后的运行机理，帮助人们进行计划和设计，提升人们局部的设计和计划能力，但从整体和长期发展角度来讲，这种强链接和快速变化的复杂世界将更加难以设计和驾驭，整体的演化机制将扮演日益重要的作用。

在数字化、强互联、人工智能已成为管理实践的新的驱动力的大背景下，管理一定日益生态化。我们需要在生态化的情境下重新定义管理、领导、组织、战略等我们耳熟能详的概念！

以西浦为例，我们不仅在内部形成了物理、知识、社会三级生态概念和架构，而且以西浦为平台，正在构筑教育变革和创新的生态群落。例如，利用我们发起和组织的西浦全国大学教学创新大赛形成网上与网下数百万人的群落，利用我们组织的高校教师发展中心联盟形成了教师提升群落，利用我们的基础教育实验和国际合作形成了基础教育变革和创新的领导群落，通过我们的教育技术及与Moodle的合作形成了现代教育技术促进群落，通过我们品种齐全的各种教育培训项目形成了全国的教育创新者群落，等等。

我们在西浦的管理实验，已经在以下几个方面取得了较大进展：

第一，深化了和谐管理理论的应用，进一步完善和促进了理论的发展。

第二，探索知识工作者和知识组织有效性的提升，为德鲁克先生提出的21世纪管理的挑战寻求方案。

第三，探索现代社会无法回避的共享与共生机理，形成生态管理的理论和实践框架。

第四，通过西浦形成一个教育变革和创新管理的生态，并通过西浦与产业界和政府的合作形成布局在不同地域的各类卓越中心，探索未来社会的终身学习和创新支持体系，以期对社会产生更大的影响。

六、个人的管理体验和总结

很多年前，我应邀到湖南一个很大的企业做演讲，企业老总别出心裁的介绍道出了我的行为特色。他说，席教授姓席，上通天；名字最后是民，下接地；中间的酉是酒去掉三点水，酒是粮食做的，去掉水，就是实实在在打粮食。我喜欢这个介绍，不只因为其风趣，更因为其寓意。作为管理教授，就应该"通天"——有国际视野、家国情怀、战略构思；更应该"接地"——了解世情、明白民需、脚踏实地；还应该打"粮食"——行事稳健、管理有效、执行到位。

为此，我们必须不断学习和提升自我。我个人比较有幸，大学本科阶段物理学科的学习训练了自己的逻辑思维；硕士研究生系统工程的研究塑造了自己的系统性和工程思维；博士研究生阶段的管理和人文熏陶使自己更了解人、组织和社会。反思自己的发展，这种融合式的训练功不可没。

具体到管理实践策略，我则奉行当代创业的第五条逻辑，全球化思维、本土化理解、国际化行动。上述已有解释，不再赘述（见图 A10-7）。

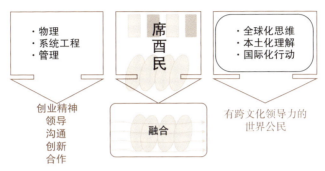

图 A10-7　我的人生训练及管理感悟

回顾我几十年的学习、管理研究及实践生涯，感悟很多，除了理科、工科和管理的融合式学习和训练，就是不断强调"做有理论的实践，做有实践的理论"。由于大数据和深度计算的发展，现在还可以再增加一句，"利用人工智能支持理论与实践的对话"。这种积淀、研究、历练形成了我的实践逻辑，这就是成功创业与事业持续发展的五星模型（见图 A10-8）。

图 A10-8　成功创业与事业持续发展的五星模式

五星模型一是有清晰的、长期可持续发展的"商业"模式（核心），二是广泛认可和接受的愿景、使命，三是治理结构和相关利益者联盟，四是跨文化的领导力和管理系统，五是长期战略谋划和短期计划（成功的战斗），六是坚守。但我们很容易发现，不少成功的创业并不必然需要具备该五角星的所有方面。的确，有时靠运气、靠贵人相助、靠一次机会，也可能获得一时的成功，但是你要有一个长期成功或可持续发展的事业，这个五星模型会给予你很大的帮助。

（本文是 2019 年彼得·德鲁克中国管理论坛上的演讲稿）

第八章

和谐心智　五星生活
（近七十年的感悟）

　　人生就是一场博弈，并非你赢我输的比赛，而是融入其中满足期许的探索旅程。因此没有对手，只有与我们为伴的你、我、他人和环境。生活就是该旅程中一个个精彩瞬间，从来都是智慧的较量，最富有的人是智者，最宝贵的财富是智慧。而孕育和不断升级心智，方可锻造智者，收获智慧，享受人生。

——席酉民

　　世界上最快乐的事情莫过于为理想而奋斗！

——苏格拉底

　　理想不积极践行就成梦想。努力实现理想，不仅能点燃自己，还会感动别人！

——席酉民

第八章 和谐心智 五星生活

按常理，我到这个岁数应该回归故里、安享晚年。很多人不解："你怎么还充满梦（理）想，能量满满？"我内心觉得有太多的事情需要做、可以做，自己也有能力做，所以依然没有做放弃的准备。只是偶尔当别人问起"你什么时候退休"时，脑海里闪现过一丝迟疑，但瞬间就会被充满希望的事业和忙碌的日程抛在脑后。

作为西浦的操盘手，我自然有一番深思熟虑的谋划，力争让其踏准趋势的节奏、向着未来健康行进，并努力为其长期可持续发展构建机制和文化的保证。作为个人，似乎从来没有停下来的打算，也没有对日后晚年生活的认真思量，仍然坚守自己的生活信条"车到山前必有路"，而且在身体允许的情况下，会一直做自己认为有意义和价值的事情，直到干不动为止。

倒是在与家人或朋友偶尔谈及晚年生活时，我会反复强调一个非常个人的看法：如果真的到了某一天，什么事都做不了，也无法有尊严地生活，我可以按照自己的意愿选择悄然离去。不是说我看待生死有多么从容淡定，或是做过什么有关死亡的"经济""社会""伦理"分析。只是对"我"而言，一旦无力影响他人、社会，即使可以依靠先进技术延续生命，也不算是自己所向往的"幸福"生活。

我坚守活出生命的价值，即对他人和社会有积极的影响。由此不难理解我对逝去生命的看法，也容易明白为什么我乐意与人们交流，包括撰写此书所付出的努力。因为这些行动或作品若能引人思考、给人启示，才会真正延长"寿命"，体现"积极影响力"的巨大价值！这也是为什么自己无论干什么，在别人眼中似乎总是充满热情！其实内心更是激情满怀，能量充足，动力无限。

这本书写到这里，似乎可以止笔了，但为了帮读者更简洁地理解那么多复杂过程背后的逻辑，我还是决定以自己习惯用的"五星模型"简要概括自己的人生感悟。任何模型都是经验的简化。思想的产物既然是抽象的，就会"失真"，也难免"强加"的意味。不同的"五星"可以有多种关联，嵌套的、叠加的、衍生的、对比的，等等。好奇的读者不妨自己做个推演练习。我不确定生长在红旗下的自己是否早已在脑海里预装了"五星"认知图，"五星"也许有些巧合，但每个人都值得也应该让自己成为一颗闪亮的星星。我曾在西浦庆祝中华人民共和国成立70周年庆典时以"群星闪耀,方能苍穹灿烂"为题致辞,强调"只有我们每一个人、组织活跃起来,更加闪烁,这个国家才会亮,苍穹才会灿烂"(席酉民,2021)。

一、人生幸福模型

幸福还是不幸,"总是相似"或者"各有不同",可以有完全相反的叙述和解读。确实,幸福与否是人类的主观感受,难以计量比较,但并非不能认知,未必无法"把握"。在我看来,人生幸福,抛开特定的时运、机遇,更多地取决于个人的信念、心态、视角、经验、能力和努力。

我很幸运,似乎在很年轻时(三十多岁时)就有了对人生幸福的系统认知,并总结了如图8-1所示的人生幸福模型。

图8-1 人生幸福模型

大凡幸福的人生,第一离不开一份心爱的、至少自己乐于融入的事业。当然事业的定义比较宽泛,可以是自己喜欢的,也可能是自己不得不为的。若为后者,一定要设法转换心态,从内心喜欢它,除非有选择的本事。第二,为了丰富生活,应该发展出自己的爱好。第三,还应有和谐温暖的家庭,即使是那些坚持独身生活的人,幸福生活也离不开与父母和亲戚朋友的和睦关系。第四,为了保障事业的成功、家庭的和谐、爱好的满足,还需要一个好身体,并以必要的活动和方式,保持健康的心理和强健的体魄。第五,高质量的生活还依赖于自身的素养,站得越高,视野越广、空间越大、机会越多、资源越丰,人生境界和幸福质量也会越高。第六,幸福的真正实现,还依赖于自身的驾驭力。例如,事业和家庭若处理不好可能会产生矛盾,比如我国素有"忠孝难以两全"的说法。爱好和事业也可能发生冲突,如有很多"玩物丧志"令人遗憾的事例。爱好也会与家庭产生矛盾,很多人不能平衡自身爱好与家庭责任的关系,为了自己的爱好伤害了家庭或没有扮演好在家庭中的角色，或者因无力处理好家庭关系而牺牲了自己的爱好。所以，不难看出，要获得幸福的人生，正如人们习惯说的，是一个复杂的系统工程。这枚"五星"只是个人看法，未必周全、周到。五种要素是"总有相似"，将谁置顶是"各自不同"。相信读者能描绘出自己的"幸福模型"。

二、事业成功模型

既然事业在人生幸福中扮演重要角色，那么怎样"保证"拥有一份成功的事业呢？

在我看来，事业成功在于为社会创造价值，这是事业发展和存续的底层逻辑。其价值是否能得到广泛认可和好评固然是一大挑战，获得被服务对象的厚爱和忠诚则更为难能可贵。所以，我所构建的事业成功模型（见图8-2）第一是将品牌放在"首位"，品牌是爱，到达了爱的程度，就收获了忠诚，因为爱是没有太多道理要讲的。第二是价值，尽管这是品牌的基础，但我将其放在品牌之后，因为很多有价值的东西并未获得认同，主要是因为事业没有做好。例如，教育肯定是有价值的，但能做出教育品牌的人却不多。第三是成本，因为在很多时候人们对成本不敏感，但对做事业的人来讲，成本却是关键要素。成本反映了管理的水平，特别决定了价值实现的效率和事业深度发展的空间。为了用"最小"成本实现"最大"价值，进而人们要创造品牌。第四个是战略，即你事业发展的方向和道路是否正确。第五个是组织能力，即获取资源、构建组织、实施战略、支撑发展的能力。当然，所有以上五个方面都依赖于领导的驾驭力，这是一个永无止境的话题。要想驾驭一个成功事业，没有领导力是万万不能的，但领导力的高低却只能是一个从好到更好、持续学习和提升的过程。

图8-2　事业成功模型

三、人类生存律模型

一项事业的成功,不是一朝一夕或一蹴而就的。做成一件事,可以靠运气、机会、贵人,或者偶尔获得某种独特的资源等;但成就一项事业,则需要深谋远虑,运筹帷幄,系统布局,精心运作。换句话说,需要对事业发展环境和人类生存规律有比较充分的认知,特别是在当代日益复杂多变的社会中,在数字化、互联化、智能化、全球化的背景下。因此,我基于自己的研究和多年的实践,总结构建了人类生存律模型(见图8-3)。

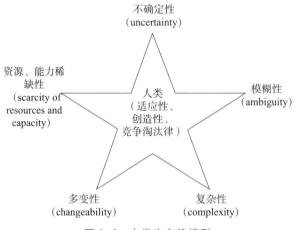

图 8-3 人类生存律模型

无论发展何种事业,人类生存环境永远面临着以下特征:一是不确定性,不知道明天将会发生什么,也难以估量其产生的影响。二是模糊性,意思是即使事情已经"发生"了,也没有人知道"事实"或"真相","后真相"社会更是充满了模糊性。三是复杂性,人类科学研究就是揭示各种现象背后的逻辑关系。但复杂性背后的逻辑关系要么由于因果链太长无法追踪,要么过于复杂难以辨识。因此,在复杂世界也有短期不可预测的说法。四是多变性,很多事情变化太快也太容易变化,好处是事业发展的机会多,坏处是一项事业还没有开始或刚刚开始就有可能被扼杀。因此,社会上流行着"这个时代唯一不变的是变化(太快)"的说法,"只有跑赢变化、以变治变,才可能引领未来"。五是资源和能力的稀缺性导致了事业发展的种种困难和挑战。我经常用 UACCS(图 8-3 括注英文的首字母)来刻画人类生存环境的这些特征。也正是 UACCS 迫使人类生存遵循竞争淘汰律。于是，为了防止被淘汰，拥有幸福人生，兴趣导向、终生学习、能力提升、心智升级、智慧积累、持续努力就成为人类生存的必需品、事业成功的基本修炼。

四、和谐管理理论模型

人类在生存环境稳定、简单的时代，只要针对要完成的任务，利用已有知识，根据事项的具体情况，做好设计、执行到位即可。也因此，在19世纪末和20世纪初，层级组织、专业化管理兴起，特别是第二次世界大战后，科学管理蓬勃发展。但20世纪末和21世纪初，由于科技和工业化的快速发展，各种颠覆性技术的涌现，万物互联，数字化和智能化使人类社会生存环境充满UACCS特性，各种社会范式正在发生转移或"革命"，人们在UACCS环境中穿行，需要新的理论指导。正如在黑暗中摸索一样，事先设计和规划退位给个人的方向感、胆识、勇气、智慧等。能够提升相机应变的能动性、创造性，以及能够融合二者优势的智慧，特别是具备这些素养的领导力的价值日益彰显。20世纪80年代中叶，我基于这样的观察和研究，提出了和谐理论，后来与团队成员一道进一步将其上升为和谐管理理论。该理论整合东西方文化优势，进而形成融合智慧，可以作为人类更智慧地生存于UACCS世界的备选利器。

图8-4刻画了和谐管理理论的基本框架：第一，无论生存环境如何UACCS，成功的事业和幸福的生活需要有事业或自己的定位，即愿景和使命。第二，因环境变化剧烈，长周期的规划越来越难，但有愿景和使命的指引，可以根据每个发展阶段的特殊性，确立该阶段指向愿景和使命的关键问题或核心任务，即和谐主题。这样，既不容易迷失方向，又可集中精力和资源于该核心任务，并在发展中通过一系列主题逐步逼近愿景。第三，针对每个阶段的和谐主题，通过谐则，把可以规范和制度化的事务通过科学设计来安排，并可借用相应的工具和系统保证其有效实施。第四，对大量事先无法规划的和那些不断涌现的问题与挑战，通过和则体系的构建，利用人们的创造性、能动性加以应对。第五，"秩序"不会自动生成。和谐耦合发挥着重要作用，需要针对愿景和使命，分析和判断已设定的和谐主题是否需要调整，是否有新的和谐主题涌现，并针对和谐主题，观察已设立的谐则与和则体系是否完善，要不要适度调整以使其相互间更加协调，从而保证事业发展不断逼近"和谐状态"。第六，和谐耦合是一个非常复杂和需要智慧

的过程，领导力在其中扮演着非常关键的角色。因此，在 UACCS 世界，领导力的挑战与日俱增，自然价值暴涨，也更加稀缺。

图 8-4 和谐管理理论

五、和谐管理支撑体系模型

为了保证和谐管理得以实现，需要根据理论构建相应的支撑体系。图 8-5 描绘了和谐管理的基本支撑体系。

图 8-5 和谐管理支撑体系

根据和谐管理理论原理，有效应用该理论的关键有五个方面：一是形成和谐思维，即以愿景和使命为导向的和谐主题思维模式。在 UACCS 世界，人们很容易被变幻无常的环境、铺天盖地和似是而非的信息甚或知识诱导，而迷失方向、手足无措。因此,当有清晰的愿景和使命在胸,然后重视每个时期的和谐主题,并围绕其部署事业和生活,你就拥有了方向和少走、不走弯路的自信。因此,要将这一过程上升成为一种思维模式、习惯,甚至信念。二是根据科学规划、设计和优化的谐则的原理,构建以流程为支撑、以协调为基础的谐则体系。三是根据环境诱导下的依靠主动性和创造性的能动致变原理,营造以文化为支撑、以合作为基础的和则体系。四是根据螺旋式推进的融合原理,构建以组织学习和组织知识积累为特征的耦合"机制"。五是打造支持上述四个子系统的以物质资本和知识资本为基础的资源和技术体系。因为这五个体系是保证和谐管理有效实现的平台,所以也可用来评估和谐管理体系构建的完备性。

六、基于和谐管理理论的管理知识模型

人们常把"管理既是科学又是艺术"挂在嘴边,但管理的哪些方面是科学?哪些方面是艺术?还是说管理的所有方面既是科学又是艺术?

著名的战略管理学家明兹伯格教授提出了他的管理三角形模型,即管理是科学、艺术和手艺的融合。我个人在学习和研究的基础上,增加了技术和哲学两个要素,从而将明兹伯格教授的三角形扩展成为五角形。

之所以增加技术要素,是因为在现代社会,技术已成为塑造人类生活、工作方式的决定性因素。尽管各种技术的涌现也制造了很多新问题,但技术的巧妙应用也让不少传统管理难题迎刃而解。比如,矩阵式组织概念提出后,理论上很美妙,实践上则会遇到大量两个方向交叉协调的挑战,所以很难推广。但随着计算机特别是网络技术的涌现,很多交叉协调问题可通过技术手段解决,从而改进和提升了人们的协调能力,所以矩阵式管理甚至走得更远的网络化组织迅速流行起来。所以,技术和工具是管理的重要手段。另外,科学、艺术、手艺和技术涉及管理的不同侧面或现实的不同问题,如何将这些不同侧面有机整合,需要哲学和智慧,这是高水平管理的核心要素,因此形成了如图8-6所示的管理知识模型。进一步,基于和谐管理理论框架,谐则体系的构建需要科学(知识)和技术(工具)的支持,和则体系的构建需要经验(实务)和艺术(技巧)的支撑。但围绕愿景、使命及和谐主题的谐则与和则的耦合,则需要哲学和智慧保驾护航。所以,以上模型不仅是和谐管理的知识基础,还与其理论逻辑一脉相承。

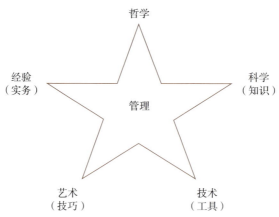

图 8-6 基于和谐管理理论的管理知识模型

七、基于和谐管理的领导力模型

围绕愿景和使命的和谐主题思维，以及谐则与和则的耦合，需要极高的融合能力和智慧，领导力在其中将扮演关键角色。领导研究的文献如汗牛充栋，但因领导的"黑箱"很难打开，人们依然对领导如何发挥作用认知有限，使得领导的角色更加"神秘"。我依据和谐管理理论，提出了和谐领导模型，以形成领导的思维和行为模式，从而更有效地发挥作用。简言之，和谐领导一要具有愿景和使命导向下的和谐主题思维。二是双重理性（基于普遍理性的谐则体系与基于情景理性的和则体系）支持的创造性主题推进。三是融合智慧指引下的动态优化，包含谐则体系构建的理性设计，和则体系孕育的诱导演化，以及"愿景和使命（和谐主题）指引下的谐则与和则体系"的耦合优化。领导要有效地引领这样的动态优化过程，需要具备五种领导力：支持愿景和使命确立的判断力，确定和谐主题的创造力，运用谐则体系的控制力，培育和则体系的影响力，以及实现和谐耦合的学习力（见图 8-7）。

八、个人（领导）驾驭力模型

领导者常被"英雄化"甚至"神化"，特别是那些取得了巨大成就的领导者，似乎总是充满智慧，超群绝伦。同时，每每谈及领导，也常常习惯预设某种需要"众星拱月"的组织场景。其实，每个人都是"领导"，把自己领导好，把家庭维系好，把合作关系维持好，都需要领导力或驾驭力。因此，我基于管理研究和实践，提出了个人（领导）驾驭力模型（见图 8-8）。

图 8-7 基于和谐管理的领导力模型

图 8-8 个人（领导）驾驭力模型

无论个人生活，还是组织发展，第一，我们都需要清晰的发展愿景，或者俗话说的梦想或理想，都需要定位自己的人生（或组织）使命——做一个什么样的人，以及构建一份什么样的事业。所以，清晰的愿景和使命便是驾驭力的起点和基础。第二，我们的价值观（包括世界观和伦理观）和态度（如是阳光积极的还是阴暗消极的）都会严重影响我们的为人、判断和做事的思路和方式。第三，人们的行为方式也会影响成事的效果。有的人善于清晰系统地规划，有条理地安排，积极有效地推进，自然他们成功的概率更高；有的人则习惯于眉毛胡子一把抓，无轻重缓急，甚至拖延、推诿，自然难以做成事和做好事。第四，人的智力和能力是有差异的，但绝大部分人的驾驭力差异往往不是智力造成的，而是由于以上三个方面影响了其奋斗的方向、对人对事的态度和做事的行为方式，进而影响了其做事的能力和效果。如果以上三个方面很强大，即使并非智力超群，也会因努力和勤奋，塑造强大的为人处世的能力。第五,能否获得强大的方法论和技术武装。凡以上几方面很强的人,一般也能掌握正确的方法论和驾驭强大的技术工具。

九、我的愿景和使命

以上简要介绍了我构建的一般性的为人和做事的模型。现在,以我个人为例作相应的解释。我在三四十岁的时候,逐步形成了自己的愿景和使命(见图8-9),其核心是要做一个对社会有积极影响的人,这就决定了我的职业选择。相应章节曾介绍到我年轻的时候有机会经商,或者到大企业做领导,或者到公立大学当校长,但最后都没有在机会来临时举棋不定,而是走上了今天这样的路,这与自己确立的影响社会的使命密切相关。例如,比较一个官员和学者的影响,官员可能有资源并可以决定在某个区域建设什么、怎么建设;但学者则会通过文章、言论、政策等使其影响波及面更广,如果能顶天(站得高)立地(深入实地)、思想深邃,影响还会更加深远。所以,自己选择做了一个学者,正直不阿、敢于直言,甚至在一些事情上为坚持理想而显得"冷血"。另外,要做好学者,一定要在一些领域成为专家,有真知灼见。为此,还必须是一名研究者,在专业领域终身执着地研究探索。当然,如果能成为一名优秀的教育者,通过培养一代一代人,甚至改变人才观念、教育理念和完善教育体系,影响会更加广泛和深远。再进一步,还应做一个传播者,例如我从很年轻时就在报纸上开专栏,与报纸合办专版,创办杂志,到处演讲,除专著外还积极出版适合于社会大众的管理和教育读物(例如"管理之道"和"教育之道"系列)等。所以,从这些决策和所做的事情,可以清晰看出愿景和使命给予人生的意义。

图8-9 我的愿景和使命

十、50 岁时的和谐主题

为了实现人生愿景和使命，在不同发展阶段，因环境和情境的变化，我的核心目标和任务也会随之调整。例如到了 50 岁时，我确立了如图 8-10 所示的和谐主题：一是创办一所好的大学。我一直在大学工作，对当代教育和大学有很多不满，但只能在局部做一些变革。例如，在 20 世纪 90 年代中后期，我对西安交大管理学院做的大刀阔斧的改革，为其后来长期在中国名列前茅的发展奠定了基础。在 21 世纪初，我有机会组建西安交大城市学院，并基本按自己的构想促使其快速发展，但其资源基础和治理背景包括其定位达不到创建一所高水平大学的期待。所以，我一直在等待和创造一个好的机会。当国际合作办学开启了一扇门之后，这一理想有可能成为现实，我果断决策，离开了别人羡慕和努力追求的岗位，来到西浦创业，尽全力将其打造成一所独特的和有影响力的大学。

图 8-10　我在 50 岁时的和谐主题

二是尽管和谐理论是针对 UACCS 环境下的管理建立的，但在理论发展时环境还相对稳定。而现在世界日益 UACCS，所以我计划抓住这个变化，将和谐管理理论升级发展成为应付 UACCS 的管理利器。

三是作为一名教师，特别是作为硕士和博士生导师，能指导和培养出一批在社会上有影响的学生也是人生一大幸事，所以帮助一批学生健康和有成就地发展也是和谐主题之一。

四是中国管理一直被诟病跟在西方人后面跑，其实管理理论发展与管理实践的丰富多彩有密切的关系，经过改革开放，中国经济与社会取得了举世瞩目的成就，也涌现出很多值得研究的企业和企业家样本，所以我觉得到了中国管理研究突破的关键时期，因此我们发起了"管理学在中国"年会，聚集研究者和实践者，试图推动中国管理研究的突破和升级。

五是为了推广管理最优实践，我没有一味发表学术文章，盘算论文数量，而是设法提供学术争鸣的场所，我邀请朋友一道投资创办了《管理学家》杂志（实践版和学术版），迅速让其成为国内有影响的杂志。从前边第五章可以看出这些和谐主题对我 50 岁到 60 岁这 10 年工作和生活的影响，可以说，我的精力和能量几乎全部聚集在这些方面。

十一、60 岁时的和谐主题

经过 10 年奋斗，以上和谐主题不断推进，取得了实质性发展。步入 60 岁，我根据情况，调整和丰富了这个时期的和谐主题（见图 8-11）。因互联网和数字技术的崛起，平面媒体受到很大冲击，我们必须迅速做出决策和调整，要么继续烧钱把《管理学家》办下去，要么调整策略，以其他方式实现自己传播者的使命。最后我们决定，不能犹豫不决，要看到数字化的趋势，及早调整，于是忍痛割爱，停止办刊。转而强化数字化传播工具的使用，我开过博客，又实名开微博，成为早期的"微博大 V"，后来开实名微信，在每个微信号朋友圈限额 5 000 人时，我拥有了 3 个微信号，另外还开公众号（和谐管理研究中心）以及通过西浦及其各种新媒体平台，结交有思想的伙伴和更多有特点的网友，继续强化自己传播者的角色。

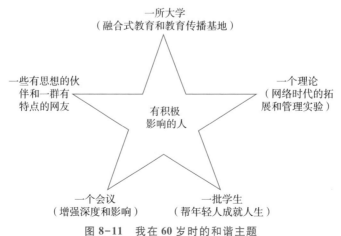

图 8-11　我在 60 岁时的和谐主题

其他四个和谐主题没有太大变化，只是进一步深化。例如，在大学这个主题下，根据数字化和智能化特别是人工智能对未来教育的冲击，开始了西浦融合式教育的探索，强化了西浦教育理念和最优实践传播基地的功能。在和谐管理理论上，强化了网络时代的拓展和管理实验。在培养学生主题下，视野从自己指导的学生拓展到学校的学生以及可以波及的学生，设法以各种途径帮助年轻人成长。在学术会议上，加强了主题的深度和影响。例如，与上海交通大学王方华教授联合发起"中国管理50人"社群，进行更深入的管理研究和推广。

十二、我的和谐领导模型

中国改革开放以来，涌现了大量成功的企业领导者，为了研究本土领导者的特性和进行理论概括，我曾负责国家自然科学基金委员会重点项目——建构中国本土管理理论：话语权、启示录与真理。我们团队在理论研究的同时，还选择了中国市场上有名的主要领导人进行深度案例研究。很荣幸，我自己也成为被研究的一个案例。前面已经提到，张晓军经过大量访谈和长期实地跟踪研究，最后完成了其博士论文，并依据我的案例，归纳总结出了在中国现有环境下的双重理性领导模型，我又根据我的理论和实践，建议他扩展为和谐领导模型。基于和谐管理理论，图8-7和图8-8给出了领导力和驾驭力模型，这里进一步充实，形成和谐领导模型（见图8-12）。

图8-12 我的和谐领导模型（自我定位）

方向感和主题意识是我一辈子都在不断强调和努力践行的人生第一要务，无论何种环境和情境下，它都会保证人不迷失方向，判断上有基准，行为上果断而不瞻前顾后，因为背后有愿景和使命的定向，有和谐主题的聚焦。尽管人间（物理世界除外）无绝对理性，但绝大部分人心中依然有一些认可和共识，甚至有数据和事实支持的逻辑或规则。因此，理性可分为普遍理性与情境理性，前者是谐则的基础，后者则是和则体系构建的准则和条件。因为本科时受物理和数学的熏陶，我的思想和行为一直非常重视逻辑和理性，而研究生系统工程的训练，又强化了我系统看待一切的习惯，包括环境和情境的独特性以及参与者的非理性。换句话说，工作和生活中非常重视围绕方向和主题的普遍理性与情境理性的互动与配合，这也是张晓军博士归纳出来的双重理性。而作为领导者或管理者，更重要的任务是成功实现谋划，即通过动态优化持续改进可实施性和操作性，以确保使命的"达成"，逐步逼近愿景。但因世界的 UACCS 特性，在通往愿景的路上，原主题会漂移或新主题会涌现，所以需要适时地进行和谐主题"演化"，而恰当主题的选择依赖于领导者的视野、素养和魄力，我自己坚持敢于逆俗，持续创新，甚至在必要时大胆采取颠覆性创新，以实现突破和引领。

十三、互联、数字、智能时代创业逻辑模型

我们已经进入一个互联、数字、智能（connected, digital, intelligent, CDI）时代，世界的演化进程大大提速，而且经常发生颠覆性的变革。在这样的世界，要成就一项事业，就需要新的逻辑，我将其总结为如图 8-13 所示的模型。

图 8-13　互联、数字、智能时代创业逻辑模型

第一，我们需要快速应变，以适应环境；又需要维持事业的相对稳定，确保发展的质量和价值。这种两难的决策只能依赖于把准方向、踩到点儿上，而想做

到这些，需要对未来趋势的准确预判、需求的准确理解和关键演变规律的准确把握，所以一定要学会面向未来而生。

第二，在 CDI 时代，信息获取日益便利，知识学习日渐方便，日常生活和做事的技能有代理机构或机器人协助，人类更丰富精彩的生活依赖极强的想象力和创造力。因此，什么都懂、什么都行很难成功发展一项事业，创业的逻辑是一个人能在某个领域做到极致，别人无法替代，达到精一和独特。例如，即使一个人的绝招很小，但只要有价值，也可以通过互联网和物联网得以扩散和放大。

第三，在容易分享的 CDI 时代，最容易挖到"金币"的地方是边缘地带或融合空间，所以关注边缘和融合可以助推价值创造和创业成功。

第四，即使挖到了"金币"，也要保持头脑清醒，时代在飞速发展，有很多人正在涌向你的"富矿区"，甚或创造新的技术和替代品，使你事业的价值快速衰减甚或瞬间失去价值。因此，要维持事业发展，持续创新和不断升级迭代是 CDI 时代的重要法宝。

第五，要保证这些努力有成效，还需要高屋建瓴的思维模式和行动策略。现在世界上比较流行"全球视野、本土行动"，但在 CDI 时代，一个人的行动结果一定是国际化的，即尽管国际化因种种主客观的原因（如政治和疫情等）受到暂时的阻挠，但客户、市场一定是国际化的。所以，我主张的是"全球视野、本土理解、国际行动"，即我们虽然要关注本土文化和环境，但因客户和服务市场是国际化的，所以这里的"本土"已不再是一个人所在的地方，而是需要关注产出服务对象的"本土"，要理解服务对象的行为和文化，然后才可以更好地采取国际化的行动，以保障创业或事业发展成功。

十四、事业长期可持续发展的保障模型

一项事业成功，可以靠运气、靠机会、靠贵人相助、靠关系网络、靠拥有某种独特资源、靠祖传秘籍等。但要确保一项事业长期可持续发展，一定需要一套严谨的逻辑和支撑体系。我基于研究和实践，提出了成就事业长期可持续发展的保障体系，（见图 8-14）。

在 UACCS 世界，第一，因变化速度太快、世界太复杂，传统意义上的战略越来越难以制定。尽管复杂系统短期不可预测，但对其长期趋势和可能稳态依然

图 8-14 事业长期可持续发展的保障模式

可以做出预判。所以,远见和可持续发展的商业(事业)模式替代传统战略上升为这个时代的一个重要的锚定。第二,对于这样的商业模式,不同的愿景、定位和使命的确立也会大相径庭。因此,明晰的、被组织成员广泛认可和接受的愿景和使命是商业模式成功实施的基础。第三,任何一项事业的发展离不开必要的资源和领导保证,所以能否形成有效的治理结构和相关利益者联盟就成为成功发展的战略保证。第四,事业健康发展当然还需要强有力的领导和管理团队,在全球互联和数字化的时代,跨文化的领导力和组织生态管理下的能够释放每个成员创造性的管理系统上升为关键因素。一般来讲,好的治理不见得会确保强有力的领导和管理系统,因为领导力日益稀缺,常常可遇不可求,但好的治理体系可以通过迅速淘汰不称职的领导以防浪费发展机会或贻误战机,也会加大优秀领导到位的概率。第五,一项伟大事业当然需要战略谋划,但好的谋划既要有战役的部署,也需要一系列具体的战斗安排,以激励团队、唤起组织成员的奋斗激情。试想一个宏大的设想,让人们长期看不到实现的希望,那么团队和追随者便会失去信心,慢慢离你而去。许多创业团队就是因为没有处理好战役与战斗的精心配置而作鸟兽散,在遗憾中夭折。第六,创业和事业发展绝非一次短跑,而是一场马拉松,当然,有时也需要阶段性冲刺。所以,坚韧、长期坚守,特别是在遇到挫折的情况下,凭借智慧实现突破非常关键。人们常说,成功者往往是那些比对手多坚守了最后几分钟的人。

十五、五星工作——以西浦为例

"五星"很偶然地成为我理论和工作总结的模式,它不仅有好的寓意,而且背后也有丰富的逻辑和理论蕴含。我这里以西浦发展为例，进一步展示五星的巨大理论与实践价值。

西浦教育探索的策略与使命

如前所述，重塑教育的时代给了西浦与世界一流大学站在同一起跑线上探索未来教育的珍贵机会。然而要实现突破，一定不能简单复制先进，因为在重塑教育的时代，再先进的模式都已经落后于时代的要求。所以西浦采取了吸收、融合和升级的策略，即学习东西方文化及其"最优实践"，根据未来社会发展趋势和需求，进行融合创新（见图8-15）。图8-15中的科学、法律和宗教是西方文化的三个基石，道德和艺术是东方文化的两个基石。我们在学习和吸收的基础上，针对教育的挑战和未来的趋势，分别进行四个方面的探索：未来的教育理念和办学模式是什么？作为知识组织的大学，未来应建立什么样的支撑体系？未来大学和社会应形成什么样的互动关系？西浦如何通过自己的探索影响中国教育变革和世界教育发展？

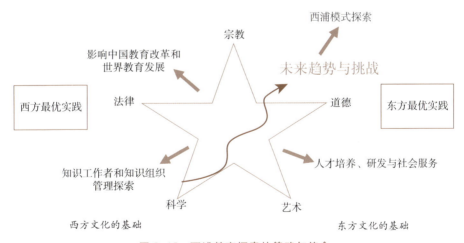

图8-15 西浦教育探索的策略与使命

西浦独特的定位和发展模式

经过东西方教育的比较、东西方文化的融合、人类管理智慧的总结、对所面临挑战与未来趋势的分析，我们形成了如图8-16所示的西浦办学定位和发展模式，包括西浦人心中的大学理念、育人模式、组织架构、管理理论与方法和开放式校园与文化。

图 8-16 西浦定位和发展模式

西浦的大学理念

关于大学、有很多不同的理念和实践，比如现代大学热衷于建校园和扩张规模，于是招来不少的批评，我常引用清华大学老校长梅贻琦先生的"所谓大学者，非谓有大楼之谓也，有大师之谓也"予以订正。在当今社会环境下，确实需要对大学有新的理解，图 8-17 示意了我对现代大学的认识。大学实际上是要营造一个学术共同体，当然需要大师（或强大的教师队伍），也需要大楼和校园等高水平的基础设施，但这二者在网络和数字环境下的作用和地位在相对降低，在教育转型和重塑时期，符合未来需要和发展趋势的育人理念和办学思路更为关键，大学文化与校园环境对育人的影响日益凸显，能够整合世界教育资源和支撑线上线下融合式教育的网络平台或生态系统更为重要。

图 8-17 西浦的大学理念

西浦文化

有人将校园文化比喻成泡菜坛子里的汁儿，说有什么样的汁儿，就会酿出什么样的口味，以此强调校园文化的重要性。我们在建校伊始就试图从物理、知识和社会三个层面建设西浦教育生态，调配面向未来的、国际化的且重视学生成长的"汁儿"。首先，我们决定在物理层面取消围墙，形成了完全开放的校园环境，亦即我们提倡的绿色、可持续的物理生态。其次强调与社区的共享与互动，加强知识传播和刺激创新，形成知识生态。最后融入社会，撬动社会资源，支持和孕育社会创新与文明，即社会生态。图8-18展示了西浦文化的核心价值观。首先是学生和员工背景上的国际化和文化的多元化，目前共有100多个国家和地区的师生生活在西浦校园。多元有利于碰撞和交流，有益于创新和共生，而创新需要自由的空间，特别是学术自由。但要形成有秩序的共处和共生，构筑起健康的自由环境，当然还必须强调守法和遵循共处规则。在现代社会，大的创新都需要协作，而协作的基石是信任。

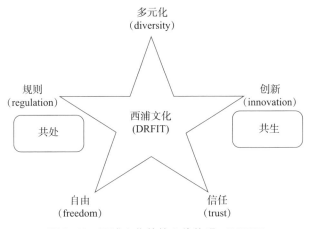

图 8-18　西浦文化的核心价值观：DRFIT

西浦的管理技术

为了支持西浦教育探索和知识组织管理的实验，我们基于和谐管理理论，构建了由五种管理技术支撑的技术体系（见图8-19）。第一，目标导向的管理（management by objective，MBO）。第二，ABC。它有三层含义：一是指activity based classification，ABC分析法，又称帕累托分析法、主次因分析法、分类管理法等；二是指ABC角色互补，即每个关键角色A都需有可替补其的B角和C角，组织运行中人可以休息或出差，但流程不能断；三是指activity based costing，基于活动的成本分析法，意在提高资源效率。第三，RCM（routine case-study meeting），即日常性案例研讨会。学习型组织的有效运行取决于其背后的主动学习机制的建立，西浦提倡每次重要活动结束后都要进行案例研究，以不断改进已有流程和政策，根据新情况建立新的流程和政策。第四，RBM（result based management），即基于结果的管理。知识工作者和知识组织工作过程的有效性很难观测，经常需要基于结果进行调控。第五，BCO（budget constrained operation），即基于预算的运行。为了可持续发展和战略的有效性，非常关键的运营手段是目标导向型的基于预算的控制和管理。

图8-19 西浦独特的管理技术体系：MBAR2

西浦的治理与组织架构

西浦作为一个典型的知识组织，如何释放员工能动性和组织效率，按德鲁克先生的观点是一个世纪难题，因此需要探索和建立相应的治理与组织架构（见图8-20）。第一，重视学术社区的形成，无论老师、学生，还是其他利益相关者，共同构成一个共享和共生的学术共同体。第二，因知识工作者面临的工作极具创新性和个性化，所以职业精神和研究导向型行为方式是工作成效的基本保证。第三，现代社会的创新离不开协作，团队合作是基本的工作形态，而持续创新离不开组织的学习机制，如图8-19所指出的，我们强调案例研究性的组织学习。第四，为了支持以上组织行为，网络化组织成为必要的一个选择。它强调角色和全方位互动，实现快速、能动、灵活的行动。第五，以上治理和组织安排，可以促进知识工作者和组织效率的释放。

西浦的五星育人模式

根据人类全球化博弈的趋势，未来的数字、网络和智能化特点，以及习近平总书记构建人类命运共同体的呼吁，在对人才需求分析以及国内外教育理论和经

图 8-20　西浦的治理与组织架构

验总结的基础上,我们把西浦教育目标定位为培养世界公民(见图 8-21)。而要真正帮助学生发展成为世界公民,必须孕育其崇高的素养体系、培育其强大的能力体系、构建其系统的知识体系。为了实现这些目标,学校必须有符合时代特点和未来需求的综合教育策略,打造强大和友好的各类支持系统。

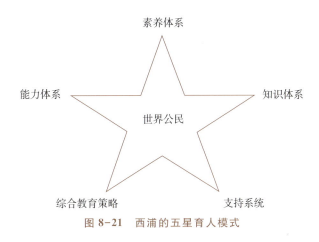

图 8-21　西浦的五星育人模式

第一,素养不是简单唱唱歌、读读名著、背背诗词,而是对个人、社会、世界的认知以及对个人融入世界的期许。比较学术地说,首先是人生的核心思想或理念,在西浦我们追求人生幸福和事业成功;其次是核心目标,西浦强调提升自身和人类生存能力;再次是核心世界观,面对复杂和不确定的世界,我们追求的是全球视野和练达;复次是核心价值观,我们尊崇创新和奉献;最后是与人和社会相处的核心伦理观,我们信奉和而不同(见图 8-22)。

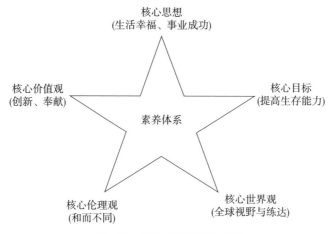

图 8-22　西浦提倡的素养体系

第二，关于知识体系，基于东西方文化和管理智慧的比较融合，并针对未来世界发展的趋势和挑战，西浦认为学生应该努力构建如图 8-23 所示的知识体系。首先，需要学习和继承人类已经积累的科学知识，努力掌握和运用必要的技术工具；其次，需要融入现实、脚踏实地，能够践行和使用所学的知识与技术，拥有实务经验；再次，在 UACCS 世界，还需要极强的随机应变、相机行事的艺术；最后，要使自己站得更高，更娴熟和艺术地运用知识与技术，需要上升到哲学的高度看待世界和自己的事业，更智慧地融合以上几个方面是关键。

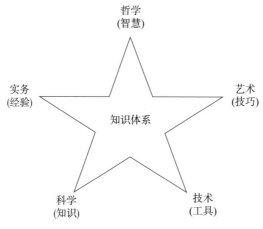

图 8-23　西浦提倡的知识体系

第三，为了帮助学生在未来立足，西浦在努力指导和支持学生训练和养成如图 8-24 所示的能力体系。① 在知识日益碎片化和快速传播的时代，为了辨别真伪、防止思想的肤浅，西浦提倡研究导向型学习和批判性思维，以使学生拥有搜寻、整合和运用知识的能力；② 针对知识更新和技术迭代不断加速的时代特征，西浦鼓励和帮助学生养成探索和创新精神，习得终生学习的能力；③ 西浦鼓励学生培养自己主动的态度和公民担当，不仅要敢想敢干，而且要锻炼提升自己要干就能干成的执行力；④ 在网络化和去边界化的时代，任何事业几乎都需要实体和虚拟协作，因此合作的行为方式与互动的能力越来越重要；⑤ 通过上述能力的培养和锻炼，我们希望提升学生参与国际竞争的能力。

图 8-24 西浦支持的能力体系

第四，为了支持学生获得以上素养、知识和能力体系，西浦构建了比较系统、综合的教育策略，如图 8-25 所示。① 重塑学和教，真正重视育人，教知识是手段，帮学生健康成长是目的，从老师主导转向以学生为中心，并帮助学生从做人、学习行为等方面迅速转型，提倡研究导向型学习和教学等。② 强化课外活动，如缩减课堂学时，以课堂引导课内课外互动，强调自学、团队任务等，当然也包括社团活动，帮学生学会学习。③ 强调社会实践，因为能力和素养不是通过课堂可以简单教授的，而是需要学生亲临现场和参与其中去体验和感悟，所以社会实践、实习、现实社会问题的研讨等就成为教育的重要组成部分。④ 世界公民最重要的素养是国际视野，所以我们在国际化上不仅强调国际标准、教材、课程、教师等，更强调大学教育的国际化氛围和国际交流机会，让学生学习与生活在一个国际化的环境中。⑤ 学生，特别是中国学生，惯于学习等于备考，失去了人生的很多乐趣，甚至包括对个人兴趣的判断力和未来人生的考虑，因此我们通过创业教育极力唤起学生自身的责任感和内心向往，鼓励他们理解自己的兴趣追求，帮他们实现兴趣驱动型的学习，并开始思考和规划自己的职业及人生。

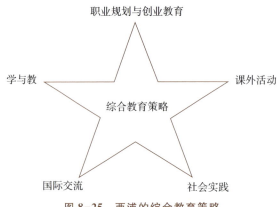

图 8-25 西浦的综合教育策略

第五，好的教育理念的有效实现需要完善的运行支持系统，西浦通过向国内外大学学习和借鉴成功经验，特别是针对未来发展趋势和需求，构建了自己如 8-26 所示的支持系统。① 在政府的支持和自身的努力下，西浦建设了理念先进、设计独特、装备先进的现代化校园和基础设施系统；② 利用现代网络技术和西浦国际化特性，构建了可以整合全球资源、支持师生参与全球学术活动、践行未来教育理念和模式的资源共享平台与教育生态；③ 学习及融合英式教育比较严谨的教育质量控制体系、美式教育的灵活性、中俄教育重基础的特点，构建了西浦的学和教的支持系统；④ 打破传统的科层组织体系，构建了网络化的灵活友好的学术支持系统；⑤ 营造了西浦开放式的校园文化（见图 8-18）。

图 8-26 西浦的支持系统

西浦五星素养教育模型

未来，人们生活和工作的技术平台越强大、越智能，对人的素养要求越高。

意识到已经到来的强互联、数字化、智能化平台或生态将引致的巨大挑战,西浦不断强化学生的素养教育。图8-22所示的素养体系是素养教育的底层基础,置于其上,还应有相应的素养和能力。世界上对人类未来素养已有很多探索。2015年,北京师范大学中国教育创新研究院受世界教育创新峰会(World Innovation Summit for Education,WISE)委托,对全球21世纪核心素养教育实施经验(以5个国际组织和24个经济体为研究对象)进行梳理和总结,形成《面向未来:21世纪核心素养教育的全球经验》,并引起时任美国教育组织P21(Partnership for 21st Century Learning)CEO戴维·罗斯(David Ross)博士的关注,随后双方联合开展核心素养5C模型的研究(P21,2019),即文化理解、审辩思维、创新、沟通、合作,见图8-27外围除最顶端"复杂心智"那个C之外的四个C及内圈"文化理解"那个C。但基于我们对未来社会的理解以及和谐心智的认知,要提升学生未来生存能力和竞争力,图8-27内圈还需增加数字素养、终生学习、社会责任和持续发展四个方面,更要增加外围顶部的复杂心智,这样就形成了如图8-27所示的西浦五星素养教育模型。

图8-27 西浦五星素养教育模型

西浦的运行模式

因为我试图以西浦为基地做教育与管理两场实验,所以在探索的过程中一直重视理论指导和理论总结。为提升知识工作者和知识组织的效率,我们在西浦建立了网络化组织及其行为模式和校园文化,在此基础上,为了全面提升学校教育的持续创新和高效管理，我们还构建了如图 8-28 所示的运行模式：第一，为使每个角色在主动创新中有方向感和判断基准，我们始终强调愿景入心，从而形成行为上的愿景导向；第二，坚持跑过变化，持续创新，以创新而非保护确保竞争优势；第三，因创新经常需要突破和克服很多制约，所以从思想到方案再到执行到位非常关键；第四，UACCS 世界需要快速应变，因而主动性、灵活性同样重要，所以必须确保个人和组织行动的敏捷性；第五，在复杂互联的世界，为了保证战略的有效性，自然需要所有部署和行动的系统性。

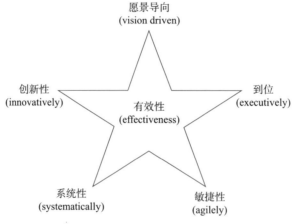

图 8-28 西浦的运行模式：**VISAE2**

西浦的行为范式

为了实现西浦的教育使命，践行西浦的核心理念——幸福人生、成功事业，我们需要每个人具有相应的行为范式。经过东西方哲学和职业操守的比较，对比西浦理念和文化，我们提出了如图 8-29 所示的西浦行为范式：第一，教育目标的实现需要互动，所以团队合作是基础；第二，教育面向未来，不断突破和创新是根本；第三，教育面向未来和未知，帮助孩子和年轻人成熟，自然需要坚实的理论基础和专业的训练，以及师生员工职业精神的支持；第四，教育是改变人，帮人认知未来、孕育梦想，所以必须真诚；第五，教育是提升人、促进社会进步的崇高事业，自然值得每一个从业者的激情，而且还要热情对待学生和利益相关者。我们如果能够真正做到以上五个方面，不仅自己开心，也会使我们的学生、利益相关者和社会开心。

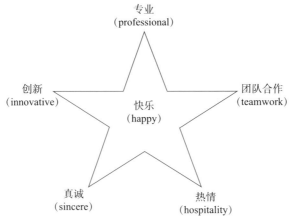

图 8-29 西浦的行为范式：**TIPSH2**

西浦的教育蓝图

经过 15 年的建设和发展，西浦的教育蓝图日益清晰和完善，如图 8-30 所示。以西浦使命、愿景、教育理念为核心，逐步延展出了西浦 1.0（创新和升级传统教育，探索国际化的有行业背景的专业精英的教育模式）、西浦 2.0（联姻企业领袖，整合社会资源，创建国际化行业精英的融合式教育模式）、西浦 3.0〔大学融入社会，撬动各方资源，营造教育、科研、创新创业生态（包括基础教育和新型职业教育）〕。西浦 2.0 又分为西浦 2.1 西浦创业家学院（太仓）和西浦 2.2

图 8-30 西浦的教育蓝图

行业企业定制化教育项目（IETE）。西浦3.0也有两种模式，即西浦3.1产业学院，如西浦慧湖药学院、西浦—集萃学院等；西浦3.2创教生态院，如西浦创教院（大湾区）等。

为了支持西浦教育蓝图的有效实施，特别是突破未来可能的自然、政治和社会障碍，如疫情导致的交通隔断、政治经济上的冲突等，西浦创建了学习超市，以整合全球教育资源、冲破各种障碍，支持跨越年龄、地域、国界的线上线下结合的、个性化的、兴趣驱动的终身学习和创新创业，帮助西浦1.0、西浦2.0和西浦3.0有效实施，如图8-30中的阴影部分所示。具体地讲，西浦学习超市将构成一种未来的教育与创新生态，用以支撑校内师生和来自全球的各类学习者的学习与事业发展。

西浦的使命是引领教育和服务社会，西浦3.0不仅会为未来社会营造创新生态，也会促使西浦教育探索进一步走进基础教育和新型职业教育。当然，这些发展依赖于西浦资源和国际化网络，但与此同时也在丰富和强化西浦资源及西浦网络，扩大西浦的布局，提升西浦的品牌，放大西浦的影响。

* * *

回首过去，我的人生得益于理科教育的逻辑性、工程训练的系统性、管理学习的人性。和谐理论的创建，不仅在管理理论发展上做出了自己绵薄的贡献，还为西浦的创建和走向成熟、自己的生活和事业发展锻造了一件"利器"，丰富了我的人生，开拓了我的事业，升级了我的心智，放大了我的舞台，扩大了我的影响！最为重要的是身边那一张张更加坚定、更加包容、更加热情、更加自信的年轻人的笑脸……

一颗颗五角星凝结了一个白发老者的人生感悟。但愿，它能够成为你林中漫步时的一簇萤火、一条小径……但愿，它能够成为你跋山涉水时的一根手杖、一叶扁舟……但愿，我们每个人都成为一颗"夜空中最亮的星"……

参考文献

席酉民. 2021. 特立独行：和谐教育之路［M］. 北京：清华大学出版社.

刘晟等. 2016. 21世纪核心素养教育的课程、教学与评价［J］. 华东师范大学学报（教育科学版），34（03）：38-45.

PARTNERSHIP FOR 21ST CENTURY LEARNING（P21）. 2019. Framework for 21st century learning definitions［R/OL］.［2022-04-25］. https：//static. battelleforkids. org/documents/p21/P21_Framework_DefinitionsBFK. pdf.

结　语
／走进未来……

　　书写不止于文本，或许再过 10 年撰写此书，其中的人、事、理论和西浦发展的各种布局更容易"盖棺定论"。但我是一个性急之人，在脑海中勾勒出一幅有方向、有主题、有路径的"美丽画卷"后，就觉得应该及时发表，与大家分享，这样虽无法充分验证其中的思想、观点和布局，但白纸黑字，却可以给人、也给自己一个机会，去进一步拷问这些社会前瞻、理论思考、发展部署的正确性和可行性，包括所构建系统的鲁棒性和其中蕴含的管理运行能力。这比简单纪实或不断根据时间调整预见或构思更有意思，特别是对集创业者、教授、学者、教育者、领导和管理者于一身的我而言。

　　敏锐的读者或许已经捕捉到"自我实现预言"的影子、"管理"的意味，的确，我就是想告诉大家如何在自己可以"主导"的历史舞台，用"思考""表达""实践"，换句话说"自我""理论""践行"，来编撰自己的人生脚本。我可能暂时立于聚光灯下，也在"享受"更多的关注和掌声，但我更希望这份"告白"，这个始自大西北秦岭北麓山村的绵长故事，可以让大家从那些或许琐碎的"情节"，从一个个人、一件件事中体会到生命历程的复杂性、具体性、多样性、偶然性，尤其是可能性，进一步理解"管理何为"。没有谁能够随随便便"成功"，也没有谁是"一个人在战斗"。

　　生活完全可以有非常不同的设定，我们无法选择出生于哪个时代、何种家庭，又会有怎样的遭遇。但当我年过花甲，有幸见证并参与我们国家几十年波澜壮阔的伟大变革，除了心存感恩，在这个"自传体"文本中我最想给读者传递的不是一个成功者的自我标榜，不是一个草根逆袭的励志故事，而是作为一个有更高自我期许的个体，如何拥有自己独立的思想！如何力争表达有价值的声音！如何尽可能地将其付诸实践！在宇宙的尺度中，每个人都微不足道，但席酉民的人生故事可以"证明"每个人都值得、也应该发出自己的光热。

面向未来，世界会更加 UACCS。我依然会挑战现实、持续探索，这是我拥抱生活、热爱生活的方式。所谓的"不切实际""异想天开""特立独行"，不是一个"理想主义践行者"形象的刻意营造，而是一个有一些人生阅历、有一些个人思考、有一种理论支撑的"老者"，在不忘初心间对如何让世界变得更美好之可能性的仔细揣摩和诚恳展望。

我希望和谐管理理论会随 UACCS 的升级而得到重视和发展，即使随着社会进步，理论的名字可能会被忘却，但其哲学思想、方法论框架、心智模式会慢慢渗透在人们的思维和行为中。

我确信西交利物浦大学，会作为一家百年老店而生存下去！在其未来的宏大布局中，虽不见得每个点都可以辉煌，学校的探索精神、品牌形象、实体发展也难以长生不老，但可持续发展的机制至少可以保证其较长期的稳定运行，甚至还会恰当地完善和升级。

希望 10 年、20 年或 30 年后，再读这本书和这些话语时，我不至于因写下这些文字而脸红！思想、表达、实践，无论以何种文本，让我们都书写出属于自己的独特的生命轨迹！

人生不易，但值得努力！

2021 年 8 月 1 日于西浦校园